Ein Spiegel des Lebens

Karl-Heinz Lerch

Ein Spiegel des Lebens

Meditationen zu ausgewählten Psalmen

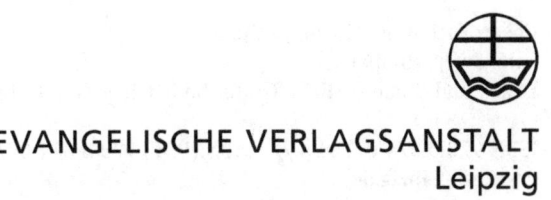

EVANGELISCHE VERLAGSANSTALT
Leipzig

Karl-Heinz Lerch, Jahrgang 1958, studierte Evangelische Theologie und Philosophie. Er ist Pfarrer, Studienleiter, Schulamtsdirektor, Religionspädagogischer Berater, Supervisor und Coach.

Bibliographische Information der Deutschen Nationalbibliothek
Die Deutsche Nationalbibliothek verzeichnet diese Publikation in der Deutschen Nationalbibliographie; detaillierte bibliographische Daten sind im Internet über http://dnb.dnb.de abrufbar.

© 2024 by Evangelische Verlagsanstalt GmbH · Leipzig
Printed in Germany

Das Werk einschließlich aller seiner Teile ist urheberrechtlich geschützt. Jede Verwertung außerhalb der Grenzen des Urheberrechtsgesetzes ist ohne Zustimmung des Verlags unzulässig und strafbar. Das gilt insbesondere für Vervielfältigungen, Übersetzungen, Mikroverfilmungen und die Einspeicherung und Verarbeitung in elektronischen Systemen.

Das Buch wurde auf alterungsbeständigem Papier gedruckt.

Cover: Zacharias Bähring, Leipzig
Satz: 3w+p, Rimpar
Druck und Binden: BELTZ Grafische Betriebe GmbH, Bad Langensalza

ISBN 978-3-374-07701-4 // eISBN (PDF) 978-3-374-07702-1
www.eva-leipzig.de

Inhalt

Geleitwort 9

Zugänge zum Verstehen der Psalmen

Einleitung 15
Die Bildsprache der Psalmen 18
Der eine Gott und die vielen Gottesbilder der Psalmen 20
Dürfen wir gegen »Feinde« zu Gott klagen? 22
Warum wir als Christen mit den Psalmen beten 24

Meditationen zu ausgewählten Psalmen

1   Vom Gelingen des Lebens 29
    Psalm 1 Wie ein Baum an Wasserbächen 29

2   Gott sieht den Menschen mit den Augen der Liebe an 34
    Psalm 8 Was ist der Mensch? 34
    Psalm 139 Wer bin ich? 39

3   Von der Klage zum Lob – Von der Verzweiflung zur Hoffnung .. 49
    Psalm 13 Bei Gott seine Zuflucht suchen in der Not 49
    Psalm 22 Mein Gott, mein Gott, wozu hast du mich verlassen? 55
    Psalm 30 Du hast meine Klage in einen Reigen verwandelt ... 66

4   Gottes Nähe und Gegenwart 73
    Psalm 23 Der Herr ist mein Hirte 73
    Psalm 24 Gott ist gegenwärtig 80
    Psalm 27 Vor Gottes Angesicht sein 88
    Psalm 73 Gott nahe zu sein, ist mein Glück! 94
    Psalm 84 Bei Gott zuhause sein 103

5   Harren und hoffen auf Gott in der Not 112
    Psalm 42/43 Meine Seele lechzt nach dem lebendigen Gott! .. 112
    Psalm 63 Sehnsucht nach Gott 124
    Psalm 88 Aus der Finsternis zu Gott um Hilfe rufen 131

6   Gottes Güte und Treue 142
    Psalm 51 Ein reines Herz erschaffe mir, Gott! 142
    Psalm 103 Barmherzig und gnädig ist Gott! 154
    Psalm 107 Dankt Gott, denn er rettet und erlöst! 162

7	Zu Gott klagen gegen erlittenes Unrecht	174
	Psalm 7 Die rettende Gerechtigkeit Gottes	174
	Psalm 55 Zu Gott um Hilfe rufen gegen die Feinde	179
8	Von der Vergänglichkeit und Hoffnung des Menschen	188
	Psalm 39 Angesichts der Vergänglichkeit seine Zuflucht bei Gott suchen	188
	Psalm 90 Lehre uns bedenken, dass wir sterben müssen!	195
9	Das Lob des Schöpfers	206
	Psalm 104 Wie zahlreich sind deine Werke, Gott!	206
10	Unter Gottes Schutz und Obhut sein	217
	Psalm 91 Im Schatten des Allmächtigen	217
	Psalm 121 Ich hebe meine Augen auf zu den Bergen, woher kommt Hilfe für mich?	226
11	Vertrauen auf Gottes Herrschaft und Macht	230
	Psalm 46 »Ein feste Burg ist unser Gott«	230
	Psalm 96 Singt dem Herrn ein neues Lied!	238
	Psalm 145 Gottes Herrschaft über die Erde hört nicht auf!	243
12	Über den Horizont hinaus – Die Vollendung der Schöpfung	251
	Psalm 150 Aller Atem rühme Gott!	251

Literaturverzeichnis 261

Geleitwort

Seit den Anfängen der christlichen Psalmenauslegung ist der Psalter immer wieder durch Metaphern und Vergleiche charakterisiert worden, die seine besondere spirituelle Qualität hervorheben. So begegnet schon bei Athanasius (295–373 n. Chr.) in seinem *Brief an Marcellinus* die Auffassung, dass der Psalter ein »Spiegel« und Vorbild für unsere Seelenregungen sei:

> »In der Tat, zusätzlich zu dem, was er (sc. der Psalter) mit den übrigen Büchern der Heiligen Schrift teilt und gemeinsam hat, besitzt er auch noch diese erstaunliche Eigenschaft, daß er die Regungen der Seele, ihre jeweilige Veränderung und ihre Hinwendung zu Gott in sich eingeschrieben und eingeprägt enthält, so daß, wer immer sie aus ihm wie aus einem Spiegel entnehmen und erkennen will, sich selbst so gestaltet, wie es in ihm beschrieben steht« *(Athanasius*, Brief an Marcellinus, zitiert nach *H.J. Sieben*, Ausgestreckt nach dem, was vor mir ist, Trier 1998, 155).

Ähnliche Vorstellungen finden sich bei Augustin in seinen *Konfessionen Buch IX und X* oder bei Luther in seiner berühmten *Vorrede zum Psalter von 1528*. In ihr hat er den Psalter als »kleine Biblia« bezeichnet, »darin alles aufs schönste und kürzeste, wie in der ganzen Bibel stehet, gefasset, und zu einem feinen Enchiridion oder Handbuch gemacht und bereitet ist« (*M. Luther*, Zweite Vorrede auf den Psalter, in: *H. Bornkamm* [Hg.], Luthers Vorreden zur Bibel, Frankfurt a.M., 1983, 64–69). Der Grund für diese Hochschätzung der Psalmen liegt nach Luther darin, daß er ein Spiegel der menschlichen Existenz und zugleich ein Zeugnis der »Gemeinschaft der Heiligen« ist. Daher kommt es, dass »ein jeglicher, in welcherlei Sache er ist, Psalmen und Worte drinnen findet, die sich auf seine Sache reimen und ihm so eben sind, als wären sie allein um seinetwillen also gesetzt, daß er sie auch selbst nicht besser setzen noch finden kann noch wünschen mag« (68). »Summa«, so fasst Luther seine Vorrede zusammen,

»... willst du die heilige christliche Kirche gemalet sehen in lebendiger Farbe und Gestalt, in einem kleinem Bilde gefasset, so nimm den Psalter vor dich, so hast du einen feinen, hellen, reinen Spiegel, der dir zeigen wird, was die Christenheit sei. Ja, du wirst auch dich selbst drinnen und das rechte *Gnothi seauton* finden, dazu Gott selbst und alle Kreaturen« (69).

Von vergleichbarer Bedeutung wie die Spiegelmetapher ist auch die Hausmetapher, d. h. die Vorstellung, dass der Psalter ein »großes Haus« (*magna domus*) mit Ps 1 und 2 als Eingangsportal und den Psalmen 3 – 150 als den »inneren Räumen« sei. Auch sie begegnet schon früh, nämlich bei Hieronymus (ca. 347 – 419/420), der in der Einleitung zu seinem Psalmenkommentar – *Tractatus S. Hieronymi Presbyteri in librum Psalmorum* – Ps 1 die »Haupttür« (*grandis porta*) nennt, die in das »große Haus« (*magna domus*) des Psalters hineinführt:

»Der Psalter ist gewissermaßen ein großes Haus, das zwar einen Schlüssel für die Außentür hat, aber eigene Schlüssel für die verschiedenen inneren Räume. Mag auch der Schlüssel der Haupttür, der Heilige Geist, größer sein, so hat doch auch jeder Raum sein eigenes Schlüsselchen. Wenn also jemand die Schlüssel des Hauses durcheinander wirft, so kann er, wenn er einen Raum öffnen will, es nicht tun, außer er findet den Schlüssel. So sind die einzelnen Psalmen gewissermaßen einzelne Räume, die ihre eigenen Schlüssel haben. Die Haupttür dieses Hauses ist der erste Psalm« (vgl. *Chr. Reemts*, Schriftauslegung. Die Psalmen bei den Kirchenvätern, Stuttgart 2000, 23.34).

Sowohl das »große Haus« des Psalters als auch die »inneren Räume« der Psalmen sind je für sich ›aufzuschließen‹ – wenn man nur den jeweiligen ›Schlüssel‹ findet. Dieser großen Auslegungstradition fühlt sich auch der Autor des vorliegenden Buchs verpflichtet. In seine *Meditationen zu ausgewählten Psalmen* fließt all das ein, was K.-H. Lerch von Kindesbeinen geprägt und was er in seinem langen Berufsleben als Pfarrer und Schulamtsdirektor beherzigt hat. Jetzt, mit dem Eintritt in den Ruhestand hat er sich die Zeit genommen, um seine Erfahrungen im Umgang mit den Psalmen zu bündeln und in eine bestimmte literarische Form zu gießen. Herausgekommen ist dabei ein Buch, das erfahrungsgesättigt ist und das dem entspricht, was R.M. Rilke in einem seiner Briefe festgehalten hat:

»Ich habe die Nacht einsam hingebracht ... und habe schließlich ... die Psalmen gelesen, eines der wenigen Bücher, in dem man sich restlos unterbringt, mag man noch so zerstreut und ungeordnet und angefochten sein« (*R.M. Rilke*, Briefe an seinen Verleger, Leipzig 1934, 247).

In diesem Sinn wünsche ich dem vorliegenden Buch Leser und Leserinnen, die sich im Psalter restlos unterbringen und die sich dabei von den Meditationen von K.-H. Lerch leiten und anregen lassen.

Bernd Janowski

Zugänge zum Verstehen der Psalmen

Einleitung

Mein persönlicher Zugang zu den Psalmen ragt weit in meine Kindheit zurück, in der ich Psalmworte als »Lebensweisheiten« aus dem Munde meiner Großmütter und meiner Eltern wie »tägliches Brot« aufnahm, das mich nährte und mir eine Kraft verlieh, trotz erlebter Widrigkeiten an Zuversicht und Vertrauen zu wachsen und mich in Gottes Obhut und Macht geborgen zu wissen.

Als Pfarrer habe ich in der Seelsorge und im Religionsunterricht erlebt, wie Menschen, die nicht besonders religiös oder fromm waren, auf wunderbare Weise durch Worte und Bilder der Psalmen berührt und verwandelt worden sind, dass sie neu Mut und Hoffnung gefasst und einen anderen Blick auf sich selbst und auf das Leben gewonnen haben.

Die Lebensnähe und die spirituelle Wirksamkeit der Psalmen haben mich dazu inspiriert, in den vergangenen Jahren intensiv die Theologie und Spiritualität der Psalmen zu erforschen. Aus dieser Arbeit, in der mich Professor Dr. Bernd Janowski sehr hilfreich und bereichernd unterstützt und begleitet hat, sind eine Reihe von Meditationen zu ausgewählten Psalmen entstanden, die nun in diesem Buch vorliegen.

Doch warum ein Buch über die Psalmen in »religionsloser Zeit«?

Wozu könnte es gut und bereichernd sein? Wen würde es interessieren und zum Lesen reizen in einer Zeit der zunehmenden Bedeutungslosigkeit und Säkularisierung der verfassten Kirchen?

Trotz dieser Entwicklung gibt es eine große, wahrnehmbare Sehnsucht nach dem, was trägt und hält, was Orientierung, Zuversicht und Hoffnung gewährt. In einer Zeit, in der das Vertrauen in die Sicherheit und Verlässlichkeit des Lebens, der Weltordnung und der Zukunft der Erde erschüttert ist, wird uns bewusst, dass wir widerstandsfähige und tragfähige Kräfte brauchen, die uns helfen, solche tiefgreifenden Verunsicherungen und Krisen zu bestehen, ohne daran zu verzweifeln.

Die Psalmen sind eine unerschöpfliche Quelle, aus der wir Lebenskraft und Glaubenszuversicht schöpfen können, weil sie uns ermöglichen, das Leben in seiner Verletzlichkeit und Vergänglichkeit in einem anderen Horizont zu sehen, der uns in die größere, umfassende und bergende Wirklichkeit Gottes hineinnimmt. Denn sie sind wie »ein Spiegel der Seele« (Athanasius[1]/ Martin Luther[2]), in dem wir das ganze Leben mit allen Höhen und Tiefen wiederfinden und erkennen können, dass wir mit allem vor Gott und in seiner Gegenwart bewahrt und geborgen sind. Im Gebet der Psalmen können wir alles, was unser Leben ausmacht, bedrückt und bedroht, zur Sprache und vor Gott bringen, wodurch wir hineingenommen werden in das machtvolle Wirken Gottes, das die Psalmen erinnern und vergegenwärtigen.

Wie für das Volk Israel der Tempel Ort der erfahrbaren Gegenwart Gottes war, von dem Heil und Segen auf die ausging, die seine Nähe suchten, so ist der Psalter für alle, die sich auf seine Gebete einlassen, sie zu ihren eigenen machen, sie mit- und nachbeten, wie »ein Tempel aus Worten« (Bernd Janowski)[3], in dessen Räumen wir dem Gott begegnen, der alles Leben hervorbringt und erhält, der seine Gerechtigkeit und Treue über uns walten lässt, der barmherzig unser gedenkt und fürsorgend an uns handelt.

Die Psalmen können ohne lange Erläuterungen und kluge Erklärungen aus sich heraus Menschen ansprechen, berühren und verwandeln, weil ihnen eine transzendierende Kraft innewohnt, die uns ergreifen kann, so dass wir mit allem vor Gott gestellt werden und uns in seiner wirkmächtigen Gegenwart wiederfinden. Das wendet noch keine Not und beendet kein Leid, aber es lässt uns in und trotz der erlebten Widrigkeiten des Lebens kontrafaktisch Gottes Nähe und Zugewandtheit real und wirksam erfahren und zuteilwerden. Wer sich auf die

---

[1] »In der Tat, zusätzlich zu dem, was er [der Psalter] mit den übrigen Büchern der Heiligen Schrift teilt und gemeinsam hat, besitzt er auch noch diese erstaunliche Eigenschaft, daß er die Regungen der Seele, ihre jeweilige Veränderung und ihre Hinwendung zu Gott in sich eingeschrieben und eingeprägt enthält, so daß, wer immer sie aus ihm wie aus einem Spiegel entnehmen und erkennen will, sich selbst so gestaltet, wie es in ihm beschrieben steht.« Athanasius, Brief an Marcellinus, Abschn. 10, zitiert nach Sieben, Geistliche Texte, 155.

[2] »[...] Daher kommt's auch, daß der Psalter aller Heiligen Büchlein ist, und ein jeglicher, in welcherlei Sache er ist, Psalmen und Worte darin findet, die sich auf seine Sache reimen und ihm so eben sind, als wären sie allein um seinetwillen also gesetzt, daß er sie auch selbst nicht besser setzen noch finden kann noch wünschen mag. [...] Summa, willst du die heilige christliche Kirche gemalet sehen mit lebendiger Farbe und Gestalt, in einem kleinen Bilde gefasset, so nimm den Psalter vor dich, so hast du einen feinen, hellen, reinen Spiegel, der dir zeigen wird, was die Christenheit sei. Ja, du wirst auch dich selbst drinnen und das rechte *Gnothi seauton* finden, dazu Gott selbst und alle Kreaturen. [...]« Martin Luther, Vorrede zum Psalter (1528), zitiert nach Bornkamm, Luthers Vorreden, 69.

[3] Janowski, Tempel aus Worten, 280–281.305.

Psalmen einlässt, sich hineinbegibt und sich ihnen anvertraut, wird von ihrer Energie und von ihrer Wirkmacht spürbar verändert und ins Leben verwandelt.

Die Psalmen können in Situationen der eigenen Sprachlosigkeit und Ohnmacht dem tieferen Strom des Glaubens Ausdruck verleihen, in den wir uns stellen können und der uns mitträgt, wenn unser eigener Glaube in Angst und Zweifel, in Schmerz und Trauer versinkt. Kontrafaktisch halten sie in Hilflosigkeit und Verzweiflung die Frage nach Gott offen und überlassen die Leidenden nicht sich selbst und ihrer Not, sondern erheben für sie und an ihrer Stelle die Klage und Fürbitte vor Gott.

Vom Anfang bis zum Ende des Psalters vollziehen die Psalmen eine Bewegung von der Klage zum Lob. Sie erschließen uns den Blick für das Leben, das wir von Gott empfangen, und die Ehrfurcht vor allem Lebendigen, das Gott ins Leben bringt und am Leben erhält, und laufen auf das umfassende Lob der Größe und der Güte Gottes hinaus, der seine Schöpfung vollenden und seine rettende Gerechtigkeit durchsetzen wird, weil er der Herr über Himmel und Erde ist.

Die vorgelegten Meditationen wollen nicht »über« die Psalmen und ihre Theologie belehren, sondern ihre spirituelle Kraft und Wirksamkeit erschließen, durch die sich unser Blick auf das Leben verändert und es in einen anderen Horizont stellt, der alles, was ist, verwandelt und überschreitet auf die Hoffnung hin, dass Gott alles vollenden wird, was er begonnen, bewahrt und erhalten hat.

Zugleich können die Psalmen in einer Zeit der wachsenden Bedeutungslosigkeit der verfassten Kirchen einen neuen Zugang zum Erleben einer Spiritualität ermöglichen, die sich aus der jüdisch-christlichen Tradition heraus erschließt und versteht.

Die Bildsprache der Psalmen

Was die Psalmen so ansprechend und berührend macht, ist ihre besondere Poetik und ihre metaphorische Sprache. Alte Bilder aus einem anderen, fernen und fremden lebensweltlichen, natürlichen, geschichtlichen, sozialen und religiösen Hintergrund können über die »Distanz« hinweg beim Lesen, Beten und Singen der Psalmen eine unmittelbare Bedeutsamkeit und Wirksamkeit in uns entfalten. Wie ist es möglich, dass uns die alten Bilder direkt und persönlich ansprechen? Wodurch können sie ihre »überzeitliche Bedeutung« entfalten und uns vergegenwärtigen?

Die Menschen im alten Israel lebten in einer anderen Natur und Geographie, sozialen und geschichtlichen Welt und in einer anderen religiösen Umwelt und Tradition, die ihre eigene Bilder- und Symbolsprache entwickelt hat. Um die Psalmen und ihre Metaphorik zu verstehen, muss man sie zunächst in ihrem Kontext sehen, in den sie gestellt sind und dem sie entstammen.

Um ihre Glaubenserfahrungen auszudrücken, mitteilbar und verstehbar zu machen, haben die Menschen Bilder ihrer Erfahrungs- und Lebenswelt, sowie ihrer religiösen Umwelt und Tradition, die sie »vor Augen« und in ihrem kollektiven Gedächtnis hatten, erinnert, aufgenommen und so gebraucht, dass sie einen anderen tieferen Sinn veranschaulichen und zur Sprache bringen konnten, der in ihnen durchscheint und auf den sie verweisen, ohne damit identifiziert oder gleichgesetzt zu werden. Damit haben sie einen Sprach- und Bildraum geschaffen, der den Bildern eine neue Bedeutung verleiht, die auf eine andere Ebene verweist, in der ihre existentiellen Erfahrungen mit Gott durchscheinend und transparent werden können.

Man könnte von einer Art »Überblend-Technik« sprechen, durch die gegenständliche Bilder so mit einer tieferen Hintergrundszene verknüpft werden, dass ihre Bedeutung dadurch transformiert und in ihrer existentiellen Relevanz erschlossen wird.[4] »Damit gewinnt die Bildhälfte eine theologische Transparenz,

---

[4] Vgl. dazu Janowski, Der Gute Hirte, 257.

die in der Sachhälfte prägnant zum Ausdruck kommt.«[5] Die konventionellen Bilder des gewohnten und alltäglichen Lebens werden verwandelt und erschließen eine »neue Sicht auf das Leben«, indem in ihnen und durch sie hindurch die existentielle Erfahrung Gottes konkret bedeutsam und relevant wird, die auch uns berühren und in einen anderen Horizont stellen kann.[6] So wird der Psalter zu einem »Spiegel«, in dem wir uns selbst, das ganze Leben und Gott erkennen können (Athanasius/Luther).

Die metaphorisierende Sprache der Psalmen erschließt die transzendierende Bedeutung der Erfahrungen mit Gott, die darin auch für uns durchscheinend und transparent werden können, weil sie tiefe, menschliche Existenzerfahrungen abbilden. Ihnen wohnt sozusagen eine »epiphane Qualität« inne, die sich uns durch alle Zeiten und Abstände hindurch vergegenwärtigt und erschließt.

---

[5] A.a.O., 259.
[6] Vgl. a.a.O., 267.

Der eine Gott und die vielen Gottesbilder der Psalmen

Wie im ganzen Alten Testament begegnen wir in den Psalmen Gottesbildern, die nicht nur vielfältig sind, sondern die in Teilen auch ambivalent und widersprüchlich, ja, befremdend und abstoßend auf uns wirken können. Wenn von dem strafenden Gott die Rede ist, assoziieren wir ein überweltliches Strafgericht, das über Gute und Böse richtet und alle unsere Taten beurteilt. Wenn erlebtes Leid und Not auf den Zorn Gottes zurückgeführt wird, weckt es in uns Vorstellungen von einem unberechenbaren, rachsüchtigen Gott, der uns Angst macht und vor dem wir uns fürchten müssen. Werden chaotische Naturerfahrungen und -bedrohungen dem machtvollen Handeln Gottes zugeschrieben und als Folge menschlicher Vergehen gedeutet, dann irritiert und verstört es unser Vertrauen in einen Schöpfergott, der seine Schöpfung und alle Lebewesen am Leben erhalten will. Wenn ambivalente Lebens- und Krisenerfahrungen unmittelbar und direkt mit Gott in eins gesetzt werden, wird das Bild von Gott, das vielfältig und spannungsreich ist, »dämonisiert« und Gott wird zu einer »fremden, unberechenbaren und beängstigenden Macht«, der wir ausgeliefert sind. Dieser einseitige und willkürliche Umgang mit den vielfältigen, spannungsreichen und auch widersprüchlichen Gottesbildern des Alten Testaments und der Psalmen ist nicht nur theologisch unzulässig, sondern er verkürzt die Weite und Tiefe des Gottesbildes.

Eine andere Konsequenz im Umgang mit den ambivalenten Gottesbildern des Alten Testaments und der Psalmen ist die Ablehnung und Abtrennung der alttestamentlichen Gottesvorstellungen von der neutestamentlichen Botschaft eines liebenden und barmherzigen Gottes. Diese Verdrängung der Vielfalt und der Spannung der biblischen Gottesbilder verkürzt und verfälscht unzulässig die Gotteserfahrungen, die darin bezeugt werden und die ebenso divers, ermutigend, tröstlich, abgründig, brüchig und hintergründig sind wie das Leben selbst. In der Erziehung und in vielen Gottesdiensten wird oft auf die ambivalenten Gottesbilder verzichtet, um ihre Irritation und Verunsicherung zu vermeiden, aber mit der Folge der Unterlassung einer differenzierten Bemühung um ein tieferes und angemessenes Verstehen ihrer Metaphern und letztlich mit einem Bedeutungsverlust von der Größe und Tiefe unseres Gottes.

Um den ambivalenten Gottesbildern in ihrer Vielfalt und auch in ihrer Gegensätzlichkeit gerecht zu werden, bedarf es einer differenzierten Betrachtung und Reflexion ihres Kontextes und ihrer besonderen Metaphorik auf dem Hintergrund der natürlichen, geschichtlichen, sozialen und religiösen Umwelt, die sich in den metaphorischen Transzendenzerfahrungen ausdrückt. Das Ziel ist, die unterschiedlichen und gegensätzlichen Gottes- und Existenzerfahrungen in ihrer je eigenen Bedeutsamkeit zu verstehen und so in Beziehung zueinander zu bringen, dass darin und dahinter die vielgestaltige und spannungsreiche Einheit Gottes transparent wird.

»Diese Lebendigkeit, die konträre Pole in sich vereinigt, ist ein Wesenszug des alttestamentlichen Gottes und seines Wirkens. Das Alte Testament bleibt aber nicht bei der Beschreibung dieser konträren Pole – Rettung und Gericht, Liebe und Zorn – stehen, sondern löst sie immer wieder zugunsten der rettenden, lebensförderlichen und welterhaltenden Kräfte auf. Das ist der Kern seiner frohen Botschaft.«[7]

---

[7] Janowski, Ein Gott, der straft, 340.

Dürfen wir gegen »Feinde« zu Gott klagen?

In den Psalmen und besonders in den Klagepsalmen treffen wir immer wieder auf die Rede von »Feinden«, Feinden des Einzelnen, Feinden des Volkes Israel und Feinden Gottes. In eindrücklichen und manchmal drastischen Bildern wird beschrieben, wie »Feinde« das Leben und die Gesundheit einzelner, das soziale Umfeld und das Zusammenleben bedrohen und zerstören, weil sie den Glauben, die Lebensordnung und die Gesetze Gottes verachten, verkehren und mit Füßen treten. Die Dimensionen der Bedrohung durch solche »Feinde« gehen oft über das persönliche, vitale und soziale Leben hinaus und nehmen Züge von übermächtigen, chaotischen Ausmaßen an, denen sich die Beter vollkommen ausgeliefert, ohnmächtig und hilflos gegenüber sehen. Gegen diese übermächtigen Bedrohungen und Feinde richten die Beter ihre Klagen und Bitten an Gott, weil sie nur noch von ihm Hilfe und Rettung erwarten und erhoffen können.

Die Sprache dieser Feindklagen und -bitten ist für uns in ihrer metaphorischen Dramatik und Drastik oft befremdend und irritierend. Die eindringlichen Bitten und Aufforderungen Gottes, in der ausweglosen Not einzuschreiten, die Bedrohung der Feinde abzuwenden, die Feinde zu entmächtigen und »zu vernichten«, werden oft in ihrer »Metaphorik der Gewalt« als abstoßend und als Legitimation von Hass und Gewalt durch Gott missverstanden. Doch das wäre zu kurz und zu oberflächlich als Rache- und Vergeltungsbegehren falsch interpretiert. Dagegen muss man zum angemessenen Verständnis dieser Feindklagen und -bitten ihren Ausgang und Ursprung in der Ausweglosigkeit und Verzweiflung der notleidenden Opfer und ihre Absicht und Zielrichtung in der eindringlichen Bitte an Gott sehen, der als einziger die Macht hat, das Unrecht zu beenden und Gerechtigkeit herzustellen.

Nur dann kommt im Verständnis dieser Feindpsalmen zum Tragen, dass sie zuerst und vor allem das Leiden der Opfer unter gewalttätigen, übermächtigen und chaotischen Bedrohungen und Mächten ausdrücken und damit als Stimme der Opfer deren Leiden und ausweglose Not vor die Menschen und vor Gott bringen, damit sie nicht alleine und verlassen darunter verzweifeln müssen und damit die Täter nicht weiter ihr Unrecht verlängern und über die Opfer triumphieren können. Zum anderen wird durch die Klagen und Bitten gegen die Feinde nicht zur Rache oder Vergeltung aufgerufen, sondern Gott als letzte Rettung um Hilfe angerufen, dass er das Unrecht beendet, die Feinde entmächtigt, sie den Folgen ihres frevelhaften und boshaften Handelns zuführt und seine heilsame Ordnung des Lebens und der Gerechtigkeit durchsetzt. Die Beter geben sich in ihrer letzten, verzweifelten Hoffnung und auch ihre Feinde und deren Ergehen ganz in Gottes Hände und lassen letztlich Gott allein über seine rettende Gerechtigkeit walten.

Aus diesen Gründen verbietet es sich theologisch, die schwierigen Feindklagen und -bitten wegen ihrer »anstößigen Metaphorik« aus dem persönlichen wie dem gottesdienstlichen Beten zu verbannen oder zu verdrängen. »Da diese Texte ein Schrei nach Gerechtigkeit in einer Welt voller Ungerechtigkeit sind, ist es die Aufgabe von Theologie und Kirche, diesen Schrei nicht durch Textamputation zu unterdrücken oder zu marginalisieren – nicht um die Vernichtungswünsche der Feindpsalmen zu perpetuieren oder gar theologisch zu adeln, sondern um die in ihnen zum Ausdruck kommende Übermacht des Leidens durch Benennung seiner Urheber bzw. ›Geburtshelfer‹ zu bannen.«[8]

---

[8] A. a. O., 202.

Warum wir als Christen mit den Psalmen beten

»Der wichtigste Grund aber, warum die ›alttestamentlichen‹ oder ›jüdischen‹ Psalmen im vollen Sinn christliches Gebet sind, ist, dass sie sich an den Einen und selben Gott wenden, von dem das Alte Testament spricht, zu dem Jesus von Nazareth als seinem Vater gebetet hat und den das Christentum verehrt.«[9]

Die Psalmen sind das große Gebetbuch der Juden und der Christen, denn sie sind ein Schatz der Glaubenserfahrungen mit Gott und nehmen uns hinein in die Spiritualität eines Lebens in der Gegenwart Gottes. Im Psalmgebet treten wir mit allem, was unser menschliches Leben ausmacht, vor Gott und stellen uns in seinen Horizont, der uns einen anderen Blick und eine neue Perspektive auf uns selbst, unser Leben, unser Miteinander und die ganze Welt und ihre Geschichte erschließt. Betend üben wir eine Haltung ein, uns mit allem von Gott her und vor Gott zu sehen und unser Leben so zu gestalten, dass es davon durchdrungen und daran orientiert ist.

Das haben nicht nur die Kirchenväter des frühen Christentums entdeckt und vor allem das Mönchtum in der katholischen und orthodoxen Kirche bis heute überliefert, dessen Spiritualität durch das Stundengebet der Psalmen geprägt ist, sondern das gilt über die Zeiten hinweg auch für uns heute. »Wenn wir als Christen die Psalmen lesen und beten, dann lassen wir nicht nur die in ihnen bezeugte Offenbarungs- und Glaubensgeschichte als uns selbst betreffende gelten, wir begeben uns auch in die ›große Schule des Betens‹, die uns immer wieder aufs neue lehrt, wer Gott ist und was er tut. Und die uns sagt, wer wir sind und wohin wir gehen.«[10]

Im Beten der Psalmen beten wir mit anderen und für andere, teilen ihren Glauben, ihr Leben, sowie ihre Nöte und bringen alles vor Gott. Wir stellen uns gemeinsam in einen Strom des Gebetes hinein, der unser Gebet mitträgt und vergewissert, weil er sich von tieferen Quellen außer und vor uns speist, die sich uns in den Psalmen erinnern und vergegenwärtigen.

---

[9] Schnocks, Psalmen, 87.
[10] Janowski, Konfliktgespräche, 372.

Gerade heute, in einer Zeit, in der sich viele Menschen nach einer unverfälschten, authentischen Spiritualität sehnen, in der sie sich selbst mit ihrem Leben wiederfinden und die ihnen eine andere Perspektive auf das Leben erschließen kann, können wir die Psalmen als »Spiegel des Lebens« neu entdecken, in dem wir uns selbst mit allen Ambivalenzen sehen und erkennen können, der uns aber zugleich in den Horizont der Gegenwart Gottes stellt, die uns Trost, Hoffnung, Zuversicht und Orientierung schenken kann.

Meditationen zu ausgewählten Psalmen

1 Vom Gelingen des Lebens

Psalm 1 Wie ein Baum an Wasserbächen[11]

V.1 Glücklich (gepriesen) ist der Mann, der nicht dem Rat der Frevler gefolgt ist, und nicht den Weg der Sünder betreten hat und nicht am Sitz[12] von Spöttern gesessen hat,
V.2 sondern der an der Weisung JHWHs[13] seine Lust[14] hat, und seine Weisung rezitiert bei Tag und bei Nacht[15].
V.3 Er ist wie ein Baum, gepflanzt an Wasserbächen[16], der seine Frucht bringt zu seiner Zeit und dessen Laub nicht verwelkt. Und alles, was er tut, wird gelingen.
V.4 Nicht so die Frevler, sondern (sie sind) wie die Spreu, die ein Wind verweht.
V.5 Darum bestehen die Frevler nicht im Gericht und die Sünder haben keinen Platz in der Versammlung der Gerechten.
V.6 Denn JHWH kennt den Weg der Gerechten, aber der Weg von Frevlern vergeht.

---

[11] Zur Übersetzung vgl.: Ruwe, Psalmen, 11; Hartenstein/Janowski, Psalmen. BK XV/1.1, 9; Kraus, Psalmen 1–59, 131; Weber, Werkbuch Psalmen I, 48.
[12] Oder: »am Platz«.
[13] Das Tetragramm JHWH steht in der Hebräischen Bibel für den Eigennamen Gottes, der aber aus Respekt vor Gottes Heiligkeit und Größe nicht ausgesprochen wird. Gelesen wird an diesen Stellen in der Regel »Adonaj« (der Herr) oder »Ha-Schem« (der Name). Für das Verständnis und die Auslegung ist wichtig, in den jeweiligen Übersetzungen der Psalmen anzuzeigen, wo im Originaltext der Gottesname oder eine andere Gottesbezeichnung steht. Daher wird an diesen Stellen das Tetragramm JHWH beibehalten. Vgl. dazu: Schnocks, Psalmen, 160–161.
[14] Oder: »sein Gefallen«.
[15] Oder: »über seine Weisung murmelnd nachsinnt bei Tag und bei Nacht«.
[16] Oder: »Wasserkanälen«.

Jeder Baum trägt in sich Spuren, die von seinem Leben erzählen. In seinen Jahresringen können wir nicht nur sehen, wie alt er ist, sondern auch, wie er gewachsen ist, was ihn dabei gefördert oder beeinträchtigt hat. Jeder der Jahresringe hat eine andere Form, denn jedes Jahr setzt seine Zeichen. Sonne, Regen und guten Boden gibt es nicht immer. Was in einem Jahr geschah, bleibt. Ein gutes Jahr setzt kräftige Zeichen. War es ein sparsames Jahr mit wenig Wachstum und wenig Kraft, ist der Ring schmal und dünn. Gab es Konkurrenz von Nachbarbäumen, die dem Baum Luft und Licht nahmen, hat sich der Ring nur zu einer Seite hin ausgeweitet. Gab es Verletzungen durch Stürme oder Bedrohungen, so bleiben Narben im Holz.

Doch entscheidend für das Leben und Wachsen eines Baumes ist sein Standort, ob er dort genug Licht und Luft aus der Höhe, Wasser und Nährstoffe aus der Tiefe hat.

Das ist bei den Menschen auch so. Ein guter Ort zum Aufwachsen lässt uns reifen und gedeihen, in liebevoller und fürsorglicher Umgebung, in verlässlichen Beziehungen erfahren wir Liebe, Geborgenheit, Selbstwirksamkeit und Sicherheit. Die Jahresringe des Baumes erinnern daran, dass auch wir leben und reifen in wachsenden Ringen. Die Jahre legen sich übereinander, was geschah, bleibt in uns, prägt uns: gute und dürre Jahre, Menschen und Ereignisse, Zeiten des Glücks, aber auch Enttäuschungen, Krisen und Verletzungen.

Wie ein Baum gepflanzt an Wasserbächen, der seine Frucht bringt zu seiner Zeit und dessen Laub nicht verwelkt (Ps 1,3), ist der Mensch, der an der Weisung Gottes sein Gefallen hat und seine Weisung rezitiert bei Tag und bei Nacht (Ps 1,2). Alles, was er tut, wird gelingen (Ps 1,3). Denn Gott kennt seinen Weg. Darin erweist sich sein Glück (Ps 1,1).

Ja, glücklich wird der Mensch gepriesen (Ps 1,1), der nicht dem Rat der Frevler gefolgt ist, den Weg der Sünder nicht betreten hat und nicht bei Spöttern sitzt, sondern der seine Herzenslust an der Weisung Gottes hat, die er in allen guten und schweren Stunden auf den Lippen, im Herzen und im Sinn trägt, murmelnd rezitiert und sich einverleibt (vgl. Dtn 6,6–7 u. Jos 1,8), dass sie in Fleisch und Blut übergehen und nicht nur seine Worte und sein Handeln prägen, sondern seine äußere und innere Haltung stets auf Gott hin ausrichten möge.

Wer diese Haltung zu seinem inneren Kompass macht, wird auf seinem Weg durch das Leben, der ihn vor Brüchen, Sackgassen, Umwegen, Irrwegen, Abgründen und Abstürzen – auch vor Sünde und Schuld – nicht verschonen wird, begleitet und bewahrt von dem Gott, der seine Wege von Anfang an kennt, der ihm nahe ist als der, der seinen Weg liebend anschaut und mitgeht. Darum liegt Gelingen in allem, was dieser Haltung entspringt und aus ihr hervorgeht. Denn »er wird sein wie ein Baum, gepflanzt an Wasserbächen, der seine Frucht bringt zu seiner Zeit und dessen Laub nicht verwelkt« (Ps 1,3).

Aber nicht so die Frevler, sondern sie sind wie die Spreu, die ein Wind verweht. Sie bestehen nicht im Gericht und haben keinen Platz in der Gemeinschaft der Gerechten (Ps 1,4–5). Denn ihr Weg vergeht (Ps 1,6b). »Gott sorgt für den/die Gerechten, aber er vernichtet nicht die Frevler – das tun diese schon selbst.«[17] Die innere Logik in der Haltung des Frevlers und Sünders führt konsequent in die Selbstzerstörung.

Was die Frevler, Sünder und Spötter tun, wird nicht konkret benannt, aber aus dem konsequenten Gegensatz, ja, Widerspruch zum Weg und Handeln des Gerechten, wird ihre Haltung und ihr Wandel erkennbar. Sie kennen und lieben Gott nicht, sie folgen nicht seiner Weisung und orientieren sich nicht an der Tora, die das Gelingen des Lebens und das Zuwenden zum Schwachen zum Ziel hat. Sie stehen für das, was gegen Gott ist und was sie von dem Grund des Lebens entfernt. Sie missachten, ignorieren und übertreten die Weisungen Gottes, was sie von Gott trennt und seinem fürsorgenden Achten, Begleiten, Beistehen und Wirken entzieht. Das lässt sie vergehen wie Spreu, die vom Winde verweht wird. Sie bleiben nicht und ihr Weg endet im Vergessen und im Nichts.

Dagegen steht der Weg des Gerechten, der sich und sein Leben immer wieder neu auf Gott hin ausrichtet und dessen Weisung und Willen sucht und folgt, unter dem Stern des Gelingens, weil Gott dafür sorgt und Gottes Ordnung der Welt und der Schöpfung Garant dafür sind, dass diejenigen, die ihr ganzes Vertrauen in die heilvolle und gerechte Weltordnung Gottes setzen, darin bewahrt werden.

Denn Gott »kennt« den Weg der Gerechten (Ps 1,6a) und dieses »Kennen« impliziert ein tiefes Verstehen, Anerkennen und Begleiten des Menschen in all seinen Gefühlen, Gedanken und Orientierungen, die ihn der liebenden Nähe und fürsorgenden Gegenwart Gottes in allen Höhen und Tiefen seines Weges gewiss und erfüllt sein lassen, so dass diese »Gottverbundenheit« seine eigene innere und äußere Orientierung auf dem Weg der Weisung allezeit leitet.[18]

Wer Gefallen an Gottes Weisung findet und sucht, was Gott gefällt, wie ein Liebender nur das will, was dem von ihm geliebten Menschen gefällt, der will allein, was Gott will, wollen und sich daran ausrichten. Denn darin weiß er sich Gott verbunden und findet er die Weisung zum Leben, die ihn bewahrt vor allem Zerstörerischen, das auch sein Leben bedroht.

Das »immerwährende« Vergegenwärtigen der Weisungen Gottes, die Herz und Sinn, Wort und Handeln, Denken und Fühlen mit der Lust und Freude durchdringen und erfüllen, Gefallen an dem zu finden, was Gott gefällt, ist für uns Menschen wie eine tiefe Wasserader oder Quelle, die einen Lebensbaum nähren, wachsen, gedeihen und Frucht bringen lässt. Es verleiht uns wie dem Fruchtbaum am Wasser die Kraft, den bedrohlichen, todbringenden Mächten und Gewalten zu widerstehen und ganz auf die rettende Macht Gottes zu setzen.

---

[17] Hartenstein/Janowski, Psalmen. BK XV/1.1, 44.
[18] Zum Begriff des »Kennens« und der »Annahme« siehe Janowski, »JHWH kennt den Weg der Gerechten« (Ps 1,6), 65–96.

Darin wird eine Hoffnung begründet, die von der Gewissheit eines Glücks geprägt und durchdrungen ist, das in Gott gründet und nicht in uns und darum alles eigene Können und Vermögen übersteigt und zugleich ermöglicht. Diese Hoffnung, die ganz am Anfang des Psalters für den Gerechten proklamiert wird, trägt schon in sich jenes große, volle, universale Lob Gottes am Ende von Ps 150,6. So wird alles Leben, das sich an Gott und Gottes Weisung ausrichtet, zum Lobgesang und Lobpreis seiner Schöpfer- und Heilsmacht, die alles durchdringt, erhält und erfüllt. Darin liegt Glück, schon jetzt.

Was auf den ersten Blick wie eine moralische Schwarz-Weiß-Belehrung aussehen mag, ist doch das Gegenteil davon: eine Seligpreisung, die nichts fordert, sondern Glück und Gelingen zusagt. Darin korrespondieren Anfang und Ende des 1. Psalms: einer wird glücklich gepriesen und der Grund dafür liegt darin, dass Gott ihn sieht und weiß, was er zum Leben braucht, und seinen Weg kennt, den er liebend anschaut und begleitet.

Jenes Dilemma, das einst die Philosophie der Frankfurter Schule proklamiert hat, dass es kein wahres Leben im falschen geben kann, wird aufgelöst und überwunden in der Verheißung des Glücks vom gelingenden Leben, das von Gott herkommt, der es durch seine vorgängige und dauerhafte liebende Verbundenheit selbst ermöglicht, begründet und erfüllt.

Dagegen führt ein Leben, das sich nur aus sich selbst heraus begreift und begründet und sich von Gott als dem Grund des Lebens und seinen Weisungen des gelingenden, bleibenden Glücks entfernt, in die Bedeutungslosigkeit, in die Nicht-Existenz und in den Tod, denn es bleibt sich selbst und dem eigenen Vergehen überlassen. Gott bestraft die Frevler, Sünder und Spötter bzw. ihren Lebenswandel und ihre Haltung nicht mit dem Tod, sondern überlässt sie der unglücklichen Konsequenz und Logik der eigenen Nichtigkeit ihres Lebens, das sie selbst gewählt haben. Hoffnung (im Sinne von Adorno)[19] ist nur möglich vom Standpunkt einer Erlösung, wie sie dem Gerechten als gelingendes Leben verheißen ist.

Menschen, die ihr Leben in Gott gründen und seine Wegweisung mit liebendem Herzen zur Richtschnur ihres Lebens machen, werden nicht von Krankheit, Unglück, Not und Leid verschont, sie bleiben allen Krisen und Abgründen menschlichen Lebens verhaftet und können an ihren Unzulänglichkeiten scheitern. Aber in allen Tiefen und Höhen ihres Lebens sind und bleiben sie mit Gott verbunden, in seiner bewahrenden Macht geborgen und in seiner Leben spendenden Gegenwart verwurzelt, so dass alles in ihrem Leben unter einem anderen Stern steht, dem Stern der Hoffnung, des Gelingens und des Glücks, das nicht von ihnen abhängt und nicht aus ihnen kommt, sondern in Gottes Gegenwart und Wirksamkeit gründet, weil Gott ihren Weg von Anfang an kennt und Anteil nehmend, fürsorgend und liebevoll begleitet Diese Gewissheit

---

[19] Adorno, Minima Moralia, Aph.153, 333.

verleiht ihnen Zuversicht, Heiterkeit und Gelassenheit, weil das, was ist, nicht alles ist.

Psalm 1 stellt nicht zwei Wege zur Wahl, zwischen denen Menschen sich entscheiden können, sondern einzig und allein den Weg der Weisung Gottes, auf dem die Menschen von Gott geleitet und begleitet werden und zum Glück des Lebens gelangen. Alles, was über die Frevler, Sünder und Spötter gesagt wird, zeigt und legt offen, wohin das Leben führt, wenn sich Menschen von Gott entfernen und seine Weisung missachten. Ihr Weg ist keine wirkliche Existenzweise, sondern der konsequente Weg in das Vergessen, Vergehen und den Tod.

Darum steht der Weg des Gerechten am Anfang des Psalters wie ein Paradigma über allem, was im Folgenden über das Auf und Ab, das Bestehen und Scheitern der Menschen zu sagen ist. Alles steht unter diesem Vorzeichen, dass Gott den Weg der Menschen von Anfang an kennt, annimmt, fürsorgend leitet und begleitet, damit ihr Leben gelingt und von Glück erfüllt wird. Wer sich nicht in diesem Grund des Lebens verwurzelt, sondern von ihm lossagt und entfernt, trennt sich von Gott und wird in der Konsequenz verloren und vergessen gehen – wie Spreu, die der Wind verstreut und von der niemand mehr etwas weiß.

Aber wer sich in Gott gründet und alles in seinem Leben von der Lust und Liebe zu den Weisungen Gottes bestimmen sein lässt, der lebt aus ihrer Leben spendenden, erhaltenden und erfüllenden Kraft und darf schon jetzt einstimmen in den Lobpreis aller über den Sieg Gottes in der Welt (Ps 150).

Im Sinne eines Reframings könnte man sagen, dass der Weg, das Leben, die Haltung des Gerechten in Psalm 1 wie ein Rahmen um alles gelegt wird, was menschliche Existenz ausmacht. In diesem Rahmen bekommt menschliches Leben einen Sinn und ein Ziel, das Glück des gelingenden Lebens in der Gegenwart Gottes. Wer oder was aus diesem Rahmen fällt, den Rahmen sprengt oder überschreitet, verliert diese Perspektive auf das Leben und die Verbundenheit mit dem Gott, der den Weg des Menschen von Anfang an kennt, Anteil nehmend begleitet und bewahrt. In allem und für uns alle bleibt dieser vorgängige Rahmen aber immerwährend aufgespannt, in dem wir uns wiederfinden, orientieren, ausrichten und verorten können, ohne verloren gehen zu müssen für immer. Er ist sozusagen der Anfang des weiten Bogens, den der Lobpreis Gottes von hier aus bis ans Ende (Ps 150,6) spannt und in den wir einbegriffen sind.

2 Gott sieht den Menschen mit den Augen der Liebe an

Psalm 8 Was ist der Mensch?[20]

V.1 *Dem Musikmeister. Nach der gittitischen*[21] *Weise, ein Psalm Davids.*
V.2 JHWH, unser Herr, wie herrlich ist dein Name auf der ganzen Erde! Der du deine Majestät auf den Himmel gelegt hast[22] –
V.3 aus dem Mund von Kindern und Säuglingen hast du eine Macht gegründet um deiner Bedränger[23] willen, um Feind und Rächer zum Aufhören zu bringen.
V.4 Wenn ich deinen Himmel sehe, das Werk deiner Finger, Mond und Sterne, die du befestigt hast –
V.5 was ist der Mensch, dass du seiner gedenkst, und der einzelne Mensch, dass du nach ihm siehst[24]?
V.6 Du hast ihn wenig niedriger gemacht als Gott, und mit Ehre und Macht hast du ihn gekrönt.
V.7 Du hast ihn zum Herrscher gemacht über die Werke deiner Hände,[25] alles hast du unter seine Füße gelegt:
V.8 Kleinvieh und Rinder, sie alle, und auch die Tiere des Feldes,
V.9 die Vögel des Himmels und die Fische des Meeres, was immer dahinzieht auf den Pfaden der Meere.[26]
V.10 JHWH, unser Herr, wie herrlich ist dein Name auf der ganzen Erde!

---

[20] Zur Übersetzung vgl.: Hartenstein/Janowski, Psalmen. BK XV/1.4, 291; Kraus, Psalmen 1–59, 203; Ruwe, Psalmen, 17–18; Weber, Werkbuch Psalmen I, 72.
[21] »Gittit« meint ein Instrument oder eine musikalische Weise von Gath, vgl. dazu: Weber, Werkbuch Psalmen I, 72.
[22] Oder: »über den Himmel gesetzt hast«.
[23] Oder: »Widersacher«.
[24] Oder: »dich um ihn kümmerst«.
[25] Oder: »Du lässt ihn über die Werke deiner Hände herrschen«.
[26] Oder: »alles, was die Wege der Wasser durchzieht«.

An einer Bushaltestelle leuchtet mir ein Plakat entgegen, mit der Kontur einer Wirbelsäule auf rotem Hintergrund. Darunter steht groß: »Würdesäule«. Ich bin irritiert und gehe näher zu dem Plakat hin. Da erkenne ich, die Wirbelsäule besteht aus Büchern, die aufeinandergestapelt sind. Das bringt mich ins Nachdenken.

Die Wirbelsäule ist zentral wichtig für die Haltung des Menschen. Sie will bewegt und gestärkt werden, damit sie allen Belastungen gewachsen ist und keine Beschwerden oder Schmerzen bereitet. Mit der Würde des Menschen ist es ähnlich. Sie ist eine Art Rückgrat und Rückhalt des Menschen. Sie ist lebenswichtig und darf nicht verletzt werden. Sie ist jedem eigen, aber sie kann sich nur entfalten, eine aufrechte, tragfähige, gesunde Haltung hervorbringen, wenn sie geschützt und gestärkt wird. Das kann durch eine gute Bildung geschehen, die Menschen in ihrer Entwicklung und Subjektwerdung fördert und unterstützt. Darum wirbt ›Brot für die Welt‹ mit dem Plakat für seine Entwicklungshilfe.

Die Würde des Menschen ist unantastbar, denn sie ist der unendliche, unauslöschbare Wert, der jedem Menschen bedingungslos und voraussetzungslos eigen ist und der ihm Achtung, Respekt und Schutz als Person garantiert. Die Würde eines Menschen ist Ausdruck dafür, dass ein jeder und eine jede immer mehr ist als das, was er und sie gerade ist, trotz allem, was ist und nicht ist, wertvoll, begabt und befähigt zur Humanität.

Die Würde ist nicht in dem begründet, was jemand kann oder leistet, auch nicht in dem, was jemand ist oder tut. Vor allem, was Menschen selbst bewirken und erreichen können, sind sie unendlich wertvoll und einzigartig durch ihr Menschsein, das sie sich nicht selbst gegeben haben, sondern das ihnen zukommt, ihnen geschenkt ist durch ihr Dasein und ihre Geschöpflichkeit.

Diese Perspektive läuft dem modernen Denken zuwider, das den Menschen mit seinen Möglichkeiten und Kompetenzen, seiner Selbstwirksamkeit und seiner Selbstbestimmtheit in den Mittelpunkt rückt und ihn selbst zum Maß aller Dinge macht, wodurch er sich über sich selbst erhebt und sich zum Mittelpunkt der Welt und der Schöpfung macht, von dem alles her und auf den alles hin bezogen und bestimmt wird. Die sichtbaren und wirksamen Folgen dieser Haltung offenbaren den Anthropozentrismus als schonungslosen, grenzenlosen Egoismus, der mit seiner Selbstüberforderung und Ausbeutung der Welt und der Schöpfung konsequent in eine kosmische Selbstzerstörung führt.

Der Psalm nimmt den Menschen in seiner Geschöpflichkeit in den Blick und reflektiert seinen Wert und seine Würde von Gott her und nicht aus ihm selbst. »Der Mensch lebt und ist Mensch, weil Gott seiner gedenkt und sich seiner annimmt.«[27] Das begründet und begrenzt seine Stellung in der Schöpfung, deren Teil er ist.

---

[27] Janowski, Konfliktgespräche, 11.

2 Gott sieht den Menschen mit den Augen der Liebe an

Was über den Menschen zu sagen ist, steht alles im Horizont Gottes und hat darin seinen Grund und sein Ziel. Ausgangs- und Zielpunkt des Psalms ist die Anrufung Gottes und die Akklamation seines Namens als bewundernder Ausdruck seiner wirkmächtigen Gegenwart auf der Erde (V.2a u. 10), die als Rahmen den Horizont abstecken für das, was im Folgenden von Gott her über den Menschen und seine Stellung vor Gott zu sagen ist. Am Anfang und am Ende steht alles in der wirkmächtigen Gegenwart Gottes.

Die machtvolle und wirksame Präsenz Gottes auf der Erde, die in der Anrufung seines Namens vor aller Welt und vor allen Menschen bewundernd verkündet und bezeugt wird, ist Spiegelbild seiner himmlischen Majestät und alles übersteigenden, unendlichen Größe und Herrlichkeit (vgl. Jes 66,1–2/Jes 40,12–26). Gott ist im Himmel und auf der Erde, auch über dem All, also »überall« Gott und in seiner Macht gegenwärtig.

Seine Macht und Herrschaft tut Gott selbst kund durch den Mund der Kinder und Säuglinge (V.3), die klein und schwach sind, aber durch deren Mund er mit seinem machtvollen Wirken den lauten, großen und selbstüberheblichen Worten seiner Feinde und Leugner eine Grenze setzt, diese zum Schweigen bringt und entmachtet. »Das eigentlich Bemerkenswerte in Ps 8,3 ist, dass diese Gottesmacht aus dem ›Mund‹ wehrloser und hilfsbedürftiger Wesen (Kinder und Säuglinge) kommt, der dem ›Mund‹, d. h. dem Reden der Feinde und Gottesleugner (vgl. Ps 5,10; 10,7 u. a.) entgegengesetzt wird – und zwar dem Reden, mit dem sich die Gottesleugner, wie das Frevlerzitat Ps 12,5 belegt, an die Stelle Gottes setzen […].«[28]

In der Unglaublichkeit dieses Szenarios, dass Gott durch Kinder und Säuglinge die »Ohn-Macht« seiner Feinde und Gegner entmachtet, weil er selbst alleine die Macht und die Kraft dazu hat, kommt das unendliche Vertrauen in die Gerechtigkeit Gottes zum Ausdruck, deren Wirklichkeit sich machtvoll durchsetzt in der Welt (vgl. Ps 7). Es braucht keine Herrscharen an Soldaten und keine Waffen, nur das wirkmächtige Wort Gottes aus dem Munde der Kleinen und Schwachen, das die Vollmacht hat, Gottes Macht und Herrschaft auf der Erde durchzusetzen.

Dagegen erscheint die Situation unserer Welt und Gesellschaft, die einzig von Macht und Geld und deren Selbstoptimierung beherrscht und bestimmt werden, wie ein Gegenbild zum vollmächtigen Wirken Gottes aus dem Munde der Kleinen und Schwachen. Sie stellt mit ihrer normativen Kraft des Faktischen die Macht Gottes in Frage, aber sie kann die Wahrheit der göttlichen Wirksamkeit nicht widerlegen. Denn tatsächlich wird »nur« im Kleinen, im Unscheinbaren und im Zerbrechlichen anderes wirksam und erkennbar, das nicht aus menschlichem Macht- und Geldstreben hervorgeht, sondern aus einer anderen Kraft und Stärke kommt, das mit seinem Wirken der Menschwerdung des Menschen und der

---

[28] Hartenstein/Janowski, Psalmen. BK XV/1.4, 307.

Bewahrung der Schöpfung dient und darin ein leises, stilles, aber unwiderlegbares Zeugnis der Schöpfermacht Gottes gibt, die sich trotz der scheinbaren Prädominanz von Geld und Macht durchsetzt.

Diese Macht und Herrschaft Gottes wird nun im Folgenden (V.4–9) im Blick auf die Schöpfung entfaltet und weist dem Menschen seinen Platz und seine Bestimmung darin zu. In dem Blick an den Nachthimmel mit Mond und Sternen wird Gott als der Urheber der ganzen Schöpfungswelt bewundert und bezeugt. Himmel, Mond und Sterne erzählen von Gottes unendlicher Herrlichkeit und Macht. Nichts verläuft im Chaos, alles hat seine Ordnung und jedes seinen Platz in dem unendlichen Kosmos, weil Gott es geschaffen und gut geordnet hat.

In diesem Horizont stellt der Psalm die Frage nach dem Menschen. Er richtet sie nicht an den Menschen, sondern an Gott, weil nur von Gott her erkennbar und aussagbar werden kann, was der Mensch ist und wo sein Platz in der Schöpfung verortet wird. Die Frage »Was ist der Mensch?« wird durch Gottes Beziehung zum Menschen beantwortet »dass du seiner gedenkst [...] und nach ihm siehst?« (V.5).

Gott denkt an den Menschen und vergisst ihn nicht, ja, wir Menschen sind immerzu und allezeit in Gottes Gedenken, in seinem Blick und in seiner Wahrnehmung, die auf fürsorgende Anteilnahme an unserem Ergehen ausgerichtet ist. Wir Menschen sind »klein und hinfällig«, aber vor Gott und in seiner Zuwendung unvergessen, wertvoll und wohlwollend bedacht, weil er unserer »gedenkt« und »nach uns sieht«. In Gottes liebendem Blick und fürsorgenden Gedenken sind wir aufgehoben und geborgen – auch in Situationen, in denen wir uns vergessen und nicht gesehen fühlen. Das verleiht uns von Gott und vor Gott einen Wert und eine bleibende Bewahrung, die durch nichts zunichtewerden kann.

Aus der Entwicklungspsychologie wissen wir, dass die frühe Erfahrung von kleinen Kindern und Jugendlichen, wahrgenommen und liebend angesehen zu werden, fürsorglich und wertschätzend beachtet und behandelt zu werden, in ihnen ein Grundgefühl, ein Urvertrauen wachsen und entstehen lässt, das sie in Krisensituationen ihres späteren Lebens resilient macht. Kinder, die nicht wahrgenommen werden und derer nicht liebend gedacht wird, bleiben im Kern ihres Menschseins unsicher und fragil. Dass Gott von Anfang an und bis ans Ende unserer liebend gedenkt und Anteil nehmend auf uns sieht, begabt und befähigt uns zur Subjektwerdung und zur Humanität.

Das Gedenken und Ansehen für den kleinen, hinfälligen Menschen, der bedürftig ist, erweist Gott in seiner unendlichen Größe und Macht als den Schöpfer, der seine Geschöpfe bewahrt und erhält. »JHWH überlässt den Menschen in Situationen akuter Bedürftigkeit nicht sich selbst, sondern er ist ›ihm darin stets Anteil nehmend und wohlwollend zugetan, so dass er aufmerksam nach ihm sieht und erkundet, wessen er bedarf‹. Diese *Aufmerksamkeit Gottes* gilt allen Menschen, und sie gilt, [...], dem Menschen in seiner *Kleinheit und Hinfälligkeit*. Damit steht sie im Dienst der Herausstellung der Größe des Schöpfers (vgl. 2a.10, s. *Wort 2a/10*) und damit ›der Gnade, die darin besteht, daß dieser so große Gott sich dem so kleinen/hinfälligen Menschen zuneigt‹.«[29]

Im Leiden und in der Not hört das Anteilnehmen und die Zuwendung Gottes für die Menschen nicht auf, sondern wird zum Grund der Möglichkeit, kontrafaktisch das verbürgte immerwährende Gedenken und fürsorgliche Ansehen Gottes in der Fürbitte und in der Klage einzufordern (vgl. Hi 7,17–21). In der Anfechtung und im Zweifel liegt darin der einzige Grund für die Hoffnung und Zuversicht, dass Leid und Not nicht das letzte Wort über die Menschen haben werden, sondern Gott darin und dahinter wirksam präsent und zugewandt bleibt.

»Siehst du ein Menschenantlitz, und wenn es das entstellte und zerschundene Gesicht des an fremder oder eigener Schuld leidenden Menschen ist, und gerade dann: siehst du ein solches Menschenantlitz, so laß dich an Gott erinnert sein. Denn du siehst den, von dem du dir gegen allen Augenschein gesagt sein lassen sollst: Gott gedenkt seiner, Gott nimmt sich seiner an, Gott liebt ihn, Gott identifiziert sich mit ihm. Beleidigst du ihn, so beleidigst du Gott. Ehrst du ihn, so ehrst du Gott. Der königliche Mensch nimmt nur dann seine hohe Würde wahr, wenn er, weil seinem Gott der Nächste, deshalb auch seinem geringsten und verachtetsten Mitmenschen der Nächste ist.«[30]

Der Mensch, der mit seiner Schwachheit und Vergänglichkeit in Gottes Gedenken geborgen ist und der Ansehen hat vor Gott, ist von Gott befähigt und beauftragt, wie ein »König« an Gottes Stelle über die Schöpfung zu herrschen (V.6 –9). Dafür ist er »wenig niedriger gemacht als Gott« und wird von Gott mit den königlichen Attributen »Ehre« und »Pracht« (V.6) ausgestattet, um in der Schöpfung an Gottes Stelle über die Tiere »wie ein König« zu herrschen (V.8–9). Damit wird dem Menschen die »Rolle des Königs, Mandatar JHWHs zu sein, übertragen«[31].

Der Mensch soll »wie ein König herrschen« über die Tierwelt der Schöpfung, die ihm als »Werke« der »Hände Gottes« von Gott »unter seine Füße gelegt« sind (V.7). Seine Verantwortung und Macht in der Schöpfung gegenüber den Tieren, deren Lebensraum nach altorientalischer weltbildhafter Ordnung auf der Erde, im Himmel und im Meer beschrieben wird, ist ihm von Gott übertragen und darin legitimiert und zugleich begrenzt. »Herrscher« jedoch ist und bleibt der Mensch nicht aus sich selbst, sondern allein im Auftrag und Namen des Schöpfergottes, dessen Lob am Anfang und am Ende steht.

»Das alles zeigt, dass in Ps 8,7–9 eine universale Herrschaft gemeint ist, mit der der königliche Mensch beauftragt wird. [...] Das ist seine einzigartige Würde und zugleich die Grenze seiner Macht. Das Bewusstsein dieser Grenze, das durch den Blick zum gestirnten Himmel und durch das Innewerden der eigenen Si-

---

[29] A.a.O., 311.
[30] Ebeling, Psalmenmeditationen, 88–89.
[31] Hartenstein/Janowski, Psalmen. BK XV/1.4, 313.

tuation coram Deo (4f) immer wieder stimuliert wird, führt den Psalmisten – und mit ihm auch uns – zum Lob des Schöpfers und seines Namens ›auf der ganzen Erde‹(10).«[32]

Aber unsere Realität sieht anders aus: Nicht erst die Fridays-for-Future-Bewegung hat mit ihrer nachdrücklichen Mahnung auf die fatalen Folgen der anhaltenden und rücksichtslosen Ausbeutung und Zerstörung der Schöpfung durch den Menschen hingewiesen. Seit den mahnenden Appellen des Club of Rome vor fünfzig Jahren haben die Menschen in Gesellschaft, Wirtschaft und Politik nichts an ihrer selbstzerstörerischen und selbstüberheblichen Haltung, die den Menschen zum alleinigen Maß und Mittelpunkt der Welt macht, revidiert und werden durch deren Folgen selbstbestimmt und selbstwirksam in eine unumkehrbare globale und kosmische Katastrophe gehen. In diesem Zukunftsszenario liest sich der Psalm wie eine längst überfällige, heilsame und rettende Korrektur, die den Menschen wieder mit seinen Füßen auf den Boden holt und an den Platz stellt, der ihm in der Welt zusteht: als Sachwalter in der Verantwortung vor Gott und gegenüber der Schöpfung zu handeln. Daran entscheidet sich das Menschsein des Menschen vor Gott und in der Welt.

Die Bestimmung des Menschen von Gott her und vor Gott im Gegenüber zur Schöpfung entwirft eine Theologie der Menschenwürde, die mit Ps 8 die Klagen und Bitten der Psalmengruppe 3–14 mit einer Hoffnung rahmt, die alles Bedrängende und Bedrückende des menschlichen Lebens in den weiten Horizont von Gottes Gedenken und fürsorgendem Ansehen stellt, das die unauslöschbare Würde des Menschen begründet.

Psalm 139 Wer bin ich?[33]

V.1 *Dem Leiter, von David, ein Psalm.*
JHWH, du hast mich erforscht und erkannt.
V.2 Du, du kennst mein Sitzen und mein Aufstehen, du verstehst meine Gedanken[34] von ferne.
V.3 Mein Gehen und mein Liegen[35] hast du ermessen und mit allen meinen Wegen bist du vertraut.
V.4 Wenn (noch) kein Wort auf meiner Zunge ist, siehe, du, JHWH, hast es schon im Ganzen erkannt.

---

[32] A.a.O., 326–327.
[33] Zur Übersetzung vgl.: Janowski, Anthropologie, 59–61; Kraus, Psalmen 60–150, 1091–1092; Ruwe, Psalmen, 204–206; Weber, Werkbuch Psalmen II, 341–342.
[34] Oder: »meine Absicht«.
[35] Oder: »Ruhen«/»Lagern«.

V.5 Von hinten und von vorne hast du mich umschlossen und hast deine Hand auf mich gelegt.
V.6 Zu wunderbar[36] ist diese Erkenntnis für mich, zu hoch – ich vermag sie nicht zu erfassen.
V.7 Wohin sollte ich gehen vor deinem Geist und wohin sollte ich fliehen vor deinem Angesicht?
V.8 Wenn ich zum Himmel hinaufstiege – bist du dort; und wollte ich in der Unterwelt das Lager aufschlagen – so bist du da!
V.9 Trüge[37] ich Flügel der Morgenröte und ließe ich mich nieder am Ende des Meeres,
V.10 würde auch dort deine Hand mich leiten und deine Rechte mich ergreifen.
V.11 Spräche ich: »Ja, Finsternis möge mich angreifen und Nacht sei das Licht um mich herum!«
V.12 Auch Finsternis ist nicht finster vor dir und die Nacht leuchtet wie der Tag! Wie die Finsternis ist das Licht.
V.13 Denn du, du hast meine Nieren erschaffen, du hast mich im Leib meiner Mutter gewoben.
V.14 Ich preise dich, dass ich auf erstaunliche Weise[38] wunderbar geworden bin! Wunderbar sind deine Werke und ich[39] weiß das wohl.
V.15 Mein Gebein war nicht verborgen vor dir, als ich im Verborgenen gemacht wurde, gewirkt in den Tiefen der Erde.
V.16 Mein Ungeformtes[40] sahen deine Augen, und in deinem Buch wurden sie allesamt aufgeschrieben[41]: die Tage, die geschaffen wurden, als noch nicht einer von ihnen da war.
V.17 Wie kostbar, aber sind mir deine Gedanken[42], Gott, wie zahlreich[43] sind ihre Summen!
V.18 Wollte ich sie zählen – sie sind zahlreicher als Sand, ich wachte auf und bin noch immer bei dir.[44]
V.19 Wenn du doch tötetest, Gott, den Frevler[45] – »und ihr Blutmänner, weicht von mir«,

---

[36] Oder: »unbegreiflich«.
[37] Oder: »Erhöbe«.
[38] Oder: »Ehrfurcht gebietende Weise«.
[39] Oder: »meine Seele«/»meine naepaesch«. Zu dem hebräischen Begriff der »naepaesch«, seiner Bedeutung und seiner Übersetzung siehe meine Ausführungen zu Ps 42/43.
[40] Oder: »Mein Unentfaltetes«/»Meinen Embryo«.
[41] Oder: »verzeichnet«.
[42] Oder: »Absichten«.
[43] Oder: »gewaltig«.
[44] Oder: »wäre ich am Ende damit – ich wäre noch immer bei dir«.
[45] Oder: »den Bösen«.

V.20 die von dir reden in Arglist[46], sich zur Lüge erheben, deine Feinde!
V.21 Sollte ich nicht hassen, die dich hassen, JHWH, nicht verabscheuen, die sich gegen dich erheben?
V.22 Mit äußerstem Hass hasse ich sie, zu Feinden sind sie mir geworden.
V.23 Erforsche mich, Gott, erkenne mein Herz, prüfe mich und erkenne meine Gedanken!
V.24 Und sieh, ob ein Götzenweg[47] in mir ist und leite mich auf ewigem Weg.

In der Taufkapelle der evangelischen Gedächtniskirche in Bad Homburg, in der ich lange als Gemeindepfarrer tätig war, gibt es ein Fenster mit einem eindrücklichen Bild: aus einem Dreieck schaut ein großes, überdimensionales Auge den Betrachter an. Bei der erlebnispädagogischen Erkundung der Kirche mit den Konfirmanden fanden diese sehr interessante Kommentare dafür: Während die einen in dem »Auge« eindeutig ein Symbol für die Gegenwart Gottes sahen, die in der Taufe verheißungsvoll jedem Täufling zugesagt werde, fanden andere darin ein Ausdruck dafür, dass Gott die Menschen immer und überall im Auge habe, um sie und ihr Verhalten zu überwachen und zu überprüfen, ob es seinen Geboten entspräche. Wir haben vor diesem Bild anschließend den 139. Psalm gelesen und miteinander beraten, wo im Psalm Gott die Menschen anschaut und was das für uns bedeuten könnte. Sehr berührt waren die Konfirmanden immer wieder von der Entdeckung, dass Gott schon vor der Geburt fürsorgend nach den Menschen schaut (V.16), und sie waren sich alle einig darin, dass es ein Blick der Liebe ist, der es gut mit uns meint.

Psalm 139 gehört zu den bekanntesten und beliebtesten Psalmen, weil er ein großes Vertrauen in eine umgreifende und umfassende Geborgenheit Gottes geben kann. Aber zugleich kann er die Vorstellung von einem allwissenden, allgegenwärtigen Gott (V.1–12) wecken, die furchterregend und abstoßend wirken kann. Der Psalm löst diese Ambivalenz erst dann auf und erschließt sich uns in seiner wunderbaren Poetik und theologischen Tiefe, wenn wir ihn im Ganzen lesen und beten, ja, den inneren Weg des Beters mit- und nachgehen, der uns vor Gott stellt, der uns erforscht und versteht (V.1–6), der uns immer und überall umgibt (V.7–12), der uns erschaffen und unsere Tage bereitet hat (V.13–16), der uns kennt und im Innersten versteht (V.1.23) und dem wir uns darum ganz und gar anvertrauen und übergeben können, dass er uns auf den Weg seiner Gerechtigkeit führt, der uns gelingendes Leben verheißt (V.24; vgl. Ps 1).

Es sind gerade die widerständigen und widerstrebenden Verse 19–22, die bedauerlicherweise sowohl im Evangelischen Gesangbuch (EG 754) wie in den vielfachen kirchenmusikalischen Vertonungen des Psalms weggelassen worden sind, in denen der Psalmbeter aus dem gewonnenen Vertrauen in die Gebor-

---

[46] Oder: »Heimtücke«.
[47] Oder: »Mühsalweg«.

genheit und Fürsorge Gottes heraus sich schonungslos offen und ehrlich vor Gott stellt mit allen erlebten Widersprüchen, Abgründen und Anfechtungen des faktischen Lebens, um sein Herz, seine Gedanken, ja, sein ganzes Leben Gott zu übergeben, damit er es anschaut und prüft und ihn auf den ewigen Weg führt (V.23-24), der in der Gegenwart und Gerechtigkeit Gottes sein Leben gelingen lässt.

Das kann der Beter tun, weil er sein Leben von Gott gewoben und gewirkt, ja, liebevoll angeschaut weiß und glaubt (V.13-16) und darum vor Gott er selbst sein darf und sein kann, der ihn von Anfang an kennt, seiner gedenkt und fürsorgend nach ihm schaut (vgl. Ps 8). Der Weg des Beters führt ihn immer tiefer in die Gegenwart Gottes bis zur Erleuchtung, dass Gott ihm näher ist als er sich selbst. Sein Vertrauen zu Gott, das er dabei gewinnt, bewährt sich in der Konfrontation mit der bleibenden Ambivalenz des faktischen Lebens (V.19-22), die transzendiert wird in der abschließenden Bitte um Gottes Bewahrung und Führung (V.23-24). In diesem Rahmen steht der ganze Psalm, der uns hineinnehmen will in die wunderbare Geborgenheit der Gegenwart Gottes.

Wenn wir zu anderen Menschen sagen: »Du hast mich erkannt!« oder »Du hast mich durchschaut!«, trägt dieses Eingeständnis immer die Ambivalenz in sich, sich zugleich von dem Anderen verstanden zu fühlen, aber auch schonungs- und schutzlos seinem Urteil und seiner »Verfügbarkeit« ausgeliefert zu sein. Nur wenn wir wissen und sicher sind, dass wir von dem Anderen liebend angesehen, verstanden und mit Fürsorge bedacht werden, können wir uns vertrauensvoll geborgen wissen und ohne Scham und Angst vor ihm ganz wir selbst sein.

Der Psalmbeter weiß sich vor Gott und bei Gott aufgehoben und geborgen, darum kann er vertrauensvoll sagen: »Du, Gott, hast mich erforscht und erkannt!« (V.1), ohne vor Schrecken zu erstarren oder zu erschaudern. Er kann sich einlassen, hineinbegeben und darin bergen, dass Gott ihn durch und durch kennt und versteht, denn er weiß und gewahrt darin Gottes Zugewandtheit und Fürsorge an seinem Ergehen. Ja, Gott ist uns so nah, dass er jede Bewegung und jeden Schritt von uns kennt und ihm alle unsere Wege, auch die Umwege, Abwege, Irrwege und Sackgassen vertraut sind (V.2-3). Gott versteht sogar unsere Gedanken und unsere Absichten (V.2), die uns bewegen und antreiben, die uns selbst oft noch unklar oder gar verworren sind. Aber wir brauchen uns davor nicht zu fürchten und keine Verfolgungsängste vor ihm zu hegen, denn Gott schaut fürsorgend und liebend auf uns (vgl. Ps 8).

Gott versteht jedes Wort, bevor es auf unserer Zunge ist (V.4). Er umhüllt »den Menschen von allen Seiten wie die Luft, die ihn umgibt, und das Licht, das ihn umfängt«[48] und er legt seine Hand auf uns, um uns zu schützen, zu bergen und zu segnen. Das ist zu »unbegreiflich« für uns und unser Verstehen, »zu hoch«, dass wir »es nicht erfassen können« (V.6). So weit geht Gottes »Verstehen und Kennen«

---

[48] Kraus, Psalmen 60-150, 1096.

des Menschen und seines Lebens über unseren Verstand und unser Denken hinaus, dass es alle unsere Grenzen überschreitet und umfängt.

Gottes Gegenwart übersteigt alles, was wir kennen, ja, selbst alles, was wir uns vorstellen und erdenken könnten. Denn, wohin wir uns auch wenden, wohin wir uns auch in Gedanken versetzen wollten, »vor seinem Geist und vor seinem Angesicht können wir nicht fliehen« (V.7). Wenn wir bis zum Himmel hinaufstiegen, so ist Gott da, und wenn wir bis in die Unterwelt, das Reich des Todes, hinabstiegen, so ist er auch da (V.8). Nicht nur im Himmel, wo Gott »thront« und über die Erde herrscht, sondern auch in den tiefsten Tiefen des Todes und dessen Machtbereich, die wir als »Gottesferne« erleben, ist Gott da.

Stellen wir uns vor, wir hätten Flügel und könnten vom Aufgang der Sonne bis zum »Ende des Meeres« fliegen (V.9), dem Lauf der Sonne folgend von dem einen Ende des Horizontes bis zum anderen, so würde auch dort Gottes Hand uns leiten und seine Rechte uns ergreifen (V.10). Seine Gegenwart umspannt nicht nur uns, sondern die ganze Welt. Überall ist Gott präsent und hält uns an seiner Hand. Aus seiner bergenden Macht können wir nicht herausfallen. Selbst wenn wir uns vorstellen würden, wir wären von vollkommener »Finsternis« umgeben und umhüllt, in der kein Leben möglich ist, und ewige, anhaltende »Nacht« wäre um uns herum, so wäre »die Finsternis nicht finster« vor Gott und »die Nacht leuchtete wie der Tag«. »Denn Finsternis ist wie Licht« vor Gott (V.11-12). »Der Schöpfer scheidet nicht nur zwischen Licht/Tag und Finsternis/Nacht, sondern die Finsternis ist für ihn ›wie das Licht‹ (V.12). Diese alles durchdringende Lichthaftigkeit Gottes transzendiert die empirische Realität von Licht und Finsternis.«[49]

Der Grund dieser Gewissheit und dieses Vertrauens in die alles transzendierende, bergende Gegenwart, Fürsorge und Zugewandtheit Gottes erschließt sich dem Beter in der Erkenntnis, dass Gott ihn erschaffen und gewirkt hat (V.13-16). So kann er zu Gott beten: »Denn du, du hast meine Nieren erschaffen, du hast mich im Leib meiner Mutter gewoben.«(V.13) Er erkennt sich betend als Geschöpf Gottes, der sein Innerstes erschaffen hat, die »Nieren«, den Ort aller menschlichen Empfindungen, Regungen und Gefühle – »dasjenige am Menschen, was neben dem ›Herz‹(V.23a) der Prüfung durch JHWH unterliegt (vgl. Ps 33,15)«[50]. Dabei macht die Metapher des »Webens« sehr konkret vorstellbar, wie basal er seine Schöpfung durch Gottes Wirken sieht und glaubt. Er erkennt, wer er von Gott her und vor Gott ist, ja, er erkennt sich selbst als Geschöpf Gottes und versteht, dass seine Geschöpflichkeit der Grund für Gottes bleibendes, fürsorgendes Zugewandtsein ist.

Diese Selbst- und Gotteserkenntnis weckt in ihm einen überschwenglichen Lobpreis: »Ich preise dich, dass ich auf erstaunliche Weise wunderbar geworden

---

[49] Janowski, Anthropologie, 62.
[50] Ebd.

bin. Wunderbar sind deine Werke und ich weiß das wohl.« (V.14) Er sieht sich und sein Leben als Gabe und Schöpfung Gottes, das gibt ihm selbst und seinem Dasein einen unauslöschbaren, unerschütterlichen Wert, der ihm von Gott her zukommt und der ihn auf Gott verweist. Ja, er kann sich seiner selbst und seines Lebens freuen, weil er sich Gott verdankt und darum in Gottes Fürsorge und Zugewandtheit geborgen ist und bleibt.

Noch tiefer, ursprünglicher sieht er nun sein Dasein vor der Geburt von Gott »in den Tiefen der Erde« gewirkt. Dabei war sein »Gebein nicht verborgen vor Gott« (V.15) und Gottes »Augen haben sein ›Ungeformetes‹ (seinen Embryo) angeschaut« (V.16), bevor er geboren wurde. Bevor er zur Welt gekommen ist, hat Gott ihn gewirkt und erschaffen im Mutterleib und im »Schoß der Erde«, ja, seinen »Embryo« angeschaut und seine Lebenstage festgehalten. »Hier sind der biologische und der mythische Ursprung des Menschen miteinander verwoben. Gott hat sozusagen das Webmuster erfunden. Er hat die Lebenstage in sein ›Buch des Lebens‹ eingetragen, damit er für alles zu ›seiner Zeit‹ sorgt (vgl. u. a. Koh 3,1–9) – er der die Zeit in Händen hält (Ps 31,16).«[51]

Die Tage seines Lebens, die Gott geschaffen hat, als noch nicht einer von ihnen da war, sind alle in dem »Buch Gottes« aufgeschrieben (V.16), damit keiner vergessen und verloren gehen kann, sondern sein ganzes Leben in Gottes Gedenken und Fürsorge geborgen ist. Gott kennt den Menschen schon von Anbeginn, von seinem ursprünglichen Werden an, das geheimnisvoll ist und dem menschlichen Erkennen letztlich verborgen bleibt. Gott hat uns selbst ganz ursprünglich gewoben und gewirkt, unser »unentfaltetes Leben« schon vor der Geburt mit seinen Augen liebend und fürsorgend angeschaut und alle Tage unseres Lebens vor allem Anfang erfasst.

Vor allem Anfang ist mein Leben und mein Ich in Gottes Schöpfungshandeln begründet und durch Gott gewirkt, er kennt und versteht mich von meinem Ursprung her, so wie ich vor Gott und von Gott her sein kann und sein darf, ja, so wie er mich erschaffen und gewollt hat. Bevor ich geboren wurde, war ich schon vor seinen Augen, mit denen er mich liebend und fürsorgend anschaut. Meine Lebenstage hat er ermessen und verzeichnet, damit kein Tag, keine Stunde und kein Augenblick verloren geht, sondern mein Leben bei ihm geborgen und in seiner Obhut ist. Mein Leben ist, ja, ich bin ein Geschenk Gottes, eine Gabe, die ich von Gott her empfangen habe und die Gott alle Tage fürsorgend begleitet. Darum kann ich ihm mein Leben ganz anvertrauen und mich, mein Denken und Handeln auf Gott hin und nach seiner Heils- und Lebensordnung ausrichten, damit er mich auf den Weg der Gerechtigkeit führt.

Der Beter wird sich selbst dessen bewusst und spricht vor Gott aus, wie unbegreiflich und unvorstellbar Gottes Wirken und Gegenwart für ihn ist: »Wie

---

[51] Zenger, Psalmen I, 467; zur altorientalischen Metaphorik von Mutterleib und Schoß der Erde vgl. auch Janowski, Anthropologie, 63 A89.

kostbar sind mir deine Gedanken, Gott, wie zahlreich sind ihre Summen! Wollte ich sie zählen – sie sind zahlreicher als Sand, ich wachte auf und bin noch immer bei dir.« (V.17–18) Wollten wir Gottes Gedanken und Absichten ermessen und erfassen, die uns in seinem Wirken und seiner Gegenwart widerfahren und zuteilwerden, indem er fürsorgend und liebend an uns handelt, so wären sie für uns so »zahlreich wie Sand«, den wir durch unsere Finger rinnen lassen, aber nicht zählen können. Selbst wenn wir es versuchen und damit zu Ende kommen könnten, so wären wir immer noch bei Gott. Mit allem Nachdenken und Nachsinnen über Gott bleiben und sind wir immer vor Gott, wie alle Theologie als Rede von Gott Rede vor Gott ist und bleibt, dessen Größe wir nicht erfassen noch begreifen, sondern nur bewundernd anbeten und loben können.

Der Beter weiß und erfährt sich mit allem, was in ihm ist, was er empfindet, denkt und tut und was sein Leben ausmacht, immer und überall unmittelbar vor Gott, so dass er die »Frevler«, die er vor Augen hat, die Gott leugnen und Gottes Namen mit Arglist und Lügen lästern und die ihn in seinem Glauben und seiner Rechtschaffenheit anfeinden, als Ambivalenz, ja, als unerträglichen, schmerzlichen und verstörenden Widerspruch erlebt, den er vor Gott bringt. Vor Gott spricht er aus, was ihn bedrängt und anficht, und nimmt es damit in sein Gebet und seine Gottesbeziehung hinein (V.19–22). Da geht es um frevelhaftes Verhalten von Menschen, deren Handeln nicht konkret beschrieben, aber als »böse«, »blutrünstig«, »lügnerisch«, »arglistig« und »feindselig« bewertet wird (V.19–20), das offensichtlich Gott in seinem Gottsein in Frage stellt und verleumdet, aber auch den Beter in seiner Gesetzestreue und seiner Gottesbeziehung angreift und bedroht.

Das bringt ihn dazu, Gott zu bitten, dass er doch »den Frevler tötete«, und die »Blutmänner« (V.19), die wohl gewaltsam Blut vergossen und Schuld auf sich geladen haben, weist er von sich und stemmt sich ihnen entgegen, um sie von sich fernzuhalten und abzuweisen, damit sie ihn nicht bedrängen und nicht in ihr böses Tun hineinziehen. Weil sie die Heils- und Lebensordnung Gottes verletzen und mit Füßen treten, ja, seinen Namen arglistig und lügnerisch missbrauchen und Gott in seinem Gottsein lästern, soll Gott seine Gerechtigkeit machtvoll durchsetzen, was nur Gott allein kann und vorbehalten bleibt. Die Feindbitte an Gott, die auf den ersten Blick erschreckend und irritierend wirken kann, ist keine Verwünschung und keine Verurteilung aus eigenen subjektiven Verletzungen und Rachemotiven heraus, sondern bleibt in der Ambivalenz dem Vertrauen zu Gott stringent treu und bittet Gott, sein Gottsein zu erweisen und seine Gerechtigkeit walten zu lassen, weil der Beter zutiefst auf die machtvolle Gegenwart Gottes vertraut.[52]

Der Beter gibt sich gerade nicht seinen eigenen Gefühlen hin, sondern vermeidet und verzichtet auf jedwede Eigenmächtigkeit oder Selbstermächtigung

---

[52] Vgl. zu den Feindbitten und -klagen die Ausführungen zu Ps 55.

gegenüber den »Frevlern«. Er benennt, was das Handeln der »Feinde Gottes« mit ihm macht und bei ihm auslöst, aber er lässt sich nicht von ihnen zur Vergeltung oder Selbstjustiz verführen. Wenn er von seinem »Hass« spricht, dann ist im alttestamentlichen Sinne kein subjektives Gefühl oder Empfinden von Vergeltungssucht gemeint, sondern ein Verhalten der Zurückweisung, Abweisung und Bekämpfung.[53] Doch der Beter gibt seinem »Hass« nicht nach und lässt sich davon nicht beherrschen, sondern er bringt seinen »Hass« vor Gott, ja, er »rechtfertigt« sich dafür, dass er die »Frevler« hasst, weil sie Gott hassen, und sie zu seinen Feinden geworden sind, weil sie Gottes Feinde sind (V.21-22). Doch nicht ihrer Arglist, nicht ihrer Bosheit, nicht ihrem Frevel, nicht ihrem Hass gibt er sich hin, sondern er vertraut darauf, dass Gott seine Gerechtigkeit durchsetzt und ihn »versteht«, weil er ihn von Anfang an »kennt« (V.1.13-16). »Indem er seinen Haß wohl formuliert, aber nicht abreagiert, stellt er auch die, die sich selbst außerhalb Gottes stellen, in die Perspektive Gottes.«[54]

Er vertraut sich selbst und sein Leben mit dieser Ambivalenz Gott an und bittet Gott, dass er ihn »erforscht, sein Herz erkennt«, ihn »prüft und seine Gedanken erkennt« (V.23). Weil er sich von Gott verstanden weiß, ja, von Anfang an und für alle Tage seines Lebens von Gott fürsorgend und liebend angeschaut und begleitet glaubt, kann er sich in Gottes rettende Gerechtigkeit hineinstellen und darum bitten, dass Gott »sieht, ob ein Götzenweg in ihm ist und ihn leitet auf ewigem Weg« (V.24; vgl. V.3.10.16). Er verifiziert sozusagen sein Vertrauen zu Gott und in Gottes rettende Gerechtigkeit für alles, was in ihm ist, und alle Wege, die er geht. Ja, er bittet Gott, dass er ihn auf den Weg der Gerechtigkeit leitet, der ihm Gelingen und Erfüllung des Lebens verheißt (vgl. Ps 1).

Psalm 139 lädt uns ein, unser Ich mit unserem Selbst- und Weltverständnis und mit allen Anteilen, Brüchen und Fragmenten in die Koordinaten der Allgegenwart Gottes zu stellen, der wir nicht entrinnen können, aus der wir aber auch nicht herausfallen können, sondern in der wir gegründet und gewoben sind durch das Schöpferwirken Gottes, der uns vom Uranfang an ansieht, unser liebend gedenkt und uns fürsorgend zugewandt ist. Wir dürfen uns in diesem Gebet selbst anschauen und erkennen als wunderbare Schöpfung und Gabe Gottes, von Gott verstanden und erkannt. Mit allem, was uns ausmacht, auch mit unseren Widersprüchen, Abgründen und Anfechtungen dürfen wir uns vor Gott stellen und uns in Gottes Gegenwart bergen, ja, uns und unser ganzes Leben nach ihm ausrichten und seiner Führung übergeben.

Unser Blick auf uns selbst, auf das eigene Ich, ist vor allem durch das geprägt, was andere und wir selbst in uns sehen, und darauf ausgerichtet, ein Bild von uns selbst zu konstruieren, zu entwerfen und zu erfinden, mit dem wir uns identifizieren und als anerkannt, akzeptiert und verstanden erfahren können. Doch wir

---

[53] Vgl. dazu Zenger, Psalmen II, 760.
[54] Schneider-Flume, Glaubenserfahrung, 149.

erleben an unseren eigenen Unzulänglichkeiten, Brüchen und Widersprüchen, dass wir nicht so sind, wie wir sein wollen. Der Psalm ermöglicht uns, die Perspektive zu wechseln, unser Ich, uns selbst und unser Leben von Gott her zu sehen und zu verstehen: Wenn ich den Psalm mit- und nachbete, mich einlasse auf seine Gedanken und seinen Weg mitgehe, dann kann ich entdecken und erkennen, dass ich mich, meine Identität und meinen Wert vor Gott nicht selbst erweisen, beweisen oder begründen muss, sondern ich selbst sein darf. Denn Gott kennt mich von Anfang an und er weiß, wie ich gewoben und geworden bin, der ich bin. Er versteht darum alle meine Skrupel, Selbstzweifel und Fehler, die ich vor anderen und vor mir selbst oft verdränge, nicht wahrhaben will und nicht annehmen kann, weil sie nicht dem Bild entsprechen, das andere oder ich selbst von mir haben. Vor Gott darf ich ich selbst sein mit allen meinen Anteilen, die ich nicht annehmen und verstehen kann, denn er versteht mich besser, als ich mich selbst verstehe, weil er mich gewirkt und geschaffen hat und von Uranfang an kennt. Er hat mich von Anfang an mit den Augen der Liebe angeschaut und mein Werden mit seiner Fürsorge begleitet. Ich bin und bleibe sein Geschöpf, eine wunderbare Gabe Gottes, die mehr ist als das, was andere und was ich von mir sehen und wissen können. Ich darf mich ganz in Gottes Gegenwart stellen, ihm anvertrauen und mein Leben auf ihn und seine Heils- und Lebensordnung hin ausrichten, damit er mich mit seiner rettenden Gerechtigkeit auf den Weg leitet und führt, der Gelingen und Glück verheißt.

Auf beeindruckende Weise hat Dietrich Bonhoeffer in seinem Gedicht »Wer bin ich?« dieses Selbstverständnis, in der Gegenwart Gottes zu sein, zum Ausdruck gebracht:

> »Wer bin ich? Sie sagen mir oft,
> ich träte aus meiner Zelle
> gelassen und heiter und fest,
> wie ein Gutsherr aus seinem Schloß.
> 　　Wer bin ich? Sie sagen mir oft,
> ich spräche mit meinen Bewachern
> frei und freundlich und klar,
> als hätte ich zu gebieten.
> 　　Wer bin ich? Sie sagen mir auch,
> ich trüge die Tage des Unglücks
> gleichmütig, lächelnd und stolz,
> wie einer, der Siegen gewohnt ist.
> 　　Bin ich das wirklich, was andere von mir sagen?
> Oder bin ich nur das, was ich selbst von mir weiß?
> Unruhig, sehnsüchtig, krank, wie ein Vogel im Käfig,
> ringend nach Lebensatem, als würgte mir einer die Kehle,
> hungernd nach Farben, nach Blumen, nach Vogelstimmen,
> dürstend nach guten Worten, nach menschlicher Nähe,

zitternd vor Zorn über Willkür und kleinlichste Kränkung,
umgetrieben vom Warten auf große Dinge,
ohnmächtig, bangend um Freunde in endloser Ferne,
müde und leer zum Beten, zum Denken, zum Schaffen,
matt und bereit, von allem Abschied zu nehmen?
   Wer bin ich? Der oder jener?
Bin ich denn heute dieser und morgen ein andrer?
Bin ich beides zugleich? Vor Menschen ein Heuchler
und vor mir selbst ein verächtlich wehleidiger Schwächling?
Oder gleicht, was in mir noch ist, dem geschlagenen Heer,
das in Unordnung weicht vor schon gewonnenem Sieg?
   Wer bin ich? Einsames Fragen treibt mit mir Spott.
Wer ich auch bin, Du kennst mich, Dein bin ich, o Gott!«[55]

---

[55] Bonhoeffer, Widerstand, 381–382.

3 Von der Klage zum Lob – Von der Verzweiflung zur Hoffnung

Psalm 13 Bei Gott seine Zuflucht suchen in der Not[56]

V.1 *Für den Chormeister. Ein Psalm Davids.*
V.2 Bis wann[57], JHWH, vergisst du mich auf Dauer? Bis wann verbirgst du dein Gesicht vor mir?
V.3 Bis wann soll ich Sorgen tragen in meiner »Seele«[58], Kummer in meinem Herzen, Tag für Tag? Bis wann darf sich mein Feind über mich erheben?
V.4 Schau doch her, erhöre mich, JHWH, mein Gott! Lass meine Augen leuchten, damit ich nicht in den Tod entschlafe,
V.5 damit mein Feind nicht behauptet: »Ich habe ihn überwältigt!«, meine Gegner[59] nicht jubeln, dass ich wanke!
V.6 Doch ich habe auf deine Güte[60] vertraut. Mein Herz soll über deine Rettung jubeln: »Singen will ich JHWH, dass er an mir gehandelt hat!«

Wenn eine Not uns trifft, sind wir schockiert und sehen nichts mehr als die Bedrohung um uns herum. Angst lähmt uns und das Gefühl, ohnmächtig und hilflos ausgeliefert zu sein, bringt uns der Verzweiflung nahe. Jeder, der eine große persönliche Not im eigenen Leben oder bei nahen Menschen erfahren hat, kennt das.

Aus so einer großen Bedrohung und Not spricht der Psalm, er betet und bringt sein Leid, das ihm widerfahren ist, vor Gott. Er sucht Halt und Zuflucht bei dem, der ihm fern und verborgen ist. Sein Glaube ist verunsichert, erschüttert und angefochten, weil die Bedrängnis schon so lange währt und sein Leben

---

[56] Zur Übersetzung vgl.: Janowski, Konfliktgespräche, 56; Kraus, Psalmen 1–59, 239; Ruwe, Psalmen, 23; Weber, Werkbuch Psalmen I, 87.
[57] Oder in V.2 u. 3: »Wie lange noch«.
[58] Oder: »meiner naepaesch«/»meinem Leben«.
[59] Oder: »Bedränger«.
[60] Oder: »Gnade«/»Zuwendung«.

bedroht, weil Gott ihn vergessen und sein Angesicht von ihm abgewendet hat. Doch er lässt nicht ab von Gott und gibt seine Hoffnung nicht auf, er ruft Gott an, klagt ihm sein Leid und bittet ihn um Rettung aus seiner Not.

Der Psalm verleiht den Notleidenden im Glauben und in der Anfechtung sein Wort, sein Vertrauen und sein Wagnis auf Rettung hin. Wer sich seinen Worten anvertraut und seinem Weg folgt, weiß nicht, wie es ausgeht, sondern nur, dass er mit seiner Not und in seiner Not nicht alleine bleiben muss und ihr nicht ohnmächtig ausgeliefert ist. Er kann seine Not vor Gott bringen und in seiner Verzweiflung bei Gott Zuflucht suchen, aber der Ausgang bleibt offen und ungewiss. Entscheidend ist nicht das Versprechen, dass es gut ausgeht, am Ende alles gut wird, dass nach jeder Not die Rettung kommt, sondern »not-wendig« ist einzig das Vertrauen und die Gewissheit, in der Not nicht allein und verlassen zu sein.

Die Wende von der Klage zum Lob ist kein Automatismus, sondern ein Weg durch Leid, Anfechtung, Klagen, Hoffen, Ringen und Bangen, bis sich das Blatt wendet, weil der Beter sich mit seiner Not und allem vor Gott, in Gottes Gegenwart findet und um seine Rettung weiß, auch wenn die Not noch nicht zu Ende ist. Im angefochtenen und vertrauenden Klagen geschieht mit dem Beter eine Verwandlung, die nicht von ihm bewirkt oder herbeigeführt werden kann, sondern die ihm widerfährt, weil er mit seiner Not und seinen Klagen von Anfang an in Gottes Gegenwart ist und dies neu und wirksam erkennt und erfährt. Das nimmt die Schwere nicht weg, das heilt nicht die Krankheit, es erlöst auch nicht sofort aus der tiefen Not, aber es rückt den Leidenden mit seinem Leid in ein anderes Licht und einen anderen Horizont der wirksamen Gegenwart Gottes, die Rettung und Hilfe verheißt.

Der Beter des Psalms ruft in seiner Not zu Gott, von dem er glaubt und weiß, dass gelingendes Leben und Glück von ihm herkommt (Ps 1), dass er seine Gerechtigkeit aufrichtet und den unrecht Leidenden ins Recht setzt (Ps 7), dass er der Menschen gedenkt und sie fürsorgend ansieht (Ps 8). Er vertraut auf Gott, er hält an Gott fest und wendet sich ihm aus seiner Hilflosigkeit und Ohnmacht heraus zu, er sucht ihn, ruft ihn an und klagt ihm sein Leid, weil er einzig von ihm Hilfe erwartet und erhofft in seiner Not.

Darin ist seine Rettung angelegt, denn er versinkt nicht im Schmerz, in der Ohnmacht und Verzweiflung, sondern macht sich fest in Gott und hält sich an ihn, obwohl er gerade von dessen Gegenwart und Wirken nichts spürt. Gegen seine Wahrnehmung und Erfahrung, gegen seinen Zweifel und seine Anfechtung vertraut er darauf, dass der ferne Gott da ist, ihn hört und sieht. Das allein verleiht seiner Klage einen Sinn und ein Ziel.

Wie ein verzweifelter Notruf aus unendlicher gefühlter und erlittener Tiefe erhebt sich die Klage des Beters: »Bis wann?/Wie lange noch?« Wer so ruft, schreit, klagt, der tut es mit allerletzter Hoffnung, denn er weiß, wie ausweglos und perspektivlos seine Not ist. Der erhebt sich mit allerletzter Kraft gegen sein unabwendbares Leid und erhofft, was nach den Maßstäben menschlicher Vernunft unmöglich scheint. »Kontrafaktisch« streckt er sich dem Gott entgegen, der ihn »vergessen« hat und sein »Angesicht« vor ihm verbirgt (V.2). Er ruft zu Gott gegen Gott um Hilfe und Rettung aus seiner Not.

»Bis wann/Wie lange noch, JHWH, vergisst du mich und verbirgst dein Gesicht vor mir? Bis wann/Wie lange noch soll ich Sorgen tragen in meiner Seele, Kummer in meinem Herzen Tag für Tag? Bis wann/Wie lange noch darf sich mein Feind gegen mich erheben?« (V.2-3). In drei Perspektiven, die untrennbar und wechselwirksam aufeinander bezogen sind, zeigt sich die Not des Beters: in der Beziehung zu Gott, zu sich selbst und zu den Mitmenschen bzw. zur Welt: von Gott fühlt er sich vergessen und verlassen, Sorgen bedrücken seine Seele und Kummer sein Herz, Feinde bedrohen ihn und sein Leben.

Der Beter richtet seine Klage an niemand anderes als Gott selbst, denn von ihm hängt alles ab, was sein Leben und seine Existenz ausmacht. »Der Mensch ist Mensch, weil Gott seiner ›gedenkt‹ und sich seiner ›annimmt‹ (Ps 8,5). Die Psalmen wissen aber auch von einem ›Vergessen‹ Gottes, das mehr ist als ein beiläufiges Versagen. Es ist die dunkle Rückseite seiner ›Erinnerung‹, die Tilgung jeglichen Bezugs des Schöpfers zu seinem Geschöpf.«[61] Das Vergessen und Verbergen des Angesichtes Gottes meint ein »Nicht-mehr-Kennen und Nicht-mehr-kennen-Wollen, ein Sich-Distanzieren oder Unbeachtet-Lassen«[62]. Während das liebende Denken an den Menschen und das fürsorgende Schauen nach dem Menschen durch Gott (Ps 8,5) heiles Leben und Segen begründen, bedeutet das Abwenden von Gottes Angesicht und sein Vergessen den Verlust von allem, was Leben ausmacht, und letztlich den Tod.

Im treuen Gedenken und im fürsorgenden Anschauen Gottes gründet sich die Geschöpflichkeit und das Gelingen menschlichen Lebens. Wo dies verloren geht, steht das ganze Leben und Menschsein auf dem Spiel in allen seinen Beziehungen und Bezügen. Wer von Gott nicht mehr gesehen und gehört wird, wer nicht mehr in Gottes Gedenken und fürsorgendem Blick ist, der ist nicht mehr vor Gott und in Gottes Gegenwart, er ist von Gott vergessen und verlassen, Gott ist für ihn verborgen und er für Gott verloren.

Der ist so tief verunsichert, in Frage gestellt und angefochten, dass er sein ganzes Leben als bedroht, schutzlos und gefährdet empfindet. Ja, der fühlt sich auch von Menschen verlassen, dessen Seele wird von Sorgen erdrückt, sein Herz vor Kummer betrübt und verdunkelt, der empfindet sich und sein Leben in lebensfeindlicher und todbringender Situation, in der sich alles gegen ihn richtet und wendet, so dass er dem Tode nahe ist (V.4c). Der Beter beklagt keine einzelne, konkrete Not, die ihm Mühe macht, sondern viel radikaler und grundsätzlicher, dass seine ganze Existenz bedroht ist.

---

[61] Janowski, Konfliktgespräche, 52.
[62] A.a.O., 62.

»Als ›Feind‹ wird der Tod aber in den Leben zerstörenden Ereignissen wie Krankheit, Unglück, Krieg, Sünde und Verzweiflung erfahren, die mitten im Leben aufbrechen, es bedrohen oder vorzeitig beenden. [...] Als chaotische Macht ist der Tod mitten im Leben demnach nicht nur der Feind der Menschen, sondern zugleich, ja mehr noch, der Feind Gottes. Die Frage ›Bis wann darf eigentlich mein Feind triumphieren über mich?‹ ist deshalb zu Recht an Gott selbst gerichtet, denn der Angriff des Todes ist eine Infragestellung der Wirkmächtigkeit Gottes, der doch ›ein Liebhaber des Lebens‹ (Weish 11,26) ist.«[63]

So richtet sich die eindringliche Bitte des Beters an den Schöpfergott JHWH, den er als seinen persönlichen Herrn und Gott um Erhörung anruft, dass er sein Angesicht wieder zu ihm hin wendet, seine Not ansieht, ihn erhört, ihm antwortet und hilft, damit seine Augen wieder erleuchtet und mit Leben erfüllt werden, damit er nicht stirbt und sein Feind/seine Gegner ihn nicht überwältigen und über sein Scheitern triumphieren. Denn in der aufmerksamen, Anteil nehmenden Zuwendung, in der Erhörung und Rettung Gottes liegt der Grund für die letzte Hoffnung des Beters. Nur wenn Gott seiner gedenkt und sich seiner annimmt, wird er am Leben bleiben.

»Die Bitte zielt also auf die Erneuerung von Lebenskraft und Lebenswillen. JHWH soll den Leidenden zurückholen in seine Machtsphäre des Lebens, wodurch ipso facto die zerstörerische Mächtigkeit des Todes entmachtet wird. So wie das Licht das Dunkel vertreibt, so muss der Tod weichen, wo JHWH als Licht und Quelle des Lebens wirkt.«[64] Die Wiederherstellung der Lebenskraft und des Lebenswillens kann nur durch die Zuwendung Gottes dem Beter zuteilwerden, indem Gott ihn wieder ansieht und seine Augen erleuchtet werden für das Leben vor Gott, dass er sich mit seiner Not und Verlassenheit wiederfindet in der Gegenwart und Wirkmacht Gottes. »Das ›erleuchtete‹ Gesicht des Beters ist ein Widerschein der Gegenwart Gottes, der dem Beter sein Gesicht zuwendet und es gnädig und heilvoll über ihm bzw. zu ihm hin ›leuchten‹ lässt.«[65]

Im Zentrum steht die Gottverlassenheit, aus der alle Not kommt. Nur deren Ende und Auflösung kann die Not wenden. Wenn sich der Notleidende in Gottes Gegenwart und vor Gottes Angesicht wiederfindet, verliert auch der Feind seine Macht über ihn und seine Todesbedrohung hat ein Ende, so dass auch die Gegner nicht jubeln werden über das »Wanken« (V.5b) des Bedrängten, denn das drohende Chaos seines Lebens ist durch Gottes Zuwendung von ihm abgewendet. Das Auftreten des persönlichen Feindes, das sich als »*Manifestation des Chaotischen im Leben des Beters*«[66] qualifizieren lässt, endet mit der Gottverlassenheit durch den Erweis der Zuwendung Gottes.

---

[63] Zenger, Psalmen I, 77.
[64] A.a.O., 80.
[65] Janowski, Konfliktgespräche, 68.
[66] A.a.O., 73.

Die Not, die aus der Gottverlassenheit folgt und ihn mit dem Tod bedroht, bringt den Beter zum »Wanken«. Sein Herz und seine Seele sind erschrocken, er hat keinen Boden unter seinen Füßen, die Grundfesten seines Lebens sind erschüttert, so dass alles in ihm und um ihn ins Wanken gerät. Die »ganze Welt« droht unterzugehen und ins »Chaos« zu stürzen, weil Gott, in dem alles fest gegründet und verankert ist, bei dem alles Leben beschützt und die Ordnung der Schöpfung garantiert ist, sich vor ihm verborgen hat. Aber im »Wanken«, dem Untergang nahe, vertraut er und gründet sein Vertrauen in Gott, er sucht in seiner Gegenwart und vor seinem Angesicht Schutz und Hilfe. Darin liegt seine Rettung.

Der Beter »wankt« unter der bedrohlichen Macht des »Chaos«, aber er geht nicht darin unter, denn er verliert auch in der Not sein Vertrauen nicht. Wo ihn nichts mehr hält und nichts mehr trägt, bindet und hält er sich fest an Gott, von dem alles Leben kommt, der dem Leidenden Recht verschafft, der Menschen gedenkt und fürsorgend nach ihnen schaut, und klagt ihm sein Leid, bringt seine Not vor ihn, breitet seine ganze Ohnmacht und Hilflosigkeit vor ihm aus, und bittet ihn, dass er sich wieder zeigt, dass er ihn hört und wieder ansieht, damit er gerettet wird und nicht vergeht.

Dieses Grundvertrauen gegen alle aktuellen Erfahrungen durchzieht den Psalm von Anfang an und erreicht in dem Vertrauensbekenntnis (V.6) seinen Höhepunkt, an dem die Not schon auf Rettung hin überschritten wird: »Doch ich - auf deine Güte habe ich vertraut, mein Herz juble über deine Rettung.« (V.6) Das Vertrauen auf Gottes bleibende Güte überwindet das »Wanken« unter der Macht der Bedrohung und das geängstigte Herz überschreitet die anhaltende Not schon auf den Jubel der Rettung hin. Das gründet in der Gewissheit der nicht endenden »Güte Gottes«. Die Hoffnung und die Erwartung der »Güte Gottes« ist von Anfang an der Grund der Möglichkeit der Klagen und Bitten des Beters in der Not, weil er weder in sich noch in seiner Situation einen einzigen Anlass und Grund hätte, auf eine gute Wendung zu hoffen.

Mit seinem Lobversprechen (V.6b) kehrt der Beter in die Lebens- und Glaubensgemeinschaft, von der er getrennt und isoliert war in seiner Not, zurück. »Aber nicht nur das: Wenn er wieder ›fähig geworden ist, ohne jede Angst vom *Herzen* her (6b) Jahwe zu lobsingen‹, ist das Ziel seines Gebets, das Vergessen Gottes und damit den Triumph des Feindes, der aus diesem Vergessen resultiert, zu überwinden, *vorwegnehmend* erreicht.«[67]

Der »Stimmungsumschwung« (V.5-6) erscheint nach den eindringlichen und verzweifelten Klagen und Bitten des Beters wie eine unerwartete, plötzliche Wende, aber er bahnt sich von Anfang an seinen Weg, der mit der Anrufung Gottes beginnt, von dem »zielgerichteten Vertrauen« des Beters geleitet wird und über Klage und Bitte zum Lob führt.

---

[67] A.a.O., 74-75.

3 Von der Klage zum Lob – Von der Verzweiflung zur Hoffnung

Doch der Prozess, der von der Gottverlassenheit wieder in die Erfahrbarkeit der Nähe und Gegenwart Gottes führt, ist nicht von vornherein, sozusagen wie ein Automatismus, gegeben, sondern er stellt sich Schritt für Schritt auf dem Weg aus der Not über die Anrufung, die Klage und Bitte ein, indem der Beter seine Gottverlassenheit vor Gott bringt und verzweifelt hoffend Gott um Hilfe und Rettung durch sein Gedenken und fürsorgendes Anschauen bittet.

Auf diesem Weg geschieht, ereignet sich und widerfährt dem Beter, was er tut. Sein Hinwenden zu Gott aus der Ohnmacht und Hilflosigkeit seiner Not führt ihn Schritt für Schritt in die Gewahrnis und Erfahrung der Gegenwart Gottes, die er in der Anrufung, den Klagen und Bitten erinnert und vergegenwärtigt.

Auch wenn sich die Erfüllung der Rettung erst zukünftig vollkommen realisieren wird, erlebt der Beter schon im Beten vorwegnehmend ihre befreiende, erlösende und wirksame Kraft – wie ein »antizipiertes Faktum«[68], weil er sich mit seiner ganzen Not, Ausweglosigkeit und Ohnmacht in den Horizont Gottes stellt und damit seine Situation schon auf diesen hin überschreitet. In dem Horizont Gottes kann er sich und seine Situation in einer anderen, neuen Perspektive wahrnehmen, der Perspektive der Gegenwart Gottes. Er findet sich vor Gott und in Gottes Gegenwart wieder und bekennt, dass er sich im Raum der Güte Gottes von Anfang an geborgen glaubte.

»Dieser Weg ist der – zu betende und zu lesende – Psalm mit den Stationen Klage mit Invocatio (V.2 f), Bitte (V.4 f), Vertrauensbekenntnis und Lobversprechen (V.6). In ihm ist alles versammelt, was die Not des Bedrängten in Worte faßt und diese zugleich transzendieren läßt, um neue Erfahrungsräume zu erschließen.«[69] Der Perspektivwechsel von der Klage zum Lob und aus der Not der Gottverlassenheit in die Gottesnähe geschieht, vollzieht und ereignet sich an dem, der diesen Weg vertrauensvoll geht, weil Gott sich darin als der erweist, dessen Macht und Güte kein Ende hat.

Damit reiht der Psalm das Leben der Menschen zwischen Klage und Lob ein in den großen Bogen, den der ganze Psalter von der Verheißung des glücklichen Lebens in der Weisung Gottes (Ps 1) bis zu seinem universalen Lob am Ende (Ps 150) spannt. Alles Leben mit seiner tiefen Erfahrung des Angefochtenseins und der Gottverlassenheit wie mit der wunderbaren Vergewisserung der Rettung steht unter dem großen Ziel, dass alles auf das Lob der Macht und Herrlichkeit Gottes hin läuft. Darum trägt jede Anrufung, Klage und Bitte schon immer die Verheißung in sich, dass sie nicht vergeblich ist und nicht ins Leere geht, sondern letztlich in dem Lob Gottes erfüllt wird.

Aus der Salutogenese wissen wir, dass Menschen in einer tiefen Krise die Kraft zu deren Überwindung finden, wenn sie sich darin als selbstwirksam, verlässlich verbunden und als Teil einer guten, sinnvollen Ordnung erleben, an

---
[68] A.a.O., 83.
[69] A.a.O., 84.

der sie partizipieren. Wer in seiner Not an Gott festhält, bei ihm seine Rettung und seine Zuflucht sucht, der tritt aus seiner Ohnmacht und Hilflosigkeit heraus, bringt sie im Vertrauen vor Gott und erfährt sich als einbegriffen und Teil der guten, heilvollen und wunderbaren Herrschaft und Ordnung Gottes.

Eignen wir uns die Worte des Psalms an, machen wir sie zu unseren eigenen und legen unser Angefochtensein und unsere Hilflosigkeit in sie hinein, so werden wir durch sie heraus- und auf einen anderen Weg geführt, der uns in den Horizont Gottes stellt. Das löst noch nicht unsere Not, aber transzendiert sie auf die kontrafaktische wirkmächtige Gegenwart unseres Gottes hin, in dessen Lob und Jubel wir jetzt schon einstimmen dürfen, auch wenn die Seufzer und Klagen der Leidenden noch anhalten.

Jener Weg von der Klage zum Lob und vom Tod zum Leben, der immer unverfügbar bleibt, aber im Gehen von dem Horizont, in dem er steht, transzendiert wird, erinnert mich an eine Ausstellung der Frankfurter Künstlerin Vera Bourgeois. Sie hat vor vielen Jahren das langsame Sterben ihres Vaters auf jedem Schritt seines letzten Weges bis in den Tod sehr bewusst und einfühlsam fotografisch begleitet. In ihren berührenden Bildern spiegelt sich ein Leuchten wider, das weit über den Tod hinausweist auf einen größeren Horizont, von dem es herkommt. Ihre Ausstellung »My Fathers Passing« hatte den Titel: »Wunderbar«. Vera Bourgeois benennt damit jenes unverfügbare, auf uns zukommende und über uns selbst hinausführende Geschehen, dass ein leidvoller, schmerzhafter Weg durch eine Not hindurch im vertrauensvollen Gehen des Weges von seinem Horizont her auf diesen hin verwandelt werden kann.

Psalm 22 Mein Gott, mein Gott, wozu hast du mich verlassen?[70]

V.1 Für den Chormeister. Nach der Weise ›Die Hindin der Morgenröte‹. Ein Psalm Davids.
V.2 Mein Gott, mein Gott, wozu hast du mich verlassen, (der du) fern (bist) von meiner Rettung, den Worten meines Schreiens?
V.3 Mein Gott, ich rufe bei Tag, doch du antwortest nicht, und bei Nacht, doch ich finde keine Ruhe.
V.4 Aber du bist heilig, der du thronst auf den Lobgesängen Israels!
V.5 Auf dich vertrauten unsere Väter, sie vertrauten und du hast sie errettet.

---

[70] Zur Übersetzung vgl.: Janowski, Konfliktgespräche, 348–349.352–353; Kraus, Psalmen 1–59, 321–322; Ruwe, Psalmen, 34–37; Weber, Werkbuch Psalmen I, 120–122.

V.6 Sie schrien zu dir und wurden frei[71], auf dich vertrauten sie und wurden nicht zuschanden[72].
V.7 Ich aber bin ein Wurm und kein Mensch (mehr), ein Spott der Menschen und verachtet vom Volk!
V.8 Alle, die mich sehen, verlachen[73] mich, verziehen die Lippen, schütteln den Kopf:
V.9 »Wälze es auf JHWH!« »Er soll ihn retten, er soll ihn herausreißen, denn er hat Gefallen an ihm!«
V.10 Du bist es doch, der mich aus dem Mutterleib herauszog, der mir Vertrauen einflößte an den Brüsten meiner Mutter!
V.11 Auf dich bin ich geworfen von Mutterschoß an, vom Leib meiner Mutter an bist du mein Gott.
V.12 Sei nicht fern von mir, denn die Not ist nah, ja, es gibt keinen, der hilft!
V.13 Umgeben haben mich viele Stiere, die ›Starken Basans‹ haben mich umstellt.
V.14 Sie haben ihr Maul schon aufgerissen gegen mich: ein reißender und brüllender Löwe.
V.15 Wie Wasser bin ich ausgeschüttet, alle meine Knochen haben sich voneinander getrennt. Mein Herz ist wie Wachs zerflossen inmitten meiner Eingeweide.
V.16 Trocken wie eine Scherbe ist meine (Lebens-)Kraft und meine Zunge klebt an meinem Gaumen – du legst mich in den Staub des Todes (nieder)!
V.17 Ja, Hunde haben mich umringt, eine Rotte von Übeltätern hat mich umkreist!
V.18 Meine Hände und Füße, ich vermag alle meine Gebeine zu zählen. Sie aber blicken (immer wieder) her, sehen auf mich[74].
V.19 Sie teilen meine Kleider unter sich, und über mein Gewand werfen sie ihr Los.
V.20 Aber du, JHWH, sei nicht fern, meine Stärke, eile mir zu Hilfe!
V.21 Befreie[75] doch mein Leben vom Schwert, mein einziges aus der Gewalt[76] des Hundes!
V.22 Rette mich vor dem Rachen des Löwen, vor den Hörnern der Wildstiere! – Du hast mir geantwortet!
V.23 Ich will deinen Namen meinen Brüdern erzählen[77], inmitten der Versammlung will ich dich loben.

---

[71] Oder: »verschont«.
[72] Oder: »scheiterten nicht«.
[73] Oder: »verspotten«.
[74] Oder: »weiden sich an mir«.
[75] Oder: »Entreiße«.
[76] Oder: »Pranke«.
[77] Oder: »verkünden«.

V.24 Die ihr JHWH fürchtet, lobt ihn! Alle Nachkommen Jakobs, ehrt ihn und fürchtet euch vor ihm, alle Nachkommen Israels!
V.25 Denn er hat das Elend des Elenden[78] nicht geringgeschätzt und nicht verabscheut, und er hat sein Gesicht[79] nicht vor ihm verborgen, sondern ihn erhört, als er zu ihm um Hilfe schrie.
V.26 Von dir her kommt mein Lobgesang in großer Versammlung, meine Gelübde erfülle ich vor denen, die ihn fürchten.
V.27 Arme sollen essen und satt werden, loben sollen JHWH, die ihn suchen, aufleben soll euer Herz für immer!
V.28 Es sollen gedenken und zu JHWH umkehren alle Enden der Erde und es sollen niederfallen vor deinem Angesicht alle Geschlechter der Völker,
V.29 denn JHWH gehört das Königtum[80], und er herrscht über die Völker.
V.30 Ja, es aßen und fielen anbetend nieder alle Fetten[81] der Erde, vor ihm[82] sollen sich beugen alle, die in den Staub hinabsteigen[83], und wer (immer) sein Leben[84] nicht bewahrt hat.
V.31 Eine Nachkommenschaft soll ihm dienen; von JHWH soll man dem künftigen Geschlecht[85] erzählen,
V.32 und man soll seine Gerechtigkeit dem Volk verkündigen, das noch geboren werden wird: dass er gehandelt hat[86].

Aus tiefster Not schreit der Beter zu Gott, der ihm fern und verborgen ist. Er fühlt und gewahrt sich in seiner Verzweiflung von Gott verlassen, ja, er sieht und weiß seine aussichtslose Existenz, die vom Tode bedroht ist, darin begründet, dass Gott ihn nicht ansieht und seine Gebete nicht hört, sondern sich von ihm abgewendet und ihn verlassen hat. Doch in seiner letzten Verzweiflung lässt er nicht ab von Gott, sondern fragt aus der Gottverlassenheit heraus nach dem Gott, der sich entzogen und verborgen hat, und zieht ihn hinein in seine Not, damit er sich seiner erbarmt, ihn erhört und errettet, weil kein anderer da ist, der helfen und retten könnte, weil dieser Gott, der sich ihm entzogen hat, seine einzige und allerletzte Hoffnung ist.

In diesem Schrei erinnern und vergegenwärtigen sich alle Stimmen der Notleidenden, Kranken, Sterbenden und Opfer von Unrecht und Gewalt, denen

---

[78] Oder: »Armen«.
[79] Oder: »Antlitz«.
[80] Oder: »hat die Königsherrschaft inne«.
[81] Oder: »Gesättigten«.
[82] Oder: »seinem Angesicht«.
[83] Oder: »hinabgestiegen sind«.
[84] Oder: »seine naepaesch«.
[85] Oder: »dem Geschlecht derer, die kommen werden«.
[86] Oder: »dass er die Gerechtigkeit getan hat«.

kein Ausweg, keine Rettung, keine Hilfe bleibt, außer diesem letzten Stoßruf zu dem, der im Leid und in der Not fern und verborgen ist, aber in dessen Horizont alles steht, auch die Verlassenheit, die Verzweiflung, Anfechtung und Hoffnungslosigkeit. In und mit diesen Worten überschreitet der, der sie betet, ruft, seufzt, seine Not, seine Einsamkeit und seine Ohnmacht auf den hin, der sich ihm entzogen und verborgen hat, aber von dem er weiß und glaubt, dass er seine einzige und letzte Rettung ist, weil es keine andere gibt.

Bilder von Leidenden, Hungernden, Todkranken und Sterbenden drängen sich auf, die sich bedrückend auf unsere Seele legen und uns selbst die Stimme verschlagen. Es gibt Nöte und Leiden, die so unsagbar groß und tief sind, dass sie alle unsere Versuche, sie auszuhalten, zu erdulden, mitzutragen, übersteigen. Ja, die uns mit in die Tiefe ziehen, dass wir in ihnen versinken, ersticken und von ihrer Macht erdrückt zu werden drohen. Die Ohnmacht und Hilflosigkeit, in die sie uns stürzen, ist so maßlos groß, so übermächtig, dass sie all unsere Hoffnung, unsere Orientierung, unseren Trost, ja, unseren Glauben in sich verschlingen und nichts bleibt, außer dem verzweifelten Aufbäumen, das sich mit letzter Kraft zu dem hin streckt, der einzig und allein größer und mächtiger geglaubt wird – der Anfechtung und dem Zweifel zum Trotz.

Die Not, die Bedrohung, der Tod darf nicht das letzte Wort behalten, über die Leidenden nicht und auch nicht über uns. Denn dahinter, darüber, darunter muss es eine andere Wirklichkeit noch geben, die wir nicht sehen, nicht fühlen, ja, die uns abhanden kommt in solchen Situationen, aber nach der wir uns ausstrecken, zu der wir schreien – mit allerletzter Kraft. In der verzweifelten Hoffnung, dass es auf Widerhall trifft, Resonanz erzeugt, Gehör findet und Erbarmen, wo nichts sonst bleibt. Doch die Antwort, die Hilfe und Rettung bleibt offen und ungewiss für den, der sich Gott fern und von Gott verlassen erfährt.

Keiner kann allein solche Not und Verzweiflung ertragen und aushalten, keiner vermag allein solche Gottverlassenheit überschreiten und einen Gott um Hilfe anrufen, von dem er nicht gesehen noch gehört wird, der fern und verborgen ist und bleibt in der Not. Es braucht in solchen Situationen die Ahnung, die Gewissheit und die Hoffnung, dass es über das eigene Leid hinaus eine größere, breitere, tiefere Geschichte mit diesem Gott gibt, in der die eigene Not der Gottverlassenheit steht, einbegriffen und zugehörig ist, ja, die ihn trägt, wo alle eigenen tragenden Kräfte und Möglichkeiten schwinden.

»Aber du bist heilig«, bekennt und preist der Beter Gott aus seiner gottverlassenen Not, ja, er beschwört sich selbst und auch Gott, er ruft sich und Gott in Erinnerung, dass es doch mehr gibt als das, was ist und was er gerade erleidet, dass es eine größere, umfassendere Wirklichkeit und Geschichte Gottes mit den Menschen gibt, deren Teil er ist und zu der er gehört. Er ist nicht allein in und mit seiner Not, er ist einbezogen, einbegriffen, hineingestellt in eine größere Ordnung, zu der er gehört, die von einem Gott weiß und herkommt, auf den die Väter und Mütter des Glaubens vertraut haben, zu dem sie gerufen haben in ihrer Not, der sie errettet hat und nicht zuschanden werden ließ. Mit dem Bekenntnis zum Gott der Väter und Mütter ruft er zu Gott um Hilfe gegen Gott, der ihn verlassen hat.

Aus der Salutogenese wissen wir, dass die Erfahrung, Erinnerung und Gewissheit einer Zugehörigkeit zu einer größeren, sinnvollen Ordnung in Krisensituationen und -zeiten als Kohärenzkraft wirken und erlebt werden kann, die einbindet, einbezieht, integriert in einer Situation der völligen Desintegration und des Selbst- und Weltverlustes. Wie oft wirken und geschehen solche tieferen, unbewussten Erfahrungen in uns, die uns zurückholen, einbinden und auf geheimnisvolle Weise tragen, ohne dass wir dessen gewahr werden oder es erkennen, aber davon berührt und verwandelt werden.

Die Erinnerung an die eigene Familie, an langjährige Freunde und Vertraute, die Zugehörigkeit zu einem größeren Zusammenhang, der die eigene Geschichte und aktuelle Not übersteigt und umgreift, vermag Schwerstkranken, die von dem letzten Unvermögen der Medizin schon aufgegeben worden sind und dem Tode geweiht sind, immer noch und immer wieder Halt und Trost zu schenken, bis an die Grenze des Lebens und darüber hinaus.

Wie viel mehr noch vermag die Erinnerung und Vergewisserung der eigenen Zugehörigkeit zu dem Gott, der in seiner Geschichte von den Vätern und Müttern als rettender und helfender erfahren worden ist, in solchen Grenzerfahrungen Halt und Trost geben – auch über die aktuelle beherrschende Erfahrung der Verlassenheit hinaus, weil alles, was gerade ist und sein wird, in einen anderen Horizont der wirksamen Gegenwart Gottes gerückt wird und dadurch einen Perspektivwechsel erfährt, der das eigene Denken und Vorstellen, das noch von der Not gefangen ist, übersteigt.

Doch das wird dem Beter in seiner Not noch mehr zur Bedrängnis. Er sieht sich wie unter einem Brennglas als »Wurm« und nicht mehr als »Mensch«, ja, er erlebt sich als menschenunwürdig und verächtlich, denn andere machen ihn zum Spott und Hohn, lästern über ihn und seinen Gott, der ihn allein lässt, nicht zur Rettung kommt und ihm nicht hilft, den Gott, von dem es heißt, dass er »Gefallen« an seinen Menschen habe und ihr Ergehen mit wohlwollender Fürsorge ansehe und begleite.

Im Untergehen, im Ertrinken, ja, im Todeskampf schreit es aus dem Notleidenden mit letzter Kraft: »Ja, du bist es! Du bist der Gott, der mich aus dem Leib meiner Mutter herausgezogen hat, der mir Vertrauen gegeben hat wie Muttermilch – von Anfang an. Auf den ich verwiesen und geworfen bin mein ganzes Leben. Du bist mein Gott. Sei nicht ferne, die Not ist nah, es gibt keinen anderen Helfer als dich.« (V.12) Der Blick, der Schrei, der Notruf hat nur noch eine Richtung, ein Ziel, eine Perspektive: den Gott, der mir das eigene Leben geschenkt und mich einbezogen, eingebunden hat in eine tiefe verlässliche, vertrauensvolle Bindung, die das ganze Leben durchzieht wie ein goldener Faden, an dem alles hängt und der alles trägt. Ihn und nur allein ihn ruft er an: »Sei nicht fern von mir, denn die Not ist nah, es ist ja kein anderer, der mit helfen kann, nur du allein, mein Leben ist dein, ich bin in deiner Hand. Sieh mich an und hilf mir!« Er ruft, bittet, klagt zu dem Gott, der ihm das Leben geschenkt hat, der sich ihm verbunden hat und an den er sich gebunden weiß, gegen den Gott, der sich vor ihm verbirgt, dass er sich zeigt und zu Hilfe kommt.

Das Letzte, was im Schwinden des Lebens bleibt, ist das vergangene eigene Leben, das seinen Anfang und Ursprung, ja, seinen Sinn und sein Ziel darin hat, dass es gewollt ist von Gott. Von diesem Herkommen und in dem Vertrauen auf den Gott des eigenen Lebens erbittet und erfleht der Notleidende am Rande des Todes, dass er auch jetzt, wo das Leben bedroht ist, nicht verborgen bleibt, sondern sich als der erweist, der er ist, der Gott des Lebens, der Nähe, des Vertrauens und nicht des Todes, der Ferne und der Verzweiflung.

Der Beter bindet sich über dem Abgrund, in dem er zu versinken droht, an den Gott, von dem er herkommt, dem er sein Leben verdankt und dem er vertraut hat bis hierher und noch immer. Er streckt sich, stemmt sich, dem Verlorengehen entgegen und macht sich fest an dem Gott, der ihm von Anfang an nah und verbunden war. Er lässt Gott nicht los und nicht fallen, sondern er bindet sich in größter Not an Gott und bindet Gott ein in seine Not. Das ist ihm in aller Verzweiflung möglich, weil Gott sich an ihn gebunden hat, von Anfang an. Er nimmt Gott ernst und wirklich als den, der er ist, der das Leben in seiner Hand behält. Nur von ihm erwartet er Rettung, weil keiner größer und mächtiger ist als er, der seine Not wenden kann, indem er sich zeigt und nahe ist.

Was für einen weiten Bogen spannt der Beter da über sich auf, um sich daran festzuhalten und nicht unterzugehen in seiner Verzweiflung und Hilflosigkeit. Es ist jener Bogen vom Anfang, den Gott selbst über seine Schöpfung und unser ganzes Leben aufgespannt hat, bevor wir uns darunter finden und daran halten. In diesem weiten Bogen von Gottes Himmel steht alles, was ist und nicht ist, darum können wir aus tiefster Not uns mit allem in diesen Bogen stellen und Gott anvertrauen gegen alle Gottverlassenheit und Verzweiflung. Das erinnert an Lieder von Paul Gerhard (vgl. EG 58; 324; 361; 447), die in wunderbaren, berührenden Bildern von diesem Bogen erzählen, den Gott über alles Leben spannt und der in der Not der Gottverlassenheit nicht endet, sondern an den wir uns binden und halten können, damit wir in ihm bleiben.

Über die konkrete Bedrohung und Not des Beters erfahren wir nichts, aber die Metaphern, in denen er sie beschreibt, zeigen ihre lebensbedrohliche und überwältigende Qualität und Macht (V.13–19): Er ist wie von Stieren umgeben und wie von reißenden Löwen umstellt. Die äußere Bedrohung erlebt er am eigenen Körper, als sei er wie Wasser ausgeschüttet, alle seine Knochen von ihm getrennt und sein Herz wie Wachs zerflossen in seinem Inneren, Bilder der Selbstauflösung und des völligen Zerfalls, die das Ausmaß der Bedrohung drastisch verkörpern und vergegenwärtigen. Wie eine Scherbe ist seine Lebenskraft vertrocknet und seine Zunge am Gaumen verklebt, dass kein Lebenszeichen mehr in ihm ist, noch aus ihm hervorgeht.

Die höchste Steigerung erreicht die metaphorische Beschreibung der erlebten Bedrohung chaotischer Mächte in der ausgesprochenen Mutmaßung des Beters, von Gott selbst in den Staub des Todes gelegt worden zu sein. Er fühlt sich und erlebt sich dem Tode nahe und preisgegeben, an dem Ort der weitesten Entfernung Gottes alleingelassen und dem nahen Tod überlassen – von Gott.

So in Todesnot von Gott verlassen zu sein, ist er dem Hohn und Spott schutzlos preisgegeben, dass er sich wie von Hunden umringt und von Übeltätern wie von Löwen eingekreist erlebt, den schamlosen, verächtlichen Blicken anderer preisgegeben, die schon seine Kleider und sein Gewand unter sich aufteilen und verlosen, als sei er nicht mehr da.

Die konkret erlittene Not bleibt verborgen, aber in Bildern, die zur Sprache bringen, was in zahllosen Facetten und Dimensionen je in menschlichem Leben und Dasein zerstörerische und todesgewaltige Macht annehmen kann, wird ihre ausweglose, übermächtige, bedrohliche Qualität erfahrbar, die Menschen in der tiefsten Tiefe wie ein gewaltiges Erdbeben erschüttern kann, dass nichts mehr bleibt, was hält und trägt. In der Nähe des Todes wird Gott für den Beter zur Frage als der, der sich nicht nur hinter der Not verbirgt und in ihr entzieht, sondern als der, der sie selbst herbeigeführt hat. Damit erreicht der Beter den tiefsten Punkt seines Gebetes und seiner Klage, er ist am Grunde des Abgrundes angekommen, an dem Gott so fern und verborgen ist, dass er »nur« noch als Urheber der Not gedacht werden kann.

»Aber« das ist nicht das Ende von allem und auch nicht das Ende der Not, sondern führt den Beter konsequent neu in die Anrufung Gottes: »Aber du, Gott, bleibe nicht fern, meine Stärke, eile mir doch zu Hilfe.« (V.20) Aus der Nähe des Todes und der größten Entfernung Gottes erhebt der Beter seine Stimme zu dem Gott, den er direkt als seinen persönlichen Gott anspricht und »seine Stärke« nennt. Es gibt nun keinen Aufschub und kein Verweilen mehr, sondern es ist »Eile« geboten, weil die Not so groß und unabwendbar geworden ist. Die Bitte ist einfach und eindeutig, sie zählt keine Details und keine konkreten Anliegen auf, sondern ist einzig auf »Hilfe« aus, dass die Bedrohung ein Ende nimmt und der Beter aus der Gewalt der bedrohlichen, unbezwingbaren, chaotischen Mächte gerettet wird (V.21–22).

Unvermittelt und unangekündigt, unvorbereitet und unvermutet bekennt der Beter: »Du hast mir geantwortet!« Das Schweigen Gottes ist beendet, die Verborgenheit aufgehoben, die Ferne aufgelöst, die Verlassenheit vorbei (vgl. V.2–3), weil Gott gehandelt hat. Wir erfahren nicht, wie Gott die Not wendet, wie er eingreift oder was er tut, aber dass er da ist und wirkmächtig handelt.

Gott erweist seine kontrafaktische Gegenwart und Wirksamkeit am tiefsten Punkt der Gottverlassenheit. Doch von Anfang an ist die Klage des Beters getragen von und orientiert an dem abgrundtiefen, bedingungslosen Vertrauen zu dem Gott, der sich hinter der Not verbirgt und fernbleibt. Er weiß nichts von der Wende der Not, ja, sie erscheint an ihrem tiefsten Punkt geradezu aussichtslos. Sie kommt und geschieht allein durch das Hören, Antworten und Handeln Gottes. Darauf ist das Vertrauen und Beten des Beters einzig und allein ausgerichtet und überschreitet damit »antizipatorisch« alles, was für ihn aus der Not heraus noch unvorstellbar, undenkbar und unmöglich ist.

Mit der erfahrenen Rettung wendet sich die Klage des Beters sogleich in einen aufsteigenden, nicht mehr enden wollenden und sollenden Lobpreis Gottes, der von ihm ausgeht, den er in die Versammlung der Gläubigen trägt und der schließlich die ganze Welt der Völker umspannen wird. Seine Klagen und Bitten verwandeln sich in Lob und Dankbarkeit gegen den Gott, der ihm eben noch fern und verborgen war. Was er erfahren hat, hat nicht nur seine Not beendet, sondern steht in einer vor ihm begonnenen und weit über ihn hinausreichenden Geschichte Gottes mit den Menschen, denen Gott sich als der Herr der Welt erweist, der fürsorgend und liebevoll das Ergehen der Menschen und der ganzen Schöpfung ansieht, begleitet und bewahrt. Das kann und will der Beter nicht für sich behalten. Alle müssen davon erfahren und alle Welt soll es teilen.

Er legt ein Gelübde, ein Versprechen vor Gott und den Menschen ab, dass er Gottes Namen und das Heil, das darin für alle verheißen und verbürgt ist, verkünden will. Er will Gott rühmen für seine Rettung und Hilfe in der Versammlung der Gläubigen und vor aller Welt, damit alle davon erfahren, Gott ehren und fürchten für alle Zeiten und Generationen (V.23–24.26–27). Den Namen Gottes verkünden und ihn loben, das heißt für den Beter, Gottes Offenbarungen und sein rettendes Handeln wider alle menschliche Erwartung und Vorstellung zu erzählen, zu bekennen und zu preisen zum Lob und zur Ehre Gottes, dass sein Name bekannt und verehrt werde immer und überall.

Denn – darin liegt der Grund und der Sinn von allem – Gott hat »das Elend des Elenden nicht geringgeschätzt, nicht als verabscheuungswürdig erachtet, und sein Antlitz nicht vor ihm verborgen, sondern hörte zu, als er zu ihm um Hilfe schrie« (V.25). Die Rettung, die der Beter erfahren hat, sieht und stellt er hinein in die von ihm erinnerte und gegen allen Augenschein bewahrte Geschichte und Gemeinschaft der Gläubigen (vgl. V.5–6) und bekennt Gottes unverbrüchliche Treue und Macht, die größer und wirkmächtiger ist, als alles, was Menschen für denkbar, vorstellbar und möglich halten.

Wir erfahren nicht, wie Gott seine Not gewendet und ihm geholfen hat, aber dass Gott sein Elend angesehen und sein Angesicht nicht vor ihm verborgen, sondern ihn erhört und ihn errettet hat. Darin hat Gott sich ihm in der erfahrenen und erlittenen Not kontrafaktisch als Gott erwiesen und zu erkennen gegeben – gegen allen Augenschein und gegen alle Macht des Faktischen.

Gott hat sich ihm neu offenbart und gezeigt, er hat seine Klage erhört und seine Not gewendet. Darum »rührt« sein Lob und sein Vertrauensgelübde allein von Gott her (V.26) und nicht aus seinem eigenen Vermögen noch seiner eigenen

Kraft. Weil Gott Gott ist und sich in seiner Macht als Gott immer neu erweist und zeigt, kann er gegen alle Not und Verlassenheit auf Gottes Gottheit und kontrafaktische Gegenwart und Wirkmächtigkeit vertrauen. An seiner Not und Gottverlassenheit ist er nicht verzweifelt und nicht zerbrochen, weil Gott der ist und bleibt, der er immer war und sein wird, den Menschen in Fürsorge und mit wohlwollender Liebe zugewandt.

Von Gott kommt alles Lob her und kehrt zu ihm zurück. Darum läuft alles Beten und Klagen auf dieses Lob hin, das in Gottes rettendem Dasein und Handeln gründet und »nicht durch Erfahrungen der Ferne und der Verborgenheit Gottes ausgelöscht oder zunichtewerden kann. So kann der Beter die ganze Versammlung der Gläubigen aufrufen und ermuntern: »Aufleben soll euer Herz für immer!« (V.27c) Aus der Erinnerung und Vergegenwärtigung der kontrafaktischen Wirkmächtigkeit Gottes erwächst eine Zuversicht und Heiterkeit des Gottvertrauens, die durch nichts mehr getrübt und verdunkelt werden kann, weil nichts größer und mächtiger mehr gedacht werden und sein kann als Gott.

So weitet der Beter sein Lob Gottes über seine individuelle Rettung und die kollektive Glaubensgemeinschaft aus auf alle Völker der Erde und entwirft eine Vision von der welt- und völkerumspannenden Königsherrschaft Gottes, die alles umgreift. Zu ihm sollen alle Völker umkehren, ihn anbeten und ehren, weil er die Macht über die ganze Erde innehat und über alle Menschengeschlechter herrscht. Ja, auch die Verstorbenen sollen und werden ihn verehren. Denn der Herrschafts- und Machtbereich Gottes umgreift nicht nur die ganze Welt, sondern auch Leben und Tod und alles, was darinnen ist.

Gott ist der Herr, der die Macht hat über alles. Von ihm werden in Zukunft alle Generationen und Geschlechter erzählen und bekennen, »dass er gehandelt hat« (V.32c). Auf dieses Ziel läuft alles hinaus, dass alle »Enden der Erde«, alle Völker und alle Menschen, die Lebenden und die Verstorbenen, von den Offenbarungen Gottes erzählen, Gott loben und preisen für seine Macht und Gegenwart. Denn nur aus der Erzählung, der Erinnerung und Vergegenwärtigung des rettenden Handelns Gottes wächst jenes Vertrauen und jene Gewissheit, die in allen Nöten vermag, gegen Gott an Gott festzuhalten und gegen alle Erfahrung der Verlassenheit und Verborgenheit Gottes Gott zu suchen und zu bitten, dass er sich zeigt und erweist als der, der er ist.

Wo die Not am größten ist und alle menschlichen Möglichkeiten und Ressourcen versagen, können uns im Horizont der kontrafaktischen Gegenwart und Wirkmächtigkeit Gottes Trost und Zuversicht zuwachsen, die uns halten und tragen – trotz allem, was sich nicht ändern, nicht heilen und nicht retten lässt, weil über Leben und Tod hinaus Gott für uns da ist und wir vor Gott bleiben und nicht verloren gehen können. Darin erschließt sich die von Anfang an alles durchdringende und leitende Frage: »Mein Gott, mein Gott, wozu hast du mich verlassen?« (V.2) Unzulässig verkürzt, aber aus der Erfahrung des Psalmbeters heraus möchte ich wagen zu antworten: »Damit wir einen Trost und einen Halt finden im Leben und Sterben, den uns nichts und niemand nehmen kann – und alle Welt von diesem Gott erfährt!«

Während die »Warum-Frage« nach der Ursache und dem Grund der Not fragt, richtet sich die »Wozu-Frage« auf das Ziel und den Sinn, die dem Beter verborgen sind und sich erst im Laufe des Prozesses erschließen, auf den er sich einlässt, indem er seine Klage gegen Gott vor Gott bringt und ihn um Rettung und Hilfe anruft.[87] Die wunderbare Wende der Not wird von Gott herbeigeführt, der den leidenden Gerechten ansieht und erhört und sich darin als der Gott erweist, dessen Macht und Herrschaft größer sind und weiter reichen als alle Not und Gottverlassenheit, die Menschen widerfahren können.

Das Ziel, auf das nun die in Lob gewendete Klage hin läuft, ist die Verkündigung der Königsherrschaft Gottes über alle Völker und alle Welt. In der Offenbarung Gottes als dem Herrscher der Welt, dessen wirkmächtige Gegenwart selbst in der Verborgenheit und Verlassenheit Gottes nicht endet, gründet jenes Vertrauen, das in aller Not mit Gott rechnen und aus aller Tiefe seine Zuflucht bei Gott suchen kann und finden wird.

Genau darin liegt der Grund für die traditionsgeschichtliche Anknüpfung und die Aufnahme von Psalm 22 zur Deutung der Passion und des Kreuzestodes Jesu im Evangelium des Markus (Mk 15,20b–41): Als Jesus gekreuzigt worden ist, ruft er: »Mein Gott, mein Gott, wozu hast du mich verlassen?« (Mk 15,34)[88] Der sterbende Jesus betet am Kreuz zu Gott. Er ruft zu Gott gegen Gott, dass er ihn verlassen hat, dass er dem Tod am Kreuz und dem Spott der Menschen preisgegeben ist. Er sucht in seiner Gottverlassenheit und Not Zuflucht bei Gott und stimmt ein in die tieferen, älteren Worte des 22. Psalms, die aller Aussichtslosigkeit zum Trotz mit Gott rechnen und auf seine kontrafaktische Gegenwart vertrauen, ja, die einzig zu Gott hin und von Gott her »Rettung« erwarten und glauben können, die alle gegenwärtige Not überschreiten und überwinden kann.

Der Evangelist Markus stellt den Tod Jesu am Kreuz in die spirituelle Tradition von Psalm 22 und überschreitet damit die Kreuzigung Jesu und die Bitten und Klagen aller Leidenden und Sterbenden auf den Gott hin, der die Macht über Leben und Tod, ja, über die ganze Welt in seinen Händen behält und in dessen kontrafaktischer Wirkmächtigkeit wir in allem und trotz allem geborgen und bewahrt bleiben, weil nichts und niemand uns aus seiner Hand reißen kann.

Durch die Aufnahme von Psalm 22 in die Deutung des Kreuzestodes Jesu wird die Offenbarung Gottes im Kreuzestod Jesu als Herr der Welt christologisch vorbereitet und für alle Christen zu einer Hoffnung und Zuversicht des Glaubens, dass alle Gottverlassenheit im Leiden und Sterben im Horizont der Gegenwart Gottes steht und bleibt, der sich in dem Sterbegebet Jesu als der offenbart hat, der Leben und Tod umgreift und die Macht über alles hat. Das Leiden und Sterben

---

[87] Zur Übersetzung der Warum-/Wozu-Frage siehe Janowski, Konfliktgespräche, 360 A56.
[88] Zur Übersetzung im Anschluss an Bernd Janowski siehe Anm. 87.

Jesu wird für alle Leidenden und Sterbenden zum Existential der absoluten Not und Gottverlassenheit in Gottes kontrafaktischer Gegenwart.

Wenn wir betend, hörend, stammelnd, seufzend einstimmen in die Worte des 22. Psalms und in die Worte Jesu am Kreuz, werden wir hineingenommen in seinen Glauben und bekommen Anteil an der spirituellen Resonanz, die alle Not und Klage nicht nur vor Gott trägt, sondern auf Gott hin überschreitet, der allem Augenschein und faktischen Widerspruch zum Trotz alles Leiden ansieht, hört und teilt. Wir erfahren an uns selbst und mit den Menschen, deren Todesangst und -not wir vor Gott bringen, in der ausweglosen Ohnmacht und Hilflosigkeit sind wir nicht verlassen und nicht dem Tode preisgegeben, sondern können uns an den Gott halten und binden, der zu uns hält, unsere Not teilt und uns Anteil gibt an seiner kontrafaktischen wirkmächtigen Gegenwart, die uns tröstet, stärkt und hält. Denn in aller Not und Verzweiflung ist und bleibt Gott unser, mein Gott, mein Trost und mein Halt im Leben und Sterben – und über den Tod hinaus.

Wir fragen: »Wozu, mein Gott, mein Gott, wozu, das alles, was soll es, wohin will es mich bringen?« Damit geben wir uns, unserer inneren und äußeren Not eine Richtung, eine Orientierung, eine Adresse, an die wir uns richten und wenden. Wir fragen nach dem Wohin, nach einem Ort, zu dem wir gehen und kommen dürfen mit allem, was in uns ist, mit allen Abgründen und Tiefen, Ängsten und Zweifeln. Wir sind nicht ausgeliefert, ergeben und überwältigt, sondern wir können uns aus der Not heraus auf eine andere Wirklichkeit hin ausstrecken und beziehen. Das verändert uns und unsere Ohnmacht. Wir öffnen und weiten unseren Blick und unser enges Herz durch die Suche, die Frage nach dem Wozu und Wohin. Diese Ausrichtung und Bewegung stimmt uns ein auf eine Resonanz, die da ist, die uns in der Frage und Klage zukommt und deren wir gewahr werden, die unser Hier und Jetzt überschreitet, auf einen anderen Horizont hin, in dem wir stehen, sind und bleiben, auch wenn wir ihn nicht sehen – den Horizont der Gegenwart und Macht Gottes, in der wir geborgen und umfangen sind und bleiben.

Das erlöst uns noch nicht aus der erlebten und erlittenen Not, aber es verändert unseren Blick und unsere Perspektive, weil wir nicht mehr wie gefangen auf die Ausweglosigkeit, das Leid und den Tod starren, sondern uns mit unserer Angst, unserem Schmerz und unserer Ohnmacht in Gottes Gegenwart geborgen und umfangen sehen und erleben, in der selbst der Tod seinen Schrecken verliert und wir Anteil nehmen an der Wirklichkeit Gottes – schon jetzt. Alle Klage findet zur Ruhe und wandelt sich in Trost, der seinen Widerhall findet in einem heiteren Lob zu Ehre Gottes.

Psalm 30 Du hast meine Klage in einen Reigen verwandelt[89]

V.1 Ein Psalm. Ein Lied zur Weihe des (Tempel-)Hauses. Von David.
V.2 Ich will dich erheben, JHWH, denn du hast mich heraufgezogen und hast meine Feinde nicht jubeln lassen über mich.
V.3 JHWH, mein Gott, ich flehte zu dir[90] und du hast mich geheilt.
V.4 JHWH, du hast mich[91] aus der Unterwelt heraufgeholt, du hast mich zum Leben (zurück-)gebracht aus denen, die in die Grube[92] hinabsteigen.
V.5 Musiziert für JHWH, ihr seine Frommen[93] und lobdankt zum Gedenken seiner Heiligkeit,
V.6 denn einen Augenblick – in seinem Zorn, ein Leben lang – in seinem Wohlgefallen, am Abend – Weinen, am Morgen – Jubel!
V.7 Ich aber dachte in meiner Sorglosigkeit: »Ich werde in Ewigkeit nicht wanken!«
V.8 JHWH, in deinem Wohlgefallen hast du (mich) auf feste Berge gestellt, da verbargst du dein Gesicht – ich war schreckensstarr.
V.9 Zu dir, JHWH, rief ich immer wieder, und zu meinem Herrn flehte ich unentwegt um Gnade:
V.10 »Was für ein Gewinn ist an meinem Blut, wenn ich hinabsteige in die Grube? Lobdankt dir der Staub, verkündet er deine Treue?
V.11 Höre, JHWH, und sei mir gnädig! JHWH, sei mir ein Helfer!«
V.12 Du hast meine (Trauer-)Klage für mich in (Reigen-)Tanz verwandelt, du hast mein Trauergewand gelöst und mich mit Freude[94] umgürtet,
V.13 damit meine Ehre für dich musiziert und nicht verstummt[95]. JHWH, mein Gott, in Ewigkeit will ich dir lobdanken!

Einzig wer Gottes rettendes und heilendes Handeln ganz konkret und persönlich am eigenen Leib erfahren hat, kann Gott so uneingeschränkt und umfassend danken für seine immerwährende Gnade und alle Menschen auffordern, in das Lob Gottes einzustimmen, dass sein fürsorgendes Gedenken des Menschen kein Ende nimmt und nicht aufhört, dass nur für einen Augenblick sein Zorn, aber ein

---

[89] Zur Übersetzung vgl.: Janowski, Konfliktgespräche, 267–268; Kraus, Psalmen 1–59, 385–386; Ruwe, Psalmen, 44–45; Weber, Werkbuch Psalmen I, 149.
[90] Oder: »habe zu dir um Hilfe geschrien«.
[91] Oder: »mein Leben«/»meine Vitalität«/»meine naepaesch«.
[92] Oder: »Zisterne«.
[93] Oder: »Treuen«.
[94] Oder: »einem Freudengewand«.
[95] Oder: »schweigt«.

Leben lang sein Wohlgefallen währt, ja, dass kein Weinen, kein Leid, keine Not länger anhält und dauert als »vom Abend bis zum Morgen« (V.5-6).

Ohne zu erfahren, wer und was das Leben des Beters bedroht hat und wie er gerettet worden ist, werden wir hineingenommen in sein Erleben der Todesnot und in das wunderbare Wirken Gottes, das ihn gerettet und sein Leben verwandelt hat, so dass wir nicht anders können, als mit ihm einzustimmen in den Lob und Dank für Gottes immerwährendes, wohlwollendes und fürsorgendes Gedenken.

Eine Frau, die durch einen Unfall schwerste, lebensbedrohliche Verletzungen erlitten hatte und deren Leben und Heilung lange Zeit ungewiss war und blieb, sagte mir in einem unserer Gespräche: »Ich bin durch die Hölle gegangen und wusste lange nicht, ob es ein rettendes Ufer auf der anderen Seite gibt und ob ich es je erreichen kann, aber ich wusste immer, dass ich getragen werde.« Nach zahlreichen Operationen und Therapien kämpfte sie sich ins Leben zurück und konnte wieder Fuß fassen in ihrem beruflichen Alltag. Danach schickte sie mir eine Karte mit einem Bild, das sie gemalt hatte: Auf zwei Felsen standen ein paar farbige Häuser, die etwas windschief waren von dem Sturm, der durch sie hindurchgegangen war. Zwischen den Felsen war ein tiefer Spalt, der keinen Grund hatte. Von dem einen Felsen zum anderen führte kein Weg und keine Brücke hinüber. Ich verstand: das war ihr Weg, den sie zurückgelegt hatte. Unter das Bild hatte sie mit Hand ein Zitat aus Jos 1,5 geschrieben: »Ich lasse dich nicht fallen.« In ihrem Bild und ihren Worten war keine Spur von Hadern, Zweifeln und Klagen, nur reine Dankbarkeit, die tief aus ihrem erlittenen Erleben und ihrem Gottvertrauen erwachsen war, das sie ins Leben zurückgebracht hatte.

Diese Frau erzählt, wie sich ihr Leben aus größter Bedrohung, Angst und Not neu in Hoffnung und Zuversicht verwandelt hat, eine leidvolle und rettende Verwandlung, aus der eine Haltung der Dankbarkeit und des Lobes erwachsen ist, die über das eigene, konkret Erfahrene hinausweist auf die umfassende Güte Gottes, die kein Ende und keine Grenze hat, und damit auch für andere zum Trost- und Hoffnungsträger werden kann.

Der Beter des 30. Psalms erzählt in knappen Worten seine Bedrohungs- und Rettungsgeschichte, aus der sein Lobpreis und Dank Gottes erwachsen (V.2-4), in den er einstimmt und in den er alle Gläubigen einlädt (V.5), weil seine Erfahrung der Güte Gottes so tiefgreifend und umfassend ist, dass er die ganze Welt darin eingeschlossen sieht. Was er selbst am eigenen Leib erfahren hat, wird durch das kollektive Einstimmen als Glaubensgewissheit aller und für alle bestätigt und anerkannt.[96]

Er erhebt sein Danklied auf Gott, weil Gott ihn heraufgezogen hat aus der Tiefe und seine Feinde nicht über ihn triumphieren lässt. Als er in Todesnot war, hat er zu Gott um Hilfe geschrien und Gott hat ihn geheilt, aus der Welt des Todes

---

[96] Janowski, Konfliktgespräche, 278.279.281.

heraufgeholt, vor dem Vergehen gerettet und ins Leben zurückgebracht (V.3-4). Wir wissen und erfahren nicht, was den Beter in die Tiefe gezogen hat, so tief, dass die Fangarme der Totenwelt nach ihm greifen, aber er hat seinen Lebensmut und seine Lebenskraft verloren, alles, was seine Vitalität ausmacht.

Tiefe, schmerzliche Erfahrungen von Verlust und Enttäuschung, äußere und innere Krisen, Krankheit, aber auch eigene Unzulänglichkeit und Schuld können uns alle Lebenskraft nehmen, dass wir in todesähnliche Tiefen versinken können oder gezogen werden, das kennen wir. Was uns bedroht und bedrückt, die Lebenskraft und den Lebensmut nimmt, erleben wir wie feindliche Mächte, die uns entgegenstehen und uns auch von Gott trennen,[97] aber die von Gottes rettendem Wirken überwunden werden können.

Der Beter, der sich wie tot erlebt und in der Tiefe den bedrohlichen Mächten gefangen und ausgesetzt sieht, lobt und dankt Gott, der ihn aus der Not »heraufgezogen« hat (V.2.4), wie ein Schöpfeimer mit Wasser aus der Tiefe der Zisterne herausgezogen wird.[98] Was für ein wunderbares Bild schließt sich uns da auf, dass Gott nach uns greift, uns ergreift und nicht versinken lässt, sondern uns in die Höhe zieht, zu sich hin, mit all seiner Macht und Kraft, dass wir aufgerichtet, ins Leben zurückgebracht und wiederbelebt werden.

Was der Beter erlebt, ist so elementar und kraftvoll, dass wir es beim Mitbeten des Psalms selbst spüren und miterleben können. Die Vorstellung, dass Gottes Kraft uns aufrichtet, nach oben zieht und nicht fallen lässt, können wir körperlich nachempfinden wie eine Energie, die uns von außen zukommt, uns von oben ergreift und in die Höhe zieht, dass wir gestreckt werden, aufrecht und gerade stehen können, dass alles, was schwer in uns wiegt und auf uns lastet, was uns beugt und verbiegt, ja, nach unten zieht, kein Gewicht und keine Macht mehr über uns hat, sondern wir befreit und erleichtert werden, ein Gefühl der Erlösung und eine neue Lebendigkeit in uns spüren, auf eigenen Füßen stehen können und aufrecht ins Leben gestellt werden.

Die Energie und Kraft, die den Beter aus der Tiefe in die Höhe zieht, ergreift ihn nicht nur, sondern geht auf ihn selbst über und setzt ihre Bewegung in ihm fort, so dass er sich dem, der ihn heraufgezogen hat, nun selbst entgegenstreckt, nach ihm ausrichtet und sich zu ihm erhebt, indem er sein Lob und seinen Dank an Gott anstimmt und ihm die Ehre gibt, die ihm gebührt. Beten, das so geschieht, erwächst und fließt aus dem erfahrenen Wirken Gottes und führt zu Gott hin, wie eine Bewegung, die von Gott ausgeht, dem Menschen nachgeht, ihn aufsucht, errettet und zu sich zieht. So wird das Lob und der Dank Gottes Teil dieser Bewegung und damit zu der einzig angemessenen Haltung der Menschen, die dem fürsorgenden und heilenden Handeln Gottes entspricht.

---

[97] Vgl. Kraus, Psalmen 1-59, 287.
[98] Vgl. Schneider-Flume, Glaubenserfahrung, 98.

So muss diese Bewegung, die mit dem Beter geschieht, ihm widerfährt, in die er sich hineinstellt und nach der er sich ausrichtet, sich fortsetzen, indem sie auf andere übergeht, sie ergreift, ihnen Anteil gibt und sie hineinnimmt in das allumfassende Lob Gottes, das aus Gottes rettendem Wirken erwächst und als Dank zu Gott zurückkehrt. So ruft der Beter des 30. Psalms alle »Frommen«, die sich Gott verbunden wissen und glauben, dazu auf, Gott zu loben und zu danken »zum Gedenken seiner Herrlichkeit« (V.5).[99]

Denn im Loben und Danken wird Gottes immerwährendes, fürsorgendes und rettendes Gedenken des Menschen nicht nur erinnert und vergegenwärtigt, sondern in seiner umfassenden, unbegrenzten Wahrheit vor und für die ganze Welt bekannt und bezeugt. Dies ist nicht nur die einzig korrespondierende Haltung des Menschen zu Gottes Wirken, sondern der Sinn menschlichen Lebens, dass es Anteil hat an der wirksamen und machtvollen »Herrlichkeit Gottes«. Alle, die in dieses Lob Gottes und seines wunderbaren Wirkens einstimmen, werden dessen teilhaftig.

Die Bedeutsamkeit der Teilhabe und Erfahrung der Herrlichkeit Gottes beschreibt der Psalm sehr konkret und existentiell in polaren Bildern: »einen Augenblick – in seinem Zorn, ein Leben lang – in seinem Wohlgefallen, am Abend – Weinen, am Morgen – Jubel!« (V.6) In allen Ambivalenzen des Lebens ermöglicht und erschließt sich dem Beter durch Gottes Gegenwart und rettendes Handeln eine »Kohärenz-Erfahrung« der Wirklichkeit, auf die er antwortet mit seinem poetischen Bekenntnis zur Treue Gottes, die nicht aufhört und nicht endet, was auch immer geschehen mag. Wie schlimm und wie groß eine Not gerade auch sein mag, dahinter gibt es eine tiefere, größere, stärkere Macht, die alles zusammenhält und meinem Leben einen Sinn verleiht, weil ich in dieser heilvollen Kraft geborgen bin und bleibe.

»Menschliches Leben ist durchkreuztes Leben. Es gibt Schmerz und Tränen. Es gibt den Abend und die Nacht, d. h. Zeiten des Unglücks und der Angst. Aber es gibt ebenso und zuletzt den Jubel über die erfahrene Nähe Gottes. Und es gibt den Morgen, der aufgeht wie die hell und warm machende Sonne. Der Zorn Gottes, seine Verborgenheit und sein Gericht sind nur ›ein Augenblick‹ (kurz und nicht so gewichtig) im Vergleich zu seiner Huld, die das ganze Leben umfasst und verwandelt.«[100]

Unser Leben verläuft nicht im Chaos, nicht im ungeordneten, willkürlichen Auf und Ab, sondern alle Höhen und Tiefen, alle Glückserfahrungen und alle abgründigen, leidvollen und bedrohlichen Einbrüche sind durchzogen von dem immerwährenden, zugewandten und fürsorgenden Wohlwollen Gottes und seiner Gnade, die nicht abbricht und nicht aufhört, auch wenn es nicht immer danach aussieht. Die einzig angemessene Haltung des Menschen dazu ist der un-

---

[99] Janowski, Konfliktgespräche, 278–279.
[100] Zenger, Psalmen I, 88.

unterbrochene und umfassende Lobpreis Gottes und seines wunderbaren Wirkens, der zugleich alle Not anderer Menschen in diesen Horizont rückt und die Anteilnahme und Solidarität mit den Leidenden dieser Welt zu seinem Mandat macht.

Wie in einem Film, der noch einmal an eine frühere Zeitstelle zurückgespult wird, die man noch nicht kennt, schaut nun der Beter in einer Retroperspektive noch einmal auf seinen Weg und auf seine Lebensgeschichte, aus der er kommt, zurück in die Vergangenheit (V.7–9). Er erinnert sich an eine Zeit seines Lebens, in der es ihm gut ging, als er sich sehr selbstgefällig und sorglos in seiner Selbst- und Weltgewissheit sonnte und er sich für unerschütterbar und unverwundbar hielt. Da lebte er in dem Bewusstsein, er werde »in Ewigkeit nicht wanken« (V.7). Er war selbstvermessen und gottvergessen wie die Frevler, die sich über Gott erheben und sich an seine Stelle setzen (vgl. Ps 10,6).

Doch dann war es anders gekommen: widrige Ereignisse, ein Absturz, eine Krise, eine Not oder Leid war über ihn hereingebrochen und hatte ihn in einen Zustand der (todesähnlichen) Schreckensstarre (V.8) versetzt. Wir erfahren keine Einzelheiten darüber, was ihm widerfahren war, aber er hatte mit einem Schlag den Halt und die Sicherheit, in denen er sich wähnte, verloren, war vor Angst und Schrecken erstarrt, ohnmächtig und hilflos, wie tot. Da erkannte er, dass Gott sein Angesicht vor ihm verborgen hatte – für einen Moment, weil er in seiner Selbstvermessenheit Gott vergessen und missachtet hatte. Da fiel es ihm wie Schuppen von den Augen und er verstand, wie verblendet und verkehrt sein Denken und seine Einstellung zuvor war. Nun erkannte er, dass alles durch Gottes Macht geschieht und dass Gott es war, der ihn aus seiner Gnade und Huld zuvor auf einen »festen Felsen« (V.8b) gestellt hatte.

Er wendete sich zu Gott und rief zu ihm um Hilfe. Er flehte zu »seinem Herrn« um Gnade (V.9): »Höre, JHWH, und sei mir gnädig! JHWH, sei mir ein Helfer!« (V.11) In seiner Not hatte er erkannt, dass sein Ergehen allein in Gottes Macht und Gnade steht und gründet. Das einzige, was er vermag, ist, Gott zu loben und seine Treue zu verkünden. Darum bittet und ringt er mit Gott, dass er ihn errettet, weil sein »Hinabsteigen in die Grube« für niemanden von Nutzen sei und dass er im Tod Gott nicht mehr loben und bekennen könnte (vgl. dazu Ps 6,6; 88,11; 115,17). Wenn doch der Sinn des Lebens ist, Gottes Treue zu loben, dann darf und kann Gott seinen Lobpreis nicht im Tode für immer verloren gehen und verstummen lassen.[101]

Er gründet seine letzte Zuversicht im Gebet und im Hilferuf nun auf die Treue Gottes, die unerschütterlich ist und bleibt. Das wendet seine Not. Er wird gerettet und zurück ins Leben verwandelt. Seine Verwandlung durch Gott wird in wunderbaren polaren Bildern beschrieben, die an eine Wiederbelebung oder Neu-

---

[101] Vgl. dazu Janowski, Konfliktgespräche, 220.246ff.279; sowie Schneider-Flume, Glaubenserfahrung, 99.

schöpfung des Lebens erinnern und die neue Ausrichtung seiner Vitalität zum Ausdruck bringen: seine Klage wird in Tanz verwandelt, sein Trauergewand wird ihm ausgezogen und er wird mit Freude umkleidet (V.12). Er ist nicht nur gerettet und ins Leben zurückgebracht worden von Gott, sondern er hat seine Lebensfreude und Lebenskraft von Gott neu empfangen, so spürbar und wirksam, dass sie im Reigentanz und Freudengewand für alle Welt sichtbar wird. Er ist ein anderer, ein neuer Mensch geworden, weil Gott sich seiner erbarmt und ihn nicht fallen gelassen hat. In seiner Neuschöpfung zeigt sich die wunderbare, nicht endende Schöpfermacht und Treue Gottes.

Aus der Rückschau auf sein Leben resümiert er, was diese Erfahrung mit ihm gemacht hat: Sie hat sein Leben, seine Lebenshaltung und ihn grundlegend verändert. Er will und kann darüber nicht schweigen, denn das neue Leben, das er empfangen und das ihn verwandelt hat, erfüllt und bewegt ihn, Gott Lob zu singen und nicht mehr still zu werden (V.13a). So mündet der Psalm, der mit dem Lobpreis Gottes begonnen hat (V.2) und der alle Gläubigen zum gemeinsamen Bekenntnis und zum Gedenken der Herrlichkeit Gottes aufgerufen hat (V.5–6), nun ein in das große Versprechen des Beters an Gott, dass er ihm »in Ewigkeit« danken will (V.13b). Dieses neue Versprechen rückt an die Stelle der alten Haltung des Beters, in der er gottvergessen und selbstvermessen dachte, er werde »in Ewigkeit« nicht wanken (V.7). »Der, der von sich meinte, bis in die fernsten Zeiten nicht zu wanken, bekennt sich nun als den, der bis in die fernsten Zeiten danken, was so viel heißt wie loben, will.«[102] Darin drückt sich nicht nur seine Dankbarkeit für die erfahrene Rettung und Bewahrung aus, sondern seine neu gefundene Lebenshaltung, die der Selbstüberschätzung und Gottvergessenheit widerspricht und die seine ganze Existenz für immer in einen anhaltenden und umfassenden Lobdank Gottes verwandelt.

Der Beter reflektiert in der Rückschau auf sein Leben die erfahrene Bedrohung und Rettung sozusagen »von hinten nach vorn [...], um in der Gegenwart sein für das zukünftige Leben gültiges Lobgelübde vor der Gemeinde zu sprechen (V.13b).«[103] Durch diese »Re-Konstruktion« seines Lebens wird das erfahrene Leid in sein Leben integriert und die Kohärenz der ambivalent erlebten Wirklichkeit im Horizont der kontrafaktisch wirksamen Nähe und Treue Gottes erkennbar.

Die einzig angemessene Haltung und Antwort des Menschen auf das immerwährende, fürsorgende Gedenken Gottes ist die anhaltende und umfassende Dankbarkeit und eine Existenz, die sich nicht auf sich selbst gründet, sondern die sich von Gott her als empfänglich erlebt, versteht und gestaltet.

Aus der Erfahrung der Rettung aus Not und Gefahr erwächst dem Beter eine Existenz der Dankbarkeit, die sein Leben und Ergehen von Gott her empfängt und auf das Lob Gottes hin ausrichtet. Betend kann ich mit dem Dankpsalm diese

---

[102] Schneider-Flume, Glaubenserfahrung, 100.
[103] Janowski, Konfliktgespräche, 270.

Lebenshaltung einüben, alles »Leben als verdanktes Leben«[104] zu verstehen, in den Dank und das Lob Gottes einzustimmen mit der ganzen Schöpfung und empfänglich zu werden für das fürsorgende, wohlwollende Handeln Gottes.

Wenn ich so auf mein Leben mit allen seinen Höhen und Tiefen schaue, kann ich erkennen, dass ich mich, mein Leben und Ergehen nicht mir selbst verdanke, sondern dem bewahrenden und rettenden Handeln Gottes, der nicht von mir ablässt und meiner allezeit gedenkt. Das stimmt mich dankbar für alles, was mir zukommt, mir zu Gute kommt, mich beschenkt, bereichert, mir Wert, Zuwendung und Sinn verleiht; aber auch für alles, was mir widerfährt, was mich bedrängt, bedrückt, ängstet und bedroht, wenn es von Gott kommt, wenn es Gottes Wohlwollen und Gnade nach sich zieht und mich in seiner Huld birgt, mich lebendig macht, belebt, am Leben hält und ins Leben zurückbringt.

In der Dankbarkeit erlebe, gewahre, erkenne und verstehe ich mich, mein Dasein, mein Leben und Ergehen elementar als empfänglich. Gott angemessen zu loben und zu danken, schließt daher eine andere, neue Lebenshaltung und -ausrichtung ein, dass ich alles, was war, was ist und was kommt, aus Gottes Hand empfange und Gott allezeit für seine Güte und Treue, die nicht aufhört und nicht endet, lobe und danke mit meinem ganzen Leben.

---

[104] Zenger, Psalmen I, 85.

4 Gottes Nähe und Gegenwart

Psalm 23 Der Herr ist mein Hirte[105]

V.1 Ein Psalm Davids.
JHWH ist mein Hirte, mir mangelt nichts.
V.2 Auf Weiden mit saftigem Grün lässt er mich lagern, zu Wassern an Rastplätzen leitet er mich.
V.3 Meine Lebenskraft[106] erneuert er[107]. Er führt mich auf Bahnen der Gerechtigkeit um seines Namens willen.
V.4 Auch wenn ich im Tal der Finsternis[108] gehe, fürchte ich kein Unheil[109], denn du bist bei mir, dein Stock und dein Stab, sie geben mir Zuversicht[110].
V.5 Du bereitest vor mir einen Tisch im Gegenüber[111] meiner Feinde[112]. Du hast mein Haupt (schon immer) mit Öl gesalbt, mein Becher hat[113] Überfluss.
V.6 Nur Gutes und Güte[114] folgen mir alle Tage meines Lebens und ich werde (immer wieder) ins Haus JHWHs zurückkehren, ein Leben lang[115].

---

[105] Zur Übersetzung vgl.: Janowski, Konfliktgespräche, 307; Kraus, Psalmen 1–59, 334; Ruwe, Psalmen, 37; Weber, Werkbuch Psalmen I, 126.
[106] Oder: »meine naepaesch«.
[107] Oder: »holt er zurück«.
[108] Oder: »des Todesschattens«.
[109] Oder: »nichts Schlimmes«.
[110] Oder: »trösten mich«.
[111] Oder: »angesichts«.
[112] Oder: »Widersacher«.
[113] Oder: »ist«.
[114] Oder: »Freundlichkeit«.
[115] Oder: »für die Länge meiner Lebenstage«.

»Mon Tresor« lautete der Titel einer Ausstellung in der saarländischen Völklinger Hütte.[116] Sie zeigte »Schätze« aus Archäologie, Geschichte, Kunst, Technik und Wissenschaft; aber sie fragte auch ganz konkret und existentiell: Was ist wertvoll und wichtig im Leben eines Menschen und einer Gesellschaft? Ja, auch ganz persönlich und direkt: Was ist ein Schatz für uns? Besucher wurden angeregt und motiviert, den Schätzen ihres Lebens und der Welt auf die Spur zu kommen und darüber nachzudenken, was einen wahren Schatz ausmacht.

Für viele Menschen ist der 23. Psalm so »ein Schatz«, ein Schatz des Glaubens und des Lebens. Das tiefe, bedingungslose Vertrauen, von dem er Zeugnis gibt und in dem Menschen aller Zeiten sich bergen und gehalten wissen im Leben und im Sterben, ist für viele Beterinnen und Beter ein »Schatz«, den sie tief in ihrem Herzen bewahren, um in Zeiten der Not und des Leides auf ihn zurückzugreifen wie auf eine »eiserne Ration«, die das Überleben und Überstehen sichert.

In unendlich vielen Stunden der Not und Bedrängnis, an zahllosen Kranken- und Sterbebetten suchen und finden Menschen seit jeher Trost, Halt, Schutz, Kraft und Orientierung in diesen Worten. Weil ihr Lebensgefühl, ihre Existenz oder das lieber Menschen bedroht und erschüttert ist, vertrauen sie sich dem »guten Hirten« an, der durch alle Höhen und Tiefen des Lebens und Sterbens führen und bewahren kann. Denn den Worten und Bildern vom guten Hirten wohnt ein großes, starkes Kraftfeld inne. Wer sich darauf einlässt, sich hineinbegibt und sich ihm anvertraut, wird von seiner Energie ergriffen, von seiner Wirkmacht spürbar verändert und seiner Wirklichkeit teilhaftig, so dass sie an ihm und mit ihm geschieht.

Psalm 23 gründet und wurzelt tief im Vertrauen auf Gottes Mitgehen und Mitsein, das alles Leben mit seinen Höhen und Tiefen wie ein »goldener Faden« durchzieht, der das eigene Leben mit allen hellen und dunklen Farben in das liebevoll fürsorgende Wirken und Weben Gottes einbindet, das alle Zeit und Welt durchdringt.

Alles, was dieses Vertrauen ausmacht und beinhaltet, zusammenhält und trägt, ist das Bekenntnis zu JHWH, dem Namen Gottes, der am Anfang und am Ende steht (V. 1 u. 6) und den ganzen Psalm umschließt und umgreift. Der Name Gottes ist der Grund und das Ziel aller persönlichen Vertrauensaussagen, denn er ist »Programm« und »Verheißung« für ein Leben, das er ermöglicht und erfüllt: ein Leben vor und mit Gott, ohne Mangel, behütet, beschützt und bewahrt.

Nur wer Gottes Namen kennt und darauf vertraut, was er verspricht, weil er unzweifelhaft und unwiderruflich seines vorgängigen, immerwährenden Mitseins als fürsorgende Zuwendung, Führung und Bewahrung gewiss ist, der kann sich so uneingeschränkt, bedingungslos und konsequent zu Gott bekennen, ihn seinen Hirten nennen, ihn bei seinem Namen anrufen und ansprechen.

---

[116] URL: https://voelklinger-huette.org/de/ausstellungen/mon-tresor-europas-schatz-im-saarland/ (Stand: 22.03.24).

Der kann sagen und beten: Gott ist mein Hirte, der mich versorgt mit allem, was ich zum Leben brauche, der auf mich Acht gibt, der mich mit Lebenskraft belebt und erquickt, der mich behütet, leitet und führt, der mit mir und für mich da ist, dem ich lieb und teuer bin, der für mich eintritt in Gefahr und Not – weil es sein Name, sein Wesen und seine Wirklichkeit ist (V.3c).

Solches Vertrauen erwächst aus der Erinnerung und Vergegenwärtigung, dass Gott sich den Menschen immer wieder gezeigt, offenbart und in ihrer Geschichte erwiesen hat als der, der er ist, der mitgeht und für sein Volk sorgt (vgl. Ex 3,7–15; 15; u. ö.). Gott bewährt sich als Gott in seinem Mitsein für die Menschen in der Fülle ebenso wie in der Bedrohung des Lebens. Darauf gründet sich alles Vertrauen, das in der Anfechtung bewahrt wird durch den Gott, mit dem man nicht nur rechnen kann, sondern der den Menschen und darin sich und seinem Namen treu bleibt. Im Rückgriff und im Bekenntnis zu diesem Vertrauen in die erfahrene Treue Gottes und seines Namens durch alle Zeiten des Glaubens hindurch werden die Worte des 23. Psalms zum Ausdruck des eigenen Glaubens und der persönlichen Bindung an diesen Gott. Erfahrene heilsgeschichtliche Wirklichkeit wird nicht nur angeeignet und verinnerlicht, sondern bewahrheitet und vergegenwärtigt sich in dem persönlichen Bekenntnis des Beters zu Gott als seinem guten Hirten.

Wenn Gott mein Hirte ist, liegt mein Leben und Sterben und alles in seiner Macht und Obhut, darum wird mir nichts fehlen, was ich zum Leben und Sterben brauche, ja, ich werde nicht alles haben, was es zu verdienen und zu erwerben gibt in dieser Welt, aber mir wird nichts mangeln, denn in seiner Fürsorge, seinem Schutz und seiner Führung bin ich geborgen und mein Leben ist erfüllt von seiner Nähe.

Wenn Gott mir nahe und für mich da ist, kann ich selbst in Not und Bedrängnis keinen Mangel haben, weil in Gott die Fülle ist und ich in ihm und in seiner Gegenwart geborgen und aufgehoben bin. Darum wird mir nichts mangeln im Leben und im Sterben, auch wenn mir Gesundheit, Vitalität, Arbeit, Geisteskraft und geliebte Menschen abhanden kommen und schmerzlich fehlen können.

Gott ist mein Hirte, darum ist er immer und überall für mich da und ich bin in seiner Obhut und seinem Schutz. Er führt mich durch das Leben, bisweilen auch dahin, wohin ich nicht will, und manchmal dahin zurück, wo ich noch nicht war, aber immer ist er mir nah und ich bin in seiner Gegenwart. Trotz all meiner alltäglichen und aller existentiellen Sorgen um mich und andere, die mich hart treffen, bedrängen und bedrücken können, bin ich in seiner liebenden Fürsorge bewahrt und geborgen. Er gibt mir alles, was ich zum Leben und Sterben brauche, ja, mehr, als ich je bedarf, damit ich es mit anderen teile und seine Güte vermehre.

In der Unstetigkeit meines Werdens, Wachsens, Reifens, Strebens, Scheiterns und Vergehens gewährt er mir Orte und Zeiten des Verweilens, des Innehaltens, der Ruhe, der Sammlung, Stärkung und Erneuerung. Bin ich auch manchmal mit meinen Möglichkeiten, mit meiner Weisheit und meinen Kräften am Ende, dann öffnet er mir ein neues Tor, einen anderen Blick oder einen neuen Horizont und lässt mir neue Lebenskraft zuwachsen, mich neue Perspektiven erkennen und neue Möglichkeiten entdecken, weil er mir nah ist und in ihm die Fülle wohnt.

Auf allen Wegen, die mich voranbringen, aber auch im Geflecht mancher Irr- und Abwege, ja, auch in den Sackgassen meines Lebens ist er da und leitet mich auf seinen Bahnen der Gerechtigkeit (V.3b), die zum gelingenden und erfüllten Leben führen (vgl. Pss 1 u. 19). Er zeigt mir Wege, die ich gehen kann und die mich weiterführen, dem Leben entgegen. Wo ich die Orientierung verliere und in die Irre gehe, weist er mir den Weg zurück und bringt mich durch Umkehr voran. Nie ist er fern und ich bin immer in seiner Obhut und Nähe geborgen, weil er mein Hirte und mein Gott ist, der sich darin als treu und verlässlich erweist als der Gott, der mitgeht und für mich da ist – um seines Namens willen (V.3c).

Auf dem Fußboden der Kathedrale von Chartres findet sich ein Labyrinth[117] als Symbol für das Leben in der Gegenwart Gottes. Menschen können den Weg durch das Labyrinth gehen und dabei erleben, wie sie im Gehen geführt werden, manchmal direkt zur Mitte hin und dann wieder davon weg, aber mit jeder Wende und Schritt für Schritt kommen sie dem Ziel näher. Das Ziel ist eine sechsblättrige Blüte, Symbol des Glücks, der Erfüllung menschlichen Lebens. Um dieses Ziel zu erreichen, muss der Betende sich dem Weg, seinen verschlungenen Wendungen und Kehren anvertrauen und seiner Führung folgen, um zur Mitte, zum Symbol bleibenden, ewigen Glücks zu gelangen. Nur von oben kann man erkennen, dass das Labyrinth in einem Kreuz aufgespannt ist und der Betende auf dem Weg zur Mitte dieses Kreuz als Symbol des Leidens durchschreiten muss, aber immer ist und bleibt er dem Ziel, der Erfüllung des gelingenden Lebens nah.

Wer diesen Weg geht, erfährt und erlebt mit allen Sinnen im Labyrinth, was Psalm 23 mit seinen Bildern über das Geführtwerden durch den göttlichen Hirten sagt: Mein Lebensweg führt nicht immer geradeaus und direkt zum Ziel, sondern oft über Umwege und Abwege, nahe an Abgründen vorbei und manchmal mitten hindurch, aber er verläuft nicht im Chaos, nicht im heillosen Durcheinander und nicht im sinnlosen Hin und Her, sondern behält und bewahrt immer seine tiefere Ordnung und Orientierung, die mich zum gelingenden, erfüllten Leben bringt, wenn ich dem vertraue, der mich leitet.

Doch das Leben führt auch auf dunkle Wege, wo kein Licht mehr zu sehen und der Blick auf den Himmel verstellt ist, wo keine Aussicht auf Hilfe, Heilung, Befreiung, Rettung und Trost besteht, wo Ängste und Sorgen, Ohnmacht und Verzweiflung, bange Kämpfe um Leben und Tod die Lebenskraft verzehren und der Tod seine dunklen Schatten auf alles wirft. Da wird kein Weg geebnet, da sind keine Ruhe- und Rastplätze, die meine Not aussetzen und mein Leiden unterbrechen, keine Quell- und Kraftorte, um mich zu stärken und zu erquicken. Es

---

[117] URL: https://de.m.wikipedia.org/wiki/Labyrinth_von_Chartres (Stand: 12.03.2024).

sind Tage und Nächte, in denen ich nicht weiß, wohin, auch nicht, wer ich noch bin. Nur dunkle Schatten, ausweglose Fluchten, unüberwindbare Hindernisse und Abgründe türmen sich vor mir auf. Da komme ich ans Ende meiner Kräfte und meiner Möglichkeiten. Da werde ich in meinem Glauben hinterfragt, verunsichert und erschüttert, Risse und Spalten brechen auf, Säulen, die mich tragen, stürzen ein, was mich hält, wird fragmentiert, nichts hat Bestand und nichts bleibt.

In letzter, verzweifelter Hoffnung strecke ich mich dem entgegen und nach dem aus, der größer, mächtiger ist als alles Leid, alle Not und der Tod, der alles überwinden kann, weil er mein Hirte und Hüter ist, der alle Macht über Leben und Tod in seinen Händen hält. Ich suche meine Zuflucht bei Gott, der versprochen und verheißen hat, mit mir zu sein und sich je und je neu als der zu erweisen, der zu mir hält und für mich sorgt.

Meine Bedrohung und Angst ist groß, aber größer ist der Name und die Macht Gottes, nach dem ich mich ausstrecke. Daher fürchte ich nichts, was mich und mein Leben auslöschen und aus Gottes Fürsorge, Obhut und Bewahrung reißen könnte für immer. Ich bin angefochten in meinem Glauben, aber ich halte mich an dem Gott fest, der mich hält, und rufe zu ihm aus der Not: »Denn du bist bei mir, dein Stecken und Stab trösten mich!« (V.4)

Betend trete ich aus der Anfechtung heraus und wende mich Gott zu, denn ich bin mit allem in seiner Gegenwart geborgen. Die Ängste, Schmerzen und Nöte des Leides und des Todes kann ich dulden, aushalten, ertragen und bestehen, ohne darin unterzugehen und davon verschlungen zu werden, weil Gott mich hält und trägt, stützt und stärkt. Denn Gott ist mit mir und ich bin immer vor Gott, der einzig und allein die Macht hat, mich zu retten und zu bewahren.

An den tiefsten Punkten des Lebens komme ich dem Grund am nächsten, der mich hält und trägt, weil er mein Gott ist und bleibt – im Leben und im Sterben, und weil ich in seiner Macht gehalten und geborgen bin für immer (vgl. Ps 22). Das stellt alles Leben, Leiden und Sterben in einen anderen Horizont der Gegenwart Gottes, die alles überschreitet, was ist und was sein wird. Gott bewahrt nicht vor Anfechtung und Zweifel, sondern führt im Leiden und in der Nähe des Todes in seine kontrafaktische Gegenwart, die meine Not wendet und wandelt. Weil Gott mit mir ist, kann ich bei ihm sein und bleiben, was auch immer kommen mag.

Aus solchen Anfechtungen und Wendepunkten tiefster Not finde ich mich wieder in der Gegenwart Gottes, in der ich immer schon war, bin und sein werde. Ich sehe und erkenne Gott in seinem Mitsein neu und anders. Das Bild des Hirten, der mich bis hierher begleitet und geführt hat, dem ich mich im Leben und in den Todesängsten anvertraut habe, wird zum »Gastgeber des Lebens« (V.5), der mich einlädt, bei ihm und vor ihm zu bleiben und zu verweilen, der mich aus seiner Fülle nährt und stärkt mit allem, was mein Leben und Überleben sichert. Er nimmt mich in Schutz und überlässt mich nicht den Bedrohungen, die da sind und bleiben. Im Angesicht aller feindlichen Mächte und Kräfte, die mir begegnen, sich gegen mich wenden und mir entgegentreten können, bleibt Gott der gütige und freundliche Gastgeber meines Lebens und ich bin in der Obhut seiner Gastfreundschaft versorgt, geborgen und geschützt.

Gott schenkt die Fülle des Lebens, selbst im Gegenüber und im Angesicht lebensbedrohlicher Mächte und Kräfte, weil seine Nähe größer und stärker ist als alles, was ist. »Der von Jhwh bereitete Tisch ist das *Realsymbol der Gottesnähe* – von der die Feinde ausgeschlossen bleiben. Sie sind zwar da, gleichsam in Sichtweite, aber von Jhwh schützend auf Distanz gehalten (vgl. Ps 31,20 f).«[118]

Was auch immer geschehen und was mir im Leben und Sterben auch noch widerfahren mag, was ich heute nicht weiß und nicht sehe, ich bin gewiss, dass Gutes und Freundlichkeit von Gott mich begleiten und mir zuteilwerden mein Leben lang (V.6a), weil Gott Hirte und »Gastgeber meines Lebens« ist und bleibt. Das ist das Glück und der Schatz meines Lebens, dass ich bei Gott bin und Gott mir nahe ist.

Aus der Erfahrung des Mitseins und der Bewahrung Gottes (V.1–4) und dem Erleben der Gastfreundschaft Gottes als Versorgung und Schutz im Angesicht feindlicher Bedrohungen und Kräfte (V.5) wendet sich der Blick mit Psalm 23 in die Zukunft und verlängert das Mitsein Gottes und das Leben in der Gegenwart Gottes auf alles kommende Leben und für alle Zeiten (V.6).

Gutes und Barmherzigkeit kommen von Gott und werden mir folgen alle Tage meines Lebens. Gott wird mir nachgehen, hinter mir hergehen, meinen Spuren folgen und alles, was war und was hinter mir liegt, mit Güte und Freundlichkeit ansehen und verwandeln. Was ich begonnen habe, wird er vollenden. Was ich versäumt, verdorben oder verfehlt habe, wird er zum Guten wenden und wandeln. Was zerbrochen ist, wird er verbinden und heilen.

Der Psalm führt den Beter zum Ziel des Lebens in der unmittelbaren und dauerhaften Gegenwart und Gemeinschaft Gottes, die bei der »Rückkehr« in das »Haus JHWHs«, den Jerusalemer Tempel, kultisch wiederkehrend erfahrbar wird und die Ausdruck und Inbegriff der vitalen Teilhabe an Gottes ewiger Fülle ist[119].

Im Beten und Mitsprechen des Psalms wird diese dauerhafte Gegenwart und Lebensgemeinschaft Gottes, in der wir immer schon stehen, von der wir umfangen sind und die uns entgegenkommt, erinnert und vergegenwärtigt als reales Geschehen. Wir sind nicht länger allein und auch nicht nur miteinander aufeinander verwiesen und angewiesen, sondern gemeinsam in der unmittelbaren und dauerhaften Gemeinschaft mit Gott einbegriffen, weil er sich uns zeigt, mit uns geht, für uns sorgt, uns bewahrt und schützt, uns Anteil gibt an seiner Gegenwart – jetzt und alle Zeit.

---

[118] Janowski, Der gute Hirte, 261.
[119] Vgl. Janowski, Konfliktgespräche, 312.

Das Ziel des Lebens, auf das sich alles richtet und alles hin läuft, ist nicht gebunden an den Ort des Tempels in Jerusalem, sondern ist das Dasein und Leben in der dauerhaften, unmittelbaren Gegenwart und Gemeinschaft Gottes, die ich immer wieder erinnernd und vergegenwärtigend gewahren und erfahren kann (V.6b; vgl. dazu auch Ps 27,4). Aus der Erinnerung, die sich im Beten des Psalms und im Unterwegssein vor und mit Gott vergegenwärtigt und vergewissert, wächst alle Hoffnung auf Zukunft hin. Darin liegt die Erfüllung meines Lebens.

Die Metaphorik des göttlichen Hirten, die der altorientalischen, ägyptischen Vorstellungswelt verwandt ist[120], wirkt weiter in der Geschichte des Christentums, das in Jesus Christus den göttlichen Hirten erkennt und identifiziert, der Mensch geworden ist, um seine Herde zu suchen und zu retten (vgl. Lk 15,3–7 u. bes. Joh 10,1–18).

In Jesu Worten und Taten wird das fürsorgende Handeln, Heilen und Helfen des guten Hirten elementar und existentiell erfahrbar für Menschen, die sich ihm anvertrauen und ihm folgen. Durch ihn werden sie hineingenommen in die Gemeinschaft und Gegenwart Gottes, die in ihm und durch ihn erfahrbar wird (vgl. Joh 10,14 u. a.). Doch in einzigartiger Weise gibt dieser göttliche Hirte sein Leben hin in den Tod, um seine Herde zu retten und zu erlösen. Der Stock und der Stab aus Psalm 23 werden bei ihm zu den Balken des Kreuzes, an dem er stirbt für das Leben der Menschen. Darin übertrifft und übersteigt er mit seiner Selbsthingabe alle bisherigen Bilder des fürsorgenden, bewahrenden göttlichen Hirten. Mit seiner Auferstehung überwindet er die Grenze des Todes für immer und schenkt Anteil am ewigen Leben bei Gott. Wer sich ihm anvertraut, von ihm führen lässt, wird teilhaben am Reich Gottes – schon jetzt.

Dieser Christus ruft bei seinem Tod am Kreuz, den er als Hirte in letzter Konsequenz auf sich nimmt, mit Worten des 22. Psalms zu Gott. Im Leiden und Sterben sucht er Zuflucht bei dem, den er als fern und verborgen erlebt (vgl. Mk 15,20b–41). Damit erinnert, vergegenwärtigt und verifiziert Christus am Kreuz die letzte Gewissheit des Glaubens, dass über Leiden und Sterben hinaus alle Macht in Gottes Händen liegt. Denn in der Ohnmacht und Verzweiflung des gegenwärtigen Erlebens und Geschehens vertraut er darauf, dass Gottes Macht und Güte größer und mächtiger sind, ja, dass einzig Gott seine Not und seinen Tod überwinden kann.

Für Christenmenschen schwingt der Ruf Christi am Kreuz im Beten des 23. Psalmes immer mit und bindet ihn ein in die tiefe Gewissheit, dass alle Klage vor Gott in Vertrauen verwandelt wird (vgl. Ps 16) und dass wir auch im Leiden und Sterben Zuflucht bei Gott finden, der unsere Verlassenheit, unsere Angst, unsere Hilflosigkeit und Not kennt, mit uns teilt und alles überwindet.

So finden sich in der frühchristlichen Kunst und besonders im Zusammenhang von Grabdenkmälern immer wieder Darstellungen von Christus als dem

---

[120] Vgl. Janowski, Ein Gott, der straft, 328–330; sowie ders., Der gute Hirte, 250–252.

guten Hirten, wie z. B. in der Krypta der Lucina in der Callixtus-Katakombe in Rom aus dem 3. Jh.[121] Christus in der Gestalt des guten Hirten trägt auf seinen Schultern ein Schaf. Er »geleitet die Seele der Verstorbenen auf ihrem Weg ins Paradies und bewahrt sie dabei vor dem Zugriff dämonischer Mächte«[122].

Ein tiefes, unerschütterliches, unverbrüchliches Vertrauen spricht aus Psalm 23 zu uns und nimmt uns hinein in die Gewissheit der Gottesgegenwart, die alles Leben und Sterben, ja, auch den Tod mit umgreift, in der Gott uns näher ist, als wir es selbst wissen und erkennen können.

Psalm 24 Gott ist gegenwärtig[123]

V.1 Ein Psalm, von David.
JHWH gehört die Erde und was sie füllt, die Welt und die darin wohnen.
V.2 Denn er selbst hat sie auf Meeren gegründet und über Strömen gibt er ihr Bestand.
V.3 Wer darf hinaufziehen zum Berg JHWHs und wer darf stehen[124] am Ort seines Heiligtums?
V.4 Wer unschuldig an seinen Händen und rein im Herzen ist, wer sein Leben[125] nicht auf Nichtiges[126] richtete und nicht trügerisch[127] geschworen hat.
V.5 Der wird Segen von JHWH empfangen und Gerechtigkeit vom Gott seines Heils.
V.6 Dies ist das Geschlecht derer, die nach ihm fragen, die dein Antlitz suchen, Jakob!
V.7 Erhebt, ihr Tore, eure Häupter; erhebt euch, uralte Pforten, dass der König der Ehre einziehen kann!
V.8 Wer ist das – der König der Ehre? JHWH, ein Starker und ein Held, JHWH, ein Kriegsheld!
V.9 Erhebt, ihr Tore, eure Häupter, erhebt euch, uralte Pforten, dass der König der Ehre einziehen kann!
V.10 Wer ist das – der König der Ehre? JHWH der Heerscharen, er ist der König der Ehre!

---

[121] Vgl. Mancinelli, Katakomben und Basiliken, 22.24 Abb. 45.
[122] Lexikon christlicher Kunst, 145; dazu auch: Baudry, Handbuch, 35–37.
[123] Zur Übersetzung vgl.: Kraus, Psalmen 1–59, 341–342; Ruwe, Psalmen, 37–38; Weber, Werkbuch Psalmen I, 129.
[124] Oder: »sich erheben«.
[125] Oder: »seine Lebenskraft«/»sein Begehren«.
[126] Oder: »Falsches«.
[127] Oder: »zum Betrug«.

Im 24. Psalm begegnen wir einem Gott, der hoch gelobt und gepriesen wird, weil er die Menschen und die Schöpfung sein Eigen nennt, alles am Leben erhält und allen Zukunft garantiert. Im Tempel auf dem Berg Zion ist er gegenwärtig und lässt den Menschen, die seiner würdig sind, Segen und Gerechtigkeit zuteilwerden. Er hat die Herrschaft über alle Völker und die Welt inne und regiert sie mit Macht und Stärke. Größer, mächtiger, herrlicher kann Gott kaum gedacht werden. Doch mit dem real gelebten und erlittenen Leben der Menschen, mit ihren konkreten Sorgen und Ängsten, ihren Nöten und Leiden hat dieser Gott, so scheint es, nichts zu tun. Er wirkt abgehoben, lebensfern und »dogmatisch verklärt«. Einem Realitäts-Check würde dieses Bild Gottes kaum standhalten können.

Das wäre bedauerlich und zu kurz gegriffen, ja, würde den ganzen Horizont des Psalmes unerlaubt und unzulässig verkürzen. Denn nur, wer den Psalm nicht für sich, als alleinstehenden Lobpreis eines hohen, fernen mächtigen Gottes liest, sondern ihn als Teil eines größeren Ganzen wahrnimmt und im weiteren Kontext des Psalters versteht, wird ihn in seiner Tiefe und Weite ermessen und erschließen können.

Der Psalm ist Teil, ja, Ziel eines Gebetsweges, der im 22. Psalm seinen Anfang nimmt.[128] Er beginnt nicht auf den Höhen des Gipfels mit dem Lobpreis Gottes, wo der Himmel die Erde berührt (Ps 24), sondern in den existentiellen Tiefen des 22. Psalmes und führt den Beter aus den Abgründen des Leidens und der Gottesferne (Ps 22,2–22) heraus in die Erhörung der Klagen und in den befreienden Lobdank (Ps 22,23–32).

Aus der verzweifelten Klage der Gottesferne findet der Beter seine Zuflucht bei Gott, der sein Mitsein im Leben, in den Gefahren und Nöten, ja, auch in der Nähe des Todes erweist (Ps 23). In dem Vertrauen zu Gott, den er als Hirte und Hüter des Lebens erinnert und bekennt, gründet die tiefe Gewissheit und Zuversicht, dass er bei diesem Gott Sicherheit und Schutz, Bewahrung und Stärkung findet für alle Zeiten. Auf dem Weg aus der Tiefe bewährt sich in der Anfechtung das Vertrauen des Beters zu dem Gott, der mitgeht und in dessen Obhut er alle Zeiten bleibt, so dass jede Angst und alle Bedrohungen ihren Schrecken für immer verlieren (Ps 23,5–6).

Erst hier und jetzt erhebt der Beter seinen Lobpreis auf die wunderbare Größe des Schöpfers, die Erfahrung der Gegenwart Gottes und die unendliche Weite seiner Herrschaft über Himmel und Erde (Ps 24). Denn dieser Gott hat ihn aus der Tiefe heraus in die Höhe geführt. Vor allen Völkern und der ganzen Welt kann er aus tiefstem Herzen und mit vollem Munde bekennen, dass dieser Gott auf allen Wegen mitgeht, in allen Tiefen und Höhen wirkmächtig nah und präsent ist, in

---

[128] Vgl. zum Weg des Gebetes von Ps 22 zu Ps 24 Janowski, Der gute Hirte, 264 A81; sowie Weber, Werkbuch Psalmen III, 75–77.

dessen Rückhalt und Macht er sich gehalten und geborgen weiß, weil er ihn kennt und darauf vertraut, dass er ihn nicht fallen lässt.

Es ist kein Zufall, dass dieser Psalm an eine feierliche Inthronisation über allen Höhen und Tiefen zwischen Himmel und Erde erinnert, die vor allem eines möchte, dem die Ehre zu geben, dem Ehre gebührt. Dazu entwirft er in beeindruckenden Bildern einen Rahmen, der größer, umfassender, mächtiger und universaler nicht sein könnte, damit alle erkennen, wer Gott ist und warum ihm allein Ehre gebührt: Gott ist der Schöpfer der Erde und von allem, was darinnen ist, er ist gegenwärtig in seinem Heiligtum auf dem Berg Zion und er kommt als König der Völker und Herrscher der Welt in sein Eigentum, um mitten unter seinem Volk zu wohnen, damit alle Welt es sieht und ihn erkennt.

Der, der hier vorgestellt wird, ist kein anderer als der Schöpfer der Erde. Ihm gehört alles, was sie füllt, die Welt und alle, die darin wohnen. Denn er hat sie auf den Festen über den Meeren gegründet und über den Wogen und Wellen der Meere gibt er ihr Bestand. Er erhält alles am Leben und gebietet den Chaosmächten ihre Grenzen. Denn er hat alles geordnet, was ist.

Die ganze Schöpfung und alles, was darinnen ist, ist sein Werk. Er hat es hervorgebracht und ins Leben gerufen. Alles, was ist, liegt in seiner Macht und Obhut. Niemand ist größer und mächtiger als er. Der die Welt und alles Leben erschaffen hat, ist allein Gott, neben und über ihm ist kein anderer, der zu gebieten hätte. Alles ist ihm untertan.

Wer diese »Visitenkarte« erhält, soll wissen, mit wem er es zu tun hat. Es ist der, der die Macht über alles in seinen Händen hat. Nichts kann gegen ihn und seinen Willen geschehen, alles, was ist und lebt, hat nur Bestand, weil er es will. Nur aus seiner Gunst und in seiner Obhut ist Leben möglich.

Die Erde und alles, auch wir, sind sein. Alles kommt von ihm her, ist in ihm gegründet und zu ihm hin geordnet. Er allein ist der Schöpfer, Bewahrer und Erhalter der Schöpfung und der Welt. Nicht wir Menschen sind Mitte und Maß, sondern der, von dem alles kommt und der alles, was lebt, und die ganze Welt sein Eigen nennt. Aber ein jeder und eine jede hat darin seinen Platz und Anteil.

Gerade in Situationen, in Zeiten, in denen alles, was Sicherheit und Stabilität verleiht, sich auflöst, verunsichert wird und abhanden kommt, in der Krise und Anfechtung erinnert und vergegenwärtigt der Psalm, wer, wo und wie Gott ist durch alle Zeiten hindurch. Denn der Gott, der alles erschaffen hat und erhält, ist der Gott vom Zion und der Herrscher der Welt. Wir sind sein Eigen und nichts kann uns von ihm trennen.

Nichts verläuft im Chaos, nichts gerät aus den Fugen, sondern alles hat seine gute Ordnung, die Gott gegründet hat und erhält. Darauf dürfen wir vertrauen, darauf können wir uns verlassen in und mit allem, was uns beunruhigt und umtreibt an Sorgen und Ängsten um das eigene Leben, die Gesundheit lieber Menschen oder die Zukunft der Welt. Was auf uns zukommt, wissen wir nicht, es bleibt unverfügbar, offen und ungewiss, aber es steht in der Herrschaft und Macht dessen, von dem alles herkommt von Anfang an und der alles in seinen Händen hält.

Was für eine wunderbare, tiefgründige Gewissheit leuchtet da auf, vom Horizont her in unsere Gegenwart hinein, aus der Geschichte des Volkes Israels im Exil, wo alles verloren war und gegen alle faktische Unterdrückung und Ohnmacht einzig der Glaube an den Gott, der alles erschaffen hat, der Israels Gott ist und über alle Völker und die ganze Welt herrscht, den Angefochtenen Zuversicht auf Rettung und Hoffnung geschenkt und sie bewahrt hat.

Aus größter Tiefe und existentieller Not bekennt und preist der Psalmbeter die Macht und die Herrschaft Gottes. Gegen allen Augenschein und alle erdrückende Realität begibt er sich in die Obhut und in den Schutz Gottes und verlässt sich einzig auf den, dem er wider alle Aussichtslosigkeit alles zutraut, weil er ihn von alters her kennt und erinnert, als den Gott Israels, der auf dem Berg Zion wohnt, den er als Schöpfer und Herrscher der Welt bekennt.

Der alles erschaffen und ins Leben gerufen hat, von dem alles herkommt, was ist, und der alles in seinen Händen hält, ist der Gott vom Zion, der sich dem Volk Israel offenbart hat, der die Israeliten in die Freiheit geführt hat und in ihrer Mitte gegenwärtig ist in seinem Heiligtum auf dem Berg Zion. Der Tempel auf dem Berg Zion erinnert und vergegenwärtigt den Gläubigen, dass der Gott, der sie geführt und bewahrt hat, gegenwärtig ist in ihrer Mitte.

Der Gott vom Zion ist der Gott, der Gerechtigkeit, Heil und Segen verheißt für den, der den Weg seiner Gebote geht, nach seinen Weisungen handelt und lebt (vgl. Ps 1). »Der Gott, der auf dem Zion wohnt, prüft und läutert die Besucher des Tempels. Wer vor ihm bestehen kann, hat Teil an Segen und Leben (24,5), die vom lebendigen Gott ausgehen (36,10), der hier gegenwärtig ist.«[129] Die Pilger, die Zugang zum Tempel auf dem Berg Zion suchten, um dort Gottes Gegenwart innezuwerden, zu vergegenwärtigen und zu vergewissern, wurden zuvor aufgefordert, ihr Gewissen zu ergründen und ihre Herzen zu reinigen. Denn nur, wer unschuldig an seinen Händen und wer rein im Herzen ist, wer frei von Begehren und Betrug ist, wird Segen und Gerechtigkeit von Gott empfangen, Anteil an seiner Gegenwart und Wirkmacht erfahren, die Heil bringt (V.4–5).

Doch, wer kann vor diesem Gott bestehen, wer darf mit ihm rechnen und seiner Nähe gewiss sein? Diese Fragen mussten sich nicht nur die Pilger am Berg Zion stellen, um Einlass und Zugang zu finden zu dem Ort, an dem sie Gottes Gegenwart und Wirkmächtigkeit glaubten, das sind auch die Fragen, die sich die gläubigen Israeliten in ihrer Verzweiflung im Exil stellen mussten. Es sind immer dieselben Fragen, die sich uns und die wir uns stellen, wenn wir Gott suchen und auf Gott hoffen. Bin ich seiner würdig? Oder bin ich ungenügend, unzureichend, nicht so, wie Gott mich sieht, nicht das, wozu er mich geschaffen und wie er mich gewollt hat?

---

[129] Keel, Die Welt der altorientalischen Bildsymbolik, 172; auch 101.111.

In der Not und im Zweifel, in Anfechtung und Ohnmacht, in der uns alle äußere Sicherheit, aber auch alle Selbstgewissheit entgleitet und verloren geht, in der wir zerfallen in Fragmente, die von Zweifel und Angst beherrscht und bedrängt werden, nehmen Selbstzweifel und Furcht uns ein, dass wir nicht sind, was wir sein möchten, könnten und wollen. Da scheint uns der Zugang zu Gott verschlossen, verborgen und verwehrt – wie am Berg Zion. Denn wer mag von sich sagen oder gar bekennen, er habe ein reines Herz, einen ungetrübten, klaren Sinn, sei aufrichtig und ehrlich in seinem Tun und frei von allem Begehren?

In dieser Not und Anfechtung wächst jedoch aus der Erinnerung an die Gerechtigkeit Gottes, aus der wir leben und die eine zuvorkommende und geschenkte ist, die Gewissheit, dass der Gott, der alles erschaffen hat und am Leben erhalten wird, der sein Volk in die Freiheit geführt und bewahrt hat, der unter seinen Gläubigen gegenwärtig sein will, durch nichts, was wir sind oder nicht sind, auch durch kein Tun oder Unterlassen, durch keine Verfehlung und kein Versäumnis in seiner Macht und Größe eingeschränkt oder beeinträchtigt werden kann. Ja, dass nichts ihn von uns trennen kann, wenn wir uns für ihn öffnen und ihn suchen (V.6; vgl. dazu auch Pss 22–23). Ja, schon bevor wir nach Gott fragen, ist er da und wir sind in seiner Gegenwart.

Die Bedingung der Möglichkeit für den Zugang zu Gott, die Wahrnehmung, Erfahrung und Partizipation seiner Wirklichkeit, wird aus der ethisch-moralischen Engführung des Tempeleinlassrituals in eine existentielle Offenheit für die Gegenwart Gottes überführt, indem sie in den weiten, universalen Horizont des Gottes gestellt wird, der als Schöpfer und Herrscher der Welt immer und überall wirkmächtig präsent ist.

Von Johann Christoph Blumhardt stammt das Wort: »Glauben heißt, Gott gegenwärtig nehmen!«[130] Nicht nur am Zion, im Tempel, sondern überall und immer ist Gott gegenwärtig, auch und selbst in unseren Zweifeln, Anfechtungen und Fragen, weil der Gott Zions der Schöpfer und Herr der Welt ist. Weil Gott Gott ist über alles, was lebt und was ist, können wir seiner Gegenwart teilhaftig und innewerden, wenn wir nach ihm fragen, ihn suchen und uns für ihn öffnen.

In seinem Lied »Gott ist gegenwärtig«, beschreibt Gerhard Tersteegen in wunderbaren Bildern die Erfahrbarkeit der Gegenwart Gottes, durch die wir selbst in seine Wohnung und sein Heiligtum verwandelt werden:

»Luft, die alles füllet,
  drin wir immer schweben,
  aller Dinge Grund und Leben,
Meer ohn Grund und Ende,
Wunder aller Wunder:
  ich senk mich in dich hinunter.

---

[130] Quelle unbekannt.

Ich in dir, du in mir,
laß mich ganz verschwinden,
dich nur sehn und finden.
  Du durchdringest alles;
laß dein schönstes Lichte,
Herr, berühren mein Gesichte.
Wie die zarten Blumen willig sich entfalten
und der Sonne stille halten,
laß mich so still und froh
deine Strahlen fassen
und dich wirken lassen.
  Mache mich einfältig,
innig abgeschieden,
sanft und still in deinem Frieden;
mach mich reines Herzens,
daß ich deine Klarheit
schauen mag in Geist und Wahrheit;
laß mein Herz überwärts
wie ein Adler schweben
und in dir nur leben.
  Herr, komm in mir wohnen,
laß mein' Geist auf Erden
dir ein Heiligtum noch werden;
komm, du nahes Wesen,
dich in mir verkläre,
daß ich dich stets lieb und ehre.
Wo ich geh, sitz und steh,
laß mich dich erblicken
und vor dir mich bücken.«[131]

Alle Zeit darf ich da sein vor Gott und in seiner Gegenwart leben. Ja, Gott kann in mir »wohnen« und ich darf sein »Tempel« sein. Gott will in mir gegenwärtig sein und mein Leben, meinen Alltag, alles Tun und Lassen erfüllen und heiligen. Ich darf bei ihm sein und bleiben, weil er mir nah und in mir ist. In seiner Nähe und Gegenwart kann ich alle Angst loslassen, dass ich etwas versäume, dass mir etwas entgeht oder meine Zeit, mein Leben, gar ich selbst, verloren gehen könnte. Denn ich bin und bleibe alle Zeit in seiner Gegenwart geborgen. Nichts in diesem Leben und in der Welt kann mich von ihm trennen, weil er mein Gott ist und ich sein Eigen bin.
  Der Gott, der alles erschaffen hat, von dem alles herkommt und der alles erhält, ist unter uns gegenwärtig und schenkt uns Anteil an seiner Wirklichkeit. Von ihm heißt es nun im Psalm (V.7–10): Er ist der Kommende, der in sein Ei-

---

[131] EG 166,5–8.

gentum kommt und seine Herrschaft über alle Völker und die ganze Welt aufrichtet.

Der Kommende, der in seinem Eigentum einziehen und Wohnung nehmen möchte, ist der König der Ehre, ihm allein gebühren Lob und Ehre der Menschen und aller Völker, denn er kommt, um seine Herrschaft in der Welt und unter den Völkern aufzurichten. Er ist ein Starker und ein Held, ein Kriegsheld und der Herr der Heerscharen. Er ist mächtiger und stärker als alle Mächtigen der Welt und als alle Herrscher der Völker, denn er ist der Gott des Himmels und der Erde. Alle Mächte im Himmel und auf Erden sind ihm untertan.

Der Schöpfer der Welt und der Gott des Zions ist niemand anderes als der Gott, der Herr ist über Himmel und Erde. Er ist größer und mächtiger als alles, was lebt, er allein hat die Macht und die Kraft, Himmel und Erde zu regieren und zu beherrschen. Darum ist er der König der Ehre.

Im Tempel auf dem Berg Zion wird er verehrt und seine Ankunft immer wieder gefeiert und vergegenwärtigt, aber sein Kommen ist universal und kosmisch, alles umfassend und beherrschend. Er will zu uns kommen, denn wir sind sein Eigen. Darum ruft der Psalmbeter uns zu: Macht euch bereit, öffnet ihm alle Türen und Tore, um ihn zu empfangen. Ja, macht die Tore hoch und weit, denn der Kommende ist groß und mächtig, dass er bei euch einziehen kann.

Wir sollen Gott die Tore und Türen öffnen, dass er bei uns einziehen kann. Wie kann das geschehen? Im Tempel Zion hatte man die großen, alten und ehrwürdigen Tempeltore vor Augen, die sehr anschaulich und beeindruckend vor Augen führten, wie groß und mächtig der ist, der hier Einzug halten möchte und empfangen werden soll. Wo und wie können wir uns öffnen für den, der mit so großer Macht und Kraft zu uns kommen, bei uns einziehen will, ja, der die Herrschaft über die ganze Welt und alle Völker antreten will.

Eine Antwort auf diese Fragen gibt das schöne, alte Adventslied »Macht hoch die Tür, die Tor macht weit«[132]. Von dem Gott, der zu uns kommen und bei uns einziehen will, heißt es dort, dass er »der Herr der Herrlichkeit, ein König aller Königreich, ein Heiland aller Welt zugleich« ist, »der Heil und Leben mit sich bringt«. »Er ist gerecht, ein Helfer wert; Sanftmütigkeit ist sein Gefährt, sein Königskron ist Heiligkeit, sein Zepter ist Barmherzigkeit; all unsre Not zum End er bringt.«[133] Die Attribute seiner Herrschaft verweisen auf den, in dem die Christen ihren kommenden König und Herrscher der Welt für sich erkennen und annehmen, auf Jesus Christus. In ihm und durch ihn erfüllen sich die großen Verheißungen, die der Psalm mit dem Kommen Gottes verbindet.

An Weihnachten wird Gott Mensch und kommt in dem Christuskind auf die Erde und zu uns Menschen. Er ist der König, der die Herrschaft Gottes aufrichtet und den Menschen Anteil daran gibt: Durch ihn werden Kranke geheilt, Verletzte

---

[132] EG 1.
[133] EG 1,1.

gerettet, Trauernde getröstet, Tote auferweckt, Hungernde gesättigt, Ausgestoßene aufgenommen, Feinde versöhnt und Schuld vergeben. Menschen werden durch ihn und in seiner Nähe berührt und verwandelt. Sie sehen, spüren und verstehen ihr Leben im Raum der Liebe und der Gegenwart Gottes neu. Das feiern wir an Weihnachten.

In Jesus Christus will Gott bei uns einziehen, damit wir sein Tempel und seine Wohnung werden.[134] Die Tür, von der hier die Rede ist, ist nichts anderes als unser eigenes Herz, in dem Gott wohnen will. Wenn wir uns für ihn öffnen, ihn aufnehmen, auf ihn vertrauen und uns nach seinen Worten ausrichten, kann er uns und unser Leben verwandeln.

Nichts, was krumm ist, wird gerade. Was verwundet und verletzt ist, wird nicht ungeschehen. Was schmerzt, hört nicht auf. Was uns abmüht, lässt uns keine Ruhe. Es gehört zu unserem Leben, aber es bestimmt uns nicht. Das, was ist, ist nicht alles, denn es steht in einem anderen Licht und in einem anderen Horizont. Wir sind mit allem in Gottes Obhut und Herrschaft, wir dürfen auf seine Liebe vertrauen, denn er hat sein Reich unter uns aufgerichtet – schon jetzt, und er wird es vollenden

Im Prolog des Johannesevangeliums heißt es vom Kommen Gottes in Christus: »Er kam in sein Eigentum, aber die Seinen nahmen ihn nicht auf. Wie viele ihn aber aufnahmen, denen gab er die Macht, Gottes Kinder zu werden: denen, die an seinen Namen glauben, [...] die aus Gott geboren sind« (Joh 1,11 –12). Wenn wir uns für Christus öffnen, auf ihn vertrauen und ihn in unser Herz aufnehmen, dann werden wir Kinder Gottes, die seinen Namen kennen und ihn als den Herrn und Heiland der Welt ehren und bekennen, die auf sein Wort hören und sich davon leiten lassen – in allem, was sie tun und lassen.

Durch Christus haben wir Anteil an der Herrschaft Gottes schon jetzt und leben in der Hoffnung, dass Gott alles verwandeln und vollenden wird, was er begonnen hat. Die Offenbarung des Johannes (Off 21,1–4) beschreibt diese Glaubensgewissheit in einer großen Vision, in der sich alle Hoffnungen erfüllen, wenn Gott in sein Eigentum kommen und unter den Seinen wohnen wird:

»Und ich sah einen neuen Himmel und eine neue Erde; denn der erste Himmel und die erste Erde sind vergangen und das Meer ist nicht mehr. Und ich sah die heilige Stadt, das neue Jerusalem, von Gott aus dem Himmel herabkommen, bereitet wie eine geschmückte Braut für ihren Mann. Und ich hörte eine große Stimme von dem Thron her, die sprach: Siehe da, die Hütte Gottes bei den Menschen! Und er wird bei ihnen wohnen, und sie werden seine Völker sein, und er selbst, Gott mit ihnen, wird ihr Gott sein; und Gott wird abwischen alle Tränen von ihren Augen, und der Tod wird nicht mehr sein, noch Leid noch Geschrei noch Schmerz wird mehr sein; denn das Erste ist vergangen.«

---

[134] Vgl. EG 1,3.4.

Die uralte Hoffnung, dass einmal alles gut wird, alles Unrecht, alle Not und alles Leid aufhört, geht in Erfüllung, wenn Gott in sein Eigentum kommt und unter uns wohnt. Dann wird alles gut. Er wird alle Tränen abwischen, alle Wunden heilen, alle Schuld vergeben, alles Leiden erlösen und alle Not wenden.

Der Horizont, den der Psalm aufspannt, reicht vom Anfang der Schöpfung bis ans Ende der Welt, wenn Gott in sein Eigentum kommt, ja, seinen Gläubigen so nah kommen wird, dass er unter ihnen wohnen, seine Herrschaft errichten und alles vollenden wird. Alles Leben, Leiden und Sterben, die ganze Schöpfung und Welt steht in diesem weiten Horizont, der alles in einem anderen Licht erscheinen lässt, in dem Licht der Erfüllung und Vollendung, die uns verheißen ist.

Psalm 27 Vor Gottes Angesicht sein[135]

V.1 Von David.
JHWH ist mein Licht und mein Heil – vor wem sollte ich mich fürchten?
JHWH ist die Zuflucht[136] meines Lebens – vor wem sollte ich erschrecken?
V.2 Wenn sich Übeltäter mir nahten, um mein Fleisch zu verzehren, meine Widersacher und Feinde, dann strauchelten sie selbst und stürzten.
V.3 Wenn sich ein Heer gegen mich lagert, fürchtet mein Herz sich nicht. Wenn sich ein Krieg gegen mich erhebt, bin ich dabei vertrauensvoll.
V.4 Eins habe ich von JHWH erbeten, darum ersuche ich immer wieder: im Hause JHWHs zu wohnen mein Leben lang, um die Freundlichkeit JHWHs zu schauen und innig zu betrachten seinen Palast,
V.5 dass er mich in seiner Hütte birgt am Tag des Unheils, mich im Schutz seines Zeltes versteckt, mich auf einen Felsen emporhebt.
V.6 So will ich von jetzt an erheben mein Haupt über meine Feinde rings um mich herum. Ich will Schlachtopfer des Jubels bei seinem Zelt darbringen, ich will für JHWH singen und musizieren.
V.7 Höre meine Stimme, JHWH, ich rufe zu dir! Sei mir gnädig und antworte mir!
V.8 Mein Herz hält dir vor dein Wort[137]: »Ihr sollt mein Antlitz suchen!« Dein Angesicht, JHWH, suche ich!
V.9 Verbirg nicht dein Angesicht vor mir! Weise deinen Diener nicht ab im Zorn, du bist (doch) meine Hilfe geworden! Verstoß mich nicht und verlass mich nicht, Gott meiner Rettung!
V.10 Ja, mein Vater und meine Mutter haben mich verlassen, aber JHWH nimmt mich auf.

---

[135] Zur Übersetzung vgl.: Janowski, Konfliktgespräche, 94; Kraus, Psalmen 1–59, 362–363; Ruwe, Psalmen, 41–42; Weber, Werkbuch Psalmen I, 139–140.
[136] Oder: »der Zufluchtsort«.
[137] Oder: »hat von dir gesagt«.

V.11 Weise mir, JHWH, deinen Weg, und leite mich auf einen geraden Pfad – wegen meiner Feinde!
V.12 Gib mich nicht der Gier meiner Bedränger preis, denn gegen mich sind Lügen-Zeugen aufgestanden und ein Gewalttat-Zeuge.
V.13 Ach, wenn ich nicht die Zuversicht hätte, die Güte JHWHs zu sehen im Land der Lebendigen[138].
V.14 Harre auf JHWH! Sei stark, und dein Herz sei mutig! Ja, harre auf JHWH!

Am Anfang des Psalms steht ein starkes, vollmundiges Bekenntnis des Beters: »Der Herr ist mein Licht und mein Heil, vor wem sollte ich mich fürchten? Der Herr ist die Zuflucht meines Lebens, vor wem sollte ich erschrecken.« (V.1) Wer solches bezeugt, weiß sich im Schutz und in der Obhut Gottes geborgen, was auch kommen und geschehen mag, weil er mit allem vor Gottes Angesicht ist und an dessen machtvollem Rettungshandeln Anteil hat. Dennoch nimmt er seinen Mund nicht zu »voll«, sondern erweist sich als Realist, indem er alle Bedrohungen des Lebens immer vor Augen behält und nicht leugnet, sondern in den Horizont der hoffnungsvollen Gegenbilder seines Glaubens stellt.

Der Beter bezeugt, dass Gott ihn vor Verderben, Unheil und Tod errettet. Menschen, die ihm Böses wollen, Widersacher und Feinde, die ihn verfolgen und bedrohen, straucheln und stürzen zu Boden. Darum ist er sich der Nähe Gottes und seines Schutzes gewiss. Sein Herz fürchtet nichts, selbst wenn Heere sich gegen ihn aufstellen, und er bleibt voller Vertrauen, selbst dann, wenn Krieg um ihn wütet (V.2–3). In größter Gefahr und Bedrohung ist er frei von Angst und Zweifel, denn er weiß sich in Gottes Gegenwart und Macht sicher und geborgen.

So kann nur jemand reden und beten, der die tiefsten Abgründe des Lebens und des Todes durchlebt und erlitten hat, der nichts mehr fürchtet, weil er in größter Bedrohung eine rettende Macht und Kraft erfahren hat, die noch größer und mächtiger ist als alles, was wir Menschen uns an dunklen, bedrohlichen, unberechenbaren und zerstörerischen Mächten vorstellen können. Einer, der die Todesangst mit eigenen Augen gesehen hat, aber der weiß, dass ihm nichts gegen Gottes Willen geschehen kann, weil er mit allem vor Gottes Angesicht ist.

Das sind große, starke Worte, die uns berühren, beeindrucken und Mut machen können, doch die im realen Leben ihre eigene Tragfähigkeit und Verlässlichkeit erst erweisen und bewähren müssen, damit wir uns im Leben und Sterben in ihnen bergen und ihnen vollends anvertrauen können. Es ist das Leben selbst, mit allen seinen Tiefen, Abgründen, Bedrohungen und Gefahren, das alle unsere Glaubens- und Vertrauensbekenntnisse auf die Probe stellt und ihre existentielle Wahrheit verifiziert, schärft, bricht oder in Frage stellt.

Jeder, der einmal am Bett eines Todkranken gesessen und versucht hat, ihm beizustehen, oder wer selbst vom Tode bedroht worden ist, weiß um diese Not, in

---

[138] Text unsicher überliefert; vgl. dazu Ruwe, Psalmen, 42.

die Todesängste uns stürzen können. Alles entzieht uns den Boden unter den Füßen. Wie in einem freien Fall bleibt nichts mehr, was Halt gibt und trägt. Alles, was im Leben geglaubt und vertraut wird, stürzt mit in die Tiefe und zerschellt am Boden des Abgrunds, der Verzweiflung, der Ohnmacht und Trostlosigkeit. Dann wird es dunkel und finster um uns und in uns, es gibt kein Licht der Hoffnung und keinen Ausweg. Die Bedrohung des Todes lähmt uns und lässt uns erstarren, dass wir uns selbst nicht mehr spüren und sich keine Lebenskraft mehr in uns regt.

Wenn dann jemand da ist, der bei uns bleibt in der Angst und mit uns ausharrt in der Not, der mitfühlt, der uns liebevoll anschaut und vielleicht unsere Hand hält oder unseren Arm streichelt, dann spüren wir in der Nähe des Todes das Leben und werden von seiner vitalen Wirksamkeit berührt. Es leuchtet in der Dunkelheit unserer Verzweiflung und Ohnmacht ein zaghaftes Licht auf, das seinen Lichtschein in unser Herz leuchten lässt. In Todesängsten spüren wir Nähe, Geborgenheit, Beistand. Die Bedrohung des Todes weicht nicht von uns, aber sie ist nicht mehr das Einzige, was wir fühlen, sondern wir erfahren uns mit unserer Angst in der Nähe des Anderen geborgen, weil er uns Anteil gibt an seinem Leben, an seiner Hoffnung und seinem Halt, den er in sich trägt und der ihn hält.

Das Vertrauen, mit allem vor Gott und in Gottes Macht und Schutz zu sein, das jemand in sich trägt, kann zum Licht werden, das ihm selbst und auch anderen in tiefster Dunkelheit aufleuchtet, das in der Verzweiflung und Ohnmacht Halt gibt und tröstet, weil es in größter Not auf einen Ort der Zuflucht weist, an dem alles aufgehoben und geborgen ist – selbst in der Nähe und unter der Macht des Todes. Dann kann Gott als Licht und Rettung, als Zuflucht des Lebens in größter Bedrohung und Angst erfahren werden, weil alles, was ist, vor Gott ist und nichts verloren geht.

Von dieser unerschütterlichen Gottesgewissheit kann Martin Luther in seinem Psalmenkommentar sagen: »Denn gleichwie zur selben Zeit die Feuersäule vor ihrem [der Israeliten] Angesicht hergieng und stets gegenwärtig war, also hat hie der Glaube Gott auch stets gegenwärtig, daß also des Herzens Erleuchtung eigentlich ist das Erkenntnis und Vertrauen des gegenwärtigen Gottes.«[139]

Wenn alles, was mich und mein Leben ausmacht, vor Gott ist, vor seinem Angesicht, in seiner Nähe und Gegenwart, dann kann mir nichts geschehen, was mich aus seiner Macht herausreißen kann. Dann bin ich mitten in allem, was mich bedrängt und bedroht, in seiner Obhut und Macht, und alles, was mich ängstet, ist bei ihm geborgen. Denn im Angesicht Gottes verliert alles seinen Schrecken. Darum ist das Eine, was nottut im Leben und im Sterben, dass ich sein Angesicht und seine Nähe suche, wo er sich zeigt und seine Gegenwart offenbart. Denn wer die »Prioritäten« richtig setzt, der muss sich vor nichts mehr fürchten im Leben und im Sterben.

---

[139] Eberle, Luthers Psalmen-Auslegung 1, 457.

Für den Psalmbeter ist der Tempel und das Gebet selbst der Ort der Gegenwart Gottes, wo er sein Angesicht und seine unmittelbare Nähe suchen und finden kann. So ist sein größter Wunsch, die Sehnsucht seines Lebens, dass er für immer »wohnen« möchte »im Hause Gottes«, sein Leben lang, um »seine Schönheit« zu schauen und »seinen Tempel« zu erkunden (V.4), damit Gott ihn in Angst, Not und Bedrängnis birgt und schützt, auf einen festen Grund stellt und sein Haupt über alle feindlichen Bedrohungen erhebt (V.5–6).

In den Bildern des 27. Psalms wird die Erfahrung der Gegenwart und der Nähe Gottes im Tempel als sinnlich wahrnehmbares und wirksames Ereignis beschrieben, durch das der Beter Anteil an der rettenden Gerechtigkeit Gottes erfährt, weil er im »Raum des Rechts, des Schutzes und der Lebensfülle«[140] seines Gottes ist. Dabei ereignet sich die Rettung des Beters vor den bedrohlichen Feinden und Mächten durch die räumliche und personale Nähe Gottes, die im Tempel und im Gebet als real geglaubt und gedacht wird. Weil er im Kraftfeld und Machtbereich seines Gottes ist, verlieren alle anderen Mächte und Gewalten ihre Bedrohlichkeit und ihre Wirksamkeit und an ihm geschieht die rettende Gerechtigkeit Gottes.

Die Erfahrung der Präsenz und Nähe Gottes im Tempel, an dem Ort seiner Wohnung und seiner Gegenwart, kann man sich analog zur altorientalischen Vorstellungswelt in der Art und Qualität einer Audienz vor dem Gottkönig denken, die dem Beter Zutritt und Teilhabe am Herrschafts- und Machtbereich, sowie am Schutzraum und an der Fülle Gottes gewährt und verleiht, was ihn von allen Bedrohungen und Bedrängnissen befreit und ihm ein erfüllendes, gelingendes, glückliches Leben ermöglicht.[141]

»Krankheit, Isolation und Todesnähe werden ›vor dem Angesicht‹ JHWHs ebenso überwunden, wie der Aufenthalt in seiner Thronsphäre für den einzelnen Schutz und Rettung vor Verfolgung und Feindbedrohung verheißt. ›Gott schauen‹ bedeutet demnach Leben und Lebensfülle in höchster Intensität, die man sich im Rahmen einer höfisch konnotierten Raumsymbolik verortet denkt.«[142]

Die »Sehnsucht des Beters« nach der unmittelbaren Erfahrung der Nähe und der Gegenwart Gottes erfüllt sich im Zutritt zum Tempel, wo Gott wohnt, aber ebenso im Gebet des Psalms. Wo auch immer und wann auch immer jemand betend Gottes Gegenwart sucht, wird er hineingenommen in dessen machtvolle und wirksame Präsenz und wird ihrer teilhaftig.[143] Wer dessen gewiss ist, kann darauf nur antworten mit dem unaufhörlichen Lob und Dank des Gottes, in dessen Gegenwart und Nähe er sich machtvoll geborgen weiß und erfährt (V.6).

---

[140] Janowski, Konfliktgespräche, 96.
[141] Siehe dazu a.a.O., 324.326.
[142] Hartenstein, Angesicht JHWHs, 124, zit. in Janowski, Konfliktgespräche, 91.
[143] Vgl. dazu: Janowski, Konfliktgespräche, 326.

Darum, weil dies die tiefe, unerschütterliche Erfahrung und Gewissheit des Psalmbeters ist, kann er immer wieder, in allen Höhen und Tiefen des Lebens vor Gott treten und betend seine Nähe und seine wirkmächtige Gegenwart suchen. Denn nichts ist so dunkel, so schlimm, so aussichtslos und unmöglich, dass ich es nicht vor Gott bringen und ihm hinhalten kann. Ich kann das Angesicht Gottes suchen, weil er mich mit liebenden Augen ansieht und seinen fürsorgenden, bewahrenden Blick nicht von mir nimmt. Denn er hat es versprochen, sich finden zu lassen und sich zu zeigen. Ich kann darauf vertrauen, dass er mich sieht und hört und ich seine Güte sehen darf, weil er immer schon da und mir nah ist, auch wenn ich nichts davon sehe und spüre, verstehen und erkennen oder gar erahnen kann.« [...] das ganze religiöse Tun des Menschen ist letztlich auf nichts anderes gerichtet, als Gott noch einmal und immer wieder zu sehen.«[144] Ich kann Gott und seine Nähe suchen, weil Gott sich mir zeigt, mich sehen und erkennen lässt, dass er immer schon da ist und ich mit allem vor ihm bin.

So übersetzt Martin Luther in seinem Psalmenkommentar V.8 mit den Worten: »Mein Herz (hat von dir gesagt) hält dir vor dein Wort: ›Ihr sollt mein Antlitz suchen‹.«[145] Das Herz des Beters spricht zu Gott, hält ihm vor und erbittet, was Gott den Menschen immer wieder versprochen und verheißen hat: »Rufe mich an in der Not, so will ich dich erretten« (vgl. dazu Ps 50,15; Am 5,4). Denn in seinem Herzen hat der Beter bewahrt und erinnert, dass Gott allezeit fürsorgend nach ihm schaut und seiner liebend gedenkt, dass er allezeit da ist und ihm Rettung und Heil gewährt, wenn er sich suchend und betend zu ihm hin wendet.

Die Präsenz Gottes ist nicht nur im Tempel und im Beten des Psalms, sondern im Herzen des Beters erfahrbar, indem es seine Gegenwart und Nähe erinnert und vergegenwärtigt. Das Herz »als Schatzkammer des Wissens, der Erinnerung und des Gedächtnisses«[146], wird zum Ort der unmittelbaren Erfahrung von Gottes rettender Nähe und Gegenwart, indem es sich betend vor Gottes Angesicht erfährt und erlebt.

Darum kann der Psalmbeter mit vertrauensvollem Herzen Gott bitten: »Höre meine Stimme, mein Gott, ich rufe zu dir! Sei mir gnädig und antworte mir! Dein Antlitz suche ich, verbirg dein Angesicht nicht vor mir! Weise mich nicht ab, denn du bist meine Hilfe und mein Heil! Verstoß mich nicht und verlass mich nicht, denn du bist der Gott meiner Rettung!« (V.7–9) Hier ruft, bittet, fleht einer in größter Not und Sorge zu seinem Gott, dass er sich ihm zuwendet, sich ihm zu erkennen gibt und sich zeigt, denn er wird von Feinden bedrängt und verfolgt, die ihn betrügen und Unrecht über ihn bringen wollen.

Er fühlt sich ausgeliefert und ohnmächtig, allein und verlassen. Da ist niemand an seiner Seite, der für ihn eintritt, sich für ihn verbürgt und ihm Recht

---

[144] Keel, Die Welt der altorientalischen Bildsymbolik, 287.
[145] Eberle, Luthers Psalmen-Auslegung 1, 458.
[146] Janowski, Konfliktgespräche, 169.

verschafft. Auch seine Eltern haben ihn verlassen und können ihm nicht helfen, er hat keinen sozialen Rückhalt und Schutz mehr. Einzig und allein Gott ist seine Hoffnung und seine Zuflucht. Wenn Gott ihn ansieht und hört, ihn vor seinem Angesicht bestehen lässt, dann wird er Gnade, Recht und Rettung erfahren auch vor seinen Feinden und Bedrängern (vgl. dazu auch Ps 13).

Von Gott gesehen und gehört werden, vor Gottes Angesicht sein, bedeutet für den Beter unmittelbar und konkret, sich vor Gott finden, von Gott gerettet und gerechtfertigt zu werden gegenüber seinen Feinden, weil er in Gottes Schutz- und Rechtsraum ist, wo ihm nichts gegen Gottes Willen geschehen kann, sondern wo er real Anteil am Heil, Segen und Frieden von Gott hat (vgl. dazu Num 6,24–26; Ps 69,17–18, Ps 80,4). So kann Martin Luther sagen: »›Verbirg dein Antlitz nicht vor uns‹; denn wo es dahin kommt, daß Gott sein Angesicht zu jemand wendet, ihn anzusehen, da ist eitel Gnade und Seligkeit, da müssen alle Gaben und Werke folgen«.[147] Dies geschieht, vollzieht und realisiert sich im Gebet, indem sich der Beter mit allem vor Gottes Angesicht stellt und darin die Nähe und Gegenwart Gottes elementar als Hilfe, Heil und Rettung erfährt, durch die seine Lebenskraft und -fülle wieder hergestellt werden und er gegenüber seinen Feinden gerechtfertigt wird.

Die Nähe Gottes ist Schutz und Rettung, sie bedeutet Leben, weil Gott selbst als Geber des Lebens den Weg zum Leben weist und im Lande der Lebendigen wohnen lässt.[148] So kann der Beter voller Vertrauen Gott bitten: »Weise mir deinen Weg und leite mich auf ebenem Pfad – wegen meiner Feinde!« (V.11) Dabei ist der Weg Gottes, eine Weise zu leben, eine Haltung, die vor den feindlichen Bedrohungen und unrechtmäßigen Anschuldigungen und Verwerfungen bewahrt, die Rechtsschutz im Angesicht Gottes gewährt und zur »Lebensfülle in der räumlichen und zugleich personalen Nähe zu JHWH führt«[149].

Wie verzweifelt und ausweglos unser Leben auch zu sein scheint, selbst wenn wir uns ohnmächtig und hilflos der Bedrängnis und der Bedrohung durch feindliche Mächte und Kräfte ausgesetzt sehen, wenn uns Unrecht droht und widerfährt, sind und bleiben wir vor Gott, in seiner Nähe und Obhut. Zu ihm dürfen und können wir uns wenden und bei ihm unsere Zuflucht suchen mit unserem Gebet: »Zeige mir Gott deinen Weg zu leben, leite und führe mich auf den Weg der Gerechtigkeit, der mich zum gelingenden Leben und zum Glück führt, dass mir Frieden, Recht und Erfüllung zuteilwerden in dem, was ich tue und bin vor dir.«

Aus der Bedrängnis und Aussichtslosigkeit heraus gibt es einen Weg, der mich weiterführt, mein Leben wieder öffnet und mir neue Möglichkeiten erschließt, denn wenn ich vor Gott bin, bin ich nie am Ende. Ich bin nicht dem

---

[147] Eberle, Luthers Psalmen-Auslegung 1, 458.
[148] Vgl. Keel, Die Welt der altorientalischen Bildsymbolik, 165.166.
[149] Janowski, Konfliktgespräche, 324 zu Ps 16,11.

preisgegeben und ausgeliefert, was mir an Unrecht, Lüge und Falschheit widerfährt, noch gefangen in dem, was gegen mich gerichtet ist, sondern befreit, erlöst, begnadet zu einem Leben aus Gottes rettender Gerechtigkeit. Ich darf leben, weitergehen, nicht frei von Angst, Versagen, Anfeindungen und Bedrohungen, aber unter der Gnade Gottes – in der Hoffnung, im Glauben und im Vertrauen, dass ich Gottes Güte und Freundlichkeit sehe im »Lande der Lebendigen« (V.13).

Aus der Erfahrung und der Gewissheit, allezeit und mit allem vor Gott zu sein und über alle Ängste und Bedrohungen hinaus der Güte und Freundlichkeit Gottes teilhaftig zu werden, kann der Beter allen Menschen sagen: »Harre auf den Herrn! Sei stark und dein Herz sei mutig und harre auf den Herrn!« (V.14) In seinen Worten spiegelt sich Gottes verlässliche Nähe und Gegenwart wider, die ihm zuteilgeworden ist und in der alles gründet. Darum ruft er uns zu einer Lebenshaltung auf, die sich für ihn durch Gott selbst in allen Krisen und Nöten hindurch bewährt und bewahrheitet hat, sich in allem an Gott zu halten und sich auf seine wirkmächtige Gegenwart zu verlassen.

»Halte dich an Gott, der zu dir hält, der an dir festhält, weil er es von Anfang an versprochen hat, und der dein Halt ist im Leben und im Sterben! Sei fest im Glauben und vertraue auf Gott! Lass dich nicht verunsichern und verängstigen; zaudere, zage und wanke nicht! Suche in allem die Nähe Gottes! Vertraue auf seine Gegenwart und hoffe auf ihn! Sei und bleibe mit allem vor Gott, dann bleibst du in seinem Schutz und in seiner Obhut geborgen! Denn er ist dein Licht und dein Heil, die Zuflucht deines Lebens!«

Das Vertrauen in Gottes Nähe und Gegenwart und das Leben vor Gottes Angesicht erweisen sich als Existential gelingenden Lebens. Im Horizont Gottes wird alle Angst und alle Furcht klein, aber der Blick auf das Leben weit und die Zuversicht groß, weil wir uns mit allem und in allem vor Gott sehen und finden, der die Fülle und Vollendung des Lebens verbürgt.

Psalm 73 Gott nahe zu sein, ist mein Glück![150]

V.1 Ein Psalm, von Asaf.
Wahrlich, Gott ist gut zu Israel, zu allen, die reinen Herzens sind!
V.2 Ich aber – meine Füße wären beinahe gestrauchelt, meine Schritte fast ausgeglitten.
V.3 Denn ich war neidisch auf die Betrüger, ich sah das Wohlergehen der Frevler.

---

[150] Zur Übersetzung vgl.: Janowski, Anthropologie, 496–498; Ruwe, Psalmen, 109–110; Weber, Werkbuch Psalmen II, 15–16.

V.4 Denn für sie gibt es keine Qualen bis zu ihrem Tod, und wohlgemästet[151] ist ihr Leib.
V.5 Menschliche Mühsal haben sie nicht, und von anderen Menschen werden sie nicht geplagt.
V.6 Darum umkleidet sie Hochmut[152], das Gewand der Gewalttat hüllt sie ein.
V.7 Aus Fett tritt ihr Auge hervor, die (Gedanken-)Gebilde (ihres) Herzens dringen hindurch.
V.8 Sie spotten und reden böse[153], von oben herab reden sie.
V.9 Sie setzen ihren Mund an den Himmel, und ihre Zunge geht einher über die Erde.
V.10 So wendet sich sein Volk ihnen zu[154], und sie trinken das Wasser von ihnen [=den Frevlern] in vollen Zügen.
V.11 Und sie sagen: Wie kann Gott es wissen? Und gibt es (überhaupt) Wissen[155] beim Höchsten?
V.12 Siehe, diese sind Frevler und sorglos für immer; sie vermehren ihr Vermögen!
V.13 Dagegen habe ich mein Herz vergeblich rein gehalten und meine Hände in Unschuld gewaschen.
V.14 Ich wurde geplagt den ganzen Tag[156] und meine Züchtigung war[157] jeden Morgen da.
V.15 Wenn ich gesagt hätte: »Kundtun will ich dieses[158] – siehe, ich hätte am Geschlecht deiner Kinder treulos gehandelt!
V.16 So sann ich darauf, dies[159] zu verstehen: Mühsal war es in meinen Augen,
V.17 bis ich kam zu dem Heiligtum Gottes und auf ihr Ende[160] achtete[161].
V.18 Fürwahr auf schlüpfrigen Grund hast du sie gestellt und sie in Trümmer[162] fallen lassen.

---

[151] Oder: »fett«.
[152] Oder: »Hochmut um ihren Hals«.
[153] Oder: »in Bosheit«.
[154] Oder: »hierher«.
[155] Oder: »Erkenntnis«.
[156] Oder: »alle Tage«.
[157] Oder: »geschah«.
[158] Oder: »diese Dinge«.
[159] Oder: »diese Sache«.
[160] Oder: »ihren Ausgang«.
[161] Oder: »sah«.
[162] Oder: »zu Boden«.

V.19 Augenblicklich[163] sind sie zu etwas Entsetzlichem[164] geworden! Sie verendeten, wurden zunichte vor Schrecken.
V.20 Wie einen Traum beim Erwachen, Herr, verschmähst du ihr Bild beim Aufwachen.
V.21 Als sich mein Herz verbitterte und ich mich an meinen Nieren gestochen fühlte,
V.22 da war ich dumm und verstand nicht, wie ein Tier war ich vor dir.
V.23 Doch ich bin stets bei dir, du hältst mich bei meiner rechten Hand[165].
V.24 Du leitest mich nach deinem Ratschluss und am Ende wirst du mich in Ehren[166] aufnehmen (zu dir).
V.25 Wen habe ich noch im Himmel? – Neben dir begehre ich nichts auf der Erde.
V.26 Mag auch mein Fleisch und mein Herz vergehen, doch der Fels meines Herzens und mein Teil[167] bleibt Gott für immer[168].
V.27 Ja, siehe, die sich von dir entfernen, gehen zugrunde[169]; jeden, der schändlich von dir abfällt, tilgst du aus.
V.28 Ich aber, Gott nahe zu sein, ist mein Glück[170]. Ich habe bei MEINEM HERRN GOTT meine Zuflucht genommen – alle deine Taten zu verkünden.

Der Psalm wird eröffnet mit der »alttestamentlichen Weisheit«, dass »Gott gut ist« zu den Menschen, die »reinen Herzens« sind (V.1), und er schließt mit dem persönlichen Bekenntnis des Beters, dass es »gut für ihn« ist, ja, dass es »sein Glück« ist, diesem Gott nahe und verbunden zu sein (V.28). Wie ein Rahmen umschließen die weisheitliche Aussage über Gott und das persönliche Bekenntnis des Beters zu Gott den ganzen Psalm, aber auf dem Weg von der allgemeingültigen Aussage zum persönlichen Bekenntnis wird jene zuerst durch eine tiefe Krise problematisiert, in Frage gestellt und schließlich durch eine neue Gotteserfahrung bestätigt, erweitert und vertieft, wodurch sie schließlich der Widersprüchlichkeit und Ambivalenz der Lebenswirklichkeit des Beters standhalten kann, so dass er sein Glück darin sieht, diesem Gott nahe und verbunden zu sein.

Psalm 73, der auch »kleiner Hiob« genannt wird[171], nimmt die Grundaussage von der Gerechtigkeit Gottes (Ps 1) auf, die das Gelingen des Lebens für die

---

[163] Oder: »Plötzlich«.
[164] Oder: »Schaurigem«.
[165] Oder: »hast meine rechte Hand ergriffen«.
[166] Oder: »auf Herrlichkeit hin«.
[167] Oder: »mein Besitz«.
[168] Oder: »auf ewig«.
[169] Oder: »kommen um«.
[170] Oder: »gut für mich«.
[171] Weber, Werkbuch Psalmen II, 20.22.

Gerechten und das Vergehen der Gottlosen verbürgt, und kontrastiert das Bekenntnis, dass Gott gut und gerecht ist, mit der Lebenswirklichkeit des Beters, die durch das Reden und Handeln von Frevlern und Gottlosen bestimmt ist, die nicht nur ungestraft bleiben, sondern in »Glück« und Wohlergehen leben können (V.4 -12), während er selbst, der sich bemüht, den »Weg der Gerechtigkeit« zu gehen, durch Leiden gezeichnet ist (V.2-3.13-14).

Der Beter gerät in einen unerträglichen Widerspruch zwischen dem Glauben der alttestamentlichen Weisheit, den er aufnimmt und in dem er steht, dass Gott gut und gerecht ist, und der faktisch erlebten, gegensätzlichen Wirklichkeit, in der es den Gottlosen gut geht, aber er als »Gerechter« leiden muss. Als »leidender Gerechter« fragt der Beter paradigmatisch nach der »Gerechtigkeit Gottes« angesichts des wahrnehmbaren »Unrechts«. Doch wie Hiob stellt sich für ihn die Frage nach der Gerechtigkeit Gottes (Theodizee) nicht als eine abstrakte theologische Reflexion oder Erörterung, sondern sie bricht als existentielle Krise in ihm auf und stürzt ihn in tiefe Anfechtungen seines Glaubens, die er – wie Hiob – im Gebet vor Gott bringt und die er nur durch eine neue Gotteserfahrung überwinden kann, die sich ihm durch den Blick auf das »Ende« des Lebens erschließt (V.15-17) und die seinen Glauben bestätigt, vertieft und erweitert (V.23 -28).

Der »weisheitliche« Tun-Ergehen-Zusammenhang, der von der Gewissheit getragen wird, dass alles, was Menschen tun oder unterlassen, entsprechende Konsequenzen hat und durch die wirksame Gerechtigkeit Gottes zum Gelingen oder Scheitern ihres Lebens führt (vgl. Ps 1), wird in Psalm 73 aufgenommen (V.1), aber er zerbricht an der widersprüchlich erfahrenen Lebenswirklichkeit des Beters (V.2 ff). Denn die Aussage, dass Gott gut ist zu seinem Volk, zu denen, die zu ihm gehören, und zu allen, die an ihn glauben, ihr Leben nach seinen Weisungen ausrichten und ihre »Herzen rein« halten (V.1), steht in einem schroffen Widerspruch zu dem, was der Beter täglich vor Augen hat. Das entzieht ihm den Boden unter seinen Füßen, dass er »beinahe strauchelt« und seine Füße ihren Halt verlieren (V.2). Denn, als er das »Wohlergehen« und scheinbare Glück derer sieht, die lügen und betrügen, die Gottes Lebens- und Heilsordnung missachten, blickt er »neidisch« (V.3) auf ihr Wohlergehen und hadert mit seinem eigenen leidvollen Ergehen und seinem Glauben an die Gerechtigkeit Gottes (V.13-14).

Dabei wird ihm das Leben und Handeln der Gottlosen und Frevler zu einem unerträglichen Anblick V.4-12): Denn sie leben gottlos und begehen ungestraft Unrecht. Gewalttaten gehen von ihnen aus, sie verbreiten Lügen und Bosheit, sie reden von oben herab, als hätten sie zu bestimmen und haben keinen Respekt und keine Achtung. »[...] sie legen sich ihre Gesetzlosigkeit und ihre Menschenverachtung um wie einen Schmuck und tragen sie offen zur Schau; sie verwirklichen alles, was ihnen einfällt (73,6 f). Doch, was sie sagen, ›das soll gelten, als sei es vom Himmel herab gesagt«.«[172] Dennoch leiden sie keinerlei Qualen. Im Gegenteil, sie sind wohlgenährt, menschliche Mühsal kennen sie nicht und von anderen Menschen werden sie nicht beeinträchtigt, behindert oder geplagt (V.4-5). Mit ihrem vermeintlichen »Erfolg« beeindrucken sie andere und viele machen es ihnen nach (V.10). Ja, sie spotten und verhöhnen Gott. Sie behaupten, Gott sehe und wisse nicht, was sie tun, ja, er habe überhaupt keine Kenntnis und kein Wissen von alldem und darum auch keine Macht, darüber zu richten. Sie leugnen Gottes Gerechtigkeit und Macht und damit Gottes Existenz (V.11). »Sie sind Frevler« und leben dennoch »sorglos für immer und vermehren ihr Vermögen« (V.12).

Dagegen ist der Beter selbst davon überzeugt, den »Weg der Gerechtigkeit Gottes« zu gehen und den Weisungen Gottes zu folgen, deren Orientierung und Erfüllung gelingendes Leben verheißt (Ps 1). Er hat »sein Herz rein gehalten«, in seinem Denken, Wollen und Fühlen hat das Unrecht und das Böse keinen Platz, denn er ist in allem darauf ausgerichtet, vor Gott gerecht zu sein und nach Gottes Heils- und Lebensordnung zu handeln. So gehört er zu denen, die als »Gerechte« den Tempel betreten (vgl. Pss 15 u. 24) und am Eingang mit einer symbolischen Waschung ihre Hände, die kein Unrecht getan haben, »in Unschuld waschen« dürfen (V.13).[173] Die »rituellen Einlassbedingungen für den Tempel«, die eine weiterführende Interpretation als »Existenzbedingungen« für alle Gottsucher erfahren haben, gewähren den Zutritt zum Tempel und zu Gott, der den Empfang von Segen verheißt.[174] Das Herz des Beters bleibt rein und sein Handeln ist »gerecht«, aber sein Leben ist von Nöten und Leiden bestimmt, weil er »alle Tage geplagt« und »jeden Morgen gezüchtigt« wird (V.14).

Das Erleben des Beters widerspricht nicht nur dem »weisheitlichen Tun-Ergehen-Zusammenhang«, in dessen Tradition er steht, sondern dieser wird geradezu auf den Kopf gestellt, denn die Gottlosen leben im Glück und die Gerechten im Unglück. Dieser Widerspruch wird ihm zum Ärgernis und zur Anfechtung seines Glaubens, ja, es »verbittert sein Herz« und versetzt ihm »einen Stich in seinen Nieren« (V.21). Doch der Beter verliert darüber nicht seinen Glauben. Er verzweifelt nicht und wendet sich nicht von Gott ab, sondern er hält sein »Herz rein« und bringt seine »Not« vor Gott. »Der Beter von 73 ist sich bewußt, daß er nur unter Reinhaltung seines Herzens (1.13) die Beziehung zu Gott aufrechterhalten und auf festem Boden stehen kann (vgl. 73,15, 15,5c).«[175]

Er wendet sich zu Gott hin und spricht nun Gott direkt an (V.15): »Wenn ich gesagt hätte: Ich will dieses kundtun! - Siehe, ich hätte am Geschlecht deiner Kinder treulos gehandelt!« Aber davor bewahrt und hütet er sich selbst, denn er

---

[172] Baldermann, Ich werde nicht sterben, 44.
[173] Vgl. dazu Keel, Die Welt der altorientalischen Bildsymbolik, 110-111.
[174] Vgl. dazu Ps 24, sowie Zenger, Psalmen II, 592.
[175] Keel, Die Welt der altorientalischen Bildsymbolik, 111.

will nicht die Gottlosigkeit der Frevler vermehren und damit den Glauben und das Volk Gottes verraten, zu dem er gehört und steht. Er kennt und erinnert die Geschichte seines Volkes und Gottes Geschichte mit ihm, dass es Gott gut meint, das Gute will und wirkt für sein Volk. Darum will und kann er seinen eigenen Anfechtungen und den gottlosen Reden der Frevler nicht nachgeben, sondern muss alles Unrecht, das ihm vor Augen ist, und alle Widersprüche, die er erlebt, vor Gott bringen und bei Gott seine Zuflucht suchen, damit er sich selbst, seine Verbundenheit mit dem Volk Gottes und mit Gott selbst nicht verliert. Mit seinem Gebet, ja, mit der Anrede Gottes wendet er seinen Blick von den Frevlern und ihrem vermeintlichen Glück ab und zu Gott hin. Das verändert seine Situation und erweitert seinen Horizont, so dass er offen für Neues wird.

Nicht durch sein Nachsinnen und Nachdenken kann er »verstehen«, was er erlebt und was ihn in Anfechtungen und Widersprüche treibt, es bleibt mühsam in seinen Augen (V.16). Erst, als er in das »Heiligtum Gottes« kommt, wo er die Erfahrung der »Gegenwart Gottes« erinnert, vergegenwärtigt und vergewissert, und als er seinen Blick auf das »Ende« der Frevler und Gottlosen (V.17) richtet, gelangt er zu einer neuen Erkenntnis und Erfahrung Gottes, die sein Leben und seinen Glauben grundlegend verändert, vertieft und erweitert. In der Begegnung mit Gott und in der Erfahrung seiner kontrafaktischen Nähe im Tempel und im Gebet geschieht ein Perspektivwechsel in und mit dem Beter. Durch den Blick auf das »Ende« des Lebens erkennt er, wie es um die Gottlosen und Frevler wirklich bestellt ist, dass sie keinen festen Boden unter den Füßen haben und daher straucheln und zu Fall kommen werden, ja, dass es »am Ende« nicht gut mit ihnen ausgehen kann, sondern dass es mit Entsetzen und Schrecken für sie enden wird. Wie ein »Traumbild beim Erwachen, wird Gott ihr Bild verschmähen« und auslöschen für immer (V.18–20).

Wenn sich Menschen von Gott entfernen, seine Lebens- und Heilsordnung missachten, ja, Gott leugnen und lästern, kann und wird es nicht gut mit ihnen enden. Die negativen Konsequenzen, die das weisheitliche Bekenntnis, dass Gott gut zu den Gerechten ist (V.1), für die Frevler und Gottlosen impliziert, werden mit dem Blick auf ihr Ende bestätigt, auch wenn es sich in der aktuell erlebten Situation des Beters noch nicht realisiert. Die Folgen treten nicht »automatisch« und nicht sofort als unmittelbare Reaktion auf das unrechte, falsche und gottlose Handeln ein, sie wirken auch nicht wie ein »Naturgesetz«, dessen Wirksamkeit logisch nachvollziehbar und überprüfbar ist, aber sie werden kommen und nicht ausbleiben, weil Gott selbst dafür sorgt und bürgt, dass sich Gerechtigkeit einstellt, und darin seine Verlässlichkeit, seine Treue und Macht, aber auch die Kohärenz seiner Heils- und Lebensordnung erweist.

Der schroffe Widerspruch zwischen dem »Glück der Gottlosen« und dem »Unglück der Gerechten«, den der Beter erlebt und erleidet, der »sein Herz verbittert« und ihn wie ein »Stich in die Nieren« schmerzt und betrübt, ja, der für ihn zur Anfechtung seines Glaubens wird, verliert für den Beter seinen »Stachel«[176], weil er in seiner Not und im Gebet zu Gott kontrafaktisch Gottes Nähe erfährt und erkennt, welches »Ende« die Frevler und Ungerechten nehmen werden, so dass er vor Gott eingesteht, dass er »dumm« und »wie ein Tier« war, als er noch nicht die ganze Wahrheit verstanden hatte, die ihm nun zuteilgeworden ist.

Das augenscheinliche Glück der Gottlosen wird ein erschreckendes, unglückliches »Ende« nehmen, aber sein eigener Schrecken, sein eigenes Leiden und seine Anfechtung der erlebten Ungerechtigkeit wird »ein gutes Ende« haben.[177] »Dem Geschick der Frevler stellt der Beter das Glück seiner eigenen Gottesbeziehung gegenüber, das er in starken Vertrauensaussagen beschreibt: Gott ist sein ›Lebensbegleiter‹ (V.23f), sein ›(Land-)Anteil für immer‹ (V.26) und seine ›Zuflucht‹ (V.28).«[178]

Der Beter verlässt sich trotz der erlebten Ungerechtigkeit und trotz seines eigenen leidvollen Ergehens auch in seiner Anfechtung auf seinen Gott und sucht bei dem, der dem Volk Israel und allen, die an ihn glauben, verheißen hat, dass er liebend und fürsorgend allezeit mit ihnen sein wird, seinen Halt und seine Zuflucht. Er hält sich »stets«, allezeit, ja, gerade auch in der Krise und Anfechtung seines Glaubens an Gott fest, denn er weiß und ist sich gewiss, dass Gott ihn schon immer und für allezeit bei seiner rechten Hand hält (V.23). In seiner widersprüchlich erlebten, faktischen Wirklichkeit vertraut er darauf, dass Gott ihn nach »seinem Ratschluss leitet« und »am Ende in Ehren zu sich, in seine Herrlichkeit aufnehmen wird« (V.24). Er kann seinen Weg des Lebens trotz allem, was ihn in Frage stellt, schmerzt und anficht, zuversichtlich und hoffnungsvoll weitergehen und sich dabei ganz und gar darauf verlassen, dass Gott mit ihm ist, ihn führen und leiten wird, weil für ihn nun alles in einem weiteren Horizont der bleibenden Gottesgemeinschaft steht, die auch im Sterben und im Tod nicht enden wird, weil Gott ihn in seine Herrlichkeit aufnehmen wird (V.24).

»Der Beter von Ps 73,23f wird den Tod erleiden – und dennoch auf eine Rettung durch Gott hoffen, indem dieser die Gemeinschaft mit sich über den Tod des Beters hinaus endgültig werden lässt. Die Aussage, dass JHWH den Beter zu sich ›nimmt‹ [...], hat nicht eine Entrückung, d. h. ›den leiblichen Übergang in eine andere Daseinsform unter Umgehung des Todes‹ [...] im Blick. Sie artikuliert vielmehr die ›Erwartung des ewigen Lebens‹ im Sinn eines ›gesegneten und erfüllten Lebensabschlusses, der weitergehende Hoffnungen und Erwartungen in sich schließt‹, indem der Beter am Ende seines Lebens auf eine ›dauerhafte Fortsetzung der Gemeinschaft mit Gott hofft, die sich bereits in seinem bisherigen Leben bewiesen und bewährt hat (V.23–24a)‹.«[179]

---

[176] Janowski, Konfliktgespräche, 342.
[177] Vgl. Zenger, Psalmen II, 446.
[178] Janowski, Anthropologie, 498.
[179] Janowski, Konfliktgespräche, 343.

Nichts anderes im Himmel und nichts anderes auf der Erde begehrt der Beter (V.25), als Gott nahe und verbunden zu sein. Selbst wenn sein »Fleisch und sein Herz vergehen«, wenn er sterben wird, so bleibt doch Gott »der Fels seines Herzens« und »sein Anteil/sein Besitz« für immer und ewig (V.26). Wie auf »einen Felsen«, der fest, unerschütterlich und beständig ist, gründet er sein Vertrauen auf Gott. Bei ihm hat er einen Halt und Grund, auf dem er fest stehen kann, so dass er nicht straucheln wird und seine Füße nicht entgleiten werden. Gott ist für ihn (in der Metaphorik der Landverteilung) »sein Anteil und sein Besitz« für immer. So wie der »zugeteilte Landanteil als unveräußerlich gilt, so ist für den Beter seine Gemeinschaft mit Gott von dauerhaftem Bestand«[180]. Ja, Gott selbst ist sein Anteil und Eigen für immer, er wird teilhaben an der Wirklichkeit Gottes, die sein Leben erfüllt – für allezeit.

Am Ende bekennt der Beter seine erneuerte und vertiefte Erkenntnis der Gerechtigkeit Gottes, die der erlebten Widersprüchlichkeit und Ambivalenz seines Lebens standhalten kann, weil er durch den Blick auf das »Ende der Gottlosen« (V.27) erkannt hat, dass sich Gottes Gerechtigkeit gegen allen Augenschein durchsetzen wird. Er »sieht in JHWH das Glück seines – ›ewigen‹ – Lebens«[181], denn Gott ist seine Zuflucht (V.28) in allen Nöten und Anfechtungen, sein Anteil im Leben und Sterben, in seiner Nähe und Gemeinschaft ist und bleibt er geborgen für alle Zeiten.

Der Psalmbeter hat im Gebet eine Verwandlung erfahren, die damit beginnt, dass er in seiner Anfechtung und in seinem Leiden dennoch an Gott festhält, seine Not vor Gott bringt und im Tempel die Nähe und Gegenwart Gottes sucht und vergegenwärtigt. Das wendet seine »innere Not« und seinen Blick auf das »Ende der Gottlosen«. Sein Blick auf das »Ende«, die Frage, wie es ausgeht, macht den Unterschied und offenbart die Gerechtigkeit Gottes für die Gottlosen wie für den Gerechten – dabei tritt die das Leben und den Tod transzendierende Gottesgemeinschaft als das »Glück« des Beters hervor. Das »wahre Glück«, das alles Leid und auch den Tod auf Hoffnung hin überstrahlt und überschreitet, ist die bleibende, beständige und immerwährende Gemeinschaft mit Gott, die das Ziel und die Erfüllung des gelingenden Lebens ist, deren er im Gebet gewiss und teilhaftig wird und die er bekennt und »verkündet«.

»Wahres Glück« ist, Gott nahe zu sein, sich in seiner Gegenwart und Obhut zu wissen, mit Gottes wirkmächtiger Gegenwart und Gerechtigkeit zu rechnen und ihrer innezuwerden. Dieses »Gottes-Glück« ist beständig und verlässlich, weil Gott sich mit uns verbunden und uns in eine bleibende Beziehung hineingenommen hat, weil er uns »an der rechten Hand hält« und uns mit seinem fürsorgenden Mitsein begleitet. Ja, Gott ist und bleibt »der Fels unseres Herzens«, denn er hat sich uns zum »Anteil« gegeben, dass er zu uns gehört und wir ihm

---

[180] Janowski, Anthropologie, 499.
[181] Janowski, Konfliktgespräche, 322.

angehören für immer. Er wird uns »am Ende« in seine Herrlichkeit aufnehmen zu sich. Nichts im Leben und im Sterben kann uns von ihm trennen. Wir werden bei Gott sein und bleiben, bei ihm unsere Zuflucht haben – in allen glücklichen, wie in den glücklosen und unglücklichen Zeiten unseres Lebens – bis in Ewigkeit.

Was für eine wunderbare Erkenntnis, die der Beter nicht durch Grübeln und Nachdenken gewonnen, sondern aus seiner Krise und Anfechtung durch eine neue Gotteserfahrung erworben hat, in die er uns mit seinem Gebet hineinnimmt: Trotz allen wahrnehmbaren, faktischen Unrechts wird sich die Gerechtigkeit Gottes durchsetzen und als wahr erweisen, die Heils- und Lebensordnung Gottes wird den Widersprüchen und Ambivalenzen des Lebens standhalten, denn die Gemeinschaft mit Gott, ja, »Gott nahe und verbunden zu sein und zu bleiben«, ist das Glück, das nicht vergeht und nicht zerbricht!

Der Widerspruch von dem »Glück der Gottlosen« und dem »Leiden der Gerechten«, den uns der Psalm unabweisbar vor Augen führt und schmerzlich bewusst macht, ist und bleibt unvereinbar und unverträglich mit der Gerechtigkeit Gottes, an die wir glauben und an der wir unser Leben und Handeln ausrichten wollen, weil sie gelingendes Leben verheißt. Das ist und bleibt ein Ärgernis und ein Anstoß, ja, eine Anfechtung unseres Glaubens. Doch in dieser Ambivalenz und Anfechtung öffnet uns das Gebet des Psalms die Augen dafür, dass dieser Widerspruch nicht die ganze Wahrheit ist, sondern dass Gottes Gerechtigkeit sich durchsetzen wird und dass Gottes Gemeinschaft mit uns größer ist und weiter reicht als das, was wir vor Augen haben, ja, dass sie über alle Widersprüche des Lebens und über den Tod hinaus Bestand haben wird und wir darin geborgen sind – jetzt und für immer.

Darum können wir alle Not und alle Leiden am Unrecht, die wir jeden Tag vor Augen haben, alle Ungereimtheiten, Unvereinbarkeiten und Widersprüche unseres Glaubens vor Gott bringen, mit unserer Anfechtung, unserem Schmerz und Zweifel bei Gott unsere Zuflucht suchen und uns nach Gott, ja, nach seiner »Hand ausstrecken«, die uns hält, weil er mit uns ist und unser »Anteil und Eigen« im Leben und Sterben bleibt, so dass wir in seiner Gemeinschaft und bei ihm aufgehoben sind und nicht verloren gehen.

Wenn Menschen Unrecht leiden und fragen: »Wo ist Gott? Sieht und hört er das Unrecht nicht, das uns widerfährt?«, wenn sie hoffen, bangen und darauf warten, dass Gott sich zeigt, dass er eingreift, mit Macht Einhalt gebietet, Gerechtigkeit schafft und ihre Not lindert, dann dürfen sie damit nicht alleine bleiben und an ihrer Ohnmacht verzweifeln, sondern sie brauchen unsere Anteilnahme, unsere Fürsorge und Hilfe, unsere Fürsprache und unser Gebet, damit sie erleben, dass sie nicht vergessen und verlassen sind, sondern durch uns und unser Gebet teilhaben an unserer Hoffnung, an unserem Vertrauen und unserer Zuversicht in die unverlierbare, unverbrüchliche Gemeinschaft Gottes und seine wirkmächtige Gegenwart – allem Augenschein zum Trotz.

Unser Gebet des Psalms wendet nicht »sofort« die Not der unrecht Leidenden und beendet auch nicht das Treiben der Ungerechten und Gottlosen, aber es nimmt uns mit ihnen in das erprobte und bewährte Vertrauen des Beters hinein und lässt uns an seiner Gewissheit teilhaben, dass wir in der Gemeinschaft Gottes bleiben und dass sich Gottes Gerechtigkeit, die sich bewährt und erwiesen hat, durchsetzen wird. Das stellt uns mit allen unrecht Leidenden in den Horizont der bleibenden Gottesgemeinschaft, die proleptisch alle Widersprüche, alles Unrecht und Leid überschreitet auf ihre Überwindung hin. Wir können den Anfechtungen standhalten, dem Unrecht entgegentreten, den Leidenden beistehen und für die Durchsetzung der Gerechtigkeit einstehen, weil Gott selbst ihre Geltung und Durchsetzung verheißt und verbürgt.

Psalm 84 Bei Gott zuhause sein[182]

V.1 Dem Leiter, nach gittitischer Weise, von den Korachitern, ein Psalm.
V.2 Wie geliebt[183] sind deine Wohnungen, JHWH der Heerscharen[184]!
V.3 Meine Lebenskraft[185] hat sich gesehnt, ja, sogar verzehrt nach den Vorhöfen JHWHs, mein Herz und mein Leib schrien zum lebendigen Gott[186].
V.4 Selbst der Vogel[187] hat ein Haus für sich gefunden und die Schwalbe ein Nest für sich, wohin sie ihre Jungen legt, bei deinen Altären[188], JHWH der Heerscharen[189], mein König und mein Gott!
V.5 Glücklich sind[190], die in deinem Haus wohnen, immerdar[191] preisen[192] sie dich.
V.6 Glücklich sind die Menschen[193], die ihre Stärke[194] in dir haben[195] – gebahnte Wege sind in ihren Herzen.

---

[182] Zur Übersetzung vgl.: Janowski, Anthropologie, 382–383; Ruwe, Psalmen, 128–129; Weber, Werkbuch Psalmen II, 101–102.
[183] Oder: »liebenswert«.
[184] Oder: »JHWH Zebaoth«.
[185] Oder: »Mein Leben«/»Meine Seele«/»Meine naepaesch«.
[186] Andere Übersetzung: »jubeln dem lebendigen Gott entgegen«.
[187] Oder: »Sperling«.
[188] Oder: »auf deinen Altar«.
[189] Siehe Anm. 184.
[190] Oder: »Glückselig sind«/»Wohl denen«.
[191] Oder: »ununterbrochen«.
[192] Oder: »rühmen«.
[193] Oder: »Glückselig sind die Menschen«/»Wohl denen«.
[194] Oder: »Kraft«.
[195] Oder: »finden«/»deren Stärke in dir ist« bzw. »gründet«.

V.7 Ziehen sie durch das[196] Tal der Dürre[197], machen sie es zu einem Quellgrund[198], auch mit Segnungen bedeckt es der Frühregen.
V.8 Sie gehen von Kraft zu Kraft, sie schauen Gott in Zion[199].
V.9 JHWH, Gott der Heerscharen[200], höre doch mein Gebet, neige dein Ohr (zu mir), Gott Jakobs!
V.10 Siehe unseren Schild an, o Gott, und schaue an das Angesicht deines Gesalbten!
V.11 Ja, besser ist ein Tag in deinen Vorhöfen, als tausend andere; besser an der Schwelle im Haus meines Gottes stehen, als wohnen im Zelt des Frevels.
V.12 Fürwahr, Sonne und Schild ist JHWH, Gott. Gnade[201] und Ehre[202] gibt JHWH, er versagt denen nicht Gutes[203], die in Unbescholtenheit[204] wandeln.
V.13 JHWH der Heerscharen[205], glücklich[206] ist der Mensch[207], der auf dich vertraut.

Der Psalm ist eine wunderbare, leidenschaftliche und sehnsuchtsvolle Liebeserklärung an den »lebendigen Gott« (V.4), der die »Quelle des Lebens« (vgl. Ps 36,10) und die Erfüllung des Glücks ist (V.9–13), dessen Nähe und wirkmächtige Gegenwart sich im Tempel auf dem Berg Zion offenbart (V.2–5.11; vgl. auch Pss 27; 63; 73) und denen zuteilwird, die im Herzen auf ihn vertrauen (V.13) und sich auf den Weg zu ihm machen (V.6–8). Darum preist er diejenigen »glücklich«, die bei Gott wohnen (V.5), die ihre Stärke in Gott haben, in deren Herzen gebahnte Wege zu Gott sind (V.6) und die auf Gott vertrauen (V.13).

Der Beter des Psalms liebt die Wohnungen Gottes (V.2), der mit den »himmlischen Heerscharen« im Himmel thront und über die Erde herrscht, der aber auch im Tempel auf dem Zion präsent ist, wo er die wirkmächtige Nähe und Gegenwart seines Gottes erfahren und erlebt hat, die ihn so tief erfüllt und beglückt hat, dass er sich immerfort danach sehnt und verzehrt (V.3), wie einer, der den Ort seiner Liebe herbeiwünscht und begehrt, wenn er fern und getrennt davon ist (vgl. Ps 42,2 f; 63,2). »Sein Denken, Wollen und Fühlen, buchstäblich

---

[196] Oder: »ein«.
[197] Oder: »das Baka-Tal«.
[198] Oder: »einem Ort der Quelle«.
[199] Andere Übersetzung: »es wird sichtbar vor Gott in Zion«/»es zeigt sich vor Gott in Zion«.
[200] Oder: »Gott Zebaoth«.
[201] Oder: »Heil«.
[202] Oder: »Herrlichkeit«.
[203] Oder: »Glück«.
[204] Oder: »Makellosigkeit«/»unsträflich«.
[205] Siehe Anm. 184.
[206] Oder: »glückselig«.
[207] Oder: »wohl dem«.

alles in ihm (V.3a: ›meine Seele‹; v.3c: ›mein Herz und mein Leib‹) kreist voller Sehnsucht um diesen Ort der besonderen Gottesgegenwart.«[208]

Er liebt den Ort, an dem er dem »lebendigen Gott« begegnet ist, der ihm Lebenskraft verleiht, sein Leben erfüllt und in dessen Nähe er glücklich ist. Denn der Tempel ist die Wohnung Gottes, wo man »ihn sehen, hören und erleben kann«[209]. Doch nicht der Tempel als Heiligtum ist der »Gegenstand der Liebe, Glücksäußerungen und Verherrlichungen«[210], sondern der »lebendige Gott«. »Nur bei ihm ist Schutz, Geborgenheit, Befriedigung und Glück – Leben im Vollsinn erfüllter Existenz zu finden.«[211] Denn der Gott der himmlischen Heerscharen ist der »Leben spendende Gott«, von dem Leben ausgeht und der Anteil an seinem Leben schenkt.

Im Tempel, ja, auch in seinen »Vorhöfen« (V.3.11) wird die Nähe und die Wirkmächtigkeit des »lebendigen Gottes« erfahrbar, denn »man betrat sie mit Lobgesang (100,4), löste dort seine Gelübde ein (116,19), erfreute sich der Gegenwart Jahwes (84,11) und pries die Priester glücklich, die immer dort weilen durften (65,5 135,2).«[212] Zugleich symbolisieren die immer grünenden Ölbäume, Palmen und Libanonzedern in den Vorhöfen des Tempels die Leben spendende Segensmacht Gottes[213] für alle, die ihn dort anrufen, anbeten und bekennen. Für den Psalmbeter macht dies den Tempel mit seinen Vorhöfen zum dem Ort seiner Liebe zu Gott, dem er sich dort besonders intensiv verbunden und nahe fühlt.

Auf einer Vocationstagung mit jungen Religionslehrkräften hatte ich die Aufgabe gestellt, eine Lebenslinie zu zeichnen und die Orte darauf einzutragen, die sie mit besonderen religiösen Erfahrungen verbinden, die für sie wichtig und prägend waren. Die Bilder waren sehr individuell und subjektiv, aber immer waren die prägenden, religiösen Orte mit Erfahrungen des Segens an wichtigen Wende-, Höhe- und Tiefpunkten des Lebens verbunden, die eine bleibende Bedeutung für das ganze Leben und den eigenen Glauben hatten. Eine Teilnehmende erzählte, wie bei ihrer Konfirmation das Glockenläuten so heftig war, dass sie das Gefühl hatte, die ganze Kirche würde davon erschüttert und der Dachstuhl könnte einstürzen, aber dass sie im selben Moment ganz bewusst und intensiv gespürt habe, dass ihr nun nichts mehr »passieren« könne, weil sie konfirmiert sei. An diese Erfahrung erinnert sie sich, wann und wo immer sie Glocken läuten hört. An solchen besonderen Orten und Zeiten können wir die Leben spendende und segnende Wirkmächtigkeit Gottes erfahren, die sich tief in uns verankern

---

[208] Zenger, Psalmen II, 530.
[209] A.a.O., 307.
[210] Kraus, Psalmen 60–150, 752.
[211] Ebd.
[212] Keel, Die Welt der altorientalischen Bildsymbolik, 114.
[213] Vgl. a.a.O., 118.

kann, so dass wir sie immer wieder und überall zur eigenen Vergewisserung erinnern und vergegenwärtigen können.

Es sind oft die religiösen und kultischen Gebäude, die Menschen anziehen und faszinieren. Dabei spielt bisweilen die Geschichte, die Kunsthistorie oder auch die Architektur eine Rolle, aber vor allem wirkt die Ausstrahlung, die Atmosphäre und der »Geist«, der sich an solchen Orten über Jahrhunderte verdichtet hat und von ihnen ausgeht, anziehend, berührend und beeindruckend auf ihre Besucher. Denn in der besonderen Gestalt der Kirchen, Klöster und Tempel drückt sich der Glaube und die Erfahrung der Gläubigen aus, die für Besucher sichtbar, sinnlich wahrnehmbar und erfahrbar werden kann, so dass sie den »Geist«, der an diesen Orten lebt, selbst spüren und Anteil daran gewinnen können, wenn sie sich dafür öffnen. Jeder und jede kennt solche Orte, von denen diese transzendierende Wirksamkeit ausgeht, die Menschen berühren und ergreifen kann. Die vielfältigen Ansätze der Kirchraumpädagogik versuchen, Menschen einen Zugang zum spirituellen Erleben dieser besonderen Räume und ihrer transzendierenden Qualität zu erschließen, von denen auch der Psalmbeter Zeugnis gibt in seinem Gebet.

Der Psalmbeter erzählt und malt sich vor Augen, dass in den Vorhöfen des Tempels sogar Sperlinge und Schwalben nisten und ihr Zuhause finden (V.4). Zu den Vorhöfen des Tempels, nach denen er sich sehnt, gehören auch die Altäre bzw. ein Altar, deren oder dessen Größe den Sperlingen und den Schwalben Platz für ihre Nester boten, »besonders wenn der Altar aus unbehauenen Steinen aufgebaut war und sich mit der Zeit allerhand Ritzen und Löcher bildeten«[214]. Die Nester sind für die Vögel Zuflucht, Brutstätte und Schutz, Orte, an denen sie so sicher und geborgen sind, dass sie dort ihre Jungen zur Welt bringen können. Im »Haus Gottes« finden Vögel, Tiere der Schöpfung, ein »Zuhause« und eine Zuflucht im »Schutz- und Lebensraum Gottes«, so dass der Beter bewundernd und begeistert darüber den »Gott der Heerscharen« als »mein König und mein Gott« (V.4) anruft und preist. Die wunderbare Metaphorik der Vögel und ihrer Nester ist ein »Symbol für das Glück des Schutzes und der ständigen Geborgenheit im Bereich der Gottesnähe«[215], die der Beter liebt.

Als Kind habe ich auf dem elterlichen Bauernhof jedes Jahr im Sommer sehnsuchtsvoll die Schwalben erwartet, die im Stall an den Deckenbalken ihre kunstvollen Nester bauten und in noch kunstvollerem Flug durch die kleinen Fenster hinein- und hinausflogen. Beeindruckt hat mich damals nicht nur ihr wundervolles Aussehen mit dem schwarz-weißen Federkleid und ihre akrobatischen Flugkünste, sondern das Erlebnis, dass sie sich in unserem Stall so sicher und geborgen fühlten, dass sie dort ihre Jungen zur Welt bringen und aufziehen konnten, bevor sie sich im Herbst wieder auf ihre große »Weltreise« in den

---

[214] A.a.O., 128.
[215] Kraus, Psalmen 60–150, 749.

warmen Süden machten. Das Gefühl, dass diese weitgereisten Vögel sich in dem Stall unseres Bauernhofes heimisch und zuhause fühlten, verlieh diesem bescheidenen Ort eine besondere Würde und machte ihn auf gewisse Weise zeitweilig zu einem »symbolischen Ort«, an dem ich als Kind sehr elementar etwas von dem »Glück der Schwalben« erleben durfte, einen Ort in der Welt zu haben und zu kennen, an dem sie zuhause und geborgen sind. Dieses »Glück«, einen Ort in der Welt zu haben, an dem wir sicher, beschützt und bewahrt sind, lässt etwas ahnen und durchscheinen von jenem großen »Lebens-Glück«, das der Beter im Psalm preist, in der Nähe Gottes geborgen und zuhause zu sein. So ist das Vogelbild im Psalm Ausweis und Ausdruck der wunderbaren, überschwenglich ausstrahlenden Wirkmächtigkeit der Gegenwart Gottes.

Für den Beter ist es ein Glück und ein Segen, die Erfüllung gelingenden Lebens, bei Gott zu wohnen und in seiner Gegenwart zu sein (vgl. dazu auch Ps 23,6; 27,4). So preist er die »glücklich«, die in seinem »Haus wohnen« (V.5) und darum immerdar Gott loben und rühmen. Man kann dabei zunächst an die Tempelpriester denken, die Zugang und »Wohnrecht« im Tempel hatten. Doch zugleich weist seine Verheißung des Glücks darüber hinaus auf alle Menschen, die vor Gott und in seiner Gegenwart »gerecht« leben (vgl. Ps 15,1–2; 92,13–14; 23,6; 27,4; 65,5). Weil der Ort der Nähe und Gegenwart Gottes »Inbegriff des ungestörten, erfüllten Lebens«[216] ist, ist der Sinn und das Ziel des Lebens das immerwährende Lob und die Anbetung Gottes, der Glück und Gelingen des Lebens verheißt und Anteil daran verleiht.

»Glücklich gepriesen« werden auch die Menschen, die »ihre Stärke in Gott haben und die gebahnte Wege in ihren Herzen haben« (V.6). Allen, die sich zu Gott auf den inneren und äußeren Weg machen, die sich und ihr Leben in Gott gründen und in Gott festmachen, wächst Kraft und Stärke von Gott zu und sie haben Anteil an der Lebendigkeit und Macht Gottes. Das macht sie zu Menschen, die glücklich zu preisen sind. In ihren Herzen, in ihrem Denken, Fühlen und Wollen, auch in ihrer Erinnerung und in ihrem Gedächtnis, sind »Wege zu Gott gebahnt«, bereitet, begehbar, erschlossen, offen, die sie kennen und die ihnen vertraut sind, die sie mit Gott verbinden und zu Gott führen, ja, die ihnen schon auf dem Weg, sozusagen antizipierend Anteil an dem Glück und der Erfüllung der Nähe und Gegenwart Gottes verleihen.

Wer im Herzen »gebahnte Wege zu Gott« hat, ist »glücklich zu preisen«, denn er kennt Wege zu Gott, die er gehen und denen er folgen kann. Er hat in seinem Herzen eine Art »Navigation«, er weiß, ja, er kann spüren, hören, verstehen, wo Gott wohnt und gegenwärtig ist. Er kann die Wege finden, erschließen und gehen, die ihn zu Gott und in die Gegenwart Gottes führen – im Tempel, im Gebet und im gerechten Leben vor Gott. Diese gebahnten Wege zu Gott im »Herzen« verinnerlicht zu haben, zu kennen, zu wissen, ja, gehen und befolgen zu können,

---

[216] Ebd.

lassen ihn antizipierend im Herzen bei Gott zuhause sein und an der Nähe Gottes partizipieren.

»Ziehen sie durch ein Tal der Dürre, so machen sie es zu einem Quellgrund und der Frühregen bedeckt es mit Segen« (V.7). Die Wirkung der wunderbaren Verwandlung der Dürre in einen Ort der Quelle, von dem Leben ausgeht und genährt wird (vgl. dazu auch Jes 35), kommt und geschieht durch die, die auf dem Weg zu Gott sind, ja, die Gott in ihrem Herzen tragen und an den Verheißungen des Gottes vom Zion partizipieren. »Wenn Menschen, die von Sehnsucht nach Gott bewegt sind, Regionen des Todes betreten, verwandeln sie diese Wüsteneien in paradiesische Oasen, wo Wasser des Lebens (V.7b: ›Quellgrund‹) entspringen.«[217]

Durch dürre Täler zu gehen, dem Tod nahe zu kommen, bedrohliche »Feinde« und Mächte zu spüren, ihnen ausgesetzt zu sein, erinnert an Menschen, deren Lebenskraft und -mut bedroht ist durch Krisen, Krankheiten, Leiden und Nöte. Doch auch daran, dass für sie selbst diese »Todesnähe« kontrafaktisch zu einer »Quelle« des Trostes, des Friedens, der Dankbarkeit, der Zufriedenheit und des Glücks werden kann, weil sie das gegenwärtig Bedrohliche, Kräfte Raubende, Verzehrende schon überschritten haben auf ein anderes, neues Leben bei Gott, das durch sie, in ihren Augen, in ihrem Mut und ihrer Gelassenheit schon durch- und aufscheint. Wie oft habe ich das bei Seelsorgebesuchen erlebt, dass kranke, geschwächte, verzehrte und sterbende Menschen aus der Tiefe ihres Herzens und ihren Augen »ein Leuchten, einen Frieden und eine Kraft« ausstrahlen konnten, die mich selbst mit Dankbarkeit, Trost, Zuversicht und stiller Freude berührt und erfüllt haben, weil von ihnen etwas ausging, ja, etwas durch sie hindurch spürbar wurde, das schon von einer anderen, neuen Lebenskraft und Lebendigkeit, die Gott schenkt, erfüllt war.

Von ihnen weiß der Beter zu sagen: »Sie gehen von Kraft zu Kraft, bis sie schauen Gott in Zion« (V.8). Die Erfahrung der Gottesnähe, ja, »Gott zu sehen« in Zion, ist das Ziel des Lebens, von dem Erfüllung und Glück ausgehen. Die Erinnerung daran und ihre Vergegenwärtigung verleihen den Gläubigen, die sich nach Gott sehnen, die Gott suchen und sich zu Gott auf einen äußeren oder inneren Weg (vgl. V.6) machen, proleptisch, »schon auf dem Weg«, ungeahnte, neue Kräfte, die nicht ausgehen und nicht enden (vgl. dazu auch Jes 40,31), weil sie ihnen von Gott her zukommen und zuwachsen, der ihnen Anteil an seinem Leben und seiner Macht schenkt. »Sie erleben das Wunder einer geheimnisvollen Durchhilfe – bis sie endlich das volle Glück der Gottesgegenwart auf dem Zion erfahren und ›Gott schauen‹.«[218]

Das ist ein wunderbares Bild von Menschen, deren Lebenskraft nie ausgeht und nicht schwindet, sondern immer wieder erneuert wird. Unsere Erfahrung ist

---

[217] Zenger, Psalmen II, 531.
[218] Kraus, Psalmen 60–150, 750.

eher eine andere, dass unsere Kräfte sehr begrenzt und endlich sind, so dass wir auch ans Ende unserer Kräfte kommen können, wenn uns über lange Zeit zuviel abverlangt wird oder wir unter sehr großen Belastungen leiden. Dann können Menschen in schwere Erschöpfungszustände geraten, die in Burnout und depressive Verstimmungen übergehen können. Die Kraft, die unser Psalmbeter preist, ist eine andere. Sie kommt nicht aus uns. Sie kann uns zuwachsen, uns zuteilwerden und geschenkt werden – von Gott, der die »Quelle des Lebens« ist.

Wenn wir in Gott unsere Stärke haben, uns mit unserem Herzen nach ihm ausrichten und ihn suchen, dann ist er uns schon nah und verbunden, schenkt uns Anteil an seiner Fülle und seiner Macht. Das kann uns auf dem Weg unseres Lebens nähren und stärken, ermutigen und ermächtigen, dass wir auch Widerstände und Klippen, Auf- und Abstiege, sowie Umwege und Hindernisse meistern und schwere Belastungen und Krisen durchstehen können, ohne zu ermüden und aufzugeben, sondern auf Gott zu vertrauen und damit nicht aufzuhören – weil er uns die Kraft, Ausdauer, Geduld, Zuversicht und Hoffnung dazu verleiht und erhält.

Der Psalmbeter, der sich nach Gottes Gegenwart sehnt, erhebt nun seine Bitte um »Audienz« bei dem Gott der Heerscharen, den er als »Gott Jakobs« anredet (vgl. Ps 46,12), dass er »sein Gebet hört« und »sein Ohr zu ihm neigt« und ihm öffnet (V.9). Er möchte von Gott gesehen und gehört werden, weil er darin Gottes Gegenwart und Wirkmächtigkeit gewahr wird und erfährt, denn groß ist seine Sehnsucht nach dem lebendigen Gott, den er von ganzer »Lebenskraft« liebt und nach dem sein »Herz« und sein »Leib« sich ausstrecken und verlangen (V.3), weil nur in ihm Glück und Erfüllung des Lebens liegen. Seine Bitte zielt letztlich darauf, Gott im Tempel zu begegnen, »sein Angesicht zu schauen« und an seiner wirkmächtigen Gegenwart zu partizipieren.

Er bittet Gott, der über Himmel und Erde herrscht und im Tempel auf dem Berg Zion wirkmächtig präsent ist, für den König des Volkes Israel, dass er ihn als »Schild ansieht«, als Schutz und Schirm seines Volkes, und »das Angesicht seines Gesalbten anschaut« (V.10), ihm Anteil an der göttlichen Macht verleiht. Er zielt dabei wohl auf einen neuen, erwarteten König der Zukunft, der »seiner grundlegenden Erwählung und Bestimmung entsprechend (vgl. 2 S 7): Repräsentant des Herrschafts- und Heilswirkens Gottes (vgl. zu Ps 2; 72; 110; 132)«[219] ist. Der König möge durch Gott ermächtigt und bevollmächtigt werden, als »Schild seines Volkes« die göttliche »Schutzmacht, die auf dem Zion wirksam ist (vgl. zu Ps 72,12 f)«[220], für alle sichtbar und wahrnehmbar darzustellen und zu garantieren. Letztlich geht alle Macht des Königs als »Schutzschild des Volkes« von der Wirkmächtigkeit des Gottes vom Zion aus und verweist auf sie und erweist damit das Gottsein Gottes, dessen Gegenwart zu loben und zu preisen ist.

---

[219] Ebd.
[220] A.a.O., 751.

4 Gottes Nähe und Gegenwart

Das Gebet führt und stellt uns mit dem Psalmbeter in die Gegenwart und Nähe Gottes, dass wir mit unserem Leben, ja, auch mit unserer Bedürftigkeit und unseren Nöten vor Gott stehen und darauf vertrauen, von Gott gehört und gesehen zu werden. Das ändert noch nicht unser Leben und nimmt uns auch noch nicht die Sorgen, Ängste und Leiden, die uns bewegen und bedrücken, aber es verleiht und erschließt uns einen Zugang zur Wirklichkeit Gottes, an der Gott uns Anteil schenkt und gewährt. Von Gott gesehen und gehört zu werden, lässt uns seine Zuwendung und liebende Fürsorge zuteilwerden. Das verwandelt uns und unser Dasein, weil wir damit einbegriffen und einbezogen werden in die Wirkmächtigkeit Gottes und mit allem bei Gott sind. Alles steht in seinem Horizont, ist auf ihn bezogen und Teil seiner Wirklichkeit, die unsere überschreitet und verwandelt.

In der Metaphorik des Tempels und seiner Vorhöfe lobt und preist der Psalmbeter das Glück, das in der Nähe und Gegenwart Gottes zuteilwird. Das Glück, Gott nahe zu sein und darin die Erfüllung des Lebens zu finden (vgl. Ps 73,28), ist besser, größer und wichtiger als alles andere im Leben (vgl. Ps 63,4) und weist allem anderen seinen relativen, begrenzten, zeitlichen Wert und Sinn zu, der in einem »unendlichen« qualitativen Abstand zur Erfahrung der Gegenwart Gottes in den Vorhöfen oder an der Schwelle des Eingangs zum Haus Gottes steht (V.11).

In kontrastiven Vergleichen stellt der Psalmbeter heraus, dass »ein Tag in den Vorhöfen besser ist als tausend andere« und dass »das Stehen an der Schwelle des Hauses Gottes besser ist, als im Zelt des Frevlers zu wohnen« (V.11). Die Nähe zu Gott macht den Unterschied und qualifiziert die Zeit vor und mit Gott als erfüllte Lebenszeit, die mit nichts anderem zu vergleichen ist. »Die Gegenwart Gottes gibt dem einen Tag in den Vorhöfen ein unendliches Gewicht, das tausend andere nicht aufzuwiegen vermögen. Des Menschen Zeit erfährt Sinnerfüllung in der Nähe Gottes.«[221] Selbst an der Schwelle des Hauses Gottes zu warten, zu verweilen und noch keinen Zutritt zu haben, sondern in Erwartung und Vorfreude darauf zu sein, ist ungleich besser, sinnvoller, wertvoller und verheißungsvoller, als bei Ungerechten, Lästerern und Leugnern Gottes zu wohnen und das Zelt mit ihnen zu teilen, weil nur in der Gegenwart Gottes und in der Teilhabe an seinem Leben das eigene Dasein gelingt und glückt (vgl. Ps 1).

In der Nähe Gottes zu sein und vor Gott zu leben, qualifiziert und erfüllt unser Leben mit Gelingen und Glück, denn es gewährt uns Anteil an dem Leben und der wirkmächtigen Präsenz Gottes. Das verleiht unserem Leben einen Sinn und Wert, der besser und mehr ist als alles andere im Leben. Alles andere, das zu unserem Leben gehört und unser Alltagsleben bestimmt, wird damit nicht sinnlos und wertlos, es behält seine begrenzte und reale Bedeutung, die es hat, aber es ist nicht mehr Maß und Mitte unseres Lebens und steht nicht mehr im Mittelpunkt

---

[221] A.a.O., 752.

und Zentrum unserer Aufmerksamkeit, unseres Bemühens, Sorgens und Bestrebens. Die wirkliche Priorität unseres Lebens liegt woanders. Gott ist die Quelle des Lebens, ihm nah zu sein und in seiner Gegenwart zu leben, ja, bei Gott zu sein, ist das Ziel unseres Lebens, weil es unser Leben mit Glück und Sinn erfüllt.

Darum lobt und preist der Beter mit seinem Bekenntnis Gott als »Sonne und Schild«, der »Gnade und Ehre gibt« und denen »Gutes schenkt, die unsträflich wandeln (V.12). Der Gott der Heerscharen, den er als »lebendigen Gott« (V.3) anruft und als »seinen König und Gott« (V.4) anbetet, ist der Herrscher der ganzen Welt, der im Tempel auf dem Berg Zion wirkmächtig präsent ist und von dem Heil und Segen ausgehen. Im Tempel, in der Gegenwart Gottes kann er Gottes Eigenschaften und Wirkweisen erleben, erkennen und empfangen: »Er ist ›Sonne‹, das heißt immer neu aufgehende Quelle des Lebens und des Rechts (vgl. Ps 19; Mal 3,20), und ›Schild‹, das heißt Schutz vor feindlicher, tödlicher Bedrohung (vgl. Ps 3,4; 18,3.31; 28,7).«[222] Durch ihn, in seiner Nähe und Gegenwart, wird allen, die ihn suchen, zu ihm beten und auf ihn vertrauen, Leben, Wohlergehen und Gerechtigkeit zuteil, sie haben Anteil an Gottes Herrlichkeit und Macht und sie sind bei ihm, in seinem Schutz- und Herrschaftsbereich, in seiner Obhut sicher und geborgen.

Wer den Weg der Gerechtigkeit geht (vgl. Ps 1) und nach den Weisungen Gottes handelt, empfängt »alles Gute und Glück« (V.12) von Gott, alles, »was ein Menschenleben braucht, damit es gelingt und glücklich wird«[223]. Wer vor Gott und in seiner Gegenwart lebt, nach seinen Weisungen handelt, der gewinnt Anteil an Gottes Leben, Güte und Segen, weil Gott selbst seine Lebens- und Heilsordnung garantiert und darin sein Gottsein erweist.

»Glücklich« ist daher, »wer auf Gott vertraut« (V.13). Glücklich gepriesen werden Menschen, die ihre ganze Existenz als Weg zu Gott und vor Gott begreifen, verstehen und gestalten[224], die sich auf Gott verlassen, mit Gott rechnen, auf seine wirkmächtige Gegenwart vertrauen und ihr Leben nach Gott ausrichten, denn sie sind in der kontrafaktischen Gegenwart und Wirklichkeit Gottes verankert und haben Anteil am Leben und an der Güte Gottes. Unser Leben, das auch durch Ambivalenzen geprägt und bestimmt ist, kann »glücken und gelingen«, wenn Gott uns in seine Wirklichkeit hineinnimmt und Anteil daran schenkt, dass wir die Widersprüche, Brüche, Krisen und Nöte unseres Lebens bestehen, bewältigen und überwinden können – und schon jetzt »bei Gott zuhause« sind.

---

[222] Zenger, Psalmen II, 533.
[223] Janowski, Anthropologie, 384.
[224] Vgl. Zenger, Psalmen II, 533.

5 Harren und hoffen auf Gott in der Not

Psalm 42/43 Meine Seele lechzt nach dem lebendigen Gott![225]

42 V.1 Dem Leiter. Ein Lehrgedicht. Von den Korachitern.
V.2 Wie eine Hirschkuh lechzt[226] nach Wasserbächen, so lechzt[227] meine »Seele«[228], Gott, nach dir.
V.3 Meine »Seele«[229] dürstet nach Gott, dem lebendigen Gott: wann werde ich dahin kommen, dass ich Gottes Angesicht schaue?
V.4 Meine Tränen sind zu Brot[230] geworden bei Tag und bei Nacht, wenn man den ganzen Tag[231] zu mir sagt: »Wo ist nun dein Gott?«
V.5 Daran denke ich und schütte meine »Seele«[232] in mir aus, dass ich in großer Schar[233] einher zog zum Hause Gottes mit Frohlocken und Danken in feiernder Menge.
V.6 Was bist du aufgelöst, meine »Seele«[234], und was stürmst du an[235] gegen mich? Harre auf Gott, denn ich werde ihm noch danken, dass er mir hilft mit seinem Angesicht[236]!

---

[225] Zur Übersetzung vgl.: Janowski, Konfliktgespräche, 208; Kraus, Psalmen 1–59, 470–472; Ruwe, Psalmen, 67–68; Schneider-Flume, Glaubenserfahrung, 81; Weber, Werkbuch Psalmen I, 197–198.
[226] Oder: »schreit«.
[227] Siehe Anm. 226.
[228] Oder: »meine naepaesch«/»mein Leben«/»meine Lebenskraft«.
[229] Siehe Anm. 228.
[230] Oder: »meine Speise«.
[231] Oder: »täglich«.
[232] Siehe Anm. 228.
[233] Oder: »im Kreis der Edlen«.
[234] Siehe Anm. 228.
[235] Oder: »was begehrst du auf«.

V.7 Mein Gott, betrübt[237] ist meine »Seele«[238] in mir, darum gedenke ich an dich im Lande am Jordan und Hermon, vom Berge Bisar.
V.8 Deine Fluten rauschen daher, und eine Tiefe ruft die andere, alle deine Wasserwogen und Wellen gehen über mich.
V.9 Am Tag sendet[239] JHWH seine Güte, aber in der Nacht ist sein Lied bei mir, ein Gebet zum Gott meines Lebens.
V.10 Ich sage zu Gott, meinem Felsen: »Warum hast du mich verlassen?[240] Warum muss ich so traurig wandeln, wenn mein Feind mich bedrängt?
V.11 Es ist wie Mord an meinen Gebeinen[241], wenn mich meine Feinde schmähen[242] und täglich zu mir sagen: »Wo ist nun dein Gott?«
V.12 Was bist du aufgelöst, meine »Seele«[243], und was stürmst du an[244] gegen mich? Harre auf Gott, denn ich werde ihm noch danken als dem Heil[245] meines Angesichts und meinem Gott!
43 V.1 Verschaffe mir Recht, Gott, und führe meinen Rechtsstreit wider das treulose Volk und errette mich von den betrügerischen und frevelnden Menschen.
V.2 Denn du bist der Gott meiner Stärke[246]. Warum hast du mich verstoßen? Warum muss ich so traurig gehen, wenn mein Feind mich drängt?
V.3 Sende dein Licht und deine Wahrheit, dass sie mich leiten und bringen zu deinem heiligen Berg und deiner Wohnung,
V.4 dass ich hineingehe zum Altar Gottes, zu dem Gott, der meine Freude und Wonne ist, und dir, Gott, auf der Harfe danke, mein Gott.
V.5 Was bist du aufgelöst, meine »Seele«[247] und was stürmst du an[248] gegen mich? Harre auf Gott, denn ich werde ihm noch danken als dem Heil[249] meines Angesichts und meinem Gott!

---

[236] Oder: »wegen der Heilswirkungen seines Angesichts«.
[237] Oder: »aufgelöst«.
[238] Siehe Anm. 228.
[239] Oder: »befiehlt«.
[240] Oder: »vergessen«.
[241] Oder: »Knochen«.
[242] Oder: »verhöhnen«.
[243] Siehe Anm. 228.
[244] Siehe Anm. 235.
[245] Oder: »der Hilfe«.
[246] Oder: »Zuflucht«.
[247] Siehe Anm. 228.
[248] Siehe Anm. 235.
[249] Siehe Anm. 245.

5 Harren und hoffen auf Gott in der Not

Der Schrei der »Seele« nach Gott

Dieses Psalmgebet erinnert an das beeindruckende und erschütternde Bild von Edvard Munch, den »Schrei«, von 1893[250]. Ein Mensch, nicht Frau, nicht Mann, steht vor einer Landschaft mit einem großen, dunklen See und rotgefärbtem Himmel. Sein Gesicht ist kreidebleich, mit weit aufgerissenem Mund und erstarrten, weiten Augen schreit er aus sich heraus, was er innerlich und vielleicht auch in seinem Leben als Not und Bedrohung gesehen oder erlitten hat. Die Hände halten seine Ohren zu oder geben dem Schrei ein äußeres Sprachrohr, um ihn zu verstärken. Es ist ein stummer Schrei, ein Schrei der Ohnmacht und Verzweiflung. In einiger Entfernung laufen zwei Passanten, die regungslos und unberührt von dem Schrei bleiben. Aber die »Wellen« des dunklen Wassers und des rotgefärbten Himmels scheinen von dem stummen Schrei und seiner erschütternden Tiefe wie bewegt, aufgewühlt und verwandelt zu werden. Das Rotgelb des Himmels spiegelt sich auf dem Wasser des dunklen Sees, dessen Ufer von der kahlen Landschaft herzförmig umschlossen wird. Die Landschaft wird zum Spiegel der Seele.

Das Bild erinnert an den Schrei der einsam und ohnmächtig leidenden Menschen, einen Schrei, der oft stumm und ungehört bleibt, aber der so gewaltig ist, dass Himmel und See davon sich färben und beben. Man mag dabei an die zahllosen Opfer von Krieg und Gewalt denken, an Verletzte und Kranke, an Menschen, die an sich, an ihrem Leben und ihrem Glauben verzweifeln, weil sie sich in ihrer Not allein und verlassen fühlen, oder auch an das stumme Seufzen der leidenden Schöpfung, ja, auch an das eigene stille Leiden, das in jeder und jedem wohnt. Hinter dem verzweifelten, stummen Schrei des Menschen bildet Edvard Munch in der Landschaft, sozusagen im Rücken des Menschen, in seinem Horizont kontrafaktisch eine Hoffnung ab, die er nicht sieht und die ihn nicht berührt, aber die seinen Schrei aufnimmt, weiterträgt und in ein anderes Licht rückt. Der herzförmige See, in dem sich der rotgefärbte Himmel spiegelt, lässt ahnen und erwarten, dass der Schrei der Ohnmacht und Verzweiflung nicht das Letzte ist und nicht ungehört bleibt, sondern dass Himmel und Erde davon berührt und verwandelt werden und ihn in einen anderen Horizont stellen.

Wie in dem Bild von Edvard Munch erhebt der Beter des Psalms seine Stimme mit letzter Kraft, um seine Not und Bedrohung, die groß ist, nicht verzweifelt und ungehört ins Leere hinauszuschreien, sondern um sie vor Gott zu bringen, weil das seine einzige, letzte, verzweifelte Hoffnung ist, dass Gott ihn sieht und hört, ihn nährt und am Leben hält, sein Leben rettet und ihn wieder lebendig macht. Er lechzt und schreit nach Gott um sein Leben, das er von Gott empfangen hat und das nun bedroht ist, weil ihm Gott fern und verborgen ist. Dieser »Schrei« durchzieht den ganzen Psalm und verankert sich im »Harren auf Gott« (42,6.12 u.

---

[250] URL: https://de.m.wikipedia.org/wiki/Der_Schrei (Stand: 12.03.24).

43,5), das seine Perspektive wendet und ihn mit der rettenden Hoffnung verknüpft, die dem verzweifelten Beter Halt in abgründiger, ohnmächtiger Not verleiht.

Der Beter erhebt seinen Ruf zu Gott, um ihm seine Not zu klagen, um ihn anzuklagen und um seine Hilfe zu bitten. Wie Rettungsanker in größter Not erscheinen dabei die Zwiegespräche mit seiner »Seele« (42,6.12 u. 43,5). Seine unruhige, aufgebrachte »Seele« tröstet und ermutigt er, auf Gott zu »harren«, sich auf ihn zu verlassen und auf seine rettende Hilfe zu vertrauen. Damit dies nicht zur Vertröstung und Beruhigung wird, macht der Beter einen Perspektivwechsel aus der gegenwärtigen Not in die Zukunft und er verspricht, dass er Gott in Zukunft wegen seiner Rettung und Hilfe noch loben und preisen wird. Damit antizipiert er die zukünftige, erwartete Rettung aus der gegenwärtigen Not als Gewissheit und »verankert sich in der ›Gegenwelt‹, die Gott selber ist [...] bzw. am Ort, wo man ›sichtbar‹ ihm begegnen und Heil erfahren kann«[251] – im Tempel auf dem Berg Zion in Jerusalem. Mit diesem Perspektivwechsel erscheint die gegenwärtige Bedrohung und Not coram deo und alles Bangen und Hoffen wird auf Gott hin ausgerichtet. Das Schreien, Klagen und Bitten des Beters steht wie das hoffnungsvolle Harren auf Gott immer schon in dem Horizont der rettenden, kontrafaktischen Wirklichkeit Gottes.

In diesen Horizont der kontrafaktischen, rettenden Gegenwart Gottes stellt sich der Beter des Psalms. Er gibt damit seinem »Schrei« und dem »Lechzen seiner Seele« nicht nur eine Richtung, einen Ort, wohin er ihn tragen kann, so dass er damit nicht alleine bleibt, sondern wo er eine Resonanz erfährt, die seine hoffnungsvolle Erwartung und Zuversicht nährt, dass alles Leben auch in Ohnmacht, Bedrohung und Not coram deo ist und dass Gott den Menschen treu und fürsorgend zugewandt bleibt. In dieser Gewissheit ist alles Seufzen, Klagen, Anklagen und Bitten aufgehoben und verankert, wenn wir den Psalm mit- und nachbeten. Daraus kann uns selbst in Bedrohung und Not die hoffnungsvolle Erwartung zuteilwerden, dass Gott alles wenden kann, ja, dass wir auf Gottes rettendes Handeln zuversichtlich hoffen und warten können und nicht verzweifeln müssen.

Im Beten des Psalms können wir Gottes Gegenwart so nah, real und wirksam innewerden, dass wir »auf Gott harren können«, ja, dass uns die Geduld und die Demut zuwachsen und zuteilwerden, die alles in Gottes Macht und Obhut legen und von ihm erwarten können. Darum dürfen und können wir für uns und für andere auch in größter Bedrängnis, Ohnmacht und Not hoffen, ausharren, dulden und erwarten, dass Gott da ist, uns beisteht und hilft.

---

[251] Weber, Werkbuch Psalmen I, 207.

Die »Seele« lechzt nach Gott – 42,1–6

»Wie eine Hirschkuh lechzt nach Wasserbächen, so lechzt meine Seele, Gott, nach dir« (V.2). So ruft, seufzt, ja, schreit es aus dem Beter zu Gott. Seine »Seele« ist unruhig, geängstigt und getrieben. Sie lechzt und schreit verzweifelt nach Hilfe zu Gott. Ihr Schrei kommt aus einer inneren Tiefe und bricht aus dem Beter heraus, verschafft sich Luft und Raum, ja, sucht eine Richtung, eine Perspektive, die Rettung erahnen und erhoffen lässt. Mit letzter Kraft streckt sich, verlangt und begehrt seine »Seele« nach Gott, wie eine verzweifelt dürstende Hirschkuh nach Wasser.

Das Bild von der Hirschkuh, die wie ein Sinnbild für Stärke und Vitalität steht, die aber zugleich verletzlich und dem Verdursten und Vergehen nahe ist, so nahe, dass sie verzweifelt nach Wasserbächen schreit und lechzt, wird für den Beter zum Identifikationsbild für seine »Seele« und zeigt ihn »als verletzliche, vom Untergang bedrohte Kreatur, die gleichwohl ihre Hoffnung auf Gott«[252] setzt. Da ist eine große Not in dem Beter, die »seine Seele« – gemeint ist eigentlich sein »Leben«, seine »Lebenskraft« – so elementar bedroht, dass sie in ihrer Lebendigkeit und Vitalität, die sie ausmacht, zu vertrocknen und zu verdursten droht, wenn sie keine Hilfe von dem lebendigen Gott erfährt, der allein ihr Leben einhauchen, verleihen, erwecken und zuteilwerden lassen kann.

Wenn der Psalmbeter von seiner »Seele« spricht, meint er dabei nicht wie die abendländische Philosophie, die unsere christliche Vorstellung von Seele maßgeblich geprägt hat, einen »Teil« des Menschen, der, wie auch immer man sich ihn vorstellen mag, dem Körper und Geist des Menschen gegenüber steht und eine Art unsterblicher, göttlicher Kern oder Funken abbildet, der in der Hülle des menschlichen Körpers »gefangen« ist, bis er durch den Tod davon befreit wird und in seine unsterbliche, ewige Sphäre aufsteigt. Mit »Seele« (naepaesch) ist »die Lebendigkeit des ganzen Menschen gemeint, nicht seine unsterbliche ›Seele‹ im Gegensatz zum vergänglichen Leib.«[253] »Dieses ›Leben‹ ist eine Gabe Gottes (vgl. Gen 2,7), die für alles Weltverhalten des Menschen die elementare, psychosomatische Voraussetzung bildet. Das Alte Testament sieht den Menschen ›in ein Geschehen der Lebensgewährung einbezogen, das er und alles Lebendige nicht selbst in der Hand hat, sondern das Jahwe frei zu Ereignis bringt – stetig, von jeher und auch künftig‹.«[254]

Das Bedeutungsspektrum des alttestamentlichen Begriffs der naepaesch lässt sich daher nicht analog mit dem deutschen Begriff der »Seele« wiederge-

---

[252] Janowski, Die lebendige naepaesch, 102–103.
[253] A.a.O., 82.
[254] A.a.O., 108.

ben.[255] Will man trotzdem nicht auf den vertrauten und tief in der Sprache der Frömmigkeit verankerten Begriff der »Seele« verzichten, so muss man ihn als »sprachliches Konstrukt« oder Metapher verwenden, deren Bedeutungsumfeld sich am ehesten mit dem von Gott »geschaffenen, erhaltenen und bewahrten Leben«[256] und der damit geschenkten Lebendigkeit, Lebenskraft und Vitalität erfassen lässt.

Der Beter beschreibt die Not seiner »Seele«, als Durst, Verlangen und Sehnsucht nach dem »lebendigen Gott«, nach der Quelle seines Lebens und seiner Vitalität, denn Gott der Schöpfer ist es, der den Menschen das Leben einhaucht, sie lebendig macht und am Leben erhält (Gen 2,7), der ihnen eine »lebendige Seele« verleiht. Weil Gott der Ursprung und Schöpfer des Lebens ist, droht die »Seele« zu verdursten, wenn Gott ihr fern und verborgen ist. Nur in seiner Nähe und Gegenwart empfängt sie ihre Lebenskraft und Vitalität, mit der sie Anteil hat an dem lebendigen Gott und durch die sie lebensfähig bleibt. Nur in der Verbundenheit mit und in der Bezogenheit auf Gott lebt sie, hat sie Anteil an dem schöpferischen Handeln Gottes, aus dem alles Leben hervorgeht und aus dem auch wir unsere Lebendigkeit empfangen, die uns als »lebendige Seele« innewohnt, zu eigen ist und uns belebt.

So fragt, ja, klagt der Beter: »Wann werde ich dahin kommen, dass ich Gottes Angesicht schaue?« (V.3) Er sehnt sich nach der unmittelbaren, erfahrbaren Nähe und rettenden Gegenwart Gottes, die so sinnenhaft und konkret erhofft und erwartet wird, wie Menschen sie im Tempel und im Gebet wahrnehmen und erleben. Wer Gott betend so nah erlebt und wirksam erfährt, dass er sich in und vor Gottes Angesicht weiß, der findet sich im »Raum des Rechts, des Schutzes und der Lebensfülle« Gottes und hat Anteil an der Fülle seiner Lebendigkeit, die seinen Lebensdurst »sättigt« und stillt. Das und nicht weniger macht die Sehnsucht und das Verlangen des Beters aus.

Doch noch ist keine Rettung und keine Wendung der Not in Sicht. Nein, weil der Durst und das Verlangen nach Gott unerfüllt bleiben, werden die Tränen des Beters zu seinem Brot, zu seiner Speise bei Tag und bei Nacht (V.4), die ihn aber nicht nähren und stärken, die seine »dürstende Seele« nicht ins Leben zurückbringen können, sondern die ihn mit dem Salz und der Bitterkeit der Tränen austrocknen und darben lassen.

Das geschieht mit ihm, widerfährt ihm, ohne dass er sich wehren oder widersetzen kann, weil man täglich zu ihm sagt: »Wo ist nun dein Gott?« (V.4), und ihm schonungslos und beschämend seine Not der Gottverlassenheit vor Augen hält. Seine Not ist nicht nur in seiner »Seele« groß und bedrückend, sie ist auch nach außen sichtbar und wahrnehmbar, so dass andere Menschen ihn damit

---

[255] Vgl. dazu Janowski, der vorschlägt auf die Verwendung des Begriffs »Seele« zu verzichten. Siehe a.a.O., 110.
[256] So Gerhard Sauter zit. in Janowski, Von der Kehle zur »Seele«, 188, bes. A63.

konfrontieren, ihn in seiner eigenen Gottverlassenheit, an der er zu vertrocknen und zu verdursten droht, anfeinden und beschämen und zugleich seinen Gott verhöhnen und freveln, weil er ihm nicht zu Hilfe kommt.

Von Frevlern verhöhnt und verspottet, von Gott fern und verlassen, von seinen Tränen »gesättigt«, ist der Beter so verzweifelt, dass er nichts mehr hofft und nichts mehr vermag, dass ihm nur noch bleibt, was in seiner Erinnerung tief verankert und verwurzelt ist, aber so nah, dass es in ihm gegenwärtig und lebendig ist: wie er »in großer Schar (im Kreis der Edlen) einher zog zum Hause Gottes mit Frohlocken und Danken in feiernder Menge« (V.5). In seiner Erinnerung findet er Hoffnung, weil er in der Gemeinschaft der Pilger im Tempel die Nähe und Gegenwart Gottes erlebt und erfahren hat. Diese Erfahrung der Vergangenheit erinnert und vergegenwärtigt er und »schüttet seine ›Seele‹ in sich aus« (V.5), um ihre gegenwärtige, große Not zu beklagen, in der sie sich befindet.

In diesem Kontrast, ja, fast unerträglichem Gegensatz von erfahrener Gottesgegenwart und aktuell erlebter Gottesferne spannt sich der Widerspruch auf, der den Beter in seiner Glaubensgewissheit anficht und zugleich ermutigt, sich an den Gott zu halten, nach dem Gott auszustrecken und auszurichten, der in aller Gottverlassenheit und -ferne seine einzige Hoffnung ist, weil er um dessen bleibende, zugewandte und liebevoll fürsorgende Gegenwart nicht nur weiß, sondern ihrer gewiss und zuversichtlich ist. »So gelangt die lechzende (V.2), dürstende (V.3) und klagende naepaesch (V.5aa) an den Punkt oder besser: an einen Ort, an dem die Trostlosigkeit der Gegenwart überwunden und an dem sie die Rettung durch den lebendigen Gott erfahren wird.«[257]

Die Erfahrung der wirksamen Gegenwart Gottes im Tempel ist so tief und weitreichend für ihn, dass sie über alle konkreten Ereignisse und über alle aktuellen Nöte hinausreicht und seiner Klage neu Hoffnung verleiht, dass sein Gott auch jetzt die Macht und die Kraft hat, ihm zu helfen und ihn zu retten, weil er ihm nah ist und fürsorgend zugewandt bleibt. Aus dieser Gewissheit sagt er zu seiner »Seele«, die sich nach Gott verzehrt und gegen ihn anstürmt (V.6): »Harre auf Gott, denn ich werde ihm noch danken, dass er mir hilft mit seinem Angesicht.«

In seinem Gebet macht sich der Psalmbeter selbst mit seiner »Seele« in Gott fest und findet in ihm Halt und Zuversicht, indem er die rettende Gegenwart Gottes, die er im Tempel auf dem Berg Zion erlebt hat, betend, klagend und erwartend als zukünftiges Ereignis und Erleben antizipiert und in seiner aktuellen Bedrohung vergegenwärtigt. Der Gott vom Zion reicht in seiner Macht und Wirksamkeit bis zu ihm hin und bleibt nicht mehr fern und verborgen, sondern lässt sich »sehen« und »erfahren«, wenn er vertrauensvoll angerufen wird.

Wer vertrauensvoll diese Worte des Psalmbeters mitbetet, in sich aufnimmt, ja, einverleibt, wird darin nicht nur seiner Gewissheit teilhaftig, sondern findet

---

[257] Janowski, Die lebendige naepaesch, 105.

sich mit all seinen Bedrängnissen, Nöten und Klagen vor Gott, dessen Nähe und Hilfe ihm zuteilwird, weil Gott von Anfang an und für alle Zeit unser Leben bewahrt und erhält, das er uns gegeben und geschenkt hat.

Die »Seele« klagt zu Gott – 42,7–12

Aus solchem Vertrauen wächst in jeder Not und Anfechtung neu die Kraft und der Mut, Gott anzurufen und ihm das erlebte und erlittene Leid zu klagen, damit wir nicht damit alleine bleiben und nicht daran verzweifeln müssen. So ruft der Beter erneut Gott als seinen Gott an: »Mein Gott, betrübt ist meine Seele in mir, darum gedenke ich an dich im Lande am Jordan und Hermon, vom Berge Misar.« (V.7)

In der zweiten Strophe des Psalms (42,7 ff) geht die Klage des Beters in die Anklage über, dass nicht nur seine »Seele«/seine »Lebenskraft«/sein »Leben« darben und nach Gott dürsten und lechzen muss, weil er fern und verborgen ist, sondern dass Gott selbst die Bedrohung über ihn gebracht hat, die wie gewaltige Wasserfluten über ihn kommen und ihn in die Tiefe ziehen. War die Not des Beters zuvor der Mangel und Durst nach Gott, so wird er nun durch Gottes verborgenes Handeln von chaotischen Wassermassen überwältigt und droht, in ihren Tiefen zu versinken und zu sterben.

Wassermassen, die wie Fluten über ihn stürzen, ihn überfluten, mitreißen und in die Tiefe ziehen, dass er darin unterzugehen droht, werden zum Bild für übermächtige, gewaltige Bedrohungen, die über ihn hereinbrechen, ihn in die Tiefe stürzen, ohne dass er ihnen etwas entgegensetzen kann. Die Metaphorik erinnert an die Sintfluterzählung und an Jona, der in den Tiefen des Meeres und seiner tosenden Wellen versinkt, weil Gott der Schöpfer, der die Macht über alles hat, die bedrohlichen Wellen und »chaotischen Mächte« über die Menschen kommen lässt. So wird das Wasser, das zuvor als Quelle des Lebens von der Hirschkuh (V.2) entbehrt wird und das als Metapher der Leben stiftenden und spendenden Nähe und Schöpferkraft Gottes für die »Seele«/»das Leben« stand, nun zu einer bedrohlichen, tödlichen Macht, die Gott gegen und über die Menschen anstürmen lässt. Darum richtet der Beter seine Klage gegen Gott selbst und sucht in seiner Not Zuflucht und Schutz bei Gott – wie Jona im Bauch des Fisches (Jo 2,4), weil nur Gott die Macht und die Kraft hat, ihn vor den bedrohlichen Mächten zu retten und ins Leben zurückzubringen.

Weil Gott »am Tage seine Güte sendet« (V.9), kann der Beter in der »Nacht« seiner Not, seiner Einsamkeit und seiner Bedrohung Gott als »Gott seines Lebens« anrufen und bei ihm Schutz suchen, der in den bedrohlichen Wassermassen und Fluten für ihn wie ein »Fels« ist, der ihm Halt, Schutz und Zuflucht gewährt, zum tragenden Grund über den Untiefen für ihn wird.

Wie Hiob klagt er zu dem Gott, dem er vertraut und an den er sich hält, warum Gott ihn vergessen und verlassen hat, dass er von Feinden so sehr bedrängt wird und trauernd umhergehen muss (V.10), ja, dass er es wie »Mord an den Gebeinen«, wie »Zermalmung seiner Glieder« empfindet, wenn seine Feinde ihn täglich schmähen und zu ihm sagen: »Wo ist nun dein Gott?« (V.11). Er richtet seine anklagenden Fragen an Gott, weil der seine einzige Hoffnung in aussichtsloser Bedrängnis und Not ist. Er macht sich im Sinken und im Verzweifeln mit seinen Fragen und Anklagen in Gott fest, weil er sich entgegen seiner aktuellen, widrigen Erfahrung einzig in dessen Macht und Kraft erwartet und glaubt. So bringt er alles und ist er mit allem, was ihn bedrückt, quält und umtreibt, vor Gott, der ihn in seiner Not »sieht« und seine Bitten, Klagen und Anklagen »hört«, weil er ihm fürsorgend und liebend zugewandt ist.

»Der Refrain, der auch diese Strophe beschließt, erhält angesichts der Anklage gegen den zerstörerischen Gott nun jene Dramatik, die im Ijob-Buch breit entfaltet ist: Gegen den als Zerstörer und Feind erfahrenen Gott wird der Gott beschworen, der sich als rettender Bundesgenosse (V.12c) erweisen wird.«[258]

So kann er seine »Seele« fragen, warum sie so betrübt ist und in ihm aufstürmt. Er nimmt sie in sein Gottvertrauen hinein, verankert sie in Gott, indem er ihr anbefiehlt, auf Gott zu harren, sich auf ihn zu verlassen und nach ihm auszurichten, denn er wird ihm in Zukunft noch danken, weil er allein und entgegen aller gegenwärtigen, bedrängenden Erfahrung und Not seines »Angesichts Hilfe« und sein »Gott« ist (V.12). Er antizipiert die Rettung durch Gott, die er zukünftig erwartet und für die er Gott danken wird, und gewinnt so in seiner gegenwärtigen Not dennoch eine Gewissheit und ein Vertrauen, das seine »Seele« und sein ganzes, bedrohtes Leben mit all seinen Zweifeln, Anfechtungen und Anklagen in die rettende Gegenwart und Wirksamkeit Gottes versetzt.

Die »Seele« bittet Gott – 43,1–5

Aus dieser Gewissheit seines Gottvertrauens, das er auf das rettende Handeln Gottes gründet, kann er nun in der dritten Strophe seines Psalmgebetes Gott direkt, eindringlich und erwartungsvoll um Hilfe bitten (43,1–5). Er ruft Gott als Rechtsinstanz an, der für die Seinen eintritt und ihnen Recht verschafft, sie vor den Feinden schützt und errettet, die falsch und böse sind. Gott möge ihm zum Recht verhelfen, ihn vor den Menschen schützen, die dem Gesetz und der Gerechtigkeit nicht treu sind, sondern die durch ihre Falschheit und Bosheit ihn bedrängen und bedrücken.

Der Beter erlebt auf der Ebene des Zusammenlebens, was er als Not und Bedrängnis seiner darbenden, dürstenden und lechzenden »Seele« erleidet, weil Gott ihr fern und verborgen ist. In seiner äußeren, sozialen Not sucht er bei Gott »Schutz« und Zuflucht, weil Gott der Garant des Rechtes und der Gerechtigkeit ist

---

[258] Zenger, Psalmen I, 479.

und nur er die Macht hat, eine lebensfähige, gerechte Ordnung zu erhalten und wiederherzustellen[259].

Aus tiefster Gewissheit und ungebrochenem Vertrauen kann er vor Gott bekennen: »Denn du bist der Gott meiner Stärke!« (43,2a) Darum kann er alles von ihm erwarten, auch das, was den Horizont seiner Vorstellung und Möglichkeiten übersteigt, weil er sich trotz allem in Gottes Macht und Obhut geborgen weiß. Darum kann, ja, muss er seinem Gott, der ihn stützt und stärkt, der ihm Schutz und Halt gewährt, seine ambivalent erlebte Situation vorhalten und ihn klagend fragen: »Warum hast du mich verstoßen? Warum muss ich so traurig gehen, wenn mein Feind mich drängt?« (43,2b–d) Er kann sich nicht erklären und nicht verstehen, warum ihm solches Leid widerfährt und warum er dieser Bedrängnis ausgesetzt ist. Darum muss er Gott seine Not klagen, ja, Gott anklagen, warum er sie nicht nur geschehen lässt, sondern über ihn bringt und ihn damit in so große Bedrängnis stürzt, dass er von seiner Umwelt verspottet und verhöhnt wird wegen seines Glaubens und Gott ihm verborgen bleibt und zur Anfechtung wird.

Dennoch sucht er in seiner Not und Anfechtung den Gott, der seine Stärke ist, und bringt all seine Klagen vor ihn. »Er kann nur dies: Mit seinen wiederholten Warum-Fragen will er Gott zum Eingreifen bewegen. ER soll ihn herausführen aus dieser Wüste und aus diesem Todesdunkel, in dem er herumirren muss. Mit seinem Eingreifen soll Gott selbst Antwort auf die Frage ›der Seele‹ des Beters und seiner Feinde (›Wo ist denn dein Gott?‹) geben.«[260] Gegen alles gegenwärtige Erleben erhofft und glaubt er, dass Gott durch sein Eingreifen seine kontrafaktische Gegenwart und Wirksamkeit erweisen wird.

Da seine Not und Bedrängnis für ihn unerträglich geworden ist und er dennoch auf Gottes Wirken vertraut, bittet er Gott, dass er ihm zu Hilfe kommt, indem er ihm »sein Licht und seine Wahrheit« sendet, die ihn leiten und zu seinem »heiligen Berg« und seiner »Wohnung« (zurück-)bringen (43,3), an den Ort seiner Sehnsucht (vgl. 42,3–4), wo er die Gegenwart Gottes wieder erfahren und erleben wird, die ihn mit »Freude und Wonne« erfüllen wird und für die er Gott mit seiner Harfe danken will (43,4).

Er bittet Gott um sein Licht und seine Wahrheit, damit sie ihm in seiner Dunkelheit und seiner Verzweiflung aufleuchten, ihn wie Wegweiser und Zeichen auf seinem Weg leiten und ihm vorausleuchten, damit er nicht an seiner Not verzweifeln und zerbrechen muss, sondern den Ort seiner Sehnsucht, den Tempel, noch einmal sehen darf, wo er Gottes Gegenwart so nah und so elementar erfahren wird, wie er es schon einmal als Pilger erlebt hat. Licht und Wahrheit von Gott, ja, von der in der Vergangenheit schon erlebten und in Zukunft wieder real erfahrbaren Gegenwart Gottes, sollen ihn auf dem Weg leiten und ihm in der

---

[259] Vgl. ebd.
[260] A.a.O., 480.

Dunkelheit und Aussichtslosigkeit seiner Situation zeigen, vor Augen halten, vergegenwärtigen und in Aussicht stellen, dass er wieder Gott nahe sein und sein »Angesicht« sehen wird.

Das »Licht Gottes«, das er erbittet, strahlt in seiner Fülle da, wo Gott wohnt und als gegenwärtig erfahren wird – im Tempel am Berg Zion (vgl. dazu Ps 27). Denn im Tempel ist Gott so nahe, dass alles von seiner Gegenwart erleuchtet wird und »vor seinem Angesicht« ist. In diesem Licht, das vom Tempel und vom Berg Zion aus auf die ganze Welt ausstrahlt und leuchtet, wird für den Beter die Fülle des Lebens, die in Gott ist, erfahrbar und ihm als Erfüllung des Lebensglücks zuteilwerden. Darin wird ganz existentiell und basal wahrnehmbar, wirksam und erfahrbar, dass Gott treu ist und seine Verheißung erfüllt, immer und überall fürsorgend und wohlwollend für die Menschen da zu sein.

Aus dieser Hoffnung und Erwartung heraus tritt der Beter ein drittes Mal in das Zwiegespräch mit seiner »Seele« (43,5), um wie in einem »Ritual« oder durch »liturgische« Wiederholung die zukünftige, erwartete Rettung durch die Erfahrung der Gegenwart und Wirksamkeit Gottes zu vergegenwärtigen und zu vergewissern, damit sie sich darin festmachen und verankern kann. Nur in dieser Erwartung, die er in seinem Dankgelübde antizipiert, kann er seine »Seele«, die nach Gott lechzt, weil ihr Gott fern und verborgen ist, die von der widerfahrenen Not bedrückt und betrübt ist, die voller Unruhe immer noch und immer wieder gegen ihn anstürmt, auffordern, auf Gott zu »harren«, sich nach dem Gott auszustrecken, dessen rettende Gegenwart ihr gewiss sein wird.

Der Perspektivwechsel in die Zukunft II, in der er Gott danken wird, weil er seine rettende Gegenwart wieder wirksam erfahren haben wird, verändert und verwandelt den Blick auf die gegenwärtige Bedrohung und Not und kann der »Seele« neue Lebenskraft und Vitalität von Gott her verleihen und zuteilwerden lassen.

Die »Seele« harrt auf Gott

Die dreifache Zwiesprache mit der »Seele« und die darin antizipierte, zukünftige Rettung durch die kontrafaktische Gegenwart und Wirksamkeit des fürsorgenden und wohlwollenden Gottes macht den Psalm zu einem Beispiel, ja, zu einem Paradigma »spiritueller Seelsorge«. Der Beter des Psalms ruft zu Gott um Hilfe und bringt seine Bedrohung und Not in all seinen Klagen, Anklagen und Bitten vor Gott, dessen Gegenwart und Wirksamkeit er in seiner ambivalent erlebten Situation gedenkt und erinnert. Er tritt damit aus seiner Verzweiflung heraus und stellt sich mit allem vor Gott, in den Horizont seiner kontrafaktischen, rettenden Gegenwart. Das beendet seine Not und sein Leid nicht, aber es stellt alles vor Gott und damit in einen anderen Horizont. Nichts ist mehr so aussichtslos und so hoffnungslos, dass Gott es nicht wenden könnte.

Aber weil die Anfechtung bleibt und seine »Seele« unruhig gegen ihn anstürmt, tritt er immer wieder in ein Gespräch mit seiner »Seele«, die für seine Lebendigkeit und Vitalität steht, die er von Gott her empfangen hat, die nach Gott lechzt und an dessen Verborgenheit und Abwesenheit in ihrer gegenwärtigen Not darbt und leidet. Er »hört« die Unruhe und das Seufzen seiner Seele, er spricht sie aus und lässt sie zu, er vertröstet und bagatellisiert sie nicht, sondern gibt ihr einen realen Halt und Trost, der ihrer Not nicht nur standhält, sie aushält und erträgt, sondern ihr eine Zuversicht verleiht und gewährt, die ihm aus der Antizipation der zukünftig erwarteten Rettung durch Gott zuteilwird.

In dem Stuttgarter Psalter, einer Bibelhandschrift des 9. Jahrhunderts, ist zu diesem Psalm 42/43 ein ausdrucksstarkes Bild[261] dargestellt: »Die Seele sitzt traurig und einsam auf einem Berg. Der Himmel hinter ihr leuchtet in schönen Farben, aber sie ist von ihm getrennt durch das Meer, einen Abgrund in tiefem Violett. Neben ihr steht ein schöner Baum, zu ihren Füßen blühen Blumen, aber sie sieht daran vorbei traurig in die Ferne und hat ihren Kopf schwer in die Hand gestützt. Am Fuße des Berges steht der Psalmist mit seiner Harfe; er möchte sie wohl durch sein Spiel erheitern, doch er sieht sie nicht an, sondern schaut mit traurigem Blick vor sich hin.«[262]

In dem Bild findet sich die ganze Not des Beters und seiner »Seele«, aber es ist dennoch ein Bild der Hoffnung und Zuversicht, weil darin zu sehen ist, dass alles vor dem Horizont des »Himmels« steht, der weiter reicht als die Bedrängnis der »Seele« und des Beters, auch wenn beide noch von ihrer gegenwärtigen Betrübnis bestimmt und erfüllt sind. Das Bild lässt schon im Vordergrund, in der gegenwärtigen Situation die Natur aufblühen und macht Gottes schöpferisches, belebendes Handeln und Wirken sichtbar. Darin zeigt sich die eigentliche Wirksamkeit der »spirituellen Seelsorge« des Psalms, indem er im Beten die kontrafaktische, fürsorgende und liebende Wirksamkeit und Gegenwart Gottes antizipiert und darin wahrnehmbar und erlebbar macht. »Denn ›Gottes liebendes Wesen und sein menschenfreundliches Handeln – das ist die Seelsorge vor aller Seelsorge‹. Sie gründet in der ›Externität‹ des dem Menschen gnädig zugewandten Gottes, zu dem die *naepaesch* schreit, ruft, klagt und bittet, den sie aber auch lobt und dem sie dankt.«[263]

Alles Beten, Klagen, Anklagen und Bitten, aber auch alles Glauben, Vertrauen und Harren hängt daran, dass es einen Ort gibt, an dem Gottes Gegenwart wahrnehmbar, wirksam und erfahrbar ist. Für den Psalmbeter ist dies der Tempel

---

[261] Baldermann, Wer hört mein Weinen?, Abb. Vorderseite des Umschlags; sowie URL: https://archive.org/details/StuttgarterPsalter_966/page/n111/mode/1up?view=theater (Stand: 12.03.24).

[262] Baldermann, Ich werde nicht sterben, 73; vgl. dazu auch: Janowski, Konfliktgespräche, 209–210.

[263] Janowski, Konfliktgespräche, 211.

auf dem Berg Zion, in dem er sich betend und feiernd vor Gott weiß und erlebt. Der Gott, der für ihn dort gegenwärtig ist, zu dem er betet und klagt, auf den er harrt und hofft, ist der Gott, der alles Leben erschaffen hat und erhält, in dessen Macht die ganze Schöpfung geordnet ist, der durch alle Zeiten hindurch und über die ganze Welt herrscht und der den Menschen fürsorgend und liebend zugewandt ist und bleibt. Wenn wir zu ihm beten und klagen, wenn wir ihm danken und ihn loben, dann können wir seiner Gegenwart und Nähe teilhaftig und innewerden und erfahren, dass wir schon immer mit allem vor Gott und in seiner Obhut sind und von Gott »gesehen« und »gehört« werden.

Wir haben keinen »Tempel«, aber einen Gott, der uns nah ist in seiner fürsorgenden, gnädigen Zugewandtheit, der uns nicht vergisst und nicht verlässt. Zu ihm können wir beten, vor ihn können wir alles bringen, was uns bedrückt und bedroht, was wir zu beklagen und anzuklagen haben, denn er ist und bleibt für uns da und wir sind trotz allem in seiner Obhut und in seinem Schutz. Wir können seiner Gegenwart teilhaftig und innewerden im Gebet und geduldig, demütig und hoffnungsvoll alles von ihm erwarten.

Das Psalmgebet wird für uns zum Raum der Gegenwart Gottes, zum »Tempel«, in dem wir mit unserer Not und Bedrängnis, mit unseren Bitten, Klagen und Anklagen, aber auch mit unserem Lob und Dank allezeit vor Gott und seinem Angesicht sind. Nur in ihm kommt unsere unruhige, lechzende »Seele« zur Ruhe.

Psalm 63 Sehnsucht nach Gott[264]

V.1 Ein Psalm, von David, als er in der Wüste Juda war.
V.2 Gott, mein Gott bist du, ich suche dich. Mein Leben[265] hat nach dir gedürstet, mein Leib hat nach dir geschmachtet im dürren und lechzenden Land, ohne Wasser.
V.3 So habe ich im Heiligtum nach dir geschaut, um deine Macht und Herrlichkeit zu sehen.
V.4 Denn deine Güte ist besser als Leben[266], meine Lippen sollen dich loben.
V.5 So werde ich dich preisen mein Leben lang, meine Hände in deinem Namen erheben.
V.6 Wie von Milch und Fett[267] wurde meine Lebenskraft[268] (immer wieder) gesättigt, und mit jubelnden Lippen brachte mein Mund (immer wieder) Lob hervor,

---

[264] Zur Übersetzung vgl.: Janowski, Konfliktgespräche, 212; Ruwe, Psalmen, 93; Weber, Werkbuch Psalmen I, 280; Zenger, Psalmen II, 536–537.
[265] Oder: »meine naepaesch«/»meine Lebenskraft«.
[266] Oder: »ist gut, mehr noch als Leben«.
[267] Oder: »Mark und Fett«.
[268] Oder: »meine naepaesch«/»mein Leben«.

V.7 wenn ich auf meinem Lager an dich dachte, in Nachtwachen über dich nachsann.
V.8 Denn du bist mir zur Hilfe geworden, und im Schatten deiner Flügel kann ich jubeln.
V.9 Meine Lebenskraft[269] hängt sich ganz an dich, deine Rechte hält mich fest[270].
V.10 Die aber zum Verderben nach meinem Leben trachten, werden in die Tiefen der Erde kommen.
V.11 Der Gewalt des Schwertes werden sie einzeln ausgeliefert, die Beute von Schakalen sein.
V.12 Der König[271] aber wird[272] sich an Gott freuen; rühmen darf sich jeder, der bei ihm[273] schwört! Fürwahr, der Mund der Lügenredner wird gestopft werden!

Dieses Psalmgebet, das wie ein wunderbares, inniges Minnelied auf die Liebe zu Gott anmuten und erscheinen mag (V.3–9), wird jedoch mit einer sehnsüchtigen Anrufung Gottes aus einer bedrohlich erlebten Realität des Beters eröffnet, der seinen Gott sucht und herbeisehnt, weil ihm seine Lebenskraft ausgeht und zu versiegen droht, sein Leib nach Gott hungert und schmachtet – wie dürres, ausgetrocknetes Land, das nach Wasser dürstet und lechzt (V.2). Aus seiner Not, die er nicht näher ausführt, aber die seine ganze Existenz betrifft und sein Leben bedroht (V.10–11), streckt er sich mit »Leib und Seele« nach seinem Gott aus, dessen Hilfe und Rettung er begehrt.

Die Not des Beters ist groß, aber noch größer ist seine Sehnsucht nach Gott, die aus seiner Gewissheit lebt, dass Gottes Güte und Treue besser, größer und mehr ist als das, was ist. In seiner ambivalent erlebten Wirklichkeit bekennt und vertraut der Beter, dass sein Gott sich ihm in seinem Gottsein erweist und treu ist, denn er weiß und glaubt sich mit allem vor Gott und in Gottes wirkmächtiger Gegenwart, deren Fülle er im Tempel (V.3), in seinem Gebet und im immerwährenden Gedenken und Nachsinnen Gottes (V.7) und in seiner tiefen Verbundenheit mit Gott (V.9) erinnernd vergegenwärtigt und teilhaftig wird. Damit stellt er seine ambivalent erlebte Wirklichkeit, seine Not und Bedrohung, seine Angst und Befürchtung in einen anderen Horizont und überschreitet sie auf Gott hin. Seine Liebe zu Gott hält die Ambivalenz des Lebens aus und »überwindet« sie, indem er sich auf die Gemeinschaftstreue und Hilfe Gottes verlässt, die mehr ist und weiter reicht als das, was ist, und die ihm eine beständige »Kohärenzkraft« und Hoffnung verleiht, dass er vor den »Feinden«, die »nach seinem Leben trachten« (V.10), bewahrt wird und in Gottes Schutz und Obhut ist.

---

[269] Siehe Anm. 268.
[270] Oder: »hat mich ergriffen«.
[271] Vgl. V.1.
[272] Oder: »soll«/»kann«.
[273] Gott.

Der Beter ruft aus einer konkreten Not zu seinem Gott, ja, er sehnt sich nach Gott, seine Lebenskraft dürstet und sein Leib schmachtet nach Gott, so sehr entbehrt und begehrt er Gottes Nähe und Gegenwart (V.2). Mit seinem ganzen Menschsein sehnt er sich nach dem, der seine »naepaesch«, seine Lebenskraft, seine Vitalität und Lebendigkeit nährt und stärkt (vgl. auch Ps 42/43). Wie dürres, vertrocknetes Wüstenland sich nach Wasser verzehrt, das es entbehrt und das ausbleibt, ohne das kein Leben und Wachsen möglich ist, so sehr sehnt sich der Beter »nach dem Leben, das in Gott ist«[274].

Wie der Mangel an Wasser alles Leben bedrohen und austrocknen kann, so erlebt der Beter den Mangel und die Ferne Gottes existentiell als Not und Bedrohung seines ganzen Menschseins.[275] Doch er weiß, dass seine Gottessehnsucht, das Dürsten seiner »Seele«, nur von Gott selbst gestillt werden kann, der Leben verleiht und Leben schenkt. Darum verlangt ihn danach, Gottes Nähe und Gegenwart dort zu suchen und zu finden, wo er sie gegenwärtig und wirksam in ihrer Fülle erlebt und erfahren hat, im Tempel (V.3; vgl. dazu auch Pss 27; 84).

Für den Beter ist der Tempel Gottes »Heiligtum«, der Ort, wo Gott wirkmächtig gegenwärtig ist. Dort kann er »Gott schauen« und ihn in seiner »Macht und Herrlichkeit sehen« (V.3). Im Tempel glaubt und weiß sich der Beter »anschauend« vor Gottes Angesicht und kann Gottes Gegenwart in Fülle und Macht erfahren und ihrer teilhaftig werden – wegen »der Wirkmächtigkeit des hier präsenten Lebens- und Rettergottes«[276].

In der Erfahrung und Teilhabe an der wirkmächtigen Gegenwart Gottes im Tempel sieht und erkennt der Beter die »Güte«, Liebe, Gnade und Barmherzigkeit seines Gottes als Erweis seines Gottseins, seiner bleibenden Nähe, Treue und Verbundenheit trotz aller gegenwärtigen Widrigkeiten und Bedrohungen. Darum kann er vor Freude und Jubel ausrufen, dass Gottes Güte besser, größer, umfassender und mächtiger ist als alles Leben (V.4).

Gottes Mitsein und Verbundenheit hört in der Not und Bedrängnis nicht auf, sondern Gott hält zu ihm und steht ihm bei. Gott bleibt ihm zugewandt, nah und verbunden, so dass er sich in der Gemeinschaft und Hilfe seines Gottes unerschütterlich geborgen und aufgehoben weiß, die alle gegenwärtige Not und Ambivalenz des Lebens überschreitet, ja, die mehr und besser ist als das Leben, weil es die Fülle Gottes ist, an der er teilhaben darf (vgl. dazu auch Ps 23,6; 33,5; 36,6a.8a.11a)

»In den Zeiten des Glücks erfahren wir Gottes Liebe in der Güte und Schönheit des Lebens. Mit jedem Atemzug atmen wir seine Liebe ein. Aber wenn das Atmen schwer wird? [...] Die Psalmen zeigen uns, daß die Erfahrung der Güte Gottes mehr ist, als atmen zu können. ›Deine Güte ist gut, mehr noch als Leben‹,

---

[274] Eberle, Luthers Psalmen-Auslegung 1, 694.
[275] Vgl. Janowski, Konfliktgespräche, 212.218; Zenger, Psalmen II, 539.
[276] Janowski, Konfliktgespräche, 212.

sagt Psalm 63,4. Schon in den Zeiten des Glücks erfahren wir dieses Mehr; im Licht und in der Schönheit und in der Fülle des Segens ist es die Güte Gottes, die den Funken der Freude überspringen läßt. Dies aber ist eine Erfahrung, die offenbar auch in die Zeiten hineinreicht, in denen das Leben beengt und vom Mangel gezeichnet wird.«[277]

Was dem Beter im Tempel zuteilwird, wo er die wirkmächtige Gegenwart Gottes erinnert und vergegenwärtigt, ereignet sich für uns im Gebet, im Mit- und Nachbeten seiner Psalmworte, die uns hineinnehmen in den Raum der Gegenwart Gottes und uns seiner bleibenden Güte, seiner liebenden Gemeinschaft und Treue vergewissern und teilhaftig werden lassen, auch wenn das Leben in seiner Ambivalenz unseren Glauben hinterfragt, anficht und bedrängt. In der Kontingenz, der Bedürftigkeit, Zerbrechlichkeit, Bedrohtheit und Fragmentarität unseres Lebens scheint im Beten des Psalms eine andere Wirklichkeit auf, die uns umgreift, erfüllt und durchdringt: die Güte Gottes, die größer, mächtiger, besser ist als alles Leben (V.4a).

Durch die Vergegenwärtigung und Erinnerung der Nähe und der wirkmächtigen Gegenwart Gottes im Tempel und im Gebet erfährt der Beter eine »Sättigung« an Leib und Seele (vgl. Ps 17,15), die metaphorisch als satt Werden durch »Fett und Mark« (V.6) beschrieben wird und die eine grundlegende Nahrung und Stärkung des ganzen Menschen in seinem bedrohten und bedürftigen Menschsein zum Ausdruck bringen soll. Menschen, die in einer großen Not in ihrem Gebet oder in der Fürbitte durch andere Beistand und Hilfe erfahren haben, wissen, dass diese Erfahrung der Gottesgemeinschaft so stark, so intensiv, so durchdringend und überwältigend sein kann, dass Ängste davon verwandelt werden, Trost und Zuversicht uns zuwachsen können, die uns inmitten der Bedrängnis neu mit Lebenskraft, Vitalität und Glück erfüllen. Dann verwandelt sich das Gebet in einen stillen, aber hellen und fröhlichen Jubel, der tief aus dem Herzen kommt, dessen der Mund überfließt und den die Lippen laut werden lassen (V.6).

Diesen Gott, der sich als treu, gnädig und barmherzig erweist, will der Psalmbeter loben und preisen mit dem »Jubel seiner Lippen« (V.4b u. 6) und mit seinem ganzen »Leben« (V.5). Ja, was er sagt und tut, sein ganzes Leben, soll zum Lob Gottes werden, das von der Güte Gottes erzählt, die größer, mächtiger, weitreichender und besser ist als das Leben. Mit seinem Gebet bezeugt und bekennt er, dass Gott auch in den Nöten, Bedrängnissen und Bedrohungen unseres Lebens treu bleibt und hilft. So können und werden seine Worte denen, die sie hören und darauf vertrauen, Trost, Stärkung und Hoffnung geben und der Lobpreis Gottes wird groß werden und nicht aufhören.

Wie er mit seinem ganzen Leben, sozusagen nach außen, vor den Menschen und der Welt, Gottes Güte und Treue mit seinem Lobpreis bekennen und be-

---

[277] Baldermann, Ich werde nicht sterben, 120.

zeugen will, so ist seine »innere Bewegung« ganz darauf gerichtet, an seinen Gott zu denken und über seinen Gott nachzusinnen, bei dem er Hilfe, Schutz und Rettung erfahren hat – wieder und wieder (V.7). Ja, in der Nacht, wenn die Dunkelheit über ihn herrscht, die Ängste und Sorgen groß werden und sich seiner bemächtigen, denkt er an seinen Gott, richtet seine Sinne und alles auf ihn aus, erinnert und vergegenwärtigt Gottes Gegenwart und vergewissert sich Gottes Wirkmächtigkeit, die er erfahren und die ihn errettet hat. Denn Gott ist ihm zur Hilfe und Zuflucht geworden, so dass er selbst in Ängsten und Nöten »im Schatten seiner Flügel«[278], in Gottes Obhut und Schutz, ja, in Gottes Macht- und Schutzraum geborgen ist und vor Freude und Dankbarkeit seinen Jubel auf Gott anstimmen kann (V.8).

Das Gedenken und Nachsinnen Gottes ist »Ausdruck der Liebe und entspricht einer Haltung des Trinkens an der Lebensquelle, die (wiederum) zu Erfahrungen von Hilfe und Schutz und zum Gotteslob führt.«[279] Diese Haltung des »liebenden Denkens und Nachsinnens Gottes« versetzt den Beter in die Gegenwart Gottes, in der er Zuflucht und Schutz finden und an Gottes Fülle und Macht partizipieren kann. Wenn wir den Psalm beten, diese Haltung einnehmen und aneignen, unsere Sinne und Gedanken, unser Herz und unsere »Seele« ganz auf Gott ausrichten, uns seiner immerwährenden liebenden Fürsorge und seines Mitseins erinnern und uns dies stetig und beständig vor Augen halten, dann werden sich die Nöte und Sorgen unseres Lebens und Zusammenlebens nicht von selbst auflösen, aber wir gewinnen eine andere Perspektive und werden von ihrer Herrschaft, die sie über uns haben, befreit, weil wir in Gottes Gegenwart und in seiner Macht und Obhut sind, weil wir seiner »Güte« teilhaftig werden, die mehr ist als alles Leben.

Im (östlichen) Mönchtum ist diese Haltung zum Ziel aller spirituellen Übungen geworden, durch das immerwährende Gedenken Gottes ganz und gar in der Gegenwart Gottes zu leben und mit allem vor Gott zu sein. In der evangelischen Tradition hat besonders Gerhard Tersteegen dieses Anliegen als Ziel des geistlichen Lebens wieder entdeckt und in beeindruckender Weise u. a. in seiner »Anleitung zum Leben in der Gegenwart Gottes« zum Ausdruck gebracht:

> »Es besteht aber diese Übung darin: daß wir einfältig und andächtig glauben, daß Gott überall und auch in unserm Herzen gegenwärtig sei; [...] daß wir uns demnach dieser Wahrheit des Glaubens öfters auf eine herzliche Weise erinnern und uns als bei Gott, vor Gott und in seiner Gegenwart ansehen; daß wir diesen unsern gegenwärtigen Gott mit unserm Herzen anbeten, verherrlichen, lieben und uns ihm ganz übergeben; [...] daß wir uns auf eine liebreiche und stumme Weise mit Gott unterreden in unserm Herzen und uns mit ihm gemeinsam machen als mit unserm liebsten und besten

---

[278] Zur Metapher vgl. auch Ps 17,8; 36,8; 57,2; 91,4.
[279] Weber, Werkbuch Psalmen I, 283.

Freunde, und zwar zu aller Zeit und bei allem, was uns inwendig oder auswendig vorkommt, es sei Gutes oder Böses; daß wir auch zu dem Ende unter unsern Geschäften bisweilen einen Augenblick stille halten, um durch einen andächtigen Liebesblick auf Gott uns in dieser Übung zu stärken oder zu erneuern; [...].«[280]

Aus der Erfahrung und der Gewissheit der Gegenwart Gottes erwächst für den Beter eine tiefe Verbundenheit mit Gott, die er mit einem berührenden Bild zum Ausdruck bringt: »Meine Lebenskraft[281] hängt sich an dich, deine Rechte hält mich fest.« (V.9) Der Beter hängt sich an Gott, der sich ihm gütig und liebend zuwendet und sich darin als Gott für ihn erweist, denn er weiß sich von Gott mit seiner »Rechten« ergriffen und gehalten (vgl. auch Ps 73,23). Dieses wunderbare Bild von der Bindung des Beters an Gott und Gottes an ihn drückt eine starke, gegenseitige Verbundenheit aus, die in dem Beter verankert und verkörpert ist, so dass er ihrer Beständigkeit und Festigkeit gewiss und teilhaftig ist. Wie eine Liebeserklärung kann dieses Bekenntnis der gegenseitigen Verbundenheit verstanden werden, die auch in schweren, entbehrenden Zeiten trägt und hält, stützt und stärkt, denn sie ist von der Liebe und dem Glück erfüllt, die Gott aus seiner Güte schenkt und mit seiner Treue verbürgt.

Es ist ein starkes Bild, das uns beim Mit- und Nachbeten des Psalms hineinnimmt in die Gemeinschaft des Beters mit Gott, die sich auch in uns vollzieht, wenn wir uns vertrauend und glaubend an Gott halten, der uns mit seiner Rechten festhält, ja, der treu und gütig, liebend und fürsorgend zu uns hält, uns bei seiner rechten Hand nimmt und auf den Weg seiner Gerechtigkeit führen will (vgl. Ps 1).

Wenn in schweren Zeiten jemand im rechten Augenblick seine Hand in unsere Hand legt, uns beisteht und festhält, dann spüren wir trotz der eigenen Verunsicherung, Hilflosigkeit und Angst eine Verbundenheit, einen Halt und eine Kraft, die der andere uns leiht, der uns Anteil an seiner Zuversicht und Standfestigkeit, seiner Kraft und seinem Glauben gibt. Wenn jemand uns Anteil gibt an seinem Leben und an seinem Gottvertrauen, kann es uns helfen, die Nöte, Schwierigkeiten und Bedrängnisse unseres Lebens zu ertragen, auszuhalten und zu überstehen, ohne daran zu zerbrechen, weil wir durch und in dem anderen teilhaben dürfen an dem Halt, der Verbundenheit und der Hilfe, die Gott schenkt und gewährt.

Die Gewissheit, die den Psalmbeter trägt und die uns im Beten und im Beistand durch andere Menschen zuteilwerden kann, erinnert mich an die Erfahrung einer Jugendlichen aus der Jugendgruppe meiner Kirchengemeinde. Sie erzählte mir nach einer Kletterfreizeit in den Bergen: »Das Stärkste und Schönste beim Klettern ist für mich, wenn ein anderer als ›Back-Up‹ das Seil hält, an dem

---

[280] Tersteegen, Wider die Melancholie, 116.
[281] Siehe Anm. 268.

man selbst über den Tiefen hängt, und man sich ihm komplett anvertraut, auch wenn man ihn nicht sieht.« Über Tiefen und Abgründen kann ich mich gehalten, sicher und aufgehoben fühlen, wenn ich weiß, wer mich hält, und ich ihm aus ganzem Herzen vertrauen kann. Das mag uns bei Menschen gelingen, wenn wir uns ihrer Verlässlichkeit, Treue und Verantwortlichkeit sicher sind. In unserem Vertrauen und unserer Bindung zu Gott steht Gott selbst für seine Gemeinschaft, Güte und Treue zu uns ein, weil er unser Gott ist und sich unser als Gott erwiesen hat.

Solche Gottesgewissheit und -verbundenheit besteht nicht nur als »Innerlichkeit« einer Beziehung, sondern sie zeigt und bewährt sich in ihrer konkreten, realen Konsequenz und Lebensrelevanz. »Dass der Psalm nicht in der ›mystischen‹ Gottesverbindung aufgeht, zeigen die Schlussverse (10-12): Gottes Gerechtigkeit soll jedem das zukommen lassen, was er verdient.«[282] Die Verse 10-12 beschreiben eindrücklich, wie das konkret aussieht: Jedem wird das widerfahren, was ihm gebührt, wohin ihn sein Handeln und Denken führt, weil er sich und sein Leben danach ausgerichtet hat. Gott rettet den Gerechten, aber er überlässt den Frevler den Folgen seiner selbstzerstörerischen Haltung (vgl. Ps 1).[283]

Die den Beter vernichten wollen und nach seinem Leben trachten, die ihn als feindliche Mächte bedrohen, werden in die Tiefe der Erde kommen und dem Tod überlassen werden (V.10), denn der Ort des Todes und der Totenwelt ist im altorientalischen Denken im Innern der Erde.[284] Sie werden der Gewalt des Schwertes, das sie führen, ausgeliefert und zur Beute von Schakalen (V.11), das heißt, sie werden wie verendete Tiere den Schakalen überlassen, die am Übergangsbereich zur Wüste leben. »Nichts war in diesem Zustand (des Todes) schlimmer, als schutzlos – den Tieren preisgegeben – auf dem Felde (79,2; 63,11; 135) oder in einer fremden Umgebung zu liegen.«[285]

Am Ende wird der Bezug auf König David, der schon am Anfang mit der Überschrift hergestellt worden ist (V.1), noch einmal aufgegriffen (V.12a) und David als vorbildlicher Beter des Psalms herausgestellt, der sich auf seiner Flucht in die Wüste, in seiner Bedrohung und Not (vgl. 2Sam 15,13-17,23) mehr darum sorgt, noch einmal »die Lade Gottes und ihre Stätte in Jerusalem wiedersehen« (2Sam 15,25-26) und Gottes Gegenwart und Nähe erfahren zu dürfen, als um den möglichen Verlust seines Königsamtes und seines Lebens, und der sich »an Gott freuen« (V.12a) kann. Ihm ist die Sehnsucht nach Gott, nach der Erfahrung der Gegenwart und Güte Gottes wichtiger als das Leben.[286] In diesem nachträglichen Rückbezug auf David wird sichtbar, was das heißt: Sein Gebet zu Gott und sein

---

[282] Weber, Psalmen Werkbuch I, 283.
[283] Vgl. Janowski, Ein Gott, der straft, 198.
[284] Keel, Die Welt der altorientalischen Bildsymbolik, 28.
[285] A.a.O., 57.
[286] Vgl. Zenger, Psalmen II, 543.

Vertrauen auf Gottes wirkmächtige Gegenwart, nach der er sich sehnt, gibt seinem Leben einen Sinn, einen Horizont, in dem alles steht und der weit über seine Bedrohung und Not, ja, über sein Leben hinausweist und in die »Freude an Gott« (V.12a) mündet, weil in Gott die Fülle des Lebens ist.

Wer sich wie »der König« an Gott hält (vgl. V.1), wird sich an Gott freuen; die Gott treu sind und auf ihn »schwören«, werden sich rühmen, weil sie zu Gott gehören und in Gottes Schutzmacht und Obhut sind. Doch den Lügnern, die falsche Aussagen machen und Gott freveln, wird »der Mund gestopft« werden (V.12). Wie aus dem Vertrauen auf Gott Freude und Ruhm erwachsen, so werden die Lüge und der Frevel an Gott zum Schweigen gebracht.

Hier wünscht niemand den Verfolgern, Lügnern und Frevlern, die zu einer existentiellen Bedrohung des Beters geworden sind, etwas Böses, eine »gerechte« Strafe oder gar den Tod, aber der Beter ist sich trotz seiner Not gewiss, dass am Ende Gott treu bleiben und ihn vor seinen Feinden schützen und retten wird, ja, dass das falsche, zerstörerische und feindliche Handeln seiner Verfolger und Bedroher nicht gut ausgehen kann. Am Ende wird die Hoffnung besiegelt, dass die Täter nicht auf ewig über die Opfer triumphieren werden, weil sie an sich selbst und ihrem eigenen falschen Tun scheitern und zunichte werden.

Psalm 88 Aus der Finsternis zu Gott um Hilfe rufen[287]

V.1 Ein Lied, ein Psalm, von den Korachitern, dem Leiter, nach ›Krankheit‹ zu singen. Ein Maskil[288] von Heman, dem Esrachiter.
V.2 JHWH, Gott meiner Rettung, am Tag habe ich geschrien, in der Nacht vor dir.
V.3 Es komme vor dich mein Gebet, neige dein Ohr zu meinem Schrei.
V.4 Denn meine Lebenskraft[289] ist mit Übeln gesättigt und mein Leben hat die Unterwelt[290] erreicht[291].
V.5 Ich wurde denen zugerechnet, die zur Grube hinabsteigen, ich bin geworden wie ein Mann ohne Kraft.
V.6 Ich bin ein unter Tote Entlassener, wie Erschlagene[292], die im Grab liegen, an die du nicht mehr gedacht hast, sind sie doch von deiner Hand abgeschnitten.

---

[287] Zur Übersetzung vgl.: Janowski, Konfliktgespräche, 231–232; Ruwe, Psalmen, 132–133; Weber, Werkbuch Psalmen II, 101–102.
[288] Oder: »Lehrgedicht«/»Wechselgesang«.
[289] Oder: »mein Leben«/»meine naepaesch«/»meine Seele«.
[290] Oder: »Scheol«.
[291] Oder: »berührt«.
[292] Oder: »Durchbohrte«.

V.7 Du hast mich in die tiefunterste Grube[293] versetzt, in völlige Finsternis, in große Tiefe[294].
V.8 Dein Grimm[295] hat auf mir gelastet, mit all deinen Wogen[296] hast du (mich) niedergedrückt[297].
V.9 Du hast meine Vertrauten[298] von mir entfernt, hast mich zum Abscheu für sie gemacht, gefangen[299] bin ich und ich kann nicht herauskommen.
V.10 Mein Auge ist vor Elend verschmachtet. – Dich habe ich angerufen, JHWH, an jedem Tag, habe meine Hände zu dir hin ausgebreitet.
V.11 Tust du für die Toten Wunder, oder werden[300] Totengeister sich erheben[301], dich zu loben[302]?
V.12 Wird im Grab von deiner Güte erzählt, von deiner Treue am Ort des Vergehens?
V.13 Wird dein Wunder in der Finsternis bekannt, und deine Gerechtigkeit im Land des Vergessens?
V.14 Ich aber, JHWH, habe zu dir um Hilfe gerufen, und am Morgen dringt mein Gebet vor dich[303].
V.15 Wozu, JHWH, verstößt du mein Leben[304], verbirgst du dein Angesicht vor mir?
V.16 Elend[305] bin ich und todkrank[306] bin ich von Jugend an, ich habe deine Schrecken ertragen, ich muss erstarren[307].
V.17 Über mich gingen deine Zornesgluten hinweg, deine Schrecken[308] haben mich zum Verstummen[309] gebracht.

---

[293] Oder: »in die tiefsten Tiefen«.
[294] Oder: »Meerestiefen«.
[295] Oder: »Zorn«.
[296] Oder: »Brandungen«/»Brechern«.
[297] Oder: »überwältigt«.
[298] Oder: »Freunde«.
[299] Oder: »eingekerkert«.
[300] Oder: »können«.
[301] Oder: »aufstehen«.
[302] Oder: »preisen«.
[303] Oder: »kommt mein Gebet dir entgegen«.
[304] Oder: »mich«/»meine naepaesch«/»meine Seele«.
[305] Oder: »Arm«.
[306] Oder: »sterbend«/»hinfällig«.
[307] Oder: »verzweifeln«.
[308] Oder: »Schrecknisse«.
[309] Oder: »Schweigen«.

V.18 Sie umgaben mich jeden Tag[310] wie Wasser, sie umringten[311] mich alle zusammen.
V.19 Du hast Freund und Gefährte von mir entfernt, meine Vertrauten – (da ist) Finsternis.

Die Worte des Psalmbeters berühren, ja, gehen »unter die Haut«, denn sie nehmen uns hinein in die Todesnot, die der Beter mitten im Leben erleidet. Worte, die Dunkel und Finsternis enthüllen, schonungslos offen legen, im Gebet zu Gott »ans Licht bringen«, in denen und durch die aus der tiefsten Tiefe menschlicher Existenz etwas aufscheint und durchscheint, was bleibt: in der Finsternis Gottes dennoch vor Gott zu sein. Doch dies liegt nicht offen zutage, ist nicht sichtbar und greifbar, sondern wird uns nur im Beten zuteil, wenn wir den Weg des Beters in die Tiefe der Existenz mitgehen und in seinen Worten unsere finden, dann wird jene andere, die Dunkelheit und die Finsternis durchhaltende und durchdringende Ahnung und Erwartung zuteil, trotz allem und mit allem stets vor Gott zu sein und zu bleiben.

Der Beter ruft zu Gott, seinem Retter, er schreit zu ihm am Tag und in der Nacht, dass Gott ihn hört, sein Ohr für ihn öffnet (V.2), sich seiner erbarmt und ihm hilft. Er nimmt zu Gott seine Zuflucht in seiner Todesnot (V.4–6), denn er hofft und erwartet trotz allem, was ihm durch Gott widerfahren ist, noch immer, dass Gott ihn rettet. Er ruft immer wieder zu seinem Gott (V.2.10.14) und hört nicht auf damit, obwohl die Finsternis in ihm und um ihn herum immer größer und mächtiger wird (V.7.10a.13.19). Er hält an seinem Gott und seinem Glauben fest, ja, er ringt darum mit Gott und mit sich bis an den Rand der Verzweiflung und hört nicht auf, auf Gott zu hoffen und zu harren.

Zugleich leidet er zutiefst an seiner Todesnot und bringt seine Wehklagen vor Gott (V.4–6). Er klagt Gott selbst an, der ihn bedrückt, bis an den Rand des Todes bedrängt (V.7–9) und der ihn vom Leben abgeschnitten und von allen, die ihm nah und vertraut waren, getrennt und isoliert hat (V.9.19a), dass er nichts und niemanden mehr hat (V.9–10), als nur Gott allein, der ihm fern und verborgen ist (V.15). Darum fordert er Gott heraus, appelliert an ihn, endlich einzugreifen und zu handeln, wenn er Gott sein will (V.11–13). Immer tiefer steigt er in sein Elend und seine Verzweiflung hinab und droht darüber zu verstummen und zu erstarren, weil ihm nichts mehr bleibt als seine »Finsternis« (V.16–19). Doch sein Gebet, in dem er alles, auch seine Gottverlassenheit und Gottesfinsternis, vor Gott bringt, hält ihn und trägt ihn vom Anfang bis ans Ende hindurch.

Sein Gebet ist Ausdruck, ja, Paradigma für das Paradox des Glaubens, der in der Verborgenheit und Finsternis Gottes, am Rande und in der Machtsphäre des Todes, in sozialer Isolation und Beziehungslosigkeit und in Anbetracht völliger

---

[310] Oder: »allezeit«.
[311] Oder: »umzingelten«.

Aussichtslosigkeit seines Ergehens an Gott festhält und zu Gott betet, weil er wider alles Faktische nicht nur an das Gottsein Gottes appelliert, sondern darauf vertraut und nicht davon lässt. Die Kraft dazu hat er nicht von Anfang an, sie ist ihm nicht eigen, sondern sie wächst ihm sozusagen zu im Ringen, im Kampf und im Widerstreit seines Glaubens mit Gott. Darin liegt die verborgene Hoffnung dieses dunklen Psalms, die nur ergründen kann, wer sich auf seine Tiefen einlässt und ihn mit- und nachbetet.

In diesem Gebet begegnen wir einem Menschen, der am »Ende« ist mit seinen Kräften und mit seiner Hoffnung. Sein Leben, seine Lebenskraft und Vitalität[312] ist »mit Übeln« angefüllt und »gesättigt« (V.4) Was ihm Lebendigkeit und Leben verleiht und was er als Gabe von Gott her empfangen hat, ist überschüttet und überhäuft mit dem, was sein Leben mindert, ihm die Kraft nimmt und ihn in seiner ganzen Existenz verzehrt, so sehr, dass sein Leben die »Unterwelt berührt« (V.4) und er in den Machtbereich des Todes geraten ist. »Doch ist mit diesem Tod der ›Tod im Leben‹ und mit dieser Unterwelt die ›Unterwelt der Lebenden‹ gemeint.«[313] Er berührt die »Unterwelt«, die Welt des Todes, und erfährt mitten im Leben die ganze Macht seiner Wirklichkeit so heftig und erschütternd, dass er vom Sog des Todes ergriffen wird, der ihn in seiner Leib- und Sozialsphäre erfasst und ihn in die Tiefe zieht.

Wir erfahren nichts von dem konkreten Leiden, das den Beter in Todesnot bringt, aber es ist so heftig und tiefgreifend, dass er in seiner ganzen Existenz, mit allem, was sein Leben ausmacht und zu seinem Leben gehört, davon betroffen und bedroht ist. Er sagt von sich, dass er »denen zugerechnet wurde, die zur Grube hinabsteigen« (V.5). Sein soziales Umfeld, die Menschen, die im Leben mit ihm verbunden sind, die ihn kennen und ihm nahe sind, haben ihn »schon« dem Tode »zugerechnet«, der Welt des Todes und seiner Macht zugeordnet und zugewiesen. Er wird nicht mehr als Lebendiger unter den Lebenden gesehen und geachtet, sondern als einer, der schon in dem Herrschaftsbereich des Todes ist. Er hat seine soziale Verbundenheit und Einbindung verloren und ist »mitten unter den Menschen« isoliert, wie »tot«.

Das zehrt und nagt an ihm, es nimmt ihm die Kraft zum Leben, zum Handeln, Reagieren und Wirken, er empfindet und erlebt sich »wie ein Mann ohne Kraft« (V.5), wie einer, der seine Stärke, seine Anerkennung und Selbstwirksamkeit, all das, was ihm unter den Menschen Anerkennung, Bedeutung und Akzeptanz verleiht, und darüber seinen ganzen Lebensmut verloren hat. Er erlebt sich als Gegenbild, als Kontrast und Widerspruch zu dem, der sich in Gott gründet und auf Gottes Wegen geht, dem von Gott immer wieder neue Kraft zuteilwird, die nie versiegt (vgl. Ps 84,8), und damit als einen, der von Gott verlassen ist, ohne dass er verstehen oder erkennen kann, warum.

---

[312] Oder: »seine naepaesch«/»seine Seele«.
[313] Janowski, Anthropologie, 90.

Der Psalmbeter ist nicht mehr Teil der Lebensgemeinschaft und ihr nicht mehr zugehörig, denn er ist wie einer, »der unter die Toten entlassen« worden ist, ja, einer von denen, die »erschlagen« und »durchbohrt« im »Grab liegen« (V.6). Aus diesen Bildern des Todes spricht tiefste Verlassenheit, Beziehungslosigkeit und Perspektivlosigkeit eines Menschen, der sich als verloren und dem Tod überlassen erlebt, weil Gott »nicht mehr seiner gedenkt« und ihn »von seiner Hand abgeschnitten« (V.6) hat.

Er hat nicht nur seine Zugehörigkeit und Teilhabe an der menschlichen Gemeinschaft verloren, sondern er ist aus dem fürsorgenden und liebenden Gedenken Gottes herausgefallen, was einem totalen Beziehungs- und Liebesverlust gleich kommt. »Von der Hand Gottes, die für Schutz, Stärke und Sicherheit steht, erfährt er sich als abgeschnitten.«[314] Er hat die Verbundenheit mit Gott, die Teilhabe an Gottes bewahrendem und fürsorgenden Handeln, das Menschen am Leben erhält, stützt und stärkt, die sich von Gottes rechter Hand ergriffen und gehalten wissen (vgl. Ps 69,9; 73,23), verloren, ja, er ist davon »abgeschnitten« und damit getrennt von Gottes Macht- und Wirkungsbereich.

Der Beter klagt nicht über sich selbst, dass er seine Not und Bedrohung durch den Tod verursacht oder herbeigeführt hat, denn er ist sich offensichtlich keiner Schuld und keines Versagens bewusst. Er klagt auch nicht über Feinde, die ihm nachstellen, ihn bedrängen und an den Rand des Todes bringen. Sondern für ihn ist Gott »alleiniger Verursacher«[315] seiner Not. »Alles, was dieser Beter erleidet, ist ausschließlich JHWHs Werk, er ist der Feind des Beters – einen Umweg über menschliche Feinde gibt es nicht.«[316]

Darum klagt er verzweifelt seinen Gott an, dass er ihn »in die tiefunterste Grube versetzt hat, in völlige Finsternis und in große Tiefe« (V.7). Er sieht in Gott nicht nur den Verursacher für den Verlust seiner Lebensmöglichkeiten und seiner Todesbedrohung, aus der es keinen Ausweg für ihn gibt. Gott hat ihn mit seinem »Grimm«, seinem »Zorn« bedrängt und bedrückt und ihn »mit all seinen Wogen überwältigt« (V.8; sowie V.17), ohne dass er einen Anlass oder Grund dafür finden oder nennen kann. Ja, Gott hat seine »Vertrauten von ihm entfernt, ihn zum Abscheu für sie gemacht« (V.9), dass er sozial isoliert und wie tot, ja, »gefangen ist und nicht herauskommen kann« (V.9). Von Gott hat er scheinbar nichts mehr zu erwarten. Von Freunden und Vertrauten ist er getrennt und isoliert, ja, er ist abstoßend für sie geworden, weil er die Wirklichkeit und die Welt des Todes berührt hat (V.4). »Dieser Abscheu ist ein Spiegel des Abscheus vor der Macht des Todes, die bereits nach dem Leben des Beters gegriffen und ihn mit ›Finsternis‹ (V.19) umgeben hat.«[317] Aus eigener Kraft vermag er nichts mehr zu

---

[314] Weber, Werkbuch Psalmen II, 103.
[315] Janowski, Konfliktgespräche, 235.
[316] A.a.O., 241.
[317] A.a.O., 245–246.

tun, er ist seiner Todesnot ausgeliefert und ausgesetzt, dass sein »Auge vor Elend verschmachtet« (V.10a) und er keinen Ausweg, keine Hilfe und keine Rettung mehr für sich sieht (vgl. V.7.13.19).

Das ist bitter für ihn, aber es verbittert ihn nicht und es zerbricht sein Gottesverhältnis nicht, sondern er hält mit seinen Anklagen und Vorwürfen an Gott fest, ja, sucht bei Gott Zuflucht gegen den Gott, der ihn in die Tiefe hinabgestoßen und der Macht des Todes ausgesetzt hat. »Hier wird der ›Schuldige‹ in die Verantwortung genommen und gleichsam gegen Gott vor Gott Anklage erhoben.«[318] Er ergibt sich nicht seiner Ausweglosigkeit und verzweifelt nicht an Gott, sondern bleibt betend, ringend, klagend, anklagend und kämpfend im Gebet mit Gott vor Gott. Entgegen seinem faktischen Erleben, ruft er »an jedem Tag« zu Gott und »streckt seine Hände nach ihm aus« (V.10) wie einer, der nach Leben und nach Gott lechzt (vgl. Ps 42–43), dass er ihm hilft und ihn rettet. Dadurch rückt, stellt und bringt der Beter sich mit seiner Todesnot und Gottverlassenheit im Gebet zu Gott vor Gott. Denn nur Gott allein ist die »Quelle des Lebens« und kann die Lebenskraft des Menschen am Leben halten, nähren und stärken mit dem, was sie braucht (vgl. Ps 63,6), darum kann er nur bei ihm Hilfe und Rettung aus seiner Todesnot finden.

Er nimmt Gott als Gott ernst und er »rechnet« mit Gott – noch immer, ja, er fordert Gott in seinem Gottsein heraus und provoziert ihn, dass er sich zu erkennen gibt und sich als sein Gott erweist, der die Macht und die Kraft hat, ihn vom Tod zu erretten (V.11–13). Er bittet Gott eindringlich, er appelliert um ein »Wunder an den Toten« (V.11a), dass Gott eingreift, sich wirkmächtig zeigt und ihn aus der Macht und der Nähe des Todes errettet. Ja, dazu bedarf es »eines Wunders«, eines Geschehens, das die Macht des Faktischen durchbricht und alles, was sich nach menschlichem Ermessen und Verstehen vorstellen, denken, erhoffen und erwarten lässt, übersteigt und transzendiert – wie es Gott in der Geschichte seines Volkes immer wieder bewirkt und sich darin als Gott erwiesen und bewährt hat. Dieses wunderbare Eingreifen und wirkmächtige Handeln Gottes ist notwendig, damit nicht mit dem Tod der Lobpreis Gottes (V.11b), das Bekenntnis seiner »Güte und Treue« (V.12), sowie seiner »Wunder und seiner Gerechtigkeit« (V.13) in der Welt der Toten, in der »Finsternis« und im »Land des Vergessens« verstummt (V.13). Nicht weniger als das steht mit dem Tod auf dem Spiel, dass der Lobpreis und das Bekenntnis von Gottes wunderbarer Führung und heilvollen Lebensordnung aufhört und nicht mehr öffentlich verkündigt wird (vgl. Ps 115,17–18).

In dem »Konfliktgespräch mit Gott« greift der Beter in seinem verzweifelten Kampf um sein Leben und das Gottsein Gottes zu einer »paradoxen Intervention«, um den schweigenden, verborgenen Gott ins Gespräch, ja, in den Dialog zurückzuziehen und ihn zum Reagieren, zum Antworten und Handeln zu bewegen:

---

[318] Weber, Werkbuch Psalmen II, 106.

»Wenn schon Gott mich vergessen hat und meiner nicht mehr fürsorgend gedenkt, so muss doch Gott um seinetwillen, um seiner Selbst willen, wegen seines Wesens und seines Gottseins – als Gott – wollen, dass ich nicht für immer verloren gehe und sein Lobpreis im Tod verstummt.«

Der Psalmbeter »gewinnt aus der JHWH-Ferne der Scheol und ihrer Bewohner ein *argumentum ad deum:* JHWH soll erkennen, daß sein Eigeninteresse es ihm verbieten müßte, den Beter vorzeitig in die Scheol zu verbannen, da er sich dadurch eines kostbaren Zeugen und Verehrers seiner Güte und Treue berauben würde. JHWH soll durch die rhetorischen Fragen von V.11–13 also zum Einschreiten bewegt werden, sie haben darum *appellatorischen* Charakter.«[319]

Die Toten sind fern von Gott und können ihn nicht mehr loben, aber der Beter lebt noch und darum ruft und bittet er noch einmal eindringlich seinen Gott um Hilfe (V.14): »Ich aber habe zu dir um Hilfe und Rettung gerufen« (vgl. V.2.10) und tue es noch, denn ich will nicht aufhören, an dich zu glauben und alles vor dich zu bringen. Denn ich hoffe und warte verzweifelt auf dich, dass du eingreifst und mir hilfst, dass du Licht in mein Dunkel bringst (vgl. V.7.10a.13.19) und mich aus der Macht des Todes befreist und mich ins Leben zurückbringst. »Flehentlich ruft er zu Jahwe und bittet um Erhörung ›am Morgen‹, dem Zeitpunkt der Gottesantwort und Gotteshilfe (vgl. Ps 46,6; 90,14; 143,8 [...]).«[320] Wie der Morgen das Dunkel und die Finsternis der Nacht auflöst und vertreibt, so möge Gott sich wieder zeigen und zu erkennen geben als »Licht« (V.14) und als »Sonne« (vgl. Ps 84,12), was ihm neue Lebenskraft verleiht und ihn neu ins Leben verwandelt.

Doch Gott bleibt stumm und verborgen. Er antwortet nicht. Die Bitten, Klagen und Anklagen des Beters scheinen ins Leere zu gehen. Doch er gibt nicht auf, noch nicht, er fragt und bohrt nach, will wissen, verstehen, erkennen, warum und wozu ihm Gott all das zumutet, was ihm widerfährt, was er erleiden und erdulden muss. Darum bringt er seine Fragen und Anklagen vor Gott, der allein wissen und beantworten kann, »wozu er sein Leben[321] verstößt und sein Angesicht vor ihm verbirgt« (V.15), was ihm alle Lebendigkeit und Lebenskraft genommen hat, dass er an den Rand des Todes und der Totenwelt geraten ist, von »Finsternis« umgeben und gefangen.

»In gesteigerter Anklage schreit er heraus, was ihn buchstäblich umbringt. Er will Steigerung der Lebensmöglichkeiten – und erfährt Zerstörung und Erstarren (V.16). Er sieht sich den Fluten der Lebensangst und des Scheiterns, der Einsamkeit und des Nichtverstandenwerdens ausgesetzt (V.17–19).«[322] »Von Jugend an« ist er elend und todkrank, hinfällig und sterbend (V.16). Er nennt keine konkreten Beschwerden oder gesundheitlichen Leiden, sondern seine ganze

---

[319] Janowski, Konfliktgespräche, 246.
[320] Kraus, Psalmen 60–150, 776.
[321] Oder: »seine Lebenskraft«/»seine Seele«/»seine naepaesch«.
[322] Zenger, Psalmen II, 577.

Existenz ist gemindert, eingeschränkt und ausgezehrt, sozial isoliert und von jeder Lebensgemeinschaft getrennt, dass er mitten im Leben schon die Totenwelt berührt und dem Tod ausgesetzt ist. Gott hat ihm diese Not auferlegt und zugemutet, was ihn erschreckt hat und ihn vor Verzweiflung erstarren lässt (V.16), wie einer, der ohnmächtig und hilflos einer großen Bedrohung ausgesetzt ist, sich nicht mehr wehren und verteidigen und seiner Not nicht mehr entkommen kann, so dass er vor Angst und Schrecken »zu Tode« erstarrt.

Aus der Traumatherapie ist bekannt, dass Menschen, die einer Bedrohung und Not ohnmächtig und hilflos ausgesetzt sind, versuchen, sich und ihr Leben zu retten, indem sie den »Kampf«, die Gegenwehr und Auseinandersetzung mit der übermächtigen Bedrohung aufnehmen oder die »Flucht« davor ergreifen. Wenn dies nicht mehr möglich ist, wie in der Todesbedrohung unseres Beters, dann bleibt als letzte Möglichkeit nur noch, zu erstarren, »einzufrieren«, »sich tot zu stellen«, damit die Bedrohung aufhört und endet. Die innere und äußere Not des Beters ist so groß, dass er unter dem Schrecken und der Verzweiflung »zu Tode« erschreckt und erstarrt – in der kontrafaktischen Erwartung, dass die Not vorübergehen möge, was nicht geschieht.

Im Gegenteil muss der Beter gewahren, dass Gottes »Zornesgluten über ihn hinweggegangen sind« und seine »Schrecken ihn zum Verstummen gebracht haben« (V.17). Denn die Bedrohungen, die er durch Gott erfahren hat, haben ihn »alle Tage wie Wasser umgeben und umringt« (V.18). Er ist und bleibt in seiner ausweglosen Not und Bedrohung allein und verlassen, da ist niemand und nichts, worauf er noch hoffen könnte. Denn Gott hat nicht nur sich selbst vor ihm verborgen, sondern auch »Freunde und Gefährten von ihm entfernt« und ihn von allem Leben isoliert (V.19a), dass ihm nichts mehr bleibt als »Finsternis« (V.19b), ausweglose Dunkelheit, Perspektiv- und Hoffnungslosigkeit.

Das Ende seines Bitt- und Klage-Gebetes klingt fast wie ein Schlussakkord, ein ermüdetes Aufhören des Ringens und Kämpfens mit Gott, ein verzweifeltes Aufgeben und Einstimmen in das, was ist. Doch es ist und bleibt »nur« das Ende seiner Rede zu Gott, die alles unabweisbar vor Gott bringt, trägt und stellt, um es Gottes unverfügbarem, verborgenen, nicht erkennbaren und undurchdringbaren Gottsein anheimzustellen, was Gott damit und daraus macht.

Ja, der Beter steigt mit seinem Gebet in die dunkelsten Tiefen menschlicher Existenz hinab, erforscht, erkundet und ertastet ihre Ausmaße und Abgründe der Beziehungslosigkeit und des Todes. Er verleiht dem Worte und bringt sie vor Gott, der selbst in der Verlassenheit und Vergessenheit der Todesnähe entschwindet, in unerreichbare Ferne und Verborgenheit rückt. All das geschieht und ereignet sich im Gebet vor Gott, im Raum der Gegenwart Gottes, den alles Beten der Psalmen erinnert, vergegenwärtigt, erschließt und eröffnet, indem es alle Bitten, Klagen und Anklagen mit der Anrufung Gottes vor Gott bringt und trotz allem nicht aufhört, auf Gott zu vertrauen (vgl. dazu Ps 42–43). »Ohne eine Antwort Gottes, dunkel und trostlos, schließt Ps 88. Ein von Gott und den Menschen

Verlassener versinkt in der Sphäre der Gottferne und des Todes. Aber im Versinken klammert der Sterbende sich an seinen Gott. Das ist das verborgene Wunder dieses vom Todesdunkel bedeckten Gebetsliedes.«[323]

Der Psalmbeter weiß um die Aussichtslosigkeit seiner Not, ja, er wird von ihrer Macht immer mehr in die Tiefe hinabgezogen, so dass alle seine Hoffnungsbilder zerreißen, dass er kein Ziel mehr für seine Rettung sieht oder auch nur ahnt, alle Perspektiven von der wachsenden Verzweiflung erdrückt und von der Finsternis verschlungen werden. Und doch bleibt er, indem er zu Gott ruft und betet, mit diesem unauflösbaren Widerspruch seines Glaubens vor Gott und hält an Gott fest. Dadurch ist und bleibt er nicht allein und verlassen in seiner Not, auch wenn er von der bergenden und fürsorgenden Liebe und Gegenwart Gottes nichts mehr spürt, hört und sieht, sondern seine Finsternis alles zudeckt, verdunkelt und auslöscht. Der erlebbare Widerspruch des Glaubens wird nicht aufgelöst und auch nicht überwunden. Er bleibt. Es gibt keine Rettung. Aber der Beter hält dennoch an seinem Gott und seinem Glauben fest. Das verleiht seinem Gebet trotz aller Aussichtslosigkeit eine Wirkmächtigkeit, die uns nicht nur Zeugnis davon gibt, sondern auch darauf hoffen lässt, im Angesicht, in der Nähe und unter der Macht des Todes nicht allein und verlassen zu sein und daran verzweifeln zu müssen, sondern trotz allem und mit allem im Gebet vor Gott zu sein und zu bleiben.

Wo uns nichts mehr bleibt als düstere, dunkle Todesangst und -not, die mit ihrer bedrohlichen Macht alles erschüttert und zersetzt, überwältigt und verschlingt, was Halt, Zuversicht und Hoffnung gegeben und am Leben erhalten hat, da verstummen und erstarren wir wie der Beter des Psalms, weil wir nicht weiter wissen und nicht mehr weiter können, weil alles versagt und wir allein und verlassen, unabwendbar und ausweglos dem Tod preisgegeben sind. Nichts bleibt mehr. Alles ist finster und dunkel. Ein tiefer Abgrund tut sich auf, der uns zu verschlingen droht und in unendliche Tiefen zieht. Wir haben dem drohenden Tod nichts entgegen zu setzen und können ihm nicht entkommen. Wir sind dem Tod und seiner vernichtenden, zerstörenden Macht ausgeliefert und fern von Gott, der uns vergessen und verlassen hat.

Wir sind am Ende unserer Möglichkeiten und der Verzweiflung nahe, aber es ist noch nicht das *Ende von allem*, denn wir können uns im Untergehen, im Fallen, in der Tiefe der Ohnmacht und Hilflosigkeit und in der nicht endenden Finsternis mit dem Psalmbeter an Gott festhalten, noch immer und immer wieder nach Gott ausstrecken, zu ihm rufen und ihn um Hilfe bitten, ihm unsere Not und Angst entgegenschreien, ihn anklagen für alles, was er uns widerfahren lässt und ihn herausfordern, mit ihm ringen und kämpfen, dass er sich zeigt, dass er einschreitet, sich zu erkennen gibt und nicht unseren Glauben und unser Gebet mit

---

[323] Kraus, Psalmen 60–150, 776.

uns sterben und aufhören lässt, weil er doch Gott ist und um seines Gottseins willen das nicht zulassen kann.

In und mit unserem Gebet bleiben wir entgegen unserer faktischen Wahrnehmung vor Gott und in seiner Gegenwart, auch wenn wir nichts davon spüren und erfahren. Die Finsternis hüllt uns ein und nimmt uns in ihren Bann, aber wir hören nicht auf, zu Gott zu rufen und zu beten, dass er mit uns ausharrt, durchhält und die Dunkelheit durchschreitet. Alles ist und bleibt Gott, seiner unendlichen Güte und seiner unerforschlichen Macht anbefohlen, bei der wir Zuflucht nehmen und in die wir uns bergen – gegen die Verborgenheit und Finsternis Gottes.

Das Gebet des Psalms schließt uns am Grunde des Abgrundes und der Tiefe, in der einsamen, unendlichen Finsternis einen »Raum« auf, in dem kein Licht ist und kein Ausweg, aber in dem wir nicht allein und verloren sind, sondern in dem wir betend vor Gott sind und bleiben. Das ist die wunderbare und große unbeugsame Zuversicht, die dieses Psalmgebet in sich birgt und uns zuteilwerden lässt, wenn wir es für uns und andere mit- und nachbeten. Das löst und überwindet noch keine Angst und keine Todesnot, aber es öffnet, gewährt und erschließt uns einen Raum, in dem wir entgegen aller Wahrnehmung und Erwartung vor Gott und in seiner Gegenwart sind. Darum müssen wir unter der schweren, übermächtigen und aussichtslosen Bedrohung von Krankheit, Leid und Tod nicht erstarren und verstummen, verzweifeln und zerbrechen, uns selbst nicht, das Leben nicht und auch niemanden anderen aufgeben, sondern können betend, ringend, klagend und anklagend mit dem Psalmbeter und miteinander vor Gott treten, mit allem vor Gott sein und bleiben, auch wenn wir ihn nicht sehen und nicht hören.

In einem Tagebucheintrag beschreibt die französische Lyrikerin Marie Noël in ihrer eigenen Poesie, wie sie in der Nacht und Finsternis Gottes betend an der Treue und Wahrheit Gottes festhält und damit vor Gott bleibt und sich eine Hoffnung bewahrt, die nicht aufhört:

»*Ad annutiandum mane misericordiam tuam*
Et veritatem tuam per noctem.
   Es ist gut,
Dein Erbarmen am Morgen zu künden,
und Deine Wahrheit während der Nacht.
Und Deine Wahrheit, Deine Treue während der Nacht.
   Oh mein Gott, Du schenkst das Licht, Deine Freude bei Tag,
aber in der Nacht bist Du einfach nur treu, ohne Freude und ohne Licht.
   In meiner Müdigkeit, wenn ich über dem Erdboden schwebe, wenn ich zu schwach bin, um weder Gott noch einen Menschen zu lieben ...
Während der Nacht, Herr, wirst Du mir treu sein.

In meiner Erschöpfung, wenn ich nicht mehr klar erkenne, dass mein Herz erkaltet ist, dass meine letzte Tugend am Ende der Kräfte sich betäubt und wie eine alte Frau einschlummert ...
Während der Nacht, Herr, wirst Du mir treu sein.

In meiner dunkelsten Nacht, im schrecklichen Abgrund, in dem Gott sich abwendet, in dem der Glaube wie ein Wolkenschloss zusammenstürzt, in dem es auf Erden wie auch im Himmel keine Spur der Hoffnung mehr gibt ...
Während der Nacht, Herr, wirst Du mir treu sein.

Im Tod, in dem alles vergeht, in der Nacht des Todes, in welcher der Seele weder Raum noch Zeit bleibt, in dem Nichts, in dem ich weder mir selbst noch sonst irgendjemandem begegnen werde ...
Während der Nacht, Herr, wirst Du mir treu sein.

Du allein, der Du
ewig
bist.«[324]

---

[324] Noël, Erfahrungen mit Gott, 157.

6 Gottes Güte und Treue

Psalm 51 Ein reines Herz erschaffe mir, Gott![325]

V.1 Für den Leitenden. Ein Psalm von David,
V.2 als Nathan, der Prophet, zu ihm kam, nachdem er zu Bathseba eingegangen war.
V.3 Sei mir gnädig, Gott, nach deiner Güte[326], und nach deiner großen Barmherzigkeit[327] tilge[328] meine Verfehlungen[329]!
V.4 Wasche mich rein von meiner Schuld[330] und von meiner Sünde[331] reinige mich!
V.5 Denn ich kenne meine Verfehlungen[332] und meine Sünde ist ständig[333] vor mir[334].
V.6 An dir, an dir allein[335] habe ich gesündigt, und getan, was in deinen Augen böse ist, so dass du dich als gerecht erweist[336] in deinen Worten[337], (und) rein[338] dastehst in deinem Richten[339].

---

[325] Zur Übersetzung vgl.: Janowski, Konfliktgespräche, 254–255.281; Kraus, Psalmen 1–59, 539; Ruwe, Psalmen, 78–79; Schneider-Flume, Glaubenserfahrung, 154–155; Weber, Werkbuch Psalmen I, 233–234.
[326] Oder: »Gnade«.
[327] Oder: »gemäß der Fülle deiner Erbarmungen«.
[328] Oder: »wische ab«.
[329] Oder: »meine Vergehen«/luth.Übers. »meine Sünden«.
[330] Oder: »Verkehrtheit«.
[331] Oder: »Verfehlung«.
[332] Siehe Anm. 329.
[333] Oder: »immer«.
[334] Oder: »mir gegenwärtig«.
[335] Oder: »gegen dich«.
[336] Oder: »auf dass du recht behältst«.
[337] Oder: »Reden«.

V.7 Siehe, in Schuld wurde ich geboren und in Sünde hat mich meine Mutter empfangen.
V.8 Siehe, Wahrheit gefällt dir[340] im Innersten[341] und im Verborgenen tust du mir Weisheit kund[342].
V.9 Entsündige mich mit Ysop, dass ich rein werde, wasche mich, dass ich weißer werde als Schnee!
V.10 Lass mich hören Jubel und Freude, es sollen jauchzen die Gebeine, die du zerschlagen hattest.
V.11 Verbirg dein Angesicht[343] vor meinen Sünden und alle meine Verfehlungen[344] tilge.
V.12 Ein reines Herz erschaffe mir, Gott, und einen beständigen[345] Geist erneuere in meinem Innern!
V.13 Verwirf mich nicht vor deinem Angesicht,[346] und nimm deinen heiligen Geist[347] nicht von mir!
V.14 Bring[348] mir zurück[349] die Wonne deines Heils[350] und stütze[351] mich mit einem willigen[352] Geist!
V.15 Ich will Abtrünnige[353] deine Wege lehren, auf dass Sünder zu dir zurückkehren[354].
V.16 Errette mich aus Blutschuld, Gott, du Gott meiner Rettung[355], dass meine Zunge jubel über deine Gerechtigkeit[356]!

---

[338] Oder: »lauter«/»makellos«.
[339] Oder: »wenn du richtest«.
[340] Oder: »begehrst du«.
[341] Oder: »im Innern«.
[342] Oder: »lehrst du mich Weisheit«/»lässt du mich Weisheit erkennen«.
[343] Oder: »dein Antlitz«.
[344] Oder: »Verkehrtheiten«/»Verschuldungen«.
[345] Oder: »standhaften«.
[346] Oder: »Stoße mich nicht fort von dir«.
[347] Oder: »den Geist deiner Heiligkeit«.
[348] Oder: »Gib«.
[349] Oder: »wieder«.
[350] Oder: »deiner Rettung«.
[351] Oder: »unterstütze«.
[352] Oder: »bereitwilligen«.
[353] Oder: »Sich-Verfehlende«.
[354] Oder: »umkehren«.
[355] Oder: »meines Heils«.
[356] Oder: »dein Heilswalten«.

V.17 Herr, meine Lippen sollst du[357] öffnen, dass mein Mund dein Lob[358] verkündet[359]!
V.18 Denn ein Schlachtopfer willst du nicht[360], wollte[361] ich ein Brandopfer geben, wäre es dir nicht wohlgefällig.
V.19 Schlachtopfer Gottes sind ein zerbrochener[362] Geist; ein zerbrochenes und zerschlagenes Herz, Gott, verachtest du nicht!
V.20 Tue Zion Gutes in deinem Wohlgefallen, du mögest die Mauern Jerusalems (wieder) aufbauen!
V.21 Dann wirst du Gefallen haben an Schlachtopfern der Gerechtigkeit, an Brandopfer und an Ganzopfer, dann werden[363] sie Stiere auf deinem Altar opfern.

Einer, der Gott verbunden und nah ist, der sich von ihm bewahrt und in seiner Liebe geborgen weiß, stellt sich vor Gott und bekennt offen, dass er nicht dem entspricht, was er von Gott her und vor Gott sein soll und sein kann, sondern dass er sein Leben und den Weg der Gerechtigkeit Gottes (vgl. Ps 1) verfehlt, verlassen, verkehrt und die Gemeinschaft mit Gott und dessen Weisungen gebrochen hat. Er bittet Gott um Vergebung seiner Sünden und um eine tiefgreifende Reinigung und Verwandlung, dass er von der Sünde frei wird und in den Willen und den Weg der Gerechtigkeit Gottes einwilligen kann und will, ja, dass er selbst zum Vorbild und Lehrer der Gerechtigkeit Gottes für andere wird.

Der Psalm als Gebet Davids

Die Überschrift, die nachträglich dem Psalm vorangestellt worden ist, stellt den Psalm in den Zusammenhang der Geschichte von David und Nathan (vgl. 2Sam 11–12) und lässt David als Protagonisten für alle erscheinen, die den Psalm mit- und nachbeten. »Dem David, der seine Sünde weder beschönigt noch verdrängt, sondern vor Gott bekennt und bereut, verzeiht Gott – und stiftet so Hoffnung für jeden Israeliten, der den Weg der Sünde verlässt und zu Gott zurückkehrt. [...] An David soll Israel lernen, dass der, der steht, fallen kann, aber auch dass, wer gefallen ist, von der Barmherzigkeit Gottes wieder aufgerichtet werden kann, mehr noch: ›neu geschaffen werden kann‹ (vgl. 51,12).«[364]

---

[357] Oder: »wollest du«.
[358] Oder: »deinen Ruhm«.
[359] Oder: »verkünden kann«.
[360] Oder: »gefällt dir nicht«.
[361] Oder: »würde«.
[362] Oder: »gebrochener«.
[363] Oder: »mögen«.
[364] Zenger, Psalmen I, 400.

Wie ein Resonanzboden schwingt daher die Erzählung von David und Nathan aus 2Sam 11–12 in dem Psalmgebet mit: König David hatte die schöne Batseba, die Ehefrau seines Soldaten Uria, begehrt und mit ihr Ehebruch begangen. Danach verschleierte er seine Tat, indem er Uria durch einen hinterlistigen Plan an vorderster Front zu Tode kommen ließ, und nahm Batseba zur Frau, die ihm einen Sohn gebar. Doch Gott missfiel sein Handeln und er sandte den Propheten Nathan zu David, der ihm keine Vorwürfe und keine Vorhaltungen machte, sondern ihm eine Parabel erzählte, in der einem armen Mann, der nur ein einziges Schaf besitzt, von einem Reichen, der sich an dessen einzigem Schaf bereichert, Unrecht widerfährt.

Nathan bemüht zunächst nicht einmal Gott, sondern David selbst als König in seiner Befugnis und Pflicht, den Armen Recht zu verschaffen. Er hält David einen Spiegel vor und lüftet den Vorhang Schritt für Schritt, so dass David hineinschauen und sich selbst darin erkennen muss. Er gerät in Rage über den reichen Mann und verlangt seine Strafe, doch Nathan konfrontiert ihn mit der Wahrheit und sagt ihm auf den Kopf zu: »Du bist der Mann!« David fällt in tiefe Traurigkeit und bekennt aus ganzem Herzen: »Ich habe gesündigt gegen den Herrn.« (2Sam 12,13)

David wusste sehr wohl um das Unrecht, das er tat, auch als er es zu vertuschen versuchte, indem er mit dem Mord an Uria neues Unrecht beging, aber er setzte sich darüber hinweg. Erst durch die Parabel Nathans gehen ihm die Augen auf, weil er sich wie in einem Spiegel selbst erkennt und zu seiner Sünde steht, die schonungslos offen gelegt wird. Diese Selbsterkenntnis ist bitter und hart, er muss vor sich selbst, vor Nathan und vor Gott eingestehen, dass er sein Amt als König und sein Dasein vor Gott verfehlt und verkehrt hat, weil er den Weg der Gerechtigkeit verlassen und seinen eigenen Motiven und Bedürfnissen den Vorrang gegeben hat und gefolgt ist. Er hat sich in sich selbst verstrickt und sich selbst entzweit. Aus seiner verzweifelten Lage gibt es für ihn kein Entrinnen, keine Ausrede, keine Flucht und keine Entschuldigung, es ist, was es ist, seine Sünde und Schuld, die er auf sich geladen hat. Seine Selbsterkenntnis und sein Bekenntnis seiner Sünde kommt jedoch nicht aus ihm, sondern aus dem Wort Gottes, das durch Nathan an ihn ergeht, das ihn nicht verurteilt und nicht bestraft, sondern zur Einsicht führt, das ihm die Augen öffnet und ihn sehen lehrt, wer er ist und was er getan hat.

Gott ist und bleibt den Menschen liebend und fürsorgend zugewandt, selbst wenn wir uns von ihm entfernen, den Weg seiner Weisungen und Gebote verlassen und verfehlen, seine Lebens- und Heilsordnung verletzen und die Gemeinschaft mit Gott brechen, lässt er uns nicht fallen und verwirft uns nicht. Er gibt uns nicht auf, sondern er geht uns nach, er tritt uns entgegen und hält uns »seinen Spiegel« (wie bei David) vor, in dem wir uns selbst und unser Leben vor Gott sehen und unsere Sünde in ihrer Falschheit, Verkehrtheit und in ihrer tiefen, zerstörerischen, tödlichen Wirkung erkennen. Weil Gott uns mit den Augen der

Liebe ansieht, können wir vor ihm bestehen und mit allen Unzulänglichkeiten und Abgründen, Verfehlungen und Brüchen, die zu uns gehören und für die wir verantwortlich sind, zu uns selbst und unserer Sünde stehen, auch wenn die Wahrheit und Erkenntnis unserer selbst sehr schmerzlich und bitter ist.

Anrufung Gottes um Gnade und Vergebung

Der Beter des Psalms 51 weiß, was er tut und warum er Gott bei seinem Namen anruft und um Vergebung seiner Sünden bittet (V.3), denn Gott selbst hat sich seinem Volk wieder und wieder als der offenbart, gezeigt und bewährt, der gnädig, barmherzig, geduldig und gütig ist, der die Sünden nicht anrechnet und bestraft, sondern vergibt. Gott hat seinem Volk und allen, die sich vertrauend auf ihn verlassen und an ihn glauben, versprochen: »Wem ich gnädig bin, dem bin ich gnädig, und wessen ich mich erbarme, dessen erbarme ich mich.« (Ex 33,19) Das ist sein Name, sein innerstes Wesen, dafür steht Gott selbst ein und darin erweist er sich den Seinen als Gott – in seiner Gnade und Barmherzigkeit, in seiner Geduld und Güte und in seiner Vergebung (Ex 34,6–7).[365]

Gott sieht den Beter mit Liebe und Barmherzigkeit an, so wie er ist, mit allem, was er in seinem Leben verwirkt, verfehlt, verkehrt und zerbrochen hat, darum kann der sich zu seiner Sünde, die er schmerzlich erkennen und eingestehen muss, die tief in seiner Existenz gründet, die er aber selbst zu verantworten hat, aufrichtig bekennen und dazu stehen (V.6). Nur aus dem Blickpunkt, aus der Perspektive und im Licht der Güte und Barmherzigkeit Gottes erkennt der Beter sich selbst und seine Sünde und wird bereit, dafür einzustehen und seine Verantwortung dafür zu übernehmen.[366]

Was »Sünde« ist, beschreibt der Beter mit Worten (V.3–4), die auf die zentralen alttestamentlichen Begriffe für Sünde zurückgreifen. Sie bringen die »unterschiedlichen Dimensionen von Sünde«[367] als »Verfehlung«, »Verkehrung« und »Verbrechen« zum Ausdruck, dass »der Sünder durch sein Tun« das Gemeinschaftsverhältnis mit Gott und den Menschen und dessen grundlegende Lebens- und Heilsordnung verlässt und bricht[368].

Schonungslos und schmerzlich wird dem Beter bewusst und klar, dass er sich verstrickt und verfangen hat in der falschen Ausrichtung seines Handelns, Denkens und Lebens, ja, seines ganzen Seins. Er hat den Weg der Gerechtigkeit Gottes, der ins erfüllte Leben führt (Ps 1), verlassen, den Sinn und das Ziel seines Lebens und seiner Gottebenbildlichkeit verfehlt und die Gemeinschaft mit Gott,

---

[365] A.a.O., 403.
[366] Vgl. Schneider-Flume, Glaubenserfahrung, 156–157.
[367] Vgl. Zenger, Psalmen I, 404.
[368] Vgl. Janowski, Ein Gott, der straft, 236–239.

mit den Menschen und mit der Welt, die in Gottes Schöpfungs- und Heilsordnung begründet ist, gebrochen und sich in sich selbst entzweit. Aus eigener Kraft und eigenem Vermögen kommt er nicht davon frei, sondern nur durch die befreiende und erlösende Vergebung Gottes. So ruft er zu Gott, ja, ruft ihn bei seinem Namen, der für das ganze Volk Israel und alle Gläubigen die Gnade, Barmherzigkeit, Geduld und Güte Gottes verbürgt, und bittet ihn um die Vergebung, Tilgung und Reinigung seiner Sünde (V.3-4).

In den Bitten des Beters erkennen wir uns selbst und sehen, wo wir in unserem Leben das, was uns Sinn und Ziel, wertvoll und wichtig ist zum Gelingen und Glück, missachtet und verfehlt haben, weil wir kurzfristigen, oberflächlichen Befindlichkeiten und Bedürfnissen Raum und Gewicht gegeben haben, die uns auf Abwege, Irrwege, auch in Sackgassen und Abgründe geführt haben – immer wieder. Ja, wir müssen uns eingestehen, dass wir auf unserem Lebensweg, in unseren Aufgaben, in unseren Beziehungen und Verantwortlichkeiten nicht immer das gesagt, getan und gehalten haben, was gut und richtig gewesen wäre, sondern dass wir immer wieder auch die gute, schützende Ordnung unseres Lebens verletzt und gebrochen haben. Wir haben Beziehungen und Vertrauen, die uns tragen und halten, enttäuscht und verletzt, sind schuldig geworden und einander manches schuldig geblieben, was notwendig gewesen wäre für ein gutes, glückliches, gelingendes Miteinander. Wir müssen schließlich auch einsehen und bekennen, dass wir andere im Stich gelassen haben und nicht für sie da waren, als sie uns brauchten, ja, dass wir unwillentlich und unabsichtlich, aber auch bewusst und wissentlich andere verletzt, gekränkt, gedemütigt und hintergangen haben, weil wir selbst enttäuscht, verwundet, verärgert waren. Wir haben in alledem die Gemeinschaft mit anderen Menschen und mit Gott verlassen, missachtet und gebrochen. Wir müssen uns selbst, voreinander und vor Gott eingestehen: Wir sind nicht, was wir vor Gott und von Gott her sein sollen und sein können.

Es ist nicht die Reue und nicht die Aufrichtigkeit des Beters, die ermutigt und auffordert, mit ihm vor Gott zu treten und wie er Gott um die Vergebung der Sünden zu bitten, sondern es ist Gott selbst, der uns mit seiner Liebe und Güte begegnet und anschaut, der es uns möglich macht und einlädt, wie der Beter des Psalms ganz und gar auf ihn und seine Gnade zu vertrauen. Wenn wir uns Gott anvertrauen und in diesen Psalm einstimmen, stellen wir uns mit dem Beter in eine Reihe und legen unser Leben, unser Denken und Handeln, ja, unser ganzes Dasein und unsere Existenz im Vertrauen auf Gottes Barmherzigkeit und Gnade schonungslos und ehrlich vor Gott offen. Dann lässt uns Gott im Licht seiner Güte und Vergebung spüren, sehen und erkennen, dass wir nicht sind, was wir vor Gott und von Gott her sein sollen und sein können, sondern dass wir seinen »Weg der Gerechtigkeit« verlassen und verfehlt haben, dass wir unsere »Ebenbildlichkeit«, mit der Gott uns begabt und befähigt hat, verkehrt haben und dass wir die Heils-

und Lebensgemeinschaft, die er uns als Schutz- und Ordnungsraum gegeben und in die er uns hineingestellt hat, gebrochen haben – wieder und wieder.

Wenn wir das tun, bringt es uns in Berührung mit den Wunden, mit den Bruchstellen und Brüchen, ja, auch mit den Abgründen und zerbrochenen Fragmenten unseres Lebens, Zusammenlebens und Glaubens. Aber wir können und dürfen alles zulassen, stehen lassen, aufrichtig dazu stehen, denn wir haben einen Gott, der uns nicht verurteilt und bestraft, sondern der uns mit den Augen der Liebe und Barmherzigkeit anschaut und seine Gnade über uns walten lässt. Er legt unsere Sünde und unsere Schuld offen, aber er lässt uns bestehen und verwirft uns nicht. Er macht sie nicht ungeschehen und löscht sie nicht aus, sondern er spricht uns frei und erlöst uns aus ihrer zerstörerischen und Tod bringenden Macht, die uns bedrückt und in unserem Selbst entzweit, die die Freude und den Sinn des Lebens zerstört und unsere Beziehungen zu anderen Menschen und zu Gott spaltet.

Darum dürfen und können wir vertrauensvoll und zuversichtlich mit dem Psalmbeter Gott bitten, dass er uns gnädig ist, unsere Vergehen tilgt, uns von unserer Verkehrtheit und Schuld rein wäscht und von unserer Verfehlung reinigt (V.3–4), damit alles, was falsch, unaufrichtig, verbogen und zerbrochen ist in uns und unserem Leben, ja, in unserer ganzen existentiellen Ausrichtung und Haltung nicht wie »Schmutz« an uns haftet, der uns »von innen her verunreinigt«[369], durchdringt und bestimmt. Alles, was unsere »Sünde« ausmacht und worin sie sich zeigt, soll nicht an uns kleben, uns nicht anhängen und uns nicht festlegen für immer – wie ein Makel, eine Narbe oder eine Wunde, die tief in uns ist und alles prägt und durchdringt. Allein Gott kann und wird uns davon erlösen und befreien. Weil er gnädig und barmherzig ist und seine Güte kein Ende hat, weil er will, dass wir leben, den Weg seiner Gerechtigkeit gehen und unser Leben gelingt, können und dürfen wir trotz all unserer Vergehen, trotz unserer Verkehrtheit und Verfehlungen mit Gott rechnen.

Sündenbekenntnis

Vor Gott erkennen wir uns selbst (V.8), was in der Tiefe unseres Daseins und Lebens, was in uns und an uns verkehrt, verfehlt und zerbrochen ist – durch uns selbst, durch unser Denken, Fühlen und Handeln, durch die Ausrichtung unseres Lebens, wodurch wir uns von unserer Bestimmung, von Gott und von seiner Lebens- und Heilsordnung entfernt und getrennt haben (V.5–6), so dass wir mit dem Beter einstimmen können in sein Bekenntnis: »An dir allein habe ich gesündigt!« (V.6) In allem, was wir tun oder nicht tun, stehen wir vor Gott und daher

---

[369] Janowki, Ein Gott, der straft, 254.

ist alles Vergehen, Verkehren, Zerbrechen – auch wenn es an Menschen geschieht – Sünde an Gott.[370]

Dieses Bekenntnis legt alles offen, worum es geht: an Gott allein, dem Schöpfer unseres Lebens und dem Bewahrer und Erhalter der Welt, der mir mein Leben geschenkt hat, mich zu seinem Ebenbild begabt und befähigt hat, der will, dass mein Leben gelingt und erfüllt wird, der mir als Lebens- und Schutzraum seine Weisungen und Gebote gegeben hat, der mir mit seiner rettenden Gerechtigkeit begegnet, der mich nicht fallen lässt und nicht verwirft, habe ich gesündigt, ihn habe ich verlassen und von ihm habe ich mich abgewendet. Er lässt mich seine »Wahrheit« und seine »Weisheit« sehen und erkennen (V.8), dass ich von Grund auf und in der Tiefe meiner Existenz (V.7) verbogen, verkrümmt und verkehrt bin, doch nicht um mich zu vernichten und zu zerstören für immer, sondern um mich zu sich zurückzubringen und mich in die Gemeinschaft mit ihm zurückzuholen. Darin erweist er sich als recht und gerecht (V.6).

Wie tief die eigene Sündhaftigkeit in uns gründet und wurzelt, beschreibt der Beter in der Erkenntnis, dass er in Schuld geboren und in Sünde empfangen wurde (V.7). Das, was Sünde ausmacht und bewirkt in uns und unserem Leben, geht weit über unser eigenes Denken, Handeln und Vermögen hinaus und gründet in dem Zusammenhang des Lebens, in den wir hineingeboren werden, in dem wir aufwachsen, von dem wir beeinflusst, geprägt und bestimmt werden in unserem ganzen Denken, Fühlen und Handeln, in unserer Persönlichkeit und Existenz. »Wir haben kein Recht, über das bereits vorfindliche Böse außerhalb des Bösen, das wir setzen, zu spekulieren. Hier liegt zweifellos das letzte Geheimnis der Sünde: Wir beginnen das Böse, durch uns kommt es in die Welt, aber wir beginnen es von einem bereits vorhandenen Bösen aus, wofür unsere Geburt das undurchdringliche Symbol bildet.«[371]

Aus der Trauma-Forschung wissen wir, wie tief traumatische Erfahrungen über Generationen hinweg in einer Familie und einer Gesellschaft fortwirken und kollektive, systemische Verletzungen, Kränkungen, Verformungen und daraus resultierende verstörende Verhaltens- und Beziehungsmuster prägen können, die individuell vorgefunden, übertragen, internalisiert und übernommen werden. Das entbindet nicht von der subjektiven und individuellen Verantwortung für unser je eigenes Leben und Handeln, aber rückt es in einen systemischen, intergenerativen, kollektiven Kontext, der ein tiefergehendes Verstehen und Erkennen ermöglicht, jedoch zugleich einen übergreifenden Zusammenhang der Sünde bewusst macht, der vorgängig und unveränderbar ist und daher eine »tragische Wirksamkeit« innehat.

---

[370] Vgl. Zenger, Psalmen I, 404–405.
[371] Paul Ricoeur, Die Erbsünde – eine Bedeutungsstudie, in ders., Hermeneutik und Psychoanalyse, München ²1974, 161, zit. in Janowski, Ein Gott, der straft, 256.

Reinigung und Neuschöpfung

Weil die eigene Sündhaftigkeit so tief gründet und wurzelt, erbittet der Beter von Gott eine tiefgreifende Reinigung und Neuschöpfung, die ihn von Grund auf und in seiner ganzen Existenz erneuert und verwandelt (V.9-14), damit seine Lebensfreude und Vitalität zu ihm zurückkehren und ihn neu beleben (V.10) und er befähigt wird, in den Willen Gottes einzustimmen und nach seiner Lebens- und Heilsordnung zu leben (V.12.14). Seine Bitte, Gott möge ihn mit »Ysop« entsündigen und reinigen, ihn waschen, dass er »weißer werde als Schnee« (V.9), greift auf die Tradition von kultischen Reinigungsriten zurück (vgl. Lev 14; Num 19) und kennzeichnet die Qualität von Sünde als »krank machend« und »Todes gefährlich«. Umso deutlicher wird damit, dass nur Gott allein »von dieser Krankheit und von diesem Tod befreien und neue Lebensfreude (V.10) schenken kann«[372], indem er durch seine Reinigung und Neuschöpfung von der tiefgreifenden Sündenwirklichkeit allumfassend und grundlegend erlöst und errettet.

Als Anzeichen dieser tiefen Reinigung und grundlegenden Neuschöpfung möge Gott dem Beter wieder »Jubel und Freude« schenken und seine zerschlagenen Gebeine »jauchzen« lassen (V.10). Solche Lebensfreude und Vitalität kann nur zurückkehren, bis in seine Glieder erfahrbar und wirksam werden, wenn Gott alle Verfehlungen tilgt und die Sünden nicht anschaut und anrechnet, sondern sein Angesicht davor verbirgt (V.11), das heißt, den Sünder der Macht und Herrschaft der Sünde entreißt und entnimmt, damit er frei von ihr wird. »Die Freude ist das Echo auf die Gnade Gottes.«[373]

Die vollkommene Neuschöpfung und Verwandlung kann nur von Gott allein ausgehen und geschehen, denn er allein hat die Macht und die Kraft, durch sein Schöpferwirken ein reines Herz und einen neuen Geist zu verleihen (V.12-14). »Sie ist keine Wiedererlangung einer ehemals vorhandenen Reinheit, sondern eine ›bleibende Verwandlung‹ des sündigen Menschen, die durch einen kreativen Akt Gottes in dessen Personzentrum, nämlich in seinem ›Herzen‹ (leb V.12a.19b) und in seinem ›Geist‹ (ruah V.12b.13b.14b.19a) geschieht. [...] Beide, Herz und Geist, sollen nach Ps 51,12 ›rein‹ und ›neu‹ werden, damit der Beter das mit dem Herzen Erkannte zuverlässig (›beständiger Geist‹ V.12b) und hingebungsvoll (›williger Geist‹ V.14b) tun kann. Das ist aber nur möglich, weil und sofern Gott sein Angesicht nicht vom Beter abwendet (V.13a) und seinen ›heiligen Geist‹ nicht von ihm wegnimmt (V.13b), sondern die ›Wonne‹ seiner Rettung zu ihm ›zurückbringt‹ (V.14.a).«[374]

Gott allein kann uns ein »reines Herz« geben, neu schaffen, das sich für Gott öffnen, das hören und verstehen, beherzigen und erkennen kann, was Gott will,

---

[372] Zenger, Psalmen I, 405.
[373] Heinz Zahrnt, Quelle unbekannt.
[374] Janowski, Ein Gott, der straft, 257.

und einen »neuen Geist« verleihen, der beständig, verlässlich und heilig ist, d. h. der Anteil hat an Gottes Geist, der zum Leben begabt und befähigt, der in den Willen Gottes einwilligen kann und will. Doch die Voraussetzung dieser Reinigung und Neuschöpfung ist, dass Gott uns nicht vor seinem Angesicht verstößt (V.13), uns nicht aus dem Macht- und Wirkungsbereich seiner Gnade und seiner Gegenwart entfernt, sondern uns mit den Augen der Liebe anschaut und an seiner rettenden Gerechtigkeit teilhaben lässt. Nur dadurch wird uns neu und für immer die Freude an seiner heilbringenden Rettung zuteil und wir werden fähig und begabt, den Weg der Gerechtigkeit Gottes zu sehen, zu erkennen und zu gehen (V.14).

Was für ein wunderbares, tröstliches, heilsames und hoffnungsvolles Bild von dem »reinen Herzen« und dem »neuen, beständigen, heiligen Geist«, das wie eine Neuschöpfung uns über alles erhebt, was in uns und in unserem Leben verfehlt, verkehrt und zerbrochen ist, das fortan keine Macht mehr über uns hat und nicht mehr über uns bestimmt, weil alles in uns »neu« wird – allein durch die reinigende und verwandelnde Gnade Gottes.

Über die Reinigung des Herzens als lebenslanger Weg der Verwandlung durch die Liebe Gottes sagt der Mönchsvater Antonius: »Das ist das große Werk des Menschen, dass er seine Sünde vor das Angesicht Gottes empor halte, und dass er mit Versuchung rechne bis zum letzten Atemzug.«[375] Wenngleich vom »Werk des Menschen« die Rede ist, so ist und bleibt dies, sowie alles, was Menschen zur Reinigung ihres Herzens tun können, ausschließlich Antwort auf Gottes Liebe und Barmherzigkeit. Damit Gott uns reinigen, heilen und verwandeln kann, müssen wir uns und unser Herz ihm hinhalten, auf ihn schauen und alles loslassen, was uns davon abhält und trennt. Das Herz zu reinigen, heißt dann ganz konkret und konsequent, sich und sein Leben Gott ganz zu übergeben und zu übereignen, um Gott zuzugehören und seine Gerechtigkeit an sich geschehen zu lassen.

Hingabe mit Herz und Geist zum Lob Gottes

Der Psalmbeter weiß sich durch Gottes Gnade und Barmherzigkeit gerettet und verwandelt. Davon ist er so erfüllt, bewegt, verändert, ja, neu ausgerichtet und orientiert, dass er Gott verspricht, nun selbst dafür einzustehen und einzutreten, Gottes rettende Gerechtigkeit zu verkündigen und Menschen, die sich und ihr Leben verfehlen, weil sie der Sünde verfallen und verfangen sind, Gottes Wege zu lehren und zu Gott zurückzubringen (V.15). Damit er für andere zum »Verkünder, Lehrer und Vorbild der Gerechtigkeit Gottes« werden und als solcher bestehen kann, bittet er Gott eindringlich darum, dass Gott ihn vor und von aller »Blut-

---

[375] Weisung der Väter. Apophthegmata Patrum, 16 Nr. 4.

schuld« errettet und ihn aus dem krank machenden und Tod bringenden Zusammenhang der Sünde herausreißt und befreit, damit er mit seiner »Zunge juble« (V.16) über die Gerechtigkeit und die Heilstaten Gottes. Gott möge seine Lippen öffnen, dass er mit seinem Munde Gottes Lob und Ruhm verkünden kann. Im Lob Gottes bekennt der Beter vor allen Menschen Gottes wirksame Gegenwart und rettende Gerechtigkeit, mit der Gott über alle Menschen und die Welt herrscht und regiert.

Wer in seinem eigenen Leben erfahren und erlebt hat, dass er aus einer Gefahr und Not gerettet worden ist, der wird alles dafür tun wollen, ja, der wird sich mit all seinen Kräften und seinem ganzen Vermögen dafür einsetzen, dass auch niemand anderes in solchen Situationen allein bleibt und verloren geht. Der Beter des Psalms ist so von seiner Rettungserfahrung geprägt und verwandelt, dass er sich und sein ganzes Leben, Denken, Reden und Handeln Gott übergeben möchte (V.19). Seine »Hingabe mit Herz und Geist« ist nicht nur »Dank(-opfer)«, sondern vor allem Zeugnis der erfahrenen Gnade und Barmherzigkeit Gottes (V.18). Damit nimmt er prophetische Opfer- und Kultkritik auf, erweitert und vertieft das kultische Opferdenken durch eine anthropologische Transformation in ein Zeugnis zur Ehre und zum Lob Gottes durch sein eigenes Leben.[376]

Jerusalem als Stadt der Gerechtigkeit Gottes

Die Verse 20–21 sind wahrscheinlich eine spätere Ergänzung des Psalms, »mit der die Bitte um individuelle Erneuerung durch eine die Gemeinschaft betreffende Wiederherstellungsbitte bezüglich Jerusalem erweitert wird«[377]. Gott möge an Zion Gutes tun nach seinem Wohlgefallen und Jerusalem »als ›Stadt der Gerechtigkeit‹ (vgl. Jes 1,26f) und als ›Gottesstadt‹ auf dem Zion, von der Heil und Frieden ausgeht (vgl. Jes 2,1–5; Ps 46.48)«[378], wieder aufrichten. Dann wird der Tempel in Zion und der Opferkult dort neu und umfassend Bedeutung gewinnen, weil alle darin die Macht und Herrschaft Gottes anerkennen, der in Israel und allen Völkern für Frieden und Gerechtigkeit sorgt (V.21).

Das Psalmgebet als Weg der Reinigung, Erleuchtung und Verwandlung

Psalm 51 gehört zu den kirchlichen Bußpsalmen und hat seinen festen Ort in der Liturgie des Kirchenjahres und des Gottesdienstes. Er lädt uns ein, unser eigenes

---

[376] Vgl. Janowski, Anthropologie, 306.472.
[377] Weber, Werkbuch Psalmen I, 235.
[378] Zenger, Psalmen I, 409.

Ich und unser ganzes Leben Gott hinzuhalten und im Licht seiner Liebe und Barmherzigkeit anzuschauen und uns davon berühren und verwandeln zu lassen.

Wenn wir diesen Psalm beten, werden wir einen inneren Weg geführt, der uns reinigen, erleuchten und verwandeln kann durch die Begegnung und Berührung mit der Barmherzigkeit und Gnade Gottes, die uns widerfährt und an uns geschieht. Wenn ich mich auf diesen Weg einlasse, werde ich schonungslos, aber liebevoll und barmherzig mit mir selbst, mit meinen eigenen Tiefen und Schatten, Abgründen und Brüchen konfrontiert, die mich und mein ganzes Leben durchziehen und bestimmen, denen ich nicht entkommen und entrinnen kann, aber die unter Gottes Gnade und Barmherzigkeit stehen, die mich umfängt, in Gottes Liebe birgt und meinen Blick auf mich selbst und mein Leben verändert. Mein Leben ist unumkehrbar, was es ist, aber es ist offen auf Zukunft hin, weil Gott mich der Macht der Sünde entnimmt und mir seine rettende Gerechtigkeit zuteilwerden lässt.

Ich erkenne und verstehe, dass ich gesündigt habe an Gott – wieder und wieder. Ich habe das Ziel und den Sinn meines Lebens verfehlt, meine Bestimmung und Würde als Ebenbild Gottes verletzt, den Weg der Gerechtigkeit Gottes, die Gemeinschaft mit Gott und den Menschen verlassen, verkehrt und zerbrochen. Aber ich darf mich zu Gott hinwenden, ihn um Vergebung und Erlösung bitten, dass er mich herausnimmt und befreit aus der Macht und Wirklichkeit der Sünde und mich verwandelt. Ich darf und kann neu beginnen, mich und mein Leben neu ausrichten, weil Gott mir vergibt, mein Herz reinigt und mir einen neuen, verlässlichen, heiligen Geist gibt, mit dem ich Anteil habe an seinem Geist, der mich begabt und befähigt zum gelingenden Leben in der Gerechtigkeit Gottes.

Die »Schatten« meiner selbst und meines Lebens, die mich und mein Leben mit ihrer dunklen Macht belegen und bedrücken, sind da, aber sie beherrschen mich nicht mehr, denn ich stehe und sehe mich in einem anderen Licht, im Licht der Liebe und Barmherzigkeit Gottes, das mich erhellt, erleuchtet und verwandelt, das mir neu den Weg der Gerechtigkeit in das gelingende, erfüllte Leben weist.

Psalm 103 Barmherzig und gnädig ist Gott![379]

V.1 Von David.
Lobe[380], mein Leben[381], JHWH und alles, was in mir ist, seinen heiligen Namen!
V.2 Lobe[382], mein Leben[383], JHWH und vergiss nicht, was er dir Gutes getan hat[384]:
V.3 der alle deine Schuld[385] vergibt, der alle deine Krankheiten heilt,
V.4 der dein Leben aus der Grube erlöst, der dich krönt mit Gnade und Barmherzigkeit,
V.5 der (dich) sättigt mit Gutem alle deine Tage, dass sich erneuert deine Jugend wie beim Adler[386].
V.6 Gerechtigkeit[387] wirkt JHWH und Recht[388] für alle Unterdrückten[389].
V.7 Er hat Mose seine Wege kundgetan[390], den Israeliten seine Taten.
V.8 Barmherzig und gnädig ist JHWH, langmütig[391] und reich an Gnade.
V.9 Er hadert[392] nicht für immer und er trägt nicht ewig nach.
V.10 Er handelt nicht an uns nach unseren Verfehlungen[393] und vergilt uns nicht nach unseren Vergehen[394].
V.11 Denn so hoch der Himmel über der Erde ist, so mächtig[395] ist seine Gnade[396] über denen, die ihn fürchten.
V.12 So fern der Aufgang (der Sonne) ist vom Untergang, so fern lässt er unsere Verfehlungen[397] von uns sein.

---

[379] Zur Übersetzung vgl.: Goodfellow, Pflanzen und Tiere, 132–135; Janowski, Anthropologie, 537; Kraus, Psalmen 60–150, 870–871; Ruwe, Psalmen, 150–152; Weber, Werkbuch Psalmen II, 174–175.
[380] Oder: »Segne«.
[381] Oder: »meine naepaesch«/»meine Seele«.
[382] Siehe Anm. 380.
[383] Siehe Anm. 381.
[384] Oder: »alle seine Wohltaten«.
[385] Oder: »Verfehlungen«/»Vergehen«/»Sünden«.
[386] Vgl. dazu Goodfellow, Pflanzen und Tiere, 132–135.
[387] Oder: »Gerechtigkeitstaten«/»Heilstaten«.
[388] Oder: »Rechtsentscheidungen«.
[389] Oder: »Bedrückten«.
[390] Oder: »geoffenbart«.
[391] Wörtlich: »langsam zum Zorn«.
[392] Oder: »rechtet«.
[393] Oder: »Sünden«.
[394] Oder: »unserer Schuld«.
[395] Oder: »stark«.
[396] Oder: »Gunst«.
[397] Oder: »Verbrechen«/»Frevel«/»Unrechtstaten«.

Psalm 103 Barmherzig und gnädig ist Gott! 155

V.13 Wie sich ein Vater über (seine) Kinder erbarmt, so erbarmt sich JHWH über die, die ihn fürchten.
V.14 Denn er weiß, was für Gebilde wir sind, er gedenkt daran, dass wir Staub sind.
V.15 Der Mensch – wie Gras sind seine Tage, wie eine Blume des Feldes, so blüht er.
V.16 Wenn ein Wind über sie geht, so ist sie nicht mehr und ihre Stätte[398] weiß nichts mehr von ihr.
V.17 Aber die Gnade[399] JHWHs währt von Ewigkeit zu Ewigkeit über denen, die ihn fürchten, und seine Gerechtigkeit über den Kindeskindern von denen[400],
V.18 die seinen Bund bewahren, die seiner Gebote[401] gedenken, sie zu tun.
V.19 JHWH hat im Himmel seinen Thron errichtet und sein Königtum herrscht über alles[402].
V.20 Lobet[403] JHWH, ihr seine Boten, ihr mächtig Starken, die sein Wort ausführen, dass man höre auf die Stimme seines Wortes!
V.21 Lobet[404] JHWH, alle seine Heerscharen, ihr seine Diener, die seinen Willen tun.
V.22 Lobet[405] JHWH, alle seine Werke, an allen Orten seiner Herrschaft!
Lobe[406], mein Leben[407], JHWH!

Der Psalm ruft uns dazu auf, Gott zu loben und nicht zu vergessen, was er uns Gutes getan hat (V.2), denn in der Erinnerung und im Lobpreis Gottes bezeugen und vergegenwärtigen wir nicht nur sein Wirken, sondern sehen alles, was unser Leben und die Geschicke dieser Welt ausmacht, von Gottes erhaltendem und rettendem Handeln bestimmt und durchdrungen. Aus dem Erinnern und Lob Gottes erwächst die Zuversicht und die Hoffnung, dass Gott durch seine Herrschaft und Macht alles, was ist, erhält und bewahrt. »Gott lobend rekonstruiert der Beter sich selbst, sein Leben und seine Welt als Taten der Güte und Barmherzigkeit Gottes.«[408] Dies sollen wir vor aller Welt und unter allen Völkern bezeugen und preisen mit dem Psalm und mit unserem ganzen Leben, damit Gottes Werke an allen Orten seiner Herrschaft bekannt und seine Worte gehört und

---
[398] Oder: »ihr Ort«/»ihre Stelle«.
[399] Siehe Anm. 396.
[400] Oder: »derer«.
[401] Oder: »Weisungen«.
[402] Oder: »überall«.
[403] Oder: »Segnet«.
[404] Siehe Anm. 403.
[405] Siehe Anm. 403.
[406] Siehe Anm. 380.
[407] Siehe Anm. 381.
[408] Schneider-Flume, Glaubenserfahrung, 166.

befolgt werden (V.21–22), denn er herrscht als König über Himmel und Erde (V.19).

Das Lob Gottes ist in den Psalmen nicht nur Aufruf zum Singen und Beten, sondern ein Existential des menschlichen Lebens vor Gott. »Daß der Psalter [...] ein ins Überdimensionale gesteigerter, genauer: *ein auf die ganze Schöpfung ausgeweiteter Lobpreis Gottes ist*, hat seinen Anhalt darin, daß das Loben Gottes eine Grundform von Theologe und nach alttestamentlichem Verständnis sogar die Bestimmung des Menschen ist. Denn der Lobpreis Gottes, in dem sich die Selbstmächtigkeit und Selbstverabsolutierung des Menschen relativiert, bringt zum Ausdruck, was der Kern der Gottesbeziehung ist: *die Zuwendung des barmherzigen Gottes*, der vom Tod errettet und ins Leben führt.«[409] Genau darum geht es auch in Psalm 103.

Die Ouvertüre des umfassenden Lobpreises der Gnade und Barmherzigkeit Gottes ist eine Selbstaufforderung, ein Aufruf des Beters an sich selbst und an alle, die mit ihm einstimmen in sein Gebet (V.1–2), mit seiner ganzen »Seele«, mit seinem Leben, das er von Gott als Gabe empfangen hat und das auf Gott hin ausgerichtet ist[410], und mit allem, was in ihm ist, Gott zu loben und seinen heiligen Namen zu preisen, das heißt, in ihm den einen, wahren Gott zu sehen und anzuerkennen, zu würdigen und zu bezeugen, dass er sich als gütiger und barmherziger Gott offenbart und erwiesen hat.

»Mit der Selbstaufforderung an seine Seele, Gottes Namen und sein Tun anzuerkennen und zu loben, gewinnt der Beter Anteil an der Lebensbewegung, die ihn trägt. Doxologie im Sinne der Lobpsalmen ist Lebenssteigerung und Lebensintensivierung dadurch, daß der Beter über sich hinausgeht und die Wirklichkeit noch einmal wahrnimmt unter dem Blickwinkel der von Gott auf ihn zukommenden Taten.«[411] Ja, betend und lobend bringen wir zum Ausdruck, dass wir alles, was wir sind und was unser Leben ausmacht, von Gott empfangen und durch seine Güte bewirkt wird.

In dem Lob Gottes erinnern und vergegenwärtigen wir, was Gott alles Gutes an uns getan hat (V.2), und werden davon erfüllt und durchdrungen. Denn im »Erinnern« wird das, was uns von Gott zuteilwurde und was wir empfangen haben, nicht nur lebendig, sondern es wird in der Gegenwart wirksam und erfahrbar, ja, weist über das, was ist, hinaus auf Zukunft hin, verleiht uns Hoffnung und Zuversicht und verwandelt unser Leben. Mit dem ganzen Leben Gott zu loben und mit allem, was in mir ist, seinen heiligen Namen zu ehren (V.1), heißt dann in der Konsequenz, uns und unser ganzes Leben Gott zu übergeben, unser Denken, Fühlen, Wollen und Tun auf Gott hin auszurichten und von dem erfüllt, bestimmt und geprägt sein lassen, was er uns durch seine Güte zuteilwerden lässt.

---

[409] Janowski, Konfliktgespräche, 266.
[410] Vgl. zur Bedeutung von »naepaesch«/»Seele« die Auslegungen zu Psalm 42/43.
[411] Schneider-Flume, Glaubenserfahrung, 169.

Sich erinnern, ins Bewusstsein holen, sich vor Augen halten und vergegenwärtigen, was Gott uns Gutes getan hat im Leben, was wir nicht aus uns selbst hervorgebracht oder bewirkt haben, sondern was wir empfangen haben, was uns geschenkt und zuteilgeworden ist, ohne unser Zutun oder gar trotz unseres Unvermögens und unserer Unzulänglichkeit, das lässt uns eine Kraft spüren, die nicht aus uns kommt, sondern die uns zuwächst, die uns trägt, die uns stützt und stärkt, durch die wir Anteil haben an Gottes Wirken und Macht. Solche Erfahrungen sind wie Schätze unseres Lebens und unseres Glaubens, die tief in unseren Erinnerungen gegründet sind und die uns gerade in Krisenzeiten und in Ängsten neue Hoffnung schenken können, weil sie von Gottes wirkmächtiger Gegenwart erzählen und Zeugnis geben.

So ein »Schatz an Erinnerungen« ist dieser Psalm, der von den existentiellen Erfahrungen der Rettung und der gütigen Zuwendung erzählt, die Gott an uns bewirkt und geschehen lässt (V.3–5), indem er Schuld vergibt, von Krankheiten heilt (V.3) und aus der machtvollen Nähe des Todes befreit, uns mit Gnade und Barmherzigkeit krönt (V.4), mit Gutem sättigt alle Tage unseres Lebens und unsere Lebenskraft erneuert, dass wir verjüngt und erstarkt werden wie ein »Adler« – der durch seinen schnellen und kraftvollen Flug ein Sinnbild für unermüdliche Vitalität und Stärke ist[412]. Alle diese wunderbaren Erfahrungen erzählen davon, wie Gott durch sein barmherziges und gütiges Wirken den Menschen, der durch sein selbst-ermächtigendes und -zerstörerisches Handeln seine eigene Bestimmung verkehrt und verfehlt (vgl. Gen 2,7; Pss 51 u. 90) und nach alttestamentlichem Verständnis der Bedrohung durch Krankheit und Tod preisgegeben ist, erlöst und befreit, sein Leben mit »Gnade und Barmherzigkeit krönt«, ihn »mit Gutem sättigt« und ihm immer wieder »neue Lebenskraft« (V.4–5) schenkt.

Sich daran erinnern und vergegenwärtigen, was Gott alles Gutes an uns getan hat und fortwährend tut, ist nicht nur ermutigend, stärkend und vitalisierend, sondern wirkt in uns weiter, ja, es drängt und zielt darauf, dass es unser ganzes Denken, Fühlen, Wollen und Handeln prägt und durchdringt, dass wir mit unserem ganzen Leben Gottes Gnade bezeugen und loben. In dem, was wir sind, reden und tun, will sich widerspiegeln und zum Ausdruck kommen, was wir an Güte durch Gott erfahren haben. Das ist das elementare und umfassende Lob, auf das der Psalm zielt.

Gottes Handeln an den Menschen ist von Anfang an und für alle Zukunft von Gnade und Barmherzigkeit bestimmt, weil seine Gerechtigkeit und seine Lebens- und Heilsordnung auf den Schutz und die Fürsorge der Schwachen und Unterdrückten zielt (V.6). Das hat er dem Volk Israel offenbart (V.7), als er es aus der ägyptischen Gefangenschaft befreit, am Schilfmeer vor den Verfolgern errettet und auf dem Weg durch die Wüste geführt und bewahrt hat, um am Sinai einen

---

[412] Vgl. dazu Jes 40, 29–31; sowie Goodfellow, Pflanzen und Tiere, 132–135.

Bund mit den Israeliten zu schließen, der ihnen Gottes Beistand und Schutz, aber zugleich ein Leben in Freiheit und Gerechtigkeit gewähren und garantieren sollte (Ex 19 ff). Selbst als das Volk Israel von ihm abfällt, sich ein goldenes Kalb baut und als »Gott« anbetet, bleibt er in seinem »eifernden Zorn« seinem Volk zugewandt und treu. Er vergibt ihnen auf Moses Fürbitte hin ihre Verfehlungen und die Verkehrtheit ihres Handelns, erweist sich als gnädig und barmherzig und schließt einen neuen Bund mit ihnen (Ex 32–34). An der eigenen Geschichte hat Israel erfahren (V.7), was der Psalm als Gottes Wesen bekennt und rühmt: »Barmherzig und gnädig ist Gott, langmütig«, ja, gemäß der wörtlichen Übersetzung »langsam zum Zorn«[413], »und reich an Gnade« (V.8; vgl. Ex 34,6–7).

Gnade und Barmherzigkeit ist sein Wesen und Wirken in der Geschichte und Gegenwart, denn »er hadert nicht für immer und er trägt nicht ewig nach« (V.9), »er handelt nicht an uns nach unseren Verfehlungen und vergilt uns nicht nach unseren Vergehen« (V.10). In seiner rettenden Gerechtigkeit konfrontiert Gott die Menschen mit ihren Sünden und deren Folgen, damit sie ihre Verfehlung und Verkehrung erkennen, sich auf ihre Bestimmung als Geschöpfe Gottes besinnen und umkehren zu Gott. Doch er »hadert nicht für immer und er trägt nicht ewig nach«, was wir falsch machen, wo wir seine Lebens- und Heilsordnung, die er uns zu unserem Schutz und zur Bewahrung des Lebens und der Gemeinschaft gegeben hat, verletzen und die Gemeinschaft untereinander und mit Gott brechen. Er entzieht uns nicht seine Zuwendung und seine Liebe, er bricht nicht seine Beziehung zu uns ab und verstößt uns nicht, weil wir nicht so sind, wie er uns will, denn »er handelt nicht gemäß unserer Verfehlungen und vergilt uns nicht nach unseren Vergehen«. Er tritt uns entgegen und hält uns einen Spiegel vor, damit wir unsere Schuld erkennen und umkehren, aber er überlässt uns nicht unserem eigenen selbst-ermächtigenden und -zerstörerischen Handeln, sondern bringt uns zu sich zurück.[414]

»Das ›Entbrennen‹ des Zorns, der aufflammt, wenn Gottes Weltzugewandtheit auf Widerstand stößt, charakterisiert diesen als Reaktion; er kann sich auch wieder legen (Ps 103,9b: ›er zürnt nicht auf ewig‹). Zorn ist ›etwas Vorübergehendes‹, keine dauernde Eigenschaft, sondern Leidenschaft Gottes.«[415] Gott ist »langsam zum Zorn« (V.8) und »sein Zorn geht vorüber« (V.9; vgl. auch Ps 30,6), aber es bleibt seine Gnade und seine Barmherzigkeit, die nicht aufhört und nicht abbricht. Denn sie ist größer, mächtiger und stärker als alles, was Menschen in ihrem Leben verfehlen, vergehen und verkehrt machen können. Ihr Ausmaß und ihre Größe lobt und preist der Psalm in wunderbaren Bildern (V.11.12.13 u. 14–17a).

---

[413] Vgl. Ruwe, Psalmen 151.
[414] Vgl. Ps 51; zum Zorn Gottes siehe auch die Auslegung zu Ps 90.
[415] Janowski, Ein Gott, der straft, 168–169.

»Denn so hoch der Himmel über der Erde ist, so mächtig ist seine Gnade über denen, die ihn fürchten. So fern der Aufgang (der Sonne) ist vom Untergang, so fern lässt er unsere Verfehlungen von uns sein.« (V.11-12) Bis zum Himmel, der die ganze Erde umspannt und umgreift, der über allem und unendlich ist, reicht Gottes Gnade und Treue (vgl. Ps 36,6; 57,11). Sie ist größer und umfassender als alles menschliche Vorstellungs- und Fassungsvermögen, sie überschreitet alle Grenzen und hat kein Ende. Sie umgreift alles, sie ist immer und überall da, sie umhüllt uns und schützt uns wie der Himmel über uns. Wir sind in ihr geborgen und umfangen, was wir auch tun und anstellen mögen, wir können nicht aus ihr herausfallen.

So »fern« der Aufgang der Sonne von ihrem Untergang entfernt ist, vom einen Ende des Horizontes bis zum anderen, so »fern« lässt er unsere Verfehlungen von uns sein (V.12). So weit entfernt er alle unsere Sünden von uns, damit sie uns nicht mehr anhaften, bestimmen und festlegen, sondern dass wir frei davon sind, befreit von all ihren zerstörerischen Folgen, und frei, das zu werden und zu sein, was wir von Gott her und vor Gott sind, seine Geschöpfe, die er liebt und fürsorgend anschaut und begleitet, weil Gott mit seiner »Gerechtigkeit« alle Bedrückten und Unterdrückten retten will (V.6) und weil Gott barmherzig und gnädig ist (V.8) – für alle, die ihn fürchten (V.11.13.17), ihn als Gott sehen und annehmen, sich für ihn öffnen, ihn lieben und nach seinen Weisungen leben und handeln.

Denn »wie sich ein Vater über Kinder erbarmt, so erbarmt sich Gott über die, die ihn fürchten« (V.13). Die fürsorgende, nachgehende und liebende Treue Gottes zu den Menschen geht über das Bild des Gottes vom Sinai hinaus, von dem es hieß, dass »er niemand ungestraft lässt, sondern die Missetat der Väter heimsucht an Kindern und Kindeskindern bis ins dritte und vierte Glied« (Ex 34,7), ohne in einen Widerspruch dazu zu treten, sondern um die Unbegrenztheit und Unwiderruflichkeit der Gnade über alles zu stellen und die wirkmächtige Durchsetzung von Gottes rettender Gerechtigkeit zu bestätigen.

Gott handelt an uns wie »ein Vater« an seinen Kindern, der von Liebe und Fürsorge erfüllt und bestimmt ist, denn er hat uns erschaffen und will seine Geschöpfe bewahren und retten. »Denn er weiß, was für Gebilde wir sind, er gedenkt daran, dass wir Staub sind.« (V.14) Um unserer Vergänglichkeit willen und um seiner ewigen Gnade willen »gedenkt« er unser und bleibt uns fürsorgend zugewandt (vgl. Ps. 8), weil er uns liebt und uns ins Leben zurückholen will.

»Der Mensch – wie Gras sind seine Tage, wie eine Blume des Feldes, so blüht er. Wenn ein Wind über sie geht, so ist sie nicht mehr und ihre Stelle weiß nichts mehr von ihr.« (V.15-16) Der Psalm erinnert an die Hinfälligkeit und Vergänglichkeit des Menschen, die ihm Gott zugemutet hat, weil sich die Menschen von Gott abgewendet und gegen ihre Bestimmung und Geschöpflichkeit gehandelt haben (Gen 2,7; vgl. dazu Pss 39; 90; 92). Doch Gott lässt uns nicht los und gibt uns nicht auf. Er geht uns nach und begegnet uns mit Gnade und Barmherzigkeit, weil »er nicht für immer zornig ist und nicht ewig nachträgt« (V.9) und »nicht nach unseren Verfehlungen an uns handelt und nicht nach unseren Vergehen vergilt« (V.10), sondern uns aus der Verkehrtheit unseres Lebens und aus der daraus folgenden Todesverfallenheit erretten will.

Denn »die Gnade Gottes währt von Ewigkeit zu Ewigkeit über denen, die ihn fürchten und seine Gerechtigkeit über den Kindeskindern von denen, die seinen Bund bewahren und seiner Gebote gedenken, sie zu tun.« (V.17–18) Gottes Zuwendung und Erbarmen ist ewig, es geht über alles menschliche Leben und Versagen hinaus und ist davon erfüllt, uns von allem, was verkehrt und verfehlt ist, zu retten und ins Leben zurückzubringen. Nicht die Sünde und Schuld der »Väter« bleibt und bestimmt über die Kindeskinder, sondern Gottes Erbarmen und Vergebung, denn er will, dass die Menschen gerettet werden.

Die Gnade und Barmherzigkeit Gottes, die ohne Ende ist und alles überwindet, zielt auf die Durchsetzung und Realisierung seiner rettenden Gerechtigkeit. Darum wird die umfängliche und unendliche Barmherzigkeit und Gnade Gottes denen zuteil, »die ihn fürchten« (V.11.13.17), die Gott als Gott anerkennen, »denen Gott eine lebendige, zu Gehorsam und Nachfolge verpflichtende Wirklichkeit ist«[416] und die seinen Bund und seine Gebote halten (V.18), weil sie in der Gemeinschaft und unter dem Schutz Gottes stehen, der ihnen zugesagt und versprochen hat, allezeit für sie da zu sein (vgl. Gen 9; 17; Ex 19–24; 32–34; Jes 54,10; Ez 37,26–28). Gott hat sich mit uns Menschen verbunden, er bleibt uns gütig zugewandt und ist uns treu, damit wir uns auf ihn verlassen können, uns an ihn »binden« und unser ganzes Leben nach ihm ausrichten, so dass es gelingt und erfüllt wird (vgl. Ps 1).

Durch Gottes Wirken, durch seine Gnade und Barmherzigkeit, mit der er uns begegnet, können wir befreit und befähigt werden, Gott als Gott anzuerkennen und zu lieben, seinen Bund und seine Gebote zu halten, das heißt, uns mit unserem ganzen Leben Gott anzuvertrauen und an ihn zu halten, in seinen Willen einzuwilligen und nach seiner Lebens- und Heilsordnung zu handeln. Darin realisiert und erfüllt sich seine rettende Gerechtigkeit, die unsere Menschwerdung ermöglicht, erschließt und bewirkt – wenn wir uns darauf einlassen, uns dafür öffnen, davon ergreifen lassen und unser Leben davon bestimmen lassen.

Die Durchsetzung der rettenden Gerechtigkeit Gottes geht über die Rettung des Einzelnen, des Volkes Israels und aller Menschen, die ihn fürchten, seinen Bund und seine Gebote halten, hinaus und wird erfüllt in der Vision von der Königsherrschaft Gottes über die ganze Welt, die in dem Psalm lobend und preisend antizipiert wird (V.19–22): »Gott hat im Himmel seinen Thron errichtet und sein Königtum herrscht über alles.« (V.19) Diese Herrschaft Gottes über Himmel und Erde besteht von Uranfang an und für alle Zeiten. Darum ruft der Psalm alle »seine Boten« und »mächtig Starken, die sein Wort ausführen« (V.20),

---

[416] Kraus, Psalmen 60–150, 875.

und »alle seine Heerscharen, seine Diener, die seinen Willen tun« (V.21), die schon jetzt seine Herrschaft umsetzen, realisieren und bezeugen, auf, Gott als Herrscher der Welt zu loben und zu preisen, »dass man höre auf die Stimme seines Wortes!« (V.20). Das ist das Ziel, in dem sich Gottes Königsherrschaft erfüllt und realisiert, wenn alle Welt und alle Völker Gottes Wort hören und danach leben. Gottes Herrschaft wird vollendet, wenn »alle seine Werke, an allen Orten seiner Herrschaft« (V.22) Gott loben und preisen. Dann kehrt alles, was von Gott ausgeht, was er getan und bewirkt hat, zu Gott zurück und bestätigt Gott in seinem Gottsein als Herrscher des Himmels und der Erde und durch seine rettende Gerechtigkeit wird das Antlitz der Menschen und der Welt verwandelt.

So schließt der Psalm, wie er begonnen hat, mit der Selbstaufforderung, mit seiner »Seele«, mit seinem ganzen Leben, Gott zu loben und zu preisen (V.22; vgl. auch Ps 104,35). »Die Stilform der Selbstermunterung, in der sich der Sänger die Heilstaten vergegenwärtigt und verkündigt, hat eine fortwirkende Kraft. Analog sollen die Hörer des Liedes verfahren.«[417] Der Psalm ruft uns dazu auf, in den immerwährenden und anhaltenden Lobgesang auf die Güte und Barmherzigkeit Gottes einzustimmen, durch die Gott seine rettende Gerechtigkeit und seine Herrschaft über Himmel und Erde vollenden wird, und mit unserem ganzen Leben, mit aller Kraft und allem Vermögen, die in uns sind und die uns durch Gottes Gnadenwirken zuteilwerden, seinen Geboten und Weisungen zu folgen. Das heißt, zuerst und vor allem unter Gottes Gnade Zuflucht zu suchen und unser ganzes Leben, Denken und Handeln von Gottes Gerechtigkeit bestimmen zu lassen und nach seinen Geboten und Weisungen auszurichten. Wenn wir mit dem Psalm und mit dem Leben Gott loben, erinnern und vergegenwärtigen wir, was Gott begonnen hat, und antizipieren, was er vollenden wird, darin haben wir selbst Anteil an seinem Wirken und dessen Erfüllung. Darum ist das Lob Gottes mit »dem ganzen Leben« die einzig angemessene Haltung des Menschen, in der er zu sich selbst findet, sich seine Bestimmung erfüllt und sein Leben gelingt.

Das Lob von Gottes Gnade, die uns umhüllt und in der wir geborgen sind, und das Leben nach seiner Gerechtigkeit gehören untrennbar zusammen. Denn Gottes rettendes und barmherziges Handeln ermöglicht, befähigt und erfordert ein Leben, das davon geprägt, bestimmt und erfüllt ist, Gottes Gerechtigkeit zu suchen und danach zu handeln. Es ist wohl dieser Zusammenhang, die Unteilbarkeit von Gottes Gnade und Gerechtigkeit in dem Psalm, die seine tiefe und weitreichende Wirkungsgeschichte im Judentum wie im Christentum geprägt hat.

Im Neuen Testament finden sich keine direkten Zitate des Psalms, aber in der Verkündigung und im Handeln Jesu lassen sich eine Reihe von indirekten Bezügen zum Psalm erkennen, z. B. im Vater Unser und in Gleichnissen Jesu, in denen die bedingungslose Gnade Gottes und der Zusammenhang von Gnade und

---

[417] A.a.O., 876.

Gerechtigkeit zum Ausdruck kommen.[418] So erinnert zum Beispiel das Gleichnis vom Schalksknecht (Mt 18,23–35), das die grenzenlose Barmherzigkeit des Königs und die unverhältnismäßige Härte des Schalksknechts einander gegenüberstellt, daran, dass Gottes Vergebung und Gnade auf die Vergebungsbereitschaft und die Gerechtigkeit der Menschen zielt und ausgerichtet ist. »Auch für Jesus war es ein Mangel an Gottesfurcht, wenn man die an sich selbst erfahrene Güte Gottes nicht dem Nächsten weitergibt. [...] Gott erkennen, ihn fürchten und lieben, heißt demnach auch für Jesus, seine Wohltaten und Barmherzigkeit zu erkennen und weiterzugeben.«[419]

In der Verkündigung Jesu geht es zentral um die Gnade und Barmherzigkeit Gottes, die Psalm 103 lobt und die als Konsequenz ein Leben in Gerechtigkeit ermöglicht und erfordert. Denn der Lobpreis der Gnade Gottes und das Leben nach der Weisung Gottes gehören untrennbar zusammen. Darin realisiert und vollendet sich Gottes rettende Gerechtigkeit und erweist sich seine Herrschaft über Himmel und Erde.

Psalm 107 Dankt Gott, denn er rettet und erlöst![420]

V.1 »Danket JHWH, denn er ist gütig[421], ja, ewig währt seine Gnade«,
V.2 sollen die Erlösten JHWHs sprechen, die er aus der Hand des Bedrängers erlöst hat
V.3 und aus den Ländern gesammelt hat, vom Aufgang und vom Niedergang (der Sonne), vom Norden und vom Meer.
V.4 Sie irrten in der Wüste umher, in der Einöde, den Weg zur bewohnten Stadt fanden sie nicht.
V.5 Sie waren hungrig und durstig, ihre Lebenskraft[422] drohte in ihnen zu verschmachten.
V.6 Da schrien sie zu JHWH in ihrer Not, er rettete sie aus ihren Bedrängnissen.
V.7 Er ließ sie den rechten Weg betreten, so dass sie zu einer bewohnten Stadt eingingen.
V.8 Sie sollen JHWH danken für seine Gnade und für seine Wundertaten an den Menschen.

---

[418] Vgl. dazu Otto Betz, Jesu Lieblingspsalm. Die Bedeutung von Psalm 103 für das Werk Jesu, in ders., Jesus, der Messias Israels, 185–202.
[419] A. a. O., 194; vgl. dazu auch Lk 18,1–8.
[420] Zur Übersetzung vgl.: Janowski, Konfliktgespräche, 262; Kraus, Psalmen 60–150, 907–909; Ruwe, Psalmen, 163–165; Weber, Werkbuch Psalmen II, 203–205.
[421] Oder: »gut«.
[422] Oder: »ihr Leben«/»ihre naepaesch«.

V.9 Denn er hat die lechzende Kehle[423] gesättigt und die hungrige Lebenskraft[424] mit Gutem gefüllt.
V.10 Die in Finsternis und Todesschatten saßen[425], sie waren gefangen in Elend und Eisen,
V.11 denn sie hatten den Worten Gottes getrotzt[426] und den Rat[427] des Höchsten verschmäht.
V.12 Er beugte ihr Herz durch Mühsal, sie strauchelten, und niemand half.
V.13 Da schrien sie zu JHWH in ihrer Not, er rettete sie aus ihren Bedrängnissen.
V.14 Er führte sie aus Finsternis und Todesschatten heraus und zerriss ihre Fesseln.
V.15 Sie sollen JHWH danken für seine Gnade und für seine Wundertaten an den Menschen.
V.16 Denn er hat die Tore aus Bronze zerbrochen und die Riegel aus Eisen zerschlagen.
V.17 Kranke[428] mussten wegen ihres frevelhaften[429] Weges[430] und wegen ihrer Vergehen leiden.
V.18 Jegliche Speise verabscheute ihre Kehle[431] und sie kamen[432] bis an die Pforten des Todes.
V.19 Da schrien sie zu JHWH in ihrer Not, er rettete sie aus ihren Bedrängnissen.
V.20 Er sandte sein Wort und heilte sie und ließ sie (unversehrt) aus ihren Gruben entkommen.
V.21 Sie sollen JHWH danken für seine Gnade und für seine Wundertaten an den Menschen.
V.22 Sie sollen Opfer des Dankes darbringen und von seinen Taten erzählen mit Jubel.
V.23 Die das Meer mit Schiffen befuhren, Arbeit[433] auf großem Gewässer verrichteten,
V.24 sie, sie sahen die Werke JHWHs und seine Wundertaten in der Tiefe.

---

[423] Oder: »naepaesch«.
[424] Siehe Anm. 422.
[425] Oder: »weilten«.
[426] Oder: »sich widersetzt«.
[427] Oder: »Ratschluss«.
[428] Oder: »Verschmachtende«/»Törichte«? – vgl. dazu Janowski, Konfliktgespräche, 262; Kraus, Psalmen 60–150, 909 Ae.
[429] Oder: »abtrünnigen«.
[430] Oder: »Wandels«.
[431] Siehe Anm. 423.
[432] Oder: »gelangten«.
[433] Oder: »Handel«.

V.25 Und er sprach und ließ Sturmwind entstehen, der trieb seine Wogen in die Höhe.
V.26 Sie stiegen an bis zum Himmel und sanken hinab in die Tiefen, dass ihr Leben[434] im Unheil[435] wankte[436].
V.27 Sie taumelten und schwankten wie ein Betrunkener, und ihre ganze Weisheit wurde zunichte.
V.28 Da schrien sie zu JHWH in ihrer Not, er rettete sie aus ihren Bedrängnissen.
V.29 Er brachte den Sturmwind zur Stille, und seine Wogen schwiegen.
V.30 Sie freuten sich, dass sie zur Ruhe gekommen waren, und er geleitete sie zum Hafen, den sie ersehnten.
V.31 Sie sollen JHWH danken für seine Gnade und für seine Wundertaten an den Menschen.
V.32 Und sie sollen ihn in der Versammlung des Volkes rühmen und ihn im Kreis der Ältesten preisen.
V.33 Er machte Ströme zur Wüste und Wasserquellen zu dürstendem Land,
V.34 fruchtbares Land zur Salzsteppe, wegen der Bosheit derer, die darin wohnen.
V.35 Er machte Wüste zu einem Wasserteich und dürres Land zu Wasserquellen.
V.36 Er ließ dort Hungernde wohnen; sie gründeten eine Stadt zum Wohnen
V.37 und besäten Felder und pflanzten Weinberge, die brachten Frucht als Ertrag.
V.38 Er segnete sie und sie wurden sehr zahlreich, und ihr Vieh ließ er nicht weniger werden.
V.39 Dann schwanden sie und wurden gebeugt durch Bedrückung, Unheil und Kummer.
V.40 Er, der Verachtung über die Edlen[437] ausschüttet, ließ sie in der Einöde umherirren, wo kein Weg ist.
V.41 Aber den Armen erhöhte er aus dem Elend und machte ihre Sippen zahlreich wie eine Herde.
V.42 Die Aufrechten[438] sollen es sehen und sich freuen, aller Bosheit hat er ihren Mund verschlossen.
V.43 Wer weise ist, bewahre diese Dinge, und möchte achten auf die Gnadenerweise JHWHs.

Der Psalm ist ein Danklied an Gott, in das alle einstimmen sollen, die aus Bedrohungen und Nöten erlöst worden sind (V.2–3). Die »Erlösten Gottes« sollen Gott danken und ihren Dank als Zeugnis weitergeben an alle, die im Tempel

---

[434] Oder: »ihre Lebenskraft«/»ihre naepaesch«.
[435] Oder: »ob des Unheils«.
[436] Oder: »verzagte«.
[437] Oder: »Vornehmen«.
[438] Oder: »Rechtschaffenen«.

versammelt sind und die ihr Danklied vernehmen und hören, und sie aufrufen, einzustimmen und »Gott zu danken, denn er ist gütig und seine Gnade währt ewig« (V.1, vgl. Ps 106,1). Das Lied erzählt und bezeugt, wie Gott immer wieder Menschen, die bedroht waren und ihn aus der Not um Hilfe angerufen haben, aus der Nähe und der Macht des Todes befreit und errettet hat (V.4–32), und dass Gott die Macht über die Schöpfung und die Geschicke der Menschen hat und darin immer wieder seine Gunst erweist (V.33–41). So mündet das Danklied am Ende in die weisheitliche Aufforderung, Gottes Gnadenwirken zu sehen, zu erkennen, zu Herzen zu nehmen und zu bewahren, weil die ewig währende Gnade Gottes in allem unberechenbaren und unabsehbaren Auf und Ab des Lebens und der Geschichte denen, die darauf vertrauen, bleibenden Halt, Beständigkeit und Zuversicht verleiht (V.42–43). So kehrt das Psalmlied am Ende zu seinem Anfang zurück und macht den Dank Gottes zur zentralen Aufgabe, ja, zum Sinn und Ziel menschlichen Lebens (vgl. dazu auch Ps 30, sowie besonders Pss 145–150).

Angesprochen, aufgerufen und eingeladen zum Dank Gottes werden alle, die Gott durch sein Gnadenwirken erlöst hat (V.2a), die er aus der bedrängenden Gewalt befreit (V.2b) und die er aus allen Himmelsrichtungen und Ländern der Diaspora gesammelt und zurückgebracht hat (V.3), damit sie sich im Tempel zum Lob Gottes versammeln und einstimmen können in das große, alle ergreifende Lied zum Dank Gottes. Die »Erlösten Gottes« sind alle Menschen, deren Leben bedroht worden und unter die Macht des Todes geraten ist, deren Ruf aus der Not Gott in seiner fürsorgenden und liebenden Verbundenheit erhört und die Gott mit seinem gnädigen Eingreifen gerettet und befreit hat (V.4–32). Das schließt diejenigen, die »aus der Hand des Bedrängers erlöst« (V.2b) und aus dem babylonischen Exil befreit und zurückgeführt worden sind, ebenso ein, wie diejenigen, die verstreut in den Ländern der Erde leben und deren Sammlung und Wallfahrt zum Tempel als eschatologisches Gnadenwirken Gottes gesehen und erwartet wird.

Von den Menschen, die Gott durch seine Gnade erlöst hat, werden im Folgenden vier Gruppen oder Typen unterschiedlicher existentieller Bedrohungs- und Rettungserfahrungen vorgestellt: Menschen, die in der Wüste umherirren (V.4–9), in Finsternis und Todesschatten gefangen sind (V.10–16), durch Krankheit dem Tode nahe kommen (V.17–22) und auf dem Meer in Lebensgefahr geraten (V. 23–32). Gemeinsam sind ihnen die wiederkehrenden Erlebnisse von Not – Hilferuf – Rettung – Dank und der stilisierte Gebetsruf um Gottes Hilfe und die auf die erfolgte Rettung ergehende Aufforderung zum Dank Gottes, die wie ein Band die Zeugnisse der vier existentiellen Not- und Rettungserfahrungen miteinander verbinden (V.6+8; 13+15; 19+21; 28+31) und sichtbar machen, woraufhin der Psalm zielt: auf den Dank für Gottes wunderbare Gnadentaten. Davon sollen die Erlösten »unter Jubel erzählen« (V.22) und darum sollen sie »Gott in der Versammlung des Volkes und im Rat der Ältesten rühmen« (V.32), damit alle die Gnade und die bleibende Zugewandtheit Gottes zu den Menschen erkennen und beherzigen (V.43). Alles zielt auf den Dank Gottes, die erzählende Weitergabe und das Zeugnis von Gottes Gnadenwirken, der über die individuellen und kollektiven existentiellen Erfahrungen hinaus seine Macht über alle Geschicke der Schöpfung und der Menschen erweist (V.33–41), und mündet in die weisheitliche Erkenntnis und Achtung Gottes (V.42–43).

Wer den Psalm mit- und nachbetet, wird in die Erzählungen und Zeugnisse der existentiellen Grunderfahrungen hineingenommen und einbezogen, so dass eigene und fremde Erfahrungen und Erlebnisse sich darin erinnern und vergegenwärtigen. Die Menschen, die in der Wüste umherirren, in der Einöde den Weg verlieren, nicht in eine schützende, bewohnte Ansiedlung finden, an Hunger und Durst leiden und deren Lebenskraft verzagt (V.4–5), erinnern nicht nur an die frühisraelitische Nomadengeschichte und an die gewaltsame Wegführung der Israeliten in das babylonische Exil und das Leben in der Fremde, fern der Heimat, sondern auch an die existentielle Erfahrung, sich selbst, seinen Weg, seine Mitte und seinen Lebensbezug zu verlieren, mitten im Leben wie in einer Wüste und Einöde hilflos und orientierungslos umherzuirren, hungernd und dürstend nach Leben, nach Orientierung und Sinn, die abhandengekommen und verloren gegangen sind. Solche Erfahrungen einer inneren Weg- und Orientierungslosigkeit, des Selbst- und Weltverlustes kennt eine jede und ein jeder ebenso wie die Verzagtheit, die Erschöpftheit und Verlorenheit, die damit verbunden ist und alle Lebenskraft verzehren kann. Das sind »existentielle Wüstenerfahrungen«, die das eigene Leben als einen Ort der Widrigkeit und Feindlichkeit, der Orientierungs- und Beziehungslosigkeit erleben lassen und in eine »Verzagtheit« führen können, aus der man selbst und alleine nicht mehr herausfindet.

Hilfe, Hoffnung auf Rettung finden die orientierungs- und haltlos Umherirrenden und Verlorenen, denen der Tod droht, nur bei Gott, als sie in ihrer Not zu ihm schreien und er sie aus ihren Bedrängnissen errettet (V.6). Er lässt sie einen Weg finden, der sie herausführt, so dass sie zu einem schützenden Ort und einer sicheren Wohnstatt finden (V.7). Darum sollen sie Gott für seine Gnade und seine Gunst danken, die er ihnen erwiesen hat, und seine »Wundertaten« bezeugen, damit es alle erfahren und in ihrem Sinn und Herzen bewahren, dass Gott ihre vor Durst »lechzende Kehle gesättigt« und ihr »ausgehungertes Leben mit Gutem erfüllt hat« (V.9), ja, dass Gott keinen verloren gehen lässt.

Bei einer meiner Pilgerreisen zum Berg Athos traf ich einen jungen Griechen, der einen erschöpften und angeschlagenen Eindruck machte. Wir gingen eine Weile zusammen ein Stück und machten an einer Quelle Rast. Er hatte lange geschwiegen, dann erzählte er, dass er Taxifahrer in Thessaloniki sei und in der großen Stadt jede Straße, jeden Platz und jeden versteckten Winkel kenne wie seine Hosentasche, aber dass er seine innere Orientierung verloren habe und in seinem Leben keinen Sinn mehr sehe. Jemand hatte ihm gesagt, er solle auf den heiligen Berg gehen und beten, dann würde Gott ihm seinen Weg zeigen und er würde wieder zu sich selbst finden. Dann schaute er mich an und sagte: »Ich bin vier Tage von Kloster zu Kloster gelaufen und habe nächtelang gebetet, bin umhergeirrt wie ein Blinder in der Wüste und war am Ende meiner Kraft, aber dann auf einmal war es, als hätte ich meinen inneren Kompass wieder gefunden, ich wusste wieder, wo ich hin gehöre, wo mein Platz ist, dass andere auf mich warten und mich brauchen, – es war, als würde Gott mich innerlich neu ausrichten und mir Halt und Orientierung geben. Ich weiß jetzt, dass Gott mit mir ist auf allen meinen Wegen und ich nicht verloren gehen kann.«

Man kann im Leben seinen Weg, seinen Halt und Sinn, ja, seine Mitte und sich selbst verlieren, straucheln, kraftlos umherirren, dass wir nicht mehr ein noch aus wissen, der Verzweiflung nahe kommen und an den Rand der Erschöpfung geraten, das sind existentielle Bedrohungserfahrungen, die zu unserem Leben gehören wie ein Existential und die jeden von uns treffen können. Aber der Psalm erinnert uns und alle, die ihn mitbeten, daran, dass Gott keinen verloren gehen lässt, sondern uns zugewandt und treu bleibt. Wenn wir diese Gewissheit im Gedächtnis lebendig halten, erinnern, vergegenwärtigen und beherzigen, dann kann sie für uns in solchen »Wüstenzeiten und -wegen« zu einem inneren Kompass werden, der uns, unsere verzagte Lebenskraft und unsere Herzen für Gott öffnet, dass wir uns nach ihm ausstrecken und ausrichten, damit er uns aus unserer Not herausführt und den Weg zeigt, den er für uns bereitet hat (vgl. dazu auch Ps 17,6; 18,7; 22,6; 30,3; 34,5.7; 50,15; 55,17; 91,15; 145,19).

Ein anderes Existential der Bedrohung ist die Erfahrung, »in Finsternis und Todesschatten zu sitzen, in Elend und Eisen gefangen zu sein« (V.10). Dabei kann man an individuelle Erfahrungen von Menschen denken, die in Gruben, Zisternen und Kerkern eingesperrt und gefangen waren – als Strafe oder auch als feindliche Handlung, an die sich die Befreiten erinnern. Zugleich wird mit diesen Bildern auch die kollektive Erfahrung der Gefangenschaft der Israeliten im babylonischen Exil in Erinnerung gerufen, auf deren Ende sie dankbar zurückschauen. Doch darüber hinaus kann die Metapher auch auf die existentielle Erfahrung verweisen, in Elend, Leid und Verzweiflung gefangen zu sein, »in Finsternis und Todesschatten« der Macht des Todes ausgesetzt zu sein, keinen Ausweg und keine Hoffnung mehr zu haben, sondern in Fesseln wie »aus Eisen« gelegt zu sein, die ein Entkommen unmöglich machen und die zur Ohnmacht und Verzweiflung verurteilen.

Die äußeren Umstände und Anlässe der »Gefangenschaft« sind nicht entscheidend, sondern die existentielle Bedrohung durch die Erfahrung der Gottesferne in »Finsternis und Todesschatten« (V.10). »Es ist nicht in erster Linie der äußere Aspekt dieser Bereiche, sondern die Erfahrung des Menschen, dass sie sein Leben, seine Lebenskraft (nps; 107,5.18.27) und sein Denkvermögen (lb ›Herz‹; hkmh ›Weisheit‹; 107, 12.27) zerstören.«[439] »Denn«, so erinnert es der Psalm, »sie haben den Worten Gottes getrotzt, sich Gottes Willen widersetzt und

---

[439] Keel, Die Welt der altorientalischen Bildsymbolik, 53.

den Rat des Höchsten verschmäht.« (V.11; vgl. dazu Ps 1) Weil sie Gott nicht als Gott sehen und anerkennen, weil sie nicht auf sein Wort hören und seinen Willen nicht tun, geraten sie in die Finsternis und unter den Schatten des Todes, wo sie Gott fern sind, was ihr Leben bedroht.

Es gibt Umstände und Krisen im Leben, in die wir hineinkommen, weil wir unsere eigenen Bedürfnisse und Wünsche über alles andere stellen, uns selbst überschätzen oder uns über alles und andere hinwegsetzen, so dass wir in innere und äußere Nöte geraten, die uns bedrücken, niederbeugen und beherrschen, dass wir ihnen hilflos, ohnmächtig und verzweifelt ausgeliefert sind, allein und verlassen. Dann sind wir wie »in Finsternis und Todesschatten« gefangen, von mächtigen, dunklen Gedanken und Gefühlen bestimmt und beherrscht, dass unsere Lebenskraft sich verzehrt und unser »Herz« verzagt, weil Gott uns fern und verborgen scheint.

Der Psalmbeter weiß das und erinnert daran, wohin es führt, wenn Menschen sich von Gott entfernen, nicht auf sein Wort hören, seinen Willen missachten und nur noch sich selbst, ihre eigenen Bedürfnisse, Begehren und Interessen in den Mittelpunkt ihres Denkens und Handelns und über alles stellen. Aber er stellt der Eigenmächtigkeit und Selbstherrlichkeit des Menschen die Gnade Gottes entgegen, er erinnert daran und bezeugt aus fester Gewissheit, dass Gott die Not wenden kann, dass Rettung möglich ist und geschieht durch Gottes bleibende Zugewandtheit und gnädiges Wirken, wenn wir uns darauf besinnen, danach ausstrecken und zu Gott rufen in der Not (V.13-15). Damit niemand in der Gefangenschaft seiner selbst, die ihn in Finsternis und Todesschatten bringt, verloren geht, sollen wir nicht vergessen und nicht aufhören, Gott zu danken und seine Wundertaten zu bezeugen, denn er allein kann aus der Not befreien, »die Tore aus Bronze zerbrechen und die Riegel aus Eisen zerschlagen« (V.16), die übermächtig sind und uns gefangen halten.

Als drittes Existential der Bedrohung beschreibt der Psalm, wie Menschen »von Krankheit geplagt« werden oder »verschmachten«, weil sie den Weg der Gerechtigkeit verlassen und einen abtrünnigen Weg des Frevels und der Vergehen beschritten haben (V.17; vgl. Ps 1). Ihre Krankheit, ihr Verschmachten ist für alttestamentliches Verstehen Ausdruck und Folge ihres Vergehens und ihrer Schuld, weil sie verkehrt leben, mit Gottes Heils- und Lebensordnung brechen und ihre Gemeinschaft mit Gott und den Menschen zerstören, so dass sich Gottes rettendes Handeln in »seinem Zorn« gegen sie kehrt, damit sie umkehren und sich neu zu ihm hinwenden (vgl. dazu Ps 6,2-4; 38,3 ff; 39,9.12; 88,4-10; 90,7-9; 103,3.8 ff u. ö.)

Die Kranken sind am Ende mit ihrer Lebenskraft, dass sie keinen Hunger verspüren, sondern vor jeder Speise Ekel empfinden. »Ihre Kehle verabscheut jede Speise und sie sind den Pforten des Todes nahe gekommen.« (V.18) Sie befinden sich schon in der Sphäre und unter der Macht des Todes. Doch als »sie zu Gott schrien in ihrer Not, rettete er sie aus ihren Bedrängnissen. Er sandte sein

Wort und heilte sie und ließ sie (unversehrt) aus ihren Gruben entkommen.« (V.19-20) Ihre Rettung geschieht durch die Wirkmächtigkeit von »Gottes Wort« (vgl. Ps 33,4.9; 130,5; 147,15; Jes 55,11; Wsh 16,12; Mt 8,8), durch das sie Vergebung und Heilung erfahren und unversehrt aus der Macht des Todes befreit werden, in der sie gefangen waren (vgl. Ps 103,3-4), weil sie sich besonnen und an Gott erinnert haben, von dem sie sich abgewendet und entfernt hatten, zu ihm umgekehrt sind und um Hilfe gerufen haben in ihrer Not.

Bei dem »Wort«, das Gott wie eine Botschaft oder einen Boten zu ihnen sendet V.20a), ihnen widerfahren und an ihnen geschehen lässt, könnte man im kultischen Sinne an ein Heilsorakel denken, das den »Kranken« von einem Priester zugesprochen wird[440], aber entscheidend ist nicht, wie oder durch wen das »Wort Gottes« zu ihnen kommt, sondern dass es Ausdruck von Gottes wirksamer Zuwendung und Gegenwart ist, die sich an ihnen erweist und ihre Rettung bewirkt, als sie sich aus ihrer Verkehrtheit und Verzweiflung wieder zu Gott hinwenden im Gebet.

Ihre existentielle Bedrohungs- und Rettungserfahrung, in die das gnädige »Wort Gottes« ergeht, erinnert und vergegenwärtigt die wiederholten Erfahrungen des Volkes Israel von der barmherzigen Zuwendung Gottes zu den Seinen, die in Sünde und Schuld verstrickt und gefangen waren, aber die er nicht fallen gelassen hat, sondern denen er sich wieder und wieder neu gezeigt und erbarmt hat, so dass sie von ihrem verkehrten Weg und Wandel umkehren konnten (vgl. Ps 103 u. ö.).

Für diese Barmherzigkeit und Gnade sollen die »Erlösten« Gott öffentlich danken, indem sie »Dankopfer darbringen und von seinen Taten mit Jubel erzählen« (V.21-22). Vor der Gemeinde des Tempels, vor allen Gläubigen und vor aller Welt sollen sie Gottes bleibende Gnade bezeugen und jubelnd von seinen Taten erzählen, damit es alle erfahren, wer dieser Gott ist. Sie treten als »Erfahrungszeugen« auf, die aus eigenem Erleben und mit ihrer Existenz authentisch und glaubwürdig Gottes rettendes Handeln bestätigen und »damit im kollektiven Gedächtnis der Gemeinschaft neu festigen«[441].

Durch ihren öffentlichen Dank gewinnen alle, die den Psalm hören, mit- und nachbeten, Anteil an ihren Rettungserfahrungen und an ihrem Vertrauen in Gottes ewige Gnade. »Durch das Zeugnis der Geretteten gewinnt das Glaubenswissen von der rettenden Zugewandtheit Gottes ›eine neue leibhafte Gegenwartsrelevanz - trotz bitterster Gegenerfahrung in Todesnot‹«.[442] Ihr Zeugnis wird zu einem »Schatz« der Erinnerung, aus dem Hoffnung, Zuversicht und Verwandlung erwachsen können, selbst wenn eine erlebte Not nach allem menschlichem Ermessen und Erwarten aussichtslos erscheint. Der kollektive

---
[440] Vgl. Kraus, Psalmen 60-150, 913.
[441] Janowski, Konfliktgespräche, 279.
[442] A.a.O., 280.

Schatz der Erinnerungen an solche Bedrohungs- und Rettungserfahrungen erschließt sich uns und wird uns zuteil, wenn das Gebet des Psalms Gottes kontrafaktische Wirksamkeit für uns vergegenwärtigt und vergewissert. Darum ist es so wichtig und von bleibender Bedeutung, dass auch wir die Erfahrungen von Gottes Zuwendung, Hilfe und Rettung mit unserem Dank erzählen, bezeugen und bekennen, weil sie »erste Hilfe« in letzter Not erschließen können.

Die vierte Gruppe der »Erlösten« sind Seereisende, die »das Meer mit Schiffen befuhren, die Arbeit (vielleicht Handel) auf großem Gewässer verrichteten« (V.23) und die dem Untergang im Meer durch Gottes Eingreifen entgangen sind. Die Seefahrer, deren Herkunft und Zuordnung nicht näher beschrieben wird, aber bei denen es sich vielleicht um Händler aus phönizischen Häfen handeln mag, werden zu Zeugen von »Gottes Werken und Wundertaten in der Tiefe« (V.24), der einen »Sturmwind entstehen lässt, der seine Wogen in die Höhe treibt (V.25), die bis zum Himmel ansteigen und in die Tiefen hinab sinken, dass ihr Leben im Unheil wankt« (V.26). Sie taumeln und schwanken, werden von den Wellen und Wogen mit Macht hin und her geworfen, dass sie ihr Gleichgewicht verlieren, keinen festen Stand und Halt mehr haben und sich kaum noch auf den eigenen Beinen halten können. »Ihre ganze Weisheit wird zunichte« (V.27), weil sie nicht mehr ein noch aus wissen, ihre Orientierung, ihr Bewusstsein und ihr Vertrauen in ihre Erfahrung und ihre eigenen Fähigkeiten in ihren Herzen verlieren, so ausweglos erleben sie die Bedrohung.

Als sie unterzugehen drohen, schreien sie in ihrer Not zu Gott, weil sie nur noch auf seine Macht hoffen und vertrauen, mit der er sie aus ihrer Angst und aus allen Bedrängnissen errettet (V.28). Er bringt den »Sturmwind zur Stille« und die Wogen des Meeres zum Schweigen (V.29; vgl. dazu auch Ps 29,3; 89,10; 104,4; Jon 1–3; Mt 8,23–26). Die dem Tod Entronnenen freuen sich, dass »sie zur Ruhe gekommen sind«, und Gott lässt sie einen sicheren Hafen, den sie herbeigesehnt haben, erreichen (V.30). Darum »sollen sie Gott danken für seine Gnade und für seine Wundertaten an den Menschen. Und sie sollen ihn in der Versammlung des Volkes rühmen und ihn im Kreis der Ältesten preisen.« (V.31–32) Denn sie haben mit ihren eigenen Augen gesehen und am eigenen Leib erfahren, dass Gott die Macht über das Meer hat und dass ihm Sturm und Wellen gehorchen. Er allein hat sie mit seiner Gnade gerettet und eine sichere Zuflucht finden lassen.

Die Erfahrung der Seereisenden kann man als Existential für Bedrohungen verstehen, die unser Leben durch widrige äußere Ereignisse und Widerfahrnisse wie ein »heftiges Chaos« durcheinander wirbeln und alles erschüttern, was uns zuvor Sicherheit und Verlässlichkeit gegeben hat. In solche tiefen Krisen und »Lebens-Stürme« geraten wir, wenn lebensfeindliche Bedrohungen wie »Chaosmächte und -gewalten« über uns hereinbrechen, denen wir in unserem Leben schutzlos ausgesetzt und ausgeliefert sind, aber in denen wir kontrafaktisch die Macht des Schöpfergottes schauen und erkennen können, dem alle Stürme und Wellen gehorchen, ja, der auch alle »Chaosmächte« beherrscht und der uns beisteht, wenn wir zu ihm um Hilfe rufen. Wir können von »chaotischen Mächten und Kräften« bedroht und überwältigt werden, dass wir den festen Boden unter den Füßen verlieren, unser Leben im äußeren und inneren Chaos durcheinandergerät und wir darin unterzugehen drohen. Aber wenn wir uns in solchen Nöten und Krisen an das Zeugnis des Psalms erinnern und trotz aller erlebter Widrigkeiten auf Gottes wirkmächtige Gegenwart vertrauen und zu ihm rufen, werden wir nicht untergehen, sondern gehalten und geborgen in Gottes Huld und Macht.

Martin Luther hatte vermutlich diese Verse (V.23-32) vor Augen und im Sinn, als er in seiner »Zweiten Vorrede zum Psalter« von 1528 »das menschliche Herz« mit der berühmt gewordenen Metapher von »einem Schiff auf einem wilden Meer«[443] verglichen hat. In Ps. 107 liegt zwar der Fokus der Bedrohungs- und Rettungserfahrung auf den Seeleuten und nicht auf dem Herz, aber Luthers Metaphorik bringt zum Ausdruck, dass das Herz, »die Mitte des Menschen« und das Zentrum des Denkens, des Fühlens und des Wollens[444], in den Stürmen des Lebens wie »ein Schiff auf wildem Meer« so heftig hin und her geworfen und in die Tiefe gezogen werden kann, dass es »seine Weisheit« (V.27), seine Orientierung und seinen Halt verlieren, sich aber in der Not an Gott erinnern, ja, sub contrario Gottes Gegenwart erkennen und sich Gott zuwenden kann – im Hilferuf und Gebet, das Rettung gewährt (V.28). Darum macht Luther diese Metapher zum Paradigma für das Verstehen des ganzen Psalters, der für ihn wie ein »Spiegel der Seele« ist, »in dem der Mensch sich selbst erkennt, ›dazu Gott selbst und alle Kreaturen‹.«[445]

An die vier existentiellen Bedrohungs- und Rettungserfahrungen schließt sich nun ein Hymnus an, der die universale Macht und Herrschaft Gottes über die Schöpfung und alle Geschicke der Menschen »anhand von Gegensatz-Handlungen«[446] lobt und preist (V.33-41; vgl. Ps 104). Wegen der »Bosheit« der Bewohner kann er »Flüsse zur Wüste und Wasserquellen zu dürstendem Land, fruchtbares Land zur Salzsteppe« machen (V.33-34; vgl. Jes 42,15). Um »Hungernden« einen guten Ort zum Wohnen und Leben, zum Ernähren und Fortpflanzen zu gewähren, kann er »Wüste zu einem Wasserteich und dürres Land zu Wasserquellen machen« (V.35-36; vgl. Jes 41,18), damit sie dort wohnen, »Felder besäen und Weinberge pflanzen« und sich vermehren können (V.37-38; vgl. Jes 65,21; Dtn 7,13). Wo das geschieht, wird es durch Gottes Segen gewirkt (V.38).

Doch all das Gute, das Menschen widerfahren und zuteilwerden kann durch Gottes Wirken, kann auch wieder verloren gehen, weil »Menschen schwinden und gebeugt werden durch Bedrückung, Unheil und Kummer«, die über sie

---

[443] A.a.O., 375.
[444] Vgl. Janowski, Anthropologie, 148 ff.
[445] Janowski, Konfliktgespräche, 375.
[446] Weber, Werkbuch Psalmen II, 107.

kommen (V.39). Gott kann »Verachtung über die Edlen« ausschütten, dass sie alles verlieren, worauf sie ihr Ansehen und ihre Bedeutsamkeit gründen, und »in der Einöde umherirren, wo kein Weg ist« (V.40; vgl. V.4). »Aber den Armen erhöht er aus dem Elend und macht ihre Sippen zahlreich wie eine Herde.« (V.41) In allen gegensätzlichen Ereignissen zeigt und offenbart sich die allgegenwärtige, alles übersteigende und unbegreifliche Macht Gottes über die Schöpfung, die Geschichte und alles menschliche Leben.

Das können die »Aufrechten sehen und erkennen«, aber den »Boshaften hat er ihren Mund verschlossen« (V.42). Diejenigen, von denen zuvor erzählt worden ist, dass sie in der Not zu Gott um Hilfe gerufen haben und gerettet worden sind, weil sie sich in ihrer Bedrohung Gott zugewendet und auf ihn vertraut haben (V.4 -32), und diejenigen, die in und hinter den Geschicken ihres Lebens Gott sehen und erkennen, dürfen und können sich an Gottes Macht und seiner Gnade freuen, die er über ihnen walten lässt (V.42; vgl. V.22.30). Die auf Gott und sein Wirken vertrauen und durch Gottes Gnade gerettet werden, Glück und Erfüllung erfahren, können in allem Gottes wirkmächtiges Handeln gewahren und sehen, das ihnen von Gott geschenkt und gewährt wird. Aber denen, die sich von Gott und seiner Heils- und Lebensordnung entfernt und abgewandt haben und in ihrem verkehrten Leben und Wandel gefangen sind, wird der Mund verschlossen bleiben (vgl. Hi 22,19), weil sie Gott nicht erkennen.

So mündet der Psalm am Ende in die weisheitliche Erkenntnis und Aufforderung, alle »diese Dinge zu bewahren und die Gnadenerweise Gottes zu achten« (V.43). Wer Gottes Macht erkennt und auf ihn vertraut, wer die Zeugnisse und Erzählungen von Gottes Wirken bewahrt und erinnert, wer die Gnadentaten Gottes in seinem Herzen lebendig erhält und dankbar preist, ist »weise« und darum wird sein Leben mit Glück und Gelingen erfüllt. Der Dank und das Zeugnis von Gottes Gnadenwirken (V.1.43) wird zum Sinn und Ziel eines »weisheitlichen« und erfüllten Lebens und damit letztlich zur Kernaufgabe von Theologie überhaupt, weil einzig aus dem dankbaren Erzählen von den Offenbarungen Gottes Vertrauen und Hoffnung auf Gott erwachsen, die Leben retten und gelingen lassen.

Psalm 107 ruft dazu auf, den Dank der Geretteten sichtbar, hörbar und erlebbar zu machen vor der Versammlung der Gläubigen im Tempel und vor allen Menschen. In ihren Erzählungen von den Wundertaten und von der Macht Gottes wird für alle, die es hören, mit- und nachsprechen im Gebet, vergegenwärtigt, dass Leben in Bedrohung geraten kann, wenn Menschen sich von Gott abwenden, aber dass Gottes Güte und Treue größer, beständiger und stärker sind und nicht aufhören werden.

Wenn das Leben, ja, die ganze Welt aus den Fugen gerät und von Verderben und Tod bedroht ist, wenn uns im »Auf und Ab« menschlicher Geschichte und persönlicher Geschicke der Sinn und die Hoffnung abhanden kommen und wir nicht weiterwissen, da bleibt Gott den Seinen verbunden und zugewandt, hält an ihnen fest und steht ihnen bei. Ja, er kann uns aus aussichtsloser Not auf wunderbare Weisen erretten und bewahren, die alle unsere Vorstellungen und unser Denken überschreiten – denn seine Güte ist größer und mächtiger als alles.

Der Psalm eröffnet das fünfte Buch im Psalter (Pss 107–150) und rahmt dieses mit den Pss 145–150 mit einem Aufruf zum Lob Gottes. Er beschreibt wiederkehrende Lebenserfahrungen bzw. Bedrohungen als Existentiale menschlichen Lebens, das jedoch von der bleibenden Gnade Gottes bewahrt und gerettet wird, wenn die Menschen sich ihres Gottes besinnen und erinnern, aus ihrer Not zu Gott rufen und auf seine kontrafaktische Wirksamkeit und Gegenwart vertrauen. Damit dies nicht verloren geht, sondern weitergetragen und bewahrt wird, braucht es das dankbare, lobende Erzählen, Erinnern, Vergegenwärtigen, Beherzigen und Achten der Wundertaten und der bleibenden Gnade Gottes. Darum ist es gut, Psalm 107 allezeit im Sinn, auf den Lippen und im Herzen zu bewegen, zu tragen und zu behalten.

7 Zu Gott klagen gegen erlittenes Unrecht

Psalm 7 Die rettende Gerechtigkeit Gottes[447]

V.1 Ein ›Schiggayon‹[448] Davids, das er JHWH sang wegen der Worte Kuschs, des Benjaminiters.
V.2 JHWH, mein Gott, bei dir habe ich mich geborgen. Rette mich vor allen meinen Verfolgern und befreie mich[449],
V.3 damit er mein Leben nicht wie ein Löwe reißt, (mich) wegschleppt, und keiner ist da, der entreißt[450].
V.4 JHWH, mein Gott, wenn ich dies getan habe: wenn Unrecht an meinen Händen ist,
V.5 wenn ich dem, der mit mir in Frieden lebte, Böses zufügte, und ich meinen Bedränger grundlos beraubte,
V.6 dann soll der Feind mein Leben verfolgen und (mich) einholen und mein Leben zu Boden treten und meine Ehre in den Staub legen.
V.7 Steh auf, JHWH, in deinem Zorn! Erhebe dich gegen die Zornesausbrüche[451] meiner Bedränger! Ja, wache auf für mich, der du Rechtsentscheid[452] verordnet hast!
V.8 Und die Versammlung der Nationen umgebe dich, und über ihr kehre zur Höhe zurück!

---

[447] Zur Übersetzung vgl.: Hartenstein/Janowski, Psalmen. BK XV/1.4, 254–255; Kraus, Psalmen 1–59, 190; Ruwe, Psalmen, 16–17; Weber, Werkbuch Psalmen I, 68–69.
[448] ›Schiggayon‹ ist ein in großer Erregung vorgetragenes Lied oder Klagelied.
[449] Oder: »reiß mich heraus«.
[450] Oder: »rettet«/»befreit«.
[451] Oder: »das große Wüten«.
[452] Oder: »Schiedsspruch«.

V.9 JHWH richtet die Völker! Schaffe mir Recht, JHWH, nach[453] deiner Gerechtigkeit und nach[454] meiner Unschuld, die bei[455] mir ist!
V.10 Die Bosheit der Frevler möge ein Ende finden, aber dem Gerechten gibst du Bestand, als der, der Herzen und Nieren prüft, als gerechter Gott!
V.11 Mein Schild[456] ist Gott, der Retter derer, die aufrechten[457] Herzens sind.
V.12 Gott ist ein gerechter Richter und ein zürnender Gott allezeit.
V.13 Fürwahr, wieder schärft er sein Schwert, seinen Bogen hat er gespannt und ihn angelegt.
V.14 Er hat sich Todeswerkzeuge hergerichtet, seine Pfeile zu brennenden gemacht.
V.15 Siehe! Er kommt[458] in Wehen mit Unrecht, und er geht schwanger mit Unheil und gebiert Lüge.
V.16 Eine Grube hat er gegraben und sie ausgehoben, da fiel er (selbst) in die Fanggrube, die er gemacht hatte.
V.17 Sein Unheil fällt zurück auf sein Haupt und seine Gewalttat[459] kommt[460] auf seinen Scheitel herab.
V.18 Ich preise JHWH gemäß seiner Gerechtigkeit und besinge (zum Saitenspiel) den Namen JHWHs, des Höchsten.

Einer, der sich nichts hat zu Schulden kommen lassen, ist in Not geraten, wird bedrängt, angefeindet und beschuldigt, ist seinen Feinden ausgeliefert. Er kann sich nicht selbst verteidigen und sich kein Recht verschaffen. Darum sucht er Zuflucht, Hilfe und Rechtsschutz bei Gott. Er ruft, bittet, ja, fleht zu Gott, dass er ihn rettet vor seinen Verfolgern und Feinden, die ihm nachstellen und nach ihm trachten. Denn da ist niemand sonst, der ihm helfen und für ihn einstehen kann.

Wir kennen solche Situationen des Unrechts, der Verfolgung und der Hilflosigkeit, haben sie selbst oder bei anderen schon erlebt und wissen: Da drängt es einen jeden und eine jede, die Unschuld zu beteuern, zu versichern und zu beschwören und das widerfahrene Unrecht zurückzuweisen und zu widerlegen. Aber der Beter im Psalm weist keine Schuld von sich, er entschuldigt und rechtfertigt sich nicht selbst, er ergreift auch keine Selbstjustiz oder Rache gegen seine Feinde, sondern er stellt sich und sein Ergehen ganz in Gottes Macht und Urteil, der ihn allein prüfen und über ihn richten soll. Erweist sich vor Gott seine

---

[453] Oder: »gemäß«.
[454] Siehe Anm. 453.
[455] Oder: »an«.
[456] Oder: »Schutz«.
[457] Oder: »geraden«.
[458] Oder: »liegt«.
[459] Oder: »Schandtat«.
[460] Oder: »steigt«.

Schuld, so ist er bereit, das feindselige Tun gegen ihn als gerechte Folge für sein Handeln auf sich zu nehmen.

Hier gibt sich einer ganz in die Hand Gottes, weil er von Gott die rettende Gerechtigkeit erwartet und erhofft. Groß ist dieses Vertrauen in die Verlässlichkeit und in die Wirkmacht dessen, der für Gerechtigkeit steht. Denn nur, wer uneingeschränkt und bedingungslos Vertrauen hat, dass er sich in seiner Ohnmacht und Hilflosigkeit gut aufgehoben und gerecht vertreten weiß, wird sich schutzlos und rückhaltlos in die Macht und in die Hände eines anderen begeben und »sich bei ihm bergen« (V.1). »In einer Rechtsnot bei Jahwe Zuflucht suchen heißt: sich ›auf Gedeih und Verderben‹ seiner Macht auszuliefern. Der Eid der Unschuldigen mit seinen Selbstverfluchungen ist ein Zeugnis dieses völligen Sichauslieferns.«[461]

Dieses Grundvertrauen durchzieht und trägt den ganzen Psalm vom Anfang bis zum Ende und verschafft sich nachhaltig Gehör in dem eindringlichen Appell an Gott: aufzustehen für seine Leidenschaft zur Gerechtigkeit, sich zu erheben gegen das Unrecht, aufzuwachen für den Bedrängten, gegen das widerfahrene Unrecht anzugehen und dem Beter Gerechtigkeit zu verschaffen. Dieser Aufruf, aktiv und initiativ zu werden gegen das Unrecht, wendet sich an Gott als »himmlischen Richter«, der über alle herrscht, mit der Bitte, »zur Höhe« (V.8b) zurückzukehren, seine Macht wahrzunehmen und sich dem Beter wieder zuzuwenden. Damit er ihm »Recht« (V.9b) verschafft gemäß seiner »Gerechtigkeit« und gemäß der »Unschuld« (V.9c) des Beters.

Die eindringliche Bitte, der Appell an Gott als gerechten, mächtigen (Welt-)»Richter«, ist vorbereitet in dem Erklären und Beschwören der eigenen Unschuld (V.4-6) und begründet in der Doxologie auf die Gerechtigkeit Gottes (V. 11-12). Der Gott, den er bittet, dass er die »Bosheit der Frevler« (V.10a) beenden möge, lässt den Gerechten bestehen (V.10b), denn er »prüft die Herzen und Nieren« aller und erweist sich darin als gerecht.

Schon hier (V.10b) wendet sich der Sprechakt von der Bitte hin zur Deklaration und zugleich seine Richtung von Gott, den er anruft, hin zur Öffentlichkeit, vor der er Gottes Gerechtigkeit lobpreist und bezeugt (V.11-12): »Mein Schild (=Schutz) obliegt Gott, dem Retter derer, die geraden Herzens sind. Gott ist ein gerechter Richter und ein zürnender Gott allezeit.«[462]

Aus der individuellen Erfahrung, dass Gott sein Schild und Schutz ist, schließt der Beter auf die allgemeingültige Aussage, dass Gott alle rettet, »die geraden Herzens sind«, denn Gott ist ein gerechter Richter und er setzt seine Gerechtigkeit mit Macht und Kraft zu allen Zeiten wirksam durch. Indem er sich selbst schonungslos dem Urteil und der Prüfung Gottes aussetzt, bekräftigt und

---

[461] Kraus, Psalmen 1-59, 201.
[462] Hartenstein/Janowski, Psalmen. BK XV/1.4, 255.

bestätigt er sein Bekenntnis zu Gott als dem rettenden Richter mit dem eigenen Leben und Ergehen.

Der Grund der Möglichkeit dieser Haltung des grenzenlosen Sich-Bergens-in-der-rettenden-Gerechtigkeit Gottes ist die unumstößliche Überzeugung und Gewissheit eines Gottvertrauens, das sich in allem und mit allem in Gottes kontrafaktischer Wirksamkeit und Macht aufgehoben weiß. Auch wenn die aktuelle Not anders aussieht, ist doch Gott als Retter und Richter gegenwärtig und wirksam. In dieser Gegenwart Gottes findet sich der Beter wieder und gewinnt darin sein Leben und seine Hoffnung zurück.

Der richtende Gott erweist sich als rettender und nicht als strafender Gott, denn er verhilft der Gerechtigkeit zur Geltung und dem Entrechteten zum Recht. Nicht mit vernichtendem Hass oder Vergeltung, sondern mit »heiligem Zorn«, mit Macht und Kraft setzt er sein rettendes Handeln »allezeit« durch und verschafft ihm immer und überall Geltung. Darin erweist er sich als Gott, der seiner Schöpfung und Welt zugewandt und treu bleibt, indem er die Gerechtigkeit und damit das Leben aller garantiert. Ohne die umfassende und alle Bereiche der Wirklichkeit durchdringende Gerechtigkeit Gottes, die dem Unrecht und dem Chaos eine Grenze setzt, wäre die »Kohärenz der Wirklichkeit«[463] gefährdet. Durch seine rettende Gerechtigkeit erweist sich Gott als Gott über Himmel und Erde und darin als der verlässliche Garant ihres Bestehens.

Die Reflexion des Geschickes des Frevlers (V.13-17) greift auf den weisheitlichen Tun-Ergehen-Zusammenhang zurück und transformiert diesen in ein zielgerichtetes Handeln Gottes, dass der Frevler an den Folgen seines eigenen Tuns zu Fall kommt (V.16-17). Das »Unheil«, welches der Frevler zur Welt bringt, kommt auf ihn selbst zurück und vernichtet ihn. Darum lobt und preist der Beter in seinem Lobversprechen Gott allein »gemäß seiner Gerechtigkeit« (V.18) für sein Tun und bringt mit der Antizipation der Rettung zum Ausdruck, dass er seine Rettung auf das Gerichtshandeln Gottes zurückführt. Damit ist seine Gottesbeziehung, die verloren schien, wieder hergestellt und bewahrt, weil Gott ihn nicht vergessen und verlassen, sondern sich als treu und zugewandt erwiesen hat.

Was mit dem Frevler geschieht, ist nicht einfach die Folge von dessen Handeln, sondern geht auf göttliches Handeln und Wollen zurück, weil Gott seine Gerechtigkeit durchsetzt als (Welt-)»Richter«, der den Bestand und die Lebensordnung der Schöpfung und der Welt garantiert und erhält. Darin liegt für den Beter und für alle Zeiten der feste Grund der Hoffnung auf Gerechtigkeit und damit der Grund der Möglichkeit des Über- und Zusammenlebens der Schöpfung und der Welt, weil Gott in seinem gerechten Handeln seine Gottheit erweist und offenbart. So kann der Beter den »Namen JHWHs, des Höchsten« preisen (V.18) und damit die Wahrheit und das Wesen Gottes bezeugen, weil sich darin Gott als der zeigt, der er ist: der Gott der rettenden Gerechtigkeit.

---

[463] Janowski, Ein Gott, der straft, 48.

Gott ist der »gerechte Richter« (V.12), der den Gerechten schützt (V.11), ihm zum Recht verhilft (V.9a), aber dem Frevler »zürnt« (V.12b). »Die Metapher des Zorns steht dabei nicht für die Erwartung einer irrationalen Einzelaktion JHWHs, gleichsam eines ›göttlichen Wutanfalls‹, sondern für die Durchsetzung und Wahrung eines Wirkzusammenhangs, demzufolge dem Bedrängten Gerechtigkeit widerfährt – und zwar gegen alle Infragestellung durch die Frevler [...] Es ist die Idee der Gerechtigkeit, die den Zorn Gottes bedingt, der darum ›eine Form seiner erhaltenden, rettenden, Gerechtigkeit schaffenden Weltzuwendung‹ (Assmann, Herrschaft, 55) darstellt.«[464] Alles gründet und mündet in der Gottheit Gottes, die sich in seiner rettenden Gerechtigkeit offenbart, weil Gott das Leben will und nicht den Tod. Sie allein garantiert Gerechtigkeit im Himmel und auf Erden.

Die Rede vom »Zorn Gottes« wird von dem dogmatischen Missverständnis und Missbrauch befreit, dass Gott ein strenger Richter sei, der im Himmel thront und die Menschen nach ihrem gerechten und unrechten Tun beurteilt und bestraft. »Diese Vorstellung vom vernichtenden Strafgericht ist ein ›extrem gottloses Bild‹.«[465] Dagegen greift die Rede vom Zorn Gottes auf den Zusammenhang von Tun und Ergehen zurück und konfrontiert den Täter des Unrechts mit seiner Tat. »Diese ›Zurückwendung‹ der Tat auf den Täter durch JHWH ist etwas anderes als die ›Strafe‹, die den Täter von seiner Tat trennt, indem sie im Sinn der Maxime punitur quia peccatum vor allem auf die ›Zufügung eines fühlbaren Nachteils‹ zum Ausgleich des geschehenen Unrechts aus ist.«[466]

Alles Ergehen, das auf Fehlverhalten folgt, ist nicht als Strafe zu verstehen, für die es im Alten Testament keinen Begriff gibt, sondern als natürliche und logische Folge des unrechten Tuns. Darin erweist sich Gottes Gerechtigkeit als Fürsorge für seine Geschöpfe gegen alle Bedrohung und als Schutz der Opfer vor dem Verhalten der Täter. Der Zorn Gottes ist ein Handlungsmerkmal Gottes, das nur aus seiner fürsorgenden Liebe und Gerechtigkeit für seine Schöpfung und die Menschen zu verstehen ist.

Es geht um die Rettung des unschuldigen Gerechten, dass ihm Recht widerfährt und er sich in der Zugewandtheit und treuen Fürsorge Gottes bewahrt und erhalten findet und weiß, aber auch um die große Hoffnung für die Schöpfung und ganze Welt, dass die Täter nicht auf ewig über ihre Opfer triumphieren werden, sondern dass Gott Gerechtigkeit schaffen und durchsetzen wird – um der Menschen willen. Denn das erweist ihn in seiner Gottheit als wahrer Gott vor allen Menschen und vor aller Welt.

Alle, die unter Unrecht, Verfolgung und Gewalt leiden, die sich als Opfer hilflos und ohnmächtig erleben, müssen damit nicht allein bleiben und darüber

---

[464] Hartenstein/Janowski, Psalmen. BK XV/1.4, 288.
[465] Janowski, Ein Gott, der straft, 58.
[466] A.a.O., 156.

nicht verzweifeln, sondern können in die Bitten des Psalmbeters einstimmen, sie zu ihren eigenen machen und darin seiner hoffnungsvollen Gewissheit teilhaftig werden, dass Gott sie nicht verlässt, sondern für sie eintreten wird.

Wann immer wir den Psalm beten, in die Bitten der Leidenden einstimmen und ihnen unsere Stimme verleihen, wird unser Gebet zum Bekenntnis und zum Mandat, alles Unrecht beim Namen zu nennen, den Opfern beizustehen, ihnen zum Recht und zur Gerechtigkeit zu verhelfen und für sie einzustehen – im Namen der rettenden Gerechtigkeit Gottes und nicht im Namen von Hass, Zorn und Vergeltung.

Die individuelle Frage nach der Rechtfertigung des Gerechten wandelt sich im fortschreitenden Prozess des Psalms in die allgemeine Frage nach der Gerechtigkeit, die einzig und allein in der Gottheit Gottes begründet und garantiert wird. Gott als der rettende Richter wahrt und setzt die Gerechtigkeit durch, um das Leben und Zusammenleben der Menschen, der Völker und der Schöpfung zu erhalten und zu bewahren. Einzig aus dieser Gewissheit kann die Hoffnung erwachsen, dass die Täter nicht auf ewig über die Opfer triumphieren werden.

Die Frage nach der Gerechtigkeit, die sich für uns in jedem Unrecht stellt und zur Disposition steht, impliziert immer die Frage nach Gott, in dem der Grund der Möglichkeit der Gerechtigkeit begründet ist. So gesehen entfaltet der Psalm das Paradigma für den Gottesbeweis aus der Frage nach dem Grund der Möglichkeit der Gerechtigkeit und macht die theologische Ethik zur Wahrheitsfrage des gelebten Glaubens für uns.

Psalm 55 Zu Gott um Hilfe rufen gegen die Feinde[467]

V.1 *Dem Leiter, mit Saitenspiel, ein Lehrgedicht*[468], *von David.*
V.2 Vernimm, o Gott, mein (Bitt-)Gebet, und verbirg dich nicht vor meinem Flehen.
V.3 Achte auf mich und erhöre mich[469]. Ich bin ruhelos in meinem Grübeln[470] und ich bin außer mir
V.4 wegen des Geschreis des Feindes, wegen der Bedrängnis des Frevlers. Ja, sie wälzen Unheil auf mich und im Zorn feinden sie mich an.

---

[467] Zur Übersetzung vgl.: Janowski, Konfliktgespräche, 189–190.200–201.359; ders., Anthropologie, 154.218–220; Ruwe, Psalmen, 83–85; Weber, Werkbuch Psalmen I, 245–246.
[468] Oder: »*Wechselgesang*«.
[469] Oder: »antworte mir«.
[470] Oder: »Ich irre umher in meiner Klage«/»Verzweiflung«.

7 Zu Gott klagen gegen erlittenes Unrecht

V.5 Mein Herz bebt[471] in meinem Innern, und Todesschrecken haben mich überfallen.
V.6 Furcht und Zittern kommen über mich, und Entsetzen[472] hat mich bedeckt.
V.7 Und ich sprach: »Hätte ich doch Flügel wie eine Taube – ich wollte davonfliegen und mich (sonst wo) niederlassen.
V.8 Siehe, ich flüchtete weit weg[473], ich würde in der Wüste übernachten.
V.9 Ich wollte an einen Ort der Zuflucht für mich eilen vor dem reißenden Wind, vor dem Sturm.«
V.10 Vertilge[474], mein Herr, zerspalte ihre Zunge! Denn ich habe gesehen Gewalttat und Streit in der Stadt!
V.11 Bei Tag und bei Nacht umkreisen sie die Stadt auf ihren Mauern, und Unheil und Bedrückung sind in ihrer Mitte.
V.12 Frevel sind in ihrer Mitte, und Unterdrückung und Betrug weichen nicht von ihrem (Markt-)Platz.
V.13 Doch nicht ein Feind ist es, der mich schmäht – ich würde (es) ertragen, nicht einer, der mich hasst, hat gegen mich groß getan – ich könnte mich vor ihm verstecken[475],
V.14 sondern du, ein Mensch meinesgleichen[476], mein Vertrauter und Bekannter,
V.15 die wir zusammen vertraute Gemeinschaft pflegten, im Haus Gottes umhergingen in der Menge!
V.16 Er (JHWH) lege Tod auf sie[477], sie sollen lebendigen Leibes zum Totenreich hinabsteigen, denn große Bosheit ist in ihrer Wohnung, in ihrem Inneren.
V.17 Ich, ich rufe zu Gott, und JHWH hilft mir.
V.18 Abends und morgens und mittags will ich klagen und stöhnen, und da hat er meine Stimme schon gehört,
V.19 hat mein Leben durch Frieden erlöst von dem Angriff, der mir galt – ja, mit vielen waren sie gegen mich.
V.20 Gott wird hören und ihnen antworten – der von alters her thront[478] –, denen, gegen die niemand Anklagen erhebt, und die Gott nicht fürchten.
V.21 Er legte seine Hände an seine Freundschaft, er entweihte seinen Bund.
V.22 Glatt wie Butterstücke war sein Mund[479], aber Krieg[480] (er-)füllte sein Herz.

---

471 Oder: »zittert«.
472 Oder: »Schrecken«.
473 Oder: »in die Ferne«.
474 Oder: »Verschlinge«.
475 Oder: »verbergen«.
476 Oder: »nach meiner Art«.
477 Oder: »Der Tod komme über sie«.
478 Oder: »herrscht«.
479 Oder: »waren die Worte aus seinem Mund«.
480 Oder: »Kampf«.

V.22 Seine Worte waren milder[481] als Öl, doch sie waren gezückte Messer.
V.23 »Wirf deine Last auf JHWH, und er selbst wird dich versorgen[482]! Er wird niemals zulassen, dass der Gerechte wankt.«
V.24 Du aber, Gott, du mögest sie ins tiefste Grab[483] hinabfahren lassen; die Männer des Blutes und des Betrugs sollen nicht die Hälfte ihrer Lebenszeit[484] erreichen! Ich aber, ich vertraue auf dich!

In Psalm 55 hören wir einen Menschen beten, klagen, bitten und hoffen, der aus tiefer Angst und Ohnmacht, aus übergroßer und erdrückender Not, die ihn bedrängt und bedroht, heraustritt und zu Gott um Hilfe ruft. Da ist niemand in seiner Nähe, der ihm beistehen, ihn schützen oder unterstützen kann, der für ihn seine Stimme erheben und ihm Recht verschaffen kann. Er ist allein mit sich und seiner Not, er ist »ruhelos in seinem Grübeln und außer sich« (V.3b), weil Feinde ihn in seinem sozialen Umfeld bedrohen und bedrängen, »Unheil auf ihn wälzen« und ihn »in ihrem Zorn anfeinden« (V.4). Er ist in einer verstörenden, bedrohlichen Situation, Menschen in seinem sozialen Umfeld sind für ihn zu einer chaotischen Bedrohung geworden und bedrücken ihn, indem sie Unheil, Hass und Zorn über ihn bringen. Seine Feinde bemächtigen sich seiner, üben Macht und Gewalt über ihn, machen ihn zum Opfer, dass er sich hilflos, verlassen, verzweifelt und ausgeliefert fühlt, wie gelähmt und außer sich ist, dass er nichts mehr zu tun vermag, als Gott um Hilfe anzurufen und zu bitten, weil er in Gott allein allem faktischen Widerfahrnis zum Trotz seine einzige Hoffnung sieht, einen, der ihn hört und sich nicht vor ihm verbirgt, der auf ihn achtet und auf sein Flehen antwortet (V.2-3). Er bittet Gott, dass er vor seinem Angesicht und damit in Gottes wirkmächtiger Gegenwart bleibt. Das wendet und lindert seine todesbedrohliche Not nicht, aber er ist damit nicht mehr allein, sondern mit seiner Angst und Ohnmacht, seiner Furcht und seinem Zittern, mit seiner Herzensunruhe und seiner Schreckens- und Todesstarre vor Gott und damit im Horizont seiner rettenden Gerechtigkeit. Alles, was er in seiner Feindbedrängnis und seiner bedrohlichen Not erlebt, was er klagt, bittet und hofft, steht in diesem Horizont der kontrafaktischen Gegenwart und Wirksamkeit Gottes.

Das Gebet, der Hilferuf, das Flehen zu Gott ist das Einzige, was ihm in seiner Ohnmacht und Not bleibt, aber es verschafft ihm Luft zum Atmen, Raum und Wirksamkeit. Er tritt aus dem Bann der Feinde heraus und wird selbst wirksam, indem er zu Gott ruft und ihm seine Auswegslosigkeit klagt. Sein Herz bebt vor Angst und Unruhe, Schrecken des Todes sind auf ihn gefallen, »Furcht und Zittern« haben ihn überkommen und »Entsetzen« hat ihn erfasst (V.6). Er ist

---

[481] Oder: »weicher«.
[482] Oder: »aufrecht erhalten«.
[483] Oder: »in die Grabeszisterne«.
[484] Oder: »Tage«.

erstarrt, wie tot vor Angst und Schrecken. Panik hat ihn ergriffen und sich seiner bemächtigt. Er ist hilflos und ausgeliefert. Einzig Gott kann ihm helfen, wenn er sein Gebet, sein Flehen, Klagen und Bitten vernimmt und erhört. Aber darauf vertraut und verlässt er sich mit letzter verzweifelter Hoffnung, dass er in und mit seiner Not vor Gott ist und bleibt und deshalb nicht den Feinden ausgeliefert und verloren ist.

Die todesähnliche Schreckensstarre und Angst des Beters erinnert daran, dass wir als Menschen evolutionär gelernt haben, in größter Bedrängnis, Not und Angst, die aussichtslos sind, uns ohnmächtig und hilflos machen, als Überlebensstrategie gegenüber den Feinden uns tot zu stellen oder die Flucht zu ergreifen, weil keine Gegenwehr, kein Aufbäumen und kein Kampf möglich ist. So ergreift der Beter in seiner Bedrohungslage, in der er vollkommen ausgeliefert ist, imaginativ die Flucht (V.7-9) und stellt sich vor, »Flügel wie eine Taube« zu haben, davonzufliegen und sich woanders niederzulassen (V.7). Ja, »weit weg«, in die »Ferne« möchte er fliehen und sogar »in der Wüste übernachten« (V.8). Er möchte vor der Gefahr wie vor »reißendem Wind, vor Sturm«, an einen »Ort der Zuflucht« »eilen« (V.9) und sich in Sicherheit bringen. Aus der Bedrohung durch Feinde in seinem unmittelbaren sozialen Umfeld möchte er in die Wüste fliehen, an den Ort der Einsamkeit und der Lebensfeindlichkeit, wo er sogar übernachten möchte. Am Ort der Ungeborgenheit möchte er sich bergen, um der Not zu entgehen, die für ihn offensichtlich noch größer, noch mächtiger, noch ausgeloser und bedrohlicher ist. Auch wenn er real und faktisch dennoch seiner Not nicht entkommen kann, gelingt es ihm, mit Hilfe seiner Imagination »den ersten Schritt aus der Umklammerung seiner Feinde«[485] zu machen, ja, sich darin »gefühlt« als »selbstwirksam« und »selbstbestimmt« erleben zu können.

Doch seine Feindsituation bleibt bedrohlich und bedrängend wie zuvor, ja sie spitzt sich sogar noch zu für den Beter (V.10-16). Er ruft zu Gott und bittet ihn um Hilfe, dass er eingreift und die Feinde entmachtet und entwaffnet. Damit sie nicht länger über ihn »triumphieren« können mit ihrem falschen, verleumderischen, lügnerischen, verräterischen und »mörderischen« Reden (vgl. V.22), möge Gott ihre Sprache, ja, ihre Zunge vertilgen und spalten (V.10a). Denn er sieht sich ihnen, ihrer Unrechtsherrschaft und Bedrohung hilflos und schutzlos ausgeliefert, nur Gott allein kann den Feinden eine Grenze setzen und ihr Tun unterbrechen.

Er breitet vor Gott aus, was er vor Augen hat und was ihm an Leib und Leben widerfährt: Es herrschen »Gewalt und Streit in der Stadt« (V.10b). Tag und Nacht sind seine Feinde präsent, sie »umkreisen die Stadt auf ihren Mauern«, in ihr geschieht »Unrecht und Unheil« (V.11). »Frevel sind in ihrer Mitte«, »Unterdrückung und Betrug weichen nicht von ihrem Marktplatz« (V.12). Seine Le-

---

[485] Janowski, Anthropologie, 219.

benswelt, sein soziales Umfeld, die Stadt, die ihm eigentlich Schutz, Sicherheit und Ordnung gewähren sollte, wird von Feindseligkeit beherrscht und bestimmt.

Doch noch bitterer, noch verletzender und furchtbarer ist, dass »ein Mensch seinesgleichen, sein Vertrauter, sein Bekannter« (V.14), einer, den er gut kennt, dem er vertraut und auf den er sich verlassen hat, ja, ein Freund (V.21), zu seinem Feind geworden ist, der nun zu seinen Feinden hält und sich gegen ihn stellt. In der Zeit der sozialen Bedrängnis wird er zudem von der persönlichen Katastrophe erschüttert, dass sein Freund ihm nicht treu ist und ihm nicht beisteht, sondern »versagt und sich zum Feind wandelt, sobald es schwierig wird«[486]. In der Not bewährt sich der Freund nicht, sondern seine Freundschaft schlägt in Feindschaft um, ja, selbst die Gemeinschaft im Glauben und im Gebet, die er mit ihm im »Haus Gottes« gepflegt und geteilt hat (V.14), hält nicht der Bedrängnis stand, sondern wird geschmäht und zerstört.

»Nicht ein Feind, der ihn verhöhnt – was er ertragen könnte –, auch nicht ein Hasser, der ihn demütigt – vor dem er sich verstecken könnte (V.13)«[487], sondern einer, der ihm nah und vertraut war, dem er im Glauben und in der Gemeinschaft des Tempels verbunden war, ist ihm zum Feind geworden. Das erlebt er als tiefe Schmach und Bestürzung, die ihn nicht nur verletzt, sondern schonungs- und schutzlos ausliefert. Gegenüber einem »gewöhnlichen, normalen Feind« wüsste er sich gewappnet und vorbereitet, weil er mit seinem bedrohlichen Handeln rechnen muss, aber dass sein Freund zum Feind wird und damit die persönliche, vertrauensvolle Nähe, Geborgenheit und Verbundenheit in beängstigende, lebensgefährliche Bedrohung und Anfeindung umschlägt, verletzt nicht nur die Verlässlichkeit und Vertraulichkeit der Beziehung, sondern entzieht ihr jede Grundlage und verkehrt sie in eine tödlich nahe Gefahr.

Aus dieser verzweifelten, ohnmächtigen und hilflosen Not, die der Beter als todesbedrohliche Nähe erfährt und erlebt, kann er nicht entkommen. So sucht er bei Gott Hilfe und Rettung in seiner ausweglosen Verzweiflung und bittet Gott, dass er eingreift, ihn aus der Todesgefahr und -nähe errettet und die Feinde entmachtet, ja, ihrem todbringenden Handeln übergibt und überlässt wegen der »großen Bosheit«, die bei ihnen wohnt und in ihrem Innern herrscht (V.16).

Wie zur Vergegenwärtigung und Vergewisserung seiner selbst ruft der Beter zu Gott und bekennt, dass Gott ihm hilft (V.17). Wenn er klagt und stöhnt – am Morgen, am Mittag und am Abend, hat Gott seine Stimme schon erhört (V.18) und sein Leben vor dem nahenden Angriff durch Frieden erlöst von den vielen, die gegen ihn waren (V.19). Er ist sich gewiss: Gott, der von alters her Gott ist und als Gott herrscht, wird ihn hören und die Frevler und Feinde demütigen, die ihn nicht fürchten und seine Weisungen missachten (V.20). So nah und sicher ist sich der Beter der rettenden Wirkmächtigkeit Gottes, dass er gleichsam als »performative

---

[486] A.a.O., 214.
[487] A.a.O., 220.

Rede« bekennen kann, dass Gott ihn hört und ihm zu Hilfe kommt, wenn er ihn anruft und bittet. Denn er vertraut und verlässt sich ganz und gar auf das Gottsein Gottes und seine kontrafaktische Gegenwart.

In der Passionsgeschichte Jesu greift der Evangelist Markus das Motiv von »dem Freund, der zum Feind wird«, auf (Mk 14,18.20 f) und stellt den leidenden Gerechten in die Traditionslinie der Psalmbeter, die in Todesnot und -bedrohung im Gebet und in der Klage kontrafaktisch Zuflucht, Hilfe und Rettung bei Gott suchen und finden (Mk 14,32–34 vgl. Ps 42,6.12; 43,5/Mk 15,33–34 vgl. Ps 22).[488]

Doch in aller Gottesgewissheit und Zuversicht bleibt im Beter der schmerzhafte Stachel der Kränkung, der Täuschung und Falschheit, der Lüge und des Verrats durch den Freund, der die Freundschaft, das Vertrauen und die Verbundenheit zerbrochen hat (V.21). Glatt und süß waren die Worte, die aus seinem Munde kamen, aber in seinem Herzen herrschten Kampf und Krieg, die gegen ihn gerichtet waren (V.22); ja, seine Worte waren mild und weich wie Öl, aber in Wahrheit »gezückte Messer« (V.23), um ihn zu verletzen. In seiner Freundlichkeit waren Falschheit und Täuschung, hat sich der Freund verstellt, aber in Wahrheit war seine Absicht und sein Ziel in seinem Herzen die Vernichtung des Beters.[489] Das ist so bitter, dass er es nicht begreifen und nicht verstehen kann.

Wie einer, der sich selbst Mut und Hoffnung zusprechen möchte, ruft er sich selbst dazu auf, seine Last auf Gott zu werfen, denn der wird selbst für ihn sorgen (vgl. 1Petr 5,7), ihn aufrechterhalten und retten. »Gott wird niemals zulassen, dass der Gerechte wankt« (V.23), weil er selbst mit all seiner Macht für seine Gerechtigkeit einsteht. Alle Bedrohungen, die über den Beter hereinstürzen und ihn bedrücken, die ihn schmähen und verletzen, werden ihn nicht zerstören und vernichten können, denn Gott ist auf seiner Seite, er steht ihm bei und wird ihn erretten.

Das ist die letzte, einzige Hoffnung des Beters, die ihn aufrecht und am Leben hält. Weil er nichts anderes mehr vermag, bittet er Gott, dass er ihn schützt und Gerechtigkeit über ihm walten lässt, dass er die Feinde entmachtet und in ihre Grenzen weist. Ja, noch deutlicher und drastischer bringt der Beter seinen Hilferuf und seine Aussichtslosigkeit zum Ausdruck. Er bittet Gott, die Feinde ins Grab hinabfahren zu lassen, die »Blut und Betrug« über ihn bringen, sollen nicht »die Hälfte ihrer Tage« erreichen (V.24a–d). Gott möge sie ihrem vorzeitigen Tod preisgeben, weil sie nicht nach seiner Gerechtigkeit leben und handeln.[490] Dagegen hofft und vertraut der Beter auf Gott, dass er ihn hört, ihn schützt und rettet und Gerechtigkeit schafft (V.24e). Sein Gottvertrauen, dass er mit allem vor Gott

---

[488] Vgl. dazu Janowski, Konfliktgespräche, 358–360; sowie ders., »Mein Gott, mein Gott, wozu hast du mich verlassen?«.
[489] Vgl. Janowski, Anthropologie, 153.
[490] Vgl. dazu a.a.O., 80.

ist und darum nicht verloren gehen, sondern Hilfe und Rettung erfahren wird, trägt sein ganzes Gebet, ja, hilft ihm, seiner Not und Bedrängnis standzuhalten und sie zu überschreiten in dem Bekenntnis: »Ich aber, ich vertraue auf dich!« (V.24e)

Die Feindbitten des Beters, die auf den ersten Eindruck erschreckend und befremdend wirken, weil sie wie Rufe nach einer harten Strafe und Vergeltung klingen mögen, lassen sich ausschließlich aus seiner Not und Verzweiflung heraus erschließen. Seine Bitten, die sich gegen die Feinde richten (V.10.16.24), sind nicht objektiv zu verstehen als Verwünschungen, Verurteilungen oder vernichtende Strafforderungen einer gezielten Aggression und Boshaftigkeit oder Ausdruck von Hass, sondern sie sind die verzweifelten Not- und Hilferufe eines Menschen, der schmerzhaft, ohnmächtig und hilflos leidet unter dem bedrängenden, übermächtigen, todesbedrohlichen Handeln anderer Menschen, die er als »Feinde« und damit auch als »chaotische Mächte« erlebt, denen er ausgeliefert ist und denen er nicht entkommen noch entrinnen kann.

In diesen Bitten gegen seine Feinde ruft und seufzt, ja, schreit der Beter seine Not und Todesbedrohung zu Gott, weil er einzig und allein von ihm, der die Macht über Leben und Tod hat, der Gerechtigkeit übt und verbürgt, noch Beistand gegen die Feinde, sowie Hilfe und Rettung erwartet. Sie sind nicht »direkt« als Strafandrohungen und Verurteilungen gegen seine Feinde gerichtet, sondern an Gott allein, dass er die Bedrohung und Auswegslosigkeit des Beters sieht und hört, ihn nicht seiner Not und Verzweiflung, noch der Macht seiner Feinde überlässt, sondern dass er ihn schützt, mit seiner rettenden Gerechtigkeit eingreift, das Handeln der Feinde unterbricht und unterbindet und sie macht- und wirkungsvoll entwaffnet und entmächtigt.

Wie die Feindbitten in Psalm 55 so sind die Hilferufe der verzweifelten Opfer in den sogenannten »Feindpsalmen« keineswegs »Rache- oder Hass-Gebete«, sondern eindringliche Bitten an Gott als den, der die Macht hat, den Leidenden beizustehen, ihnen Schutz und Hilfe zu gewähren, Gerechtigkeit zu schaffen und die Täter des Bösen wirkmächtig zu entmächtigen und ihre Macht zu zerstören, dass sie keinen Schaden mehr anrichten und nicht auf ewig über ihre Opfer triumphieren können (vgl. Ps 41,12b). »Sie geben Gott Recht, indem sie *ihm* das letzte Wort übergeben. Sie übergeben *ihm* nicht nur die Klage über die Not, sondern auch das Gericht über die Verursacher der Not. Sie stellen ihm *alles* anheim – sogar die Hassgefühle und die Aggressionen.«[491]

Aus der Traumatherapie wissen wir, dass Menschen, die verletzt worden sind durch bedrängende und bedrohliche Erfahrungen der Ohnmacht, der Unterdrückung und Misshandlung, so tief in sich selbst und in ihrem Vertrauen zu anderen Menschen erschüttert und verstört worden sind, dass sie sich sehr

---

[491] Zenger, Psalmen II, 829; vgl. dazu auch Janowski, Ein Gott, der straft, 175–202, bes. 201 –202.

7 Zu Gott klagen gegen erlittenes Unrecht

schwer tun, sich neu zu öffnen, sich auf andere Menschen einzulassen und ihnen zu vertrauen. Das ist umso schwieriger, je näher die verletzenden und bedrohlichen »Täter und Täterinnen« ihnen waren und sind und je größer die Abhängigkeit von ihnen war oder ist. Es braucht lange und intensive therapeutische Begleitung der Traumatisierten, die ihnen helfen kann, neu in Kontakt mit sich selbst zu kommen, die eigene Selbstwirksamkeit und den eigenen Selbstwert wieder zu spüren und letztlich die Selbstkontrolle über das Leben wieder zurückzugewinnen. Doch beeindruckend und berührend ist immer wieder, wenn Menschen sich aus der verstörenden, verletzenden Hilflosigkeit und Ohnmacht des Opfers erheben und damit aus ihrer Not heraustreten, sich selbst als tätig, wirksam und aktiv erleben, und sich aus dem Bann ihrer Traumatisierung befreien.

Der Beter des 55. Psalms findet seinen guten, verlässlichen Grund, der ihm Halt und Vertrauen gibt, der ihn trägt und birgt, ja, auf den er sich vorbehaltlos, tief und fest verlassen kann, in Gott, so dass er durch sein Gebet aus dem Bann seiner bedrohlichen, verletzenden und erdrückenden Gefahr und Not und aus der Bemächtigung und Überwältigung seiner Feinde heraustreten, sich nach Gott ausstrecken und in Gott festmachen kann, der ihm helfen, ihn schützen und ihm Gerechtigkeit verschaffen wird, denn er »ist ein *Gott des Lebens*, der ›Mensch und Tier (immer neu) rettet‹ (Ps 36,7) und der den Schrei nach Gerechtigkeit nicht ungehört verhallen läßt«[492]. Im Beten, Seufzen, Flehen, Bitten und Klagen zu diesem Gott, der in seiner Angst und Todesnot, in seiner verletzenden Bedrohung, in seiner Ohnmacht und Hilflosigkeit zu ihm hält, ihn vor den Feinden schützt und bewahrt, den Feinden Grenzen setzt und ihrem Tun Einhalt gebietet – durch seine rettende Gerechtigkeit, erlebt und erfährt der Beter sich wieder als selbstwirksam und handlungsfähig und als Teil einer verlässlichen, guten, tragfähigen Lebens- und Heilsordnung, die Gott verbürgt, garantiert und durchsetzt.

Wenn wir mit dem Psalmbeter beten oder wenn andere für uns beten, weil wir nicht mehr in der Lage dazu sind, dann kann auch uns in Ängsten und Nöten, in verletzenden, demütigenden und aussichtslosen Situationen spürbar und erfahrbar zuteilwerden, dass wir nicht allein und verlassen und nicht der Verzweiflung und Apathie preisgegeben sind, sondern dass gegen allen Augenschein und entgegen aller faktischen Ohnmacht und Hilflosigkeit Gott zu uns hält und für uns eintritt. In Todesbedrohung und Todesängsten sind wir nicht allein und nicht der Macht feindlicher Täter, Unterdrücker und Verräter ausgeliefert und preisgegeben. Entgegen allem faktischen Erleben und aller Aussichtslosigkeit können wir mit dem Psalm beten und unsere Hoffnung auf Gottes kontrafaktische, rettende, wirkmächtige Gegenwart setzen, der uns Recht verschaffen,

---

[492] Janowski, Konfliktgespräche, 373.

helfen und schützen wird, der uns der Macht der Feinde entreißen und sie entmächtigen, ja, seine Gerechtigkeit gegen sie durchsetzen wird.

Mit den Worten des Psalms können wir auch für die Opfer von Gewalt, Hass, Missachtung und Misshandlung, Unterdrückung, Verfolgung und Krieg unsere Stimme erheben, für sie eintreten und beten, damit sie nicht vergessen und ihre Namen nicht ausgelöscht werden, damit sie nicht allein bleiben und verloren gehen, sondern ihre Not und ihr Leid gehört und gesehen, geteilt und zur Sprache gebracht, vor der Welt und vor Gott ausgebreitet wird, dass sie Hilfe, Fürsprache und Beistand durch uns erfahren, dass wir sie in Gottes Schutz und Obhut stellen und seine rettende Gerechtigkeit für sie erbitten, damit ihre Täter und Feinde nicht auf ewig über sie triumphieren, sondern entmächtigt und entwaffnet werden.

Während ich über meine Meditation zu Psalm 55 nachdenke, tobt in der Ukraine ein Krieg, den der russische Machthaber mit seinem Militär entfacht hat und der ein ganzes Volk in Not und Bedrängnis und unsägliches Leid über die Menschen gebracht hat. Das verleiht dem Psalm auf bedrückende Weise höchste Aktualität und Brisanz.

Ich frage mich: Was kann in dieser Situation Beten ausrichten gegen einen solchen Feind, gegen Soldaten eines Brudervolkes, das mit schweren Waffen unschuldige Menschen bedroht, verletzt, vertreibt und tötet? Wie können wir im Angesicht und Anblick des Leides der Opfer beten, ohne dass sie es als zynisch empfinden und erleben?

Die Not und das Leid der Opfer können wir nicht verhindern und die feindlichen Täter nicht in ihrem furchtbaren Tun aufhalten, aber wir können den Opfern helfen und den Geflüchteten Zuflucht und Schutz bieten – auf vielfältige und wirksame Weise. Wenn wir das Leid, das wir sehen und hören, zur Sprache und zu Gehör bringen vor Gott, vor der Welt und gegen die Feinde, dann werden die Leidenden nicht vergessen werden und nicht allein bleiben in ihrer Not, sondern in unseren Gebeten, in unserer Fürsprache und unseren Fürbitten Anteilnahme, Mitgefühl und Trost finden für sich. Ja, wir können stellvertretend für die ohnmächtigen und hilflosen Opfer Gott bitten, dass er mit seiner Macht und Gerechtigkeit den Feinden und ihrem Tun Einhalt gebietet und sie ihrer Macht entmächtigt. Das Gebet für die Opfer hält die Frage nach Gott, nach Gerechtigkeit, Schutz und Hilfe offen und überlässt die Opfer nicht ihrem Leid und ihrer Not, sondern tritt für sie ein, erhebt für sie die Stimme, die zugleich ein Mandat für verantwortliches, politisches Handeln ist, das den Feind als Feind benennt und seiner Macht Grenzen setzt, aber auch den Opfern beisteht und ihre Not lindert.

8 Von der Vergänglichkeit und Hoffnung des Menschen

Psalm 39 Angesichts der Vergänglichkeit seine Zuflucht bei Gott suchen[493]

V.1 Dem Musikverantwortlichen – nach der Weise von Jeduthun, ein Psalm, von David.
V.2 Ich sprach bei mir: »Ich will auf meine Wege achten, dass ich mit meiner Zunge nicht sündige; ich will meinen Mund mit einer ›Mundmaske‹[494] verschließen, solange noch ein Frevler vor mir ist.«
V.3 Ich bin verstummt in Schweigen, ich schwieg – fern vom Guten, doch mein Schmerz wurde aufgerührt.
V.4 Heiß wurde mein Herz in meinem Innern, bei meinem Seufzen entbrannte ein Feuer, da sprach ich mit meiner Zunge:
V.5 »Lass mich mein Ende wissen, JHWH, und das Maß meiner Tage, wie es ist; ich will wissen, wie vergänglich ich bin!
V.6 Siehe, (nur einige) Handbreiten hast du mir an Tagen gegeben, und meine Lebenszeit ist wie nichts vor dir. Fürwahr, nur als Hauch steht jeder Mensch da!
V.7 Nur als (Schatten-)Bild geht jeder umher, nur um Nichts macht man Lärm: Einer häuft etwas an, weiß aber nicht, wer der ist, der es einheimst.
V.8 Was also habe ich ausgeharrt, mein Herr? Meine Hoffnung beruht auf dir!
V.9 Errette mich von all meinen Vergehen[495], mache mich nicht zum Gespött für den Törichten!«
V.10 Ich bin verstummt und werde meinen Mund nicht mehr öffnen, denn du selbst hast gehandelt[496].

---

[493] Zur Übersetzung vgl.: Kraus, Psalmen 1–59, 450–451; Ruwe, Psalmen, 61–62; Weber, Werkbuch Psalmen I, 187.
[494] Wörtlich: »einem Lippenblech« = einem Mundstück aus Gold- oder Silberblech.
[495] Oder: »Verfehlungen«.
[496] Oder: »es bewirkt«.

Psalm 39 Angesichts der Vergänglichkeit seine Zuflucht bei Gott suchen

V.11 Nimm weg von mir deine Plage! Vom Schlag deiner Hand bin ich selbst zugrunde gegangen.
V.12 Mit Strafen züchtigst du einen jeden für Schuld; wie eine Motte lässt du zerfallen[497] seine schöne Gestalt; ein Hauch nur ist jeder Mensch.
V.13 Höre doch mein Gebet, JHWH, vernimm doch mein Schreien um Hilfe, schweige nicht zu meinen Tränen, denn ich bin ein Fremdling bei dir, ein Beisasse wie alle meine Vorfahren[498]!
V.14 Nimm deinen Blick weg von mir, dass ich heiter werde, bevor ich dahingehe und nicht mehr bin!

Als »Hiob-Psalm« wird Psalm 39 auch bezeichnet.[499] Das hat seinen Grund darin, dass der Beter des Psalms an Hiobs Auseinandersetzung mit Gott erinnert, von dem er sich im Leiden verlassen fühlt und bei dem er rechtend, klagend, bittend seine Zuflucht sucht, bis er hinter aller Not kontrafaktisch das Wirken Gottes neu erkennt und erfährt.

Der Beter fühlt und weiß sich der Hinfälligkeit ausgesetzt und dem Tode nahe. Wir erfahren nicht, was ihm konkret widerfahren ist, was er erlebt und erlitten hat, noch, wodurch er das Leiden auf sich gezogen hat – durch eigenes Handeln, Unzulänglichkeit, Vergehen oder Schuld (V.9.12). Aber er ist so getroffen, erschüttert und verzweifelt, dass er vor sich und für sich ein Gelübde ablegt. Er will für immer schweigen und seinen Mund nicht mehr auftun, damit er mit seiner Zunge hinfort nicht sündigt (V.1). Das könnte darauf hindeuten, dass er durch unrechtes Reden Schuld auf sich geladen hat, aber auch, dass kein falsches Wort mehr über seine Lippen gehen soll, weil er sich nicht von Frevlern zur Sünde provozieren lassen will.

Er will seinen Mund mit einer Art »Mundmaske«, einem »Zaum« verschließen, wie man die »Seele der Verstorbenen« mit einem »Mundstück aus Gold- oder Silberblech«[500] verschlossen hat. Dem Tode nahe und von einem oder mehreren Frevlern verspottet, beschließt und beschwört er seine selbst auferlegte »Totenstille«, sozusagen als Konsequenz seines schuldhaften Handelns bzw. Redens, das ihn dahin gebracht hat.

Der Beter hat wohl schmerzliche Einschnitte, Krankheiten oder Verluste erlitten, die ihm zusetzen, sein Leben beeinträchtigen und mindern, so dass er sich dem Tode nahe und ausgeliefert fühlt. Zu seiner Schmach wird er in dieser Not von Frevlern, die Gott leugnen und lästern, wegen seines Leidens in seinem Glauben beschämt, hinterfragt, angegriffen oder auch verspottet, weil sie darin ein Zeichen der Verlassenheit oder Nicht-Existenz Gottes sehen, der ihm nicht zu

---

[497] Oder: »verschwinden«.
[498] Oder: »Väter«.
[499] Vgl. Weber, Werkbuch Psalmen I, 189.
[500] Weber, Werkbuch Psalmen I, 187.

Hilfe kommt, seine Not lindert und ihn rettet. Sie machen nicht nur Gott, sondern auch ihn selbst vor aller Welt lächerlich und zum Spott aller. Doch er will sich davon nicht provozieren und reizen lassen, sich vor ihnen zu rechtfertigen, seine offen liegende Sünde zu leugnen oder Gott anzuklagen wegen seines Leidens und drohenden Todes, sondern er will sich davor hüten und darauf achten, dass er keine falschen Wege geht und nicht mit seiner Zunge sündigt.

Er lässt sich nicht in die Irre führen von Frevlern, die über ihn lachen und spotten, weil er sich und seinem Glauben untreu und vor Gott schuldig geworden ist und darum vom Tode bedroht ist, ohne dass sein Gott ihm zu Hilfe kommt. Im eigenen Leiden und unter dem Spott und Hohn anderer harrt er mit sich und in seiner Not aus, ja, er hält an seinem angefochtenen und verzweifelten Glauben fest und beschließt, für immer seinen Mund so fest zu verschließen, wie nur der Tod die Lippen eines Menschen für immer zum Schweigen bringen kann. Er will sich »wie tot« stellen, damit er nicht mehr gesehen, wahrgenommen, angegriffen, verhöhnt und verspottet wird, aber auch, damit aus ihm kein falsches Wort mehr hervorgeht.

Da ist ein Mensch durch sein eigenes Versagen und seine Schuld, die ihn ins Leiden und dem Tode nahe gebracht haben, über sich selbst so unglücklich und verzweifelt, dass er sich für das, was er getan hat, nicht mehr rechtfertigen und verteidigen, ja, nicht einmal dessen leidvolle Folgen beklagen will, weil er sich zutiefst und wahrhaftig seiner Schuld bewusst ist. Wenn sich schon nichts mehr entschuldigen, erklären und zurechtrücken lässt und sein Ende unabwendbar vor Augen steht, so will er doch keine neue Schuld auf sich laden und nur noch das tun, was ihm in der Aussichtslosigkeit als einzig möglich und notwendig erscheint: für immer zu schweigen und seinen Mund nicht mehr aufzutun, solange noch »ein Frevler vor ihm ist« (V.2d), der ihn verspottet und wegen seines Leidens verhöhnt.

Indem er über sich und sein Elend verstummt und schweigt, stimmt er auch auf gewisse Weise zu, nimmt hin, dass er leidet, dem Vergehen preisgegeben und dem Tode nahe ist: »Ja, so sei es.« Doch er erlebt und erfährt sich darin getrennt und »fern vom Guten« (V.3b), mit sich und seinem Leid allein und verlassen, dem drohenden Tod ohnmächtig und hilflos ausgesetzt und ausgeliefert. Das macht seinen Schmerz unerträglich und groß. Sein Herz wird »heiß« in seinem Innern, beim Seufzen entbrennt immer wieder neu ein Feuer in ihm (V.4), dass es aus ihm herausdrängt, wie ein »innerer Vulkan« aus ihm hervorbricht und er zu Gott betet und ruft.

Er bricht nicht sein Schweigen und sein Verstummen, das er vor sich und vor der Welt beschlossen hatte, aber sein Leid und seine Todesnot ist so groß und so unerträglich, dass er nicht alleine damit bleiben und darin aushalten kann. So ruft und betet er verzweifelt zu Gott und bittet ihn um Hilfe. In seiner unerträglichen Not bleibt ihm nur Gott. Zu ihm nimmt er seine Zuflucht. Er bittet Gott nicht, dass sein Leid endet und der Tod an ihm vorübergeht. Er fleht zu Gott, dass er ihn sein Ende »wissen« und seine Vergänglichkeit erkennen lässt (V.5), damit das Ende seines Leidens absehbar und erträglich für ihn wird, aber auch, dass er sich dazu verhalten und sich darauf einstellen kann (vgl. Ps 90,12).

Wir kennen diesen verzweifelten Wunsch und diese »allerletzte« Bitte von Menschen, deren Leiden sich endlos hinzieht und deren Hinfälligkeit unerträglich ist, dass sie sich danach sehnen, ihr Ende zu erfahren und zu wissen, wann es endlich vorüber ist und wann ihr Leiden aufhört. Es gibt Situationen auf der Schwelle des Todes, in denen nur noch der Tod selbst und das Wissen um seine Erlösung Trost und Hoffnung bieten. Wie gut ist es dann, wenn Sterbende jemanden an ihrer Seite haben, dem sie sich anvertrauen, mit dem sie ihre Verzweiflung und ihre Todessehnsucht teilen können, der Anteil nimmt an ihrer Not und ihnen zugleich Anteil gibt an seinem Vertrauen und seiner Hoffnung, dass Gott alles Seufzen und Weinen, alle stummen Hilferufe und verzweifelten Gebete hört. Das geschieht auch, wenn wir diesen Psalm mit Sterbenden beten und einstimmen in die verzweifelten Bitten des Beters, der in seiner Todesnot seine Zuflucht bei Gott sucht und findet.

Um das eigene Ende zu wissen, das »Maß seiner Tage« zu kennen und seine Vergänglichkeit klar und bewusst vor Augen zu haben, kann einen Leidenden und Sterbenden trösten, weil sein Siechtum und seine Schmerzen ein Ende haben werden. Aber zugleich führt es einem jeden und einer jeden auch die eigene Sterblichkeit und Begrenztheit des eigenen Lebens vor Augen, macht sie wahrnehmbar und schmerzlich bewusst, dass sie uns alle trifft und wir lernen müssen, damit umzugehen und unser Leben danach auszurichten.

Der Beter des Psalms hat für sich erkannt, dass die Tage seines Lebens, die er von Gott empfangen hat, sehr begrenzt und schmal wie »Handbreiten« (V.6a) sind und dass seine »Lebenszeit« wie ein Nichts vor Gott ist (V.6b). Jeder Mensch ist nicht mehr als ein »Hauch« (V.6c; vgl. Hi 7,6-7), der kommt und geht wie ein Atemzug Gottes. Das hält er Gott vor, weil von ihm alles Leben kommt und in seiner Macht alles Werden und Vergehen, auch sein Leben steht bis ans Ende. Damit spricht er seine schmerzliche Wahrheit aus, ohne daran verzweifeln zu müssen, denn er stellt seine Vergänglichkeit und Hinfälligkeit in den Horizont von Gottes Gegenwart, in der alles aufgehoben und geborgen ist.

Wie ein »Schattenbild« ist ein jeder und eine jede, geht flüchtig vorüber und macht dabei »Lärm« um Nichts (V.7a.b; vgl. Ps 109,23; Hi 14,2). Er »häuft an«, was er erwerben und besitzen kann, aber er »weiß nicht, wer es einsammeln wird« (V.6c), denn am Ende bleibt ihm nichts als der Tod. Wer so lebt und seine Vergänglichkeit, die Begrenztheit seines Lebens und die eigene Sterblichkeit nicht achtet und lebt, als gäbe es den Tod nicht, dessen Leben vergeht wie ein Hauch und er macht viel Lärm um Nichts. Er lebt und stirbt wie ein törichter Mensch, der nichts davon verstanden hat, woher sein Leben kommt und wohin es geht, und der Gott verachtet, der ihm das Leben anvertraut und geschenkt hat, als Leihgabe und nicht als ein Besitz für immer.

Das erinnert mich an eine Karikatur, auf der man einen menschlichen Schädel im Querschnitt sehen konnte, wodurch man in sein Gehirn schauen und erkennen konnte, woran der Mensch denkt, was er im Sinn hat, was ihn bewegt und worauf er sein Leben ausrichtet. Da standen Begriffe wie: »Freundschaft, Liebe, Familie, Erfolg, Gewinn, Reichtum, Gesundheit, Reisen, Musik, Kunst, Sport [...]« Und darunter stand die Frage: »Wer denkt schon an den Tod?«[501]

Der Psalmbeter sagt: Unsere Lebenstage währen nur ein paar »Handbreiten«, unsere Lebensdauer ist wie Nichts vor Gott, nur ein »Hauch« ist jeder Mensch, ein »Schattenbild«, das vergeht, dabei machen wir viel »Lärm um Nichts« und häufen alles Mögliche im Leben an und wissen nicht, wer es einsammeln wird.

Das Wissen, dass mit dem ersten Tag des Lebens sozusagen »der Rest« begonnen hat und dass alles Streben und Erleben zeitlich begrenzt und sehr vergänglich ist, wollen die meisten Menschen nicht wirklich wahr- und zu Herzen nehmen, weil es sie selbst und alles, was sie zum Inhalt und Sinn ihres Lebens machen, in Frage stellt. Vielmehr versuchen die Menschen ihrem Leben Sinn und Qualität zu verleihen, indem sie danach streben, möglichst viel zu erleben und zu besitzen, als könnten sie durch mehr »Sein oder Haben« ihr Leben vermehren oder verlängern. Doch alles, was wir tun, um das Leben aus eigener Kraft und Fähigkeit, aus eigenem Bestreben und Vermögen zu erfüllen, zu vermehren, zu erhalten und zu sichern, ist ebenso vergänglich und hinfällig wie das ganze Leben des Menschen.

Die Erkenntnis der Vergänglichkeit und der Blick auf das Ende des Lebens können uns ernüchtern und auf den Boden der Realität zurückholen, aber sie können uns auch beunruhigen und verunsichern, ja, verängstigen und deprimieren, wenn es darüber hinaus nichts gibt, woran wir uns halten und worauf wir hoffen können. Alles, was wir Menschen uns sozusagen als Ersatz und Kompensation erschaffen und ersinnen, hat am Ende keinen Bestand, sondern gewährt nur Sinn und Erfüllung für eine sehr begrenzte Zeit – und ist letztlich für das menschliche Bedürfnis und Streben, dem Leben durch »mehr Sein oder Haben« einen bleibenden Sinn und Wert zu verleihen, im wahrsten Sinne des Wortes »enttäuschend«. Aber die Einsicht in die Endlichkeit und Begrenztheit des eigenen Lebens kann uns durch diese Desillusionierung auch einen Perspektivwechsel, einen anderen, neuen Blick auf das Leben und das Sterben erschließen. Wir können lernen, dass wir sterben müssen, und daraus »klug« werden (vgl. Ps 90,12).

Bei einer meiner Pilgerreisen auf den Berg Athos traf ich im Kloster Philotheou einen Mönch, der mich zum Friedhof des Klosters führte und dort zu mir sagte: »The Cimetry is the University of Life!« Dann zeigte er mir das Beinhaus, in dem alle sterblichen Überreste der verstorbenen Mönche verwahrt werden. Die verstorbenen Mönche werden in sehr schlichten Gräbern beigesetzt und nach

---

[501] Quelle unbekannt.

wenigen Jahren werden ihre Gebeine und Schädel ausgegraben und im Beinhaus gestapelt. Was auf den ersten Blick etwas pietätlos scheinen mag, hat eine tiefere Bedeutung, dass alles irdische Leben in seiner Vergänglichkeit sehr real wahr- und angenommen wird als das, was es ist, und der Blick des Glaubens und des Lebens auf das gerichtet werden soll, was unvergänglich ist und Bestand hat vor Gott.

Bedenken, dass wir sterben müssen, und klug werden, konsequent und ehrlich zu realisieren, dass unser Leben vergänglich und endlich ist, könnte bedeuten: alles Leben und Ergehen als geschenkte Zeit wahrzunehmen und zu verstehen, die wir von Gott empfangen und die wir dankbar, achtsam, bewusst und verantwortlich in Ehrfurcht vor Gott gestalten dürfen, aber die nie unser Eigentum wird, das wir besitzen, sammeln oder vermehren können. Unser Leben ist uns von Gott geschenkt, geliehen und anvertraut, gestundet auf Zeit, damit wir es miteinander teilen, vor Gott leben und am Ende wieder zurückgeben. Das heißt, uns vorzubereiten auf jenes letzte Stück des Lebens, das Sterben, auf den Tod vorauszuschauen und ihn vor Augen zu haben, unsere Vergänglichkeit demütig anzunehmen und dankbar den Abschied einzuüben – aber in allem auf Gottes Wirken und Gegenwart zu vertrauen und auf ihn allein zu hoffen im Leben und im Sterben.

Im Bewusstsein seiner Vergänglichkeit und im Angesicht des Todes ruft der Beter zu Gott: »Und nun, mein Herr, was habe ich zu erwarten? Meine Hoffnung beruht auf dir!« (V.8) In seiner Hinfälligkeit und Not harrt und hofft er einzig noch auf Gott. Auf ihn allein setzt er seine letzte Hoffnung, von ihm allein erwartet er Hilfe.[502] Er bleibt seinem Gott treu bis ans Ende und hält an ihm fest, als er alles andere loslassen muss, weil er sich nur bei dem, der das Leben schenkt und in seiner Hand hält, im Sterben geborgen und aufgehoben weiß, weil er allein ihm zutraut und von ihm erwartet, dass er in seiner begrenzten und vergänglichen Zeit, die ihm bis zum Tode bleibt, gegenwärtig ist und sein Leben offen hält.

So bittet er Gott ganz direkt, dass er ihn aus allen seinen Verfehlungen errettet, auf die er seine Not zurückführt, und ihn nicht dem Hohn und Spott des Törichten aussetzt (V.9), der über sein Leiden lästert und Gott leugnet. Doch dann verstummt er und öffnet seinen Mund nicht mehr, denn er weiß und bekennt, dass Gott es so gefügt und gewirkt hat mit ihm (V.10). Verzweifelt schreit er um Hilfe zu Gott und ergibt sich sodann schweigend in Gottes Willen, weil er erkennt und sieht, dass Gott hinter, in und über allem wirkt. War zu Beginn sein Schweigen noch selbst auferlegt (vgl. V.2–3), um sich nicht zu rechtfertigen und Gott nicht anzuklagen, so geschieht es nun aus der Einsicht und Einstimmung in Gottes Handeln. In der Verzweiflung vertraut er auf Gott, daraus wächst seine Gewissheit, dass er mit allem in Gottes Hand ist.

---

[502] Vgl. Kraus, Psalmen 1–59, 454.

Was ihm widerfährt, was er leidet, geschieht durch Gott, auf ihn allein hofft und vertraut er, darum kann er zu Gott seine Zuflucht nehmen gegen Gott und Gott bitten, dass er, der ihn der Vergänglichkeit und dem Sterben preisgibt, seine »Plage« von ihm nimmt, weil er unter dem »Schlag seiner Hand« (V.11) vergeht. Er hat erkannt und spricht vor Gott aus, dass Gott einen jeden und eine jede wegen ihrer Schuld mit Strafen züchtigt und wie Motten ihre schöne Gestalt zerfallen lässt. Denn jeder »Mensch ist nur ein Hauch«, der kommt und geht, vor Gott (V.12).

Er hat es eingesehen und verstanden, wie es um ihn steht, darum kann er am Ende Gott bitten, dass er sein Gebet »hört«, ja, sein »Geschrei zu Ohren nimmt« und »zu seinen Tränen nicht schweigt« (V.13a–c). Im Gegensatz zu seinem eigenen Schweigen und Verstummen hofft und fleht er zu Gott, dass er ihn hört und nicht über seiner Not schweigt. In allem, was ihn getroffen hat und was er annimmt, hofft er nun einzig und allein nur noch darauf, dass Gott über seinem Beten, Flehen und Ringen nicht verborgen und stumm bleibt, sondern sich ihm zeigt und zu erkennen gibt.

Dabei hält er Gott vor, dass er doch nur »ein Fremdling«, »ein Beisasse« ist wie seine Väter (V.13d.e), denen Gott Schutz und Beistand gewährt hat. In seinem flüchtigen Dasein sieht er sich wie ein »Gast«, der keine Bleibe auf Dauer hat und kein Recht auf Heimat, aber der unter dem Schutz und der Obhut seines Gottes bleibt. Er erinnert sich selbst und Gott daran, um sich in seiner Verzweiflung seiner Gewissheit Gottes zu versichern.

Am Ende beschließt er sein Gebet mit der Bitte: »Blicke weg von mir, dass ich heiter werde, bevor ich gehe und nicht mehr bin!« (V.14) Seinen Tod und sein Ende vor Augen bleibt dem Beter nur noch die verzweifelte Bitte, Gott möge seinen Blick von ihm abwenden, damit seine Zeit, die ihm noch verbleibt, erträglich und leichter werde. Wenn sich sein Geschick nicht mehr wenden wird und er den letzten Weg zu Ende gehen muss, dann möge Gott doch gnädig mit ihm sein und wegsehen von ihm, damit er seine letzten Tage »heiter und unbeschwert« erleben kann.

Mag dieser letzte Wunsch des Sterbenden auch auf den ersten Blick widersprüchlich klingen und im Gegensatz stehen zu den vorausgehenden, eindringlichen Bitten um Linderung und Erlösung, so ist und bleibt er doch konsequent im Vertrauen auf den Gott, von dessen Macht sich der Beter umfangen erlebt und weiß. Er ist sich seines Gottes so gewiss, dass er ihn sogar um sein »Wegschauen«, »Absehen von ihm« und »Nicht-mehr-Beachten und -Wahrnehmen« bitten kann (vgl. dazu auch Hi 14,6), und er sich davon erhofft, dass seine letzten Tage »heiter und unbeschwert« werden. Sein Vertrauen und seine Hoffnung auf Gott reichen sozusagen über die Verborgenheit und die Abwendung Gottes, um die er bittet, hinaus, und schließen darin die Erwartung von Gottes mäßigendem, erleichternden und erlösenden Handeln ein.

Wie Hiob sucht und findet der Beter in seiner Not und Ohnmacht Zuflucht bei Gott gegen Gott und wird damit zu einer Hoffnung für alle, die sich im Leiden und Sterben von Gott verlassen fühlen, dass sie sich dennoch betend und hoffend in Gottes Schutz und Obhut flüchten können. Für die Vergänglichkeit und den Tod hat er keine lösende und befreiende Antwort, aber er hält für alle Sterbenden bis zuletzt die Frage nach Gott offen, so dass niemand »gottlos« und »gottverlassen« sterben muss, weil er selbst in der Verzweiflung und im Sterben, aus dem es kein Entrinnen gibt, vor Gott bleibt. Damit behält nicht das Leiden und der Schmerz, auch der Tod nicht die Oberhand, sondern auch im Gehen und Sterben bleibt alles in Gottes Obhut und Macht.

Psalm 90 Lehre uns bedenken, dass wir sterben müssen![503]

V.1 Ein Bittgebet, von Mose, dem Mann Gottes.
V.2 (Mein) Herr, du warst für uns Zuflucht[504] von Generation zu Generation. Bevor die Berge geboren wurden und die Erde und die Welt hervorgebracht wurden, bist du, Gott, von Ewigkeit zu Ewigkeit.
V.3 Du lässt den Menschen zum Staub zurückkehren und du sprichst: »Kehrt zurück, Menschenkinder!«
V.4 Denn tausend Jahre sind in deinen Augen wie der Tag gestern, wenn er vorübergeht, und wie eine Wache in der Nacht.
V.5 Du schwemmst sie weg[505], sie sind wie ein Schlaf, wie Gras, das am Morgen sprosst.
V.6 Am Morgen blüht es und wächst, bis zum Abend verwelkt es und verdorrt.
V.7 Denn wir sind vergangen durch deinen Zorn und durch deine Zornesglut[506] wurden wir erschreckt.
V.8 Du hast unsere Verfehlungen[507] vor dich hingestellt, unser Verborgenes[508] in das Licht deines Angesichts.
V.9 Denn alle unsere Tage vergehen durch deinen Zorn, wir vollenden unsere Jahre wie einen Seufzer.

---

[503] Zur Übersetzung vgl.: Janowski, Anthropologie, 543–544; Ruwe, Psalmen, 137–138; Weber, Werkbuch Psalmen II, 117–118.
[504] Oder: »unser Unterschlupf«/»unsere Zufluchtstätte«.
[505] Oder: »Du hast sie mit Schlaf überschwemmt«.
[506] Oder: »deinen Grimm«.
[507] Oder: »unsere Sünden«.
[508] Oder: »unser Heimliches«.

8 Von der Vergänglichkeit und Hoffnung des Menschen

V.10 Die Tage unserer Jahre[509] sind 70 Jahre, und, wenn bei Kräften, 80 Jahre. Und ihr (stolzes) Mühen ist nur Mühsal und Beschwernis, denn schnell[510] geht es vorbei und wir fliegen dahin.
V.11 Wer erkennt die Macht deines Zorns und gemäß der Furcht vor dir deinen Grimm?
V.12 Unsere Tage zu zählen, das lasse uns erkennen[511], dass wir ein weises Herz[512] einbringen[513].
V.13 Kehre doch um[514], JHWH, – wie lange noch? – und erbarme dich deiner Knechte!
V.14 Sättige uns am Morgen mit deiner Gnade, so wollen wir jubeln und uns freuen an allen Tagen!
V.15 Erfreue uns gemäß den Tagen, an denen du uns gebeugt hast[515], gemäß den Jahren, die wir Unheil sahen!
V.16 Sichtbar werde dein Wirken an deinen Knechten und deine Herrlichkeit[516] über ihren Kindern!
V.17 Und es sei die Freundlichkeit meines Herrn, unseres Gottes, über uns und das Werk unserer Hände fördere doch über uns hinaus, ja, das Werk unserer Hände – fördere es!

»carpe diem!«
»Zeige dich klug:
kläre den Wein,
stelle der Hoffnung Flug
auf das Heute nur ein!
Neidisch entflieht,
während du sprichst, die Zeit;
schenk dem kommenden Tag nimmer Vertrau'n,
koste den Augenblick!«[517]

In dem Personalzimmer einer Kindertagesstätte leuchtet mir von der weiß getünchten Wand in roter Schrift das »carpe diem« von Horaz entgegen. Es fängt

---

[509] Oder: »unseres Lebens«.
[510] Oder: »eilends«.
[511] Oder: »lehre uns«.
[512] Oder: »ein Herz von Weisheit«.
[513] Oder: »ernten«.
[514] Oder: »Kehre doch zurück«.
[515] Oder: »bedrückt hast«.
[516] Oder: »dein Glanz«.
[517] Horaz, Oden. Buch I,14, zit. in Schneider-Flume, Glaubenserfahrung, 126.

meinen Blick und irritiert mich für einen Moment: Dieses Wort wirkt an diesem Ort, wo junge Menschen ins Leben begleitet und zum Leben ermutigt und in ihrer Entwicklung gefördert werden sollen, auf den ersten Eindruck unpassend, unstimmig, ja, »kontra-indiziert«, wie ich finde. Aber dann wird mir bewusst, dass die Erzieherinnen dieses Wort zu ihrem Leitspruch, ja, zum Leitbild ihres Menschenbildes gemacht haben, an dem sie sich in der Arbeit mit den Kindern orientieren wollen: die Kinder befähigen, ihre Zeit dankbar und achtsam, interessiert und lustvoll, verantwortlich und fröhlich zu entdecken und zu gestalten als ihr Leben! In Anbetracht aller möglichen postmodernen Erziehungstheorien mag dieser Grundsatz auf den ersten Blick etwas anachronistisch wirken, aber er stellt das Leben von Anfang an in einen anderen, weiteren und tieferen Horizont, der über die Kindheit hinaus das ganze Leben prägen und tragen kann.

Entgegen der postmodernen Multioptionalität des Lebens stellt der Psalm die Begrenzung und Endlichkeit als conditio humana in den Mittelpunkt und erschließt dem Beter mit seiner weisheitlichen Perspektive auf die Vergänglichkeit des Lebens einen anderen Blick auf die Lebenszeit, der ihre Endlichkeit realisiert und darin ihren unendlichen Wert als Gabe Gottes und als Möglichkeit der Erfüllung und des Glücks erschließt.

Während in unserer Gesellschaft zum einen das Sterben und der Tod, sowie der Umgang damit weitgehend aus dem öffentlichen Leben verdrängt worden sind, wird in der gegenwärtigen Debatte um selbstbestimmtes Sterben das eigene Lebensende und der Tod als wählbare und frei gestaltbare Option verhandelt. Dabei fällt auf, dass sowohl die Verdrängung wie die »optionale Wählbarkeit« des Lebensendes dieses selbst als Grundbedingung menschlichen Lebens nicht wahrnehmen und annehmen, sondern ignorieren. Das hat zur Folge, dass eine Auseinandersetzung mit dem Tod nicht stattfindet und die Frage nach dem Sinn des menschlichen Lebens unter der Perspektive der Endlichkeit und Vergänglichkeit nicht gestellt wird.

Daran hat auch die schockierende Erfahrung der Corona-Pandemie nichts geändert, die unzählige Opfer gefordert, den Tod öffentlich wahrnehmbar gemacht und allen Menschen die Sterblichkeit auf beängstigende Weise vor Augen geführt hat, weil die erschütternden Bilder und Zahlen der Toten und ihrer trauernden Angehörigen auf erschreckende Weise ebenso schnell wieder in den Hintergrund gerückt, ja, zur »neuen Normalität« erklärt und verdrängt worden sind.

Der Psalm hält uns das Vergehen und das Ende unseres Lebens als conditio humana realistisch, ehrlich und schonungslos vor Augen, nicht um die Menschen zu entmutigen und in Ängste und Depressionen zu stürzen, sondern um uns die Augen für den Wert dieses endlichen Lebens zu öffnen und nach seinem bleibenden Sinn und Ziel zu fragen. Wenn wir uns darauf einlassen, können wir mit dem Psalmbeter unser vergängliches Leben als geschenkte Zeit und als Leben in der Gegenwart Gottes erkennen, das wir dankbar annehmen, demütig achten und verantwortlich gestalten können. Wenn wir diese Möglichkeit nicht realisieren, dann versäumen und verfehlen wir letztlich unser Leben und vertun unsere einzigartige, kostbare Lebenszeit. Darum hat der Psalm mit seinem memento mori in der Beerdigungsliturgie seinen festen Platz und verweist die Lebenden angesichts des Todes auf den Sinn und das Ziel des Lebens.

Als »Gebet des Mose« (V.1) nimmt uns der Psalm hinein in die Glaubensgeschichte des Volkes Israel mit seinem Gott und stellt die Frage nach dem Sinn menschlichen Lebens im Angesicht seiner Vergänglichkeit und Endlichkeit im Horizont der uralten, generationsübergreifenden und verlässlichen Erfahrung der Treue und Zuwendung Gottes. Nach der Klage der individuellen Krise in Ps 88 und des Untergangs des davidischen Königreiches in Ps 89 greift Psalm 90 weit zurück auf die Exodus- und Sinai-Tradition und stellt sich in die »Fußspuren« des Mose als »Gottesmann« (V.1), dessen Gestalt als Mittler und Beter (vgl. Ex 3 u. 32; Dtn 32 u. 33) für das Volk Israel Ausdruck der frühen und übergreifenden Erfahrung der Gottesnähe und -verbundenheit ist. Wer diesen Psalm betet, knüpft an diese Tradition an und stellt sich selbst und seine Anliegen in die Geschichte des Gottes, der sich immer wieder als treu, liebend, fürsorgend und barmherzig erwiesen hat.

Diese frühen und generationsübergreifenden Glaubenserfahrungen der Geborgenheit Gottes sind es, die es dem Beter ermöglichen, sich selbst und uns die Endlichkeit und Vergänglichkeit des Lebens schonungslos und unabweisbar vor Augen zu halten und ins Bewusstsein zu holen, ohne daran verzweifeln zu müssen, sondern durch das Bedenken des Endes den unendlichen Wert des Lebens zu erschließen. So eröffnet der Psalmbeter sein Gebet mit der Anrufung Gottes als »Zuflucht von Generation zu Generation« (V.2) und schließt es mit der Bitte um die »Freundlichkeit Gottes« (V.17), die über alles Vergängliche hinaus strahlen und wirken möge. Auffallend und sprachlich besonders schön ist dabei die Umkehrung der Lautfolge in den beiden hebräischen Begriffen »Zuflucht« und »Freundlichkeit« Gottes[518], die darauf verweist, dass sich über den Anfang und das Ende des Lebens hinaus in Gottes »Zuflucht« und »Freundlichkeit« seine ewige Treue erweist.

Mit dem Psalm rufen wir zu dem Gott, der sich von Generation zu Generation als Zufluchtsstätte seines Volkes erwiesen und der sich seinen Gläubigen von Uhrzeiten an als zuverlässiger Schutz und Zuflucht bewährt hat. Er ist derselbe, der schon da war, »bevor die Berge geboren wurden und die Erde und die Welt hervorgebracht wurden«, der Gott ist und war und sein wird »von Ewigkeit zu Ewigkeit« (V.2). Der Gott, der den Seinen beisteht, ihnen in allen Nöten und Bedrängnissen Zuflucht, ja, »Unterschlupf«[519] (V.2) gewährt und sich darin als treu und verlässlich erweist über die Generationen hinweg, ist derselbe Gott, der

---

[518] Vgl. dazu Weber, Psalmen Werkbuch II, 120.
[519] Gemäß dem ursprünglichen Wortsinn.

in »seiner weltüberlegenen Souveränität und Ewigkeit«[520] die Macht und die Herrschaft über alles hat, was ist, und der vor aller Zeit war und über alle Zeit hinaus Gott sein und bleiben wird.

Vor dem ewigen Gott, der dem Menschen Leben eingehaucht und geschenkt hat (Gen 2,7), erfährt und erkennt der Beter seine eigene zeitliche Begrenztheit und Vergänglichkeit, dass er am Ende des Lebens »zum Staub zurückkehrt« (V.3), weil der Gott des Lebens die Menschen zur Erde »zurückkehren lässt«, von der sie gekommen und genommen sind (vgl. dazu auch Ps 103,14; 104,29; 146,4; Koh 12,7). Er beschreibt dies zunächst als »natürlichen Werdegang« des Menschen. Wenn der Mensch als Lebewesen (naepaesch) seinen Lebensatem, den er von Gott empfangen hat, aushaucht, kehrt er zur Erde zurück und wird zu Staub.

Zugleich erinnert uns der Psalm daran, dass die Rückkehr des Menschen zur Erde die Konsequenz des menschlichen »Sündenfalls« (Gen 3) ist, die Gott dem »abgefallenen« Menschen angewiesen hat und widerfahren lässt: »Denn Staub bist du und zum Staub kehrst du zurück« (Gen 3,19). Weil die Menschen sich über das, was sie sind und vor Gott sein sollen, erheben und mehr sein wollen (Gen 3,5; 11,4), ja, sich zur Mitte und zum Maß der Welt machen, verwirken, verlieren, verderben sie, was sie von Gott her und vor Gott sein sollen, und kehren dahin zurück, woher sie kommen, zur Erde. Ja, Gott ruft uns dahin zurück, woher wir kommen. Wo wir uns selbst überschreiten und wie Gott sein wollen, da ruft Gott uns zu unserem Ursprung zurück, an den Anfang, den er mit uns gemacht hat. Das ist keine Strafe, sondern Erinnerung, Rückführung zur eigentlichen Bestimmung, Besinnung, Gewahrnis und Erkenntnis, was und wer wir vor Gott sind und sein sollen.

Dagegen ist und bleibt Gott immer derselbe, von Ewigkeit zu Ewigkeit ist sein Dasein, vor allem Werden und über alles Vergehen hinaus, für uns Menschen unvorstellbar und unbegreiflich. »In Gottes Augen sind tausend Jahre wie der gestrige Tag und wie eine Nachtwache«, die schnell vorübergegangen sind (V.4). Aus der Perspektive von Gottes Ewigkeit ist die Zeitlichkeit des Menschen nur ein winziger, flüchtiger Moment von verschwindend kurzer Dauer (vgl. dazu auch Ps 39,6). Die Menschen »sind wie ein Schlaf«, sie schwinden dahin, als würden sie vom flüchtigen Strom der Zeit weggeschwemmt, dem Gott sie überlässt (V.5). Nichts von ihnen hat Beständigkeit und nichts bleibt. Sie vergehen und werden vergessen für immer.

Die Metaphorik des »Schlafes« erinnert an die vielen Todesanzeigen und Grabinschriften, in denen Hinterbliebene den Tod ihrer Verstorbenen mit »dem Einschlafen und Entschlafen oder der Ruhe« vergleichen, was die Erwartung eines Aufwachens nach einer Zeit der Erholung, Regeneration oder Wiedergeburt offen hält. Aber hier ist der Schlaf »keine positive Metapher der ewigen Ruhe, sondern Bezeichnung einer Schattenexistenz im Totenreich ohne Erinnerung: Die

---

[520] Vgl. Kraus, Psalmen 60–150, 598.

Toten gehen ein in ›das Land des Vergessens‹ (Ps 88,15), wo sie selbst alles vergessen haben und wo auch sie vergessen sind – von den Lebenden und von ihrem Gott (vgl. Ps 31,33)«.[521]

Der Mensch ist in seinem Leben »wie Gras, das am Morgen sprosst. Am Morgen blüht es und wächst, bis zum Abend verwelkt es und verdorrt« (V.5b–6). Der Mensch ist Teil der Natur, die wächst und blüht, Frucht trägt und aussät, aber darüber schnell vergeht und stirbt (vgl. Ps 103,15–16). Man hat bei dieser Naturmetapher vom schnell verwelkenden Gras sofort die Vegetation und das Klima des vorderen Orients vor Augen, »wie das Gras, das vom glühenden Ostwind im Frühling von einem Tag auf den anderen zum Welken gebracht werden kann (90,5 f 102,12 f 103,15 f 129,6 […]). So unsäglich vergänglich und verletzlich ist der Mensch, während Gott für immer bleibt«[522].

Doch wenn wir für uns selbst und unser eigenes Leben realisieren und zu Herzen nehmen, dass wir mit jedem Tag, jeder Stunde und jedem Atemzug vergehen, ja, unaufhaltsam dem Ende des Lebens entgegengehen, weckt das bei vielen Menschen Widerstände, Schrecken, Ängste und Sorgen, die sie in Unruhe versetzen und antreiben, möglichst viel aus ihrem begrenzten und endlichen Leben zu machen, bevor alles vorüber ist. Das bringt eine große Vielfalt von Haltungen, Aktivitäten und Versuchen hervor, die eigene Vergänglichkeit durch »mehr« Leben, Arbeit, Aktivität, Mobilität, Reisen, Besitz, Genuss kompensieren zu wollen – aber ohne Erfolg, denn wir vergehen und verwelken unaufhaltsam »wie Gras« (V.6).

Das macht die Vergänglichkeit, die Hinfälligkeit und die Endlichkeit des Lebens zu einem immerwährenden Anstoß und einem bleibenden Ärgernis. So erhebt der Beter seine Anklage gegen Gott (V.7–10): »Warum schwindet das Leben der Menschen so plötzlich dahin? Warum ist es so unaussagbar kurz?«[523] Der Psalm antwortet selbst mit seinem Bekenntnis, dass es unsere Verfehlungen und Sünden sind, die Gott sieht und ans Licht bringt (V.8), die Gottes Willen entgegenstehen und in der Konsequenz selbstzerstörerisch gegen uns selbst wirken, dass wir an »Gottes Zorn vergehen« und »durch seine Zornesglut erschreckt« werden (V.7; vgl. dazu Gen 3,19; Hi 14,1–5).

Der Gott, der von Generation zu Generation Zuflucht und Schutz der Menschen ist, der vor allem und über alle Zeit hinaus Gott ist, der dem Menschen das Leben einhaucht und schenkt, ist derselbe, der dem Menschen Grenzen setzt, ihn auf seine Endlichkeit verweist, durch sein machtvolles Wirken den Menschen zurückruft zu dem Ursprung, von dem er genommen und gekommen ist. Warum tut Gott das? Er führt die Menschen zu ihrer Bestimmung zurück und will, dass

---

[521] Zenger, Psalmen I, 428.
[522] Keel, Die Welt der altorientalischen Bildsymbolik, 218.
[523] Kraus, Psalmen 60–150, 799.

sie erkennen, wer und was sie vor Gott sind, und ihnen ein Leben vor Gott in Ehrfurcht, Demut, Humanität ermöglichen.

Das Wirken Gottes, das der Psalm als »Zorn Gottes« bezeichnet und das den Menschen, der sich gegen Gott und über Gott erheben will, in seine Grenzen weist und zu seinem Ursprung zurückruft, von dem er gekommen und genommen ist (V.3), damit er sich seiner selbst als Geschöpf Gottes besinnt und bewusst wird, ist letztlich Gottes »Widerspruch gegen die Sünde, die den Menschen/Israel seiner geschöpflichen Bestimmung entfremdet«[524]. Darum ist Gottes »Zorn« keine negative Eigenschaft, die im Widerspruch steht zu seiner Barmherzigkeit, Güte und Treue, auch keine destruktive Haltung, die vergelten, zerstören und vernichten will, sondern »ein Ausdruck« von Gottes fürsorgendem und schützendem Handeln, das in seinem unteilbaren, konsequenten und unerschöpflichen Willen zur Erhaltung und Bewahrung des geschaffenen Lebens und seiner Heilsordnung gründet.

So »vergehen alle unsere Tage durch Gottes Zorn und alle unsere Jahre wie ein »Seufzer« (V.9), weil alle unsere Verfehlungen und Vergehen, sowie alles Verborgene in unseren Herzen, das dem Willen Gottes entgegensteht, vor ihm offen liegen, ja, im »Licht seines Angesichtes«, sind. Alles ist vor Gottes Angesicht, nichts bleibt ihm verborgen, nicht weil Gott nach unserem Leben trachtet, uns verfolgen und bis ins Innerste ausspionieren und observieren will, sondern um uns mit den Folgen unseres Handelns und unserer Gesinnung zu konfrontieren, uns zur Einsicht und zu einem neuen Selbst- und Gottesverständnis zu bringen, in dem wir sehen und verstehen, was und wer wir vor Gott sind und sein können.

Unser ganzes Leben steht unter dem Vorzeichen der Vergänglichkeit. Auch wenn es – bei besten Kräften – beachtliche 70 oder 80 Jahre währen mag, so ist und bleibt doch alle Anstrengung »nur Mühsal und Beschwernis, denn schnell geht es vorbei«, als flögen wir davon (V.10). »Welche Hoffnung bleibt dem Menschen angesichts dieser Lebens- und Todesfuge? Die Antwort besteht in der Bitte – nicht wie in den klassischen Klageliedern des Einzelnen um Rettung vom Tod(esgeschick), sondern – um die Fähigkeit, mit dem Wissen um die eigene Vergänglichkeit ›weise‹ umzugehen.«[525]

Die weisheitliche Mitte des Psalms liegt nun genau darin, die Vergänglichkeit des Menschen, die durch die Wirkmacht von Gottes Zorn zur conditio humana geworden ist, zu erkennen (V.11) und zu verstehen, dass die begrenzte, endliche Zeit, die wir haben, geschenktes, anvertrautes, unendlich wertvolles Leben vor Gott ist, weil wir in Gottes Gegenwart, die von Ewigkeit zu Ewigkeit reicht, alle Zeit geborgen sind (V.2). Doch diese Erkenntnis, Einsicht und Weisheit kann nur Gott uns gewähren und ermöglichen. So bittet der Psalmbeter, Gott möge uns

---

[524] Janowski, Ein Gott, der straft, 172.
[525] Janowski, Anthropologie, 544.

»lehren, unsere Tage zu zählen, dass wir einbringen ein weises Herz« (V.12; vgl. Ps 39,5). Unsere Tage zu zählen, unsere eigene Vergänglichkeit und Endlichkeit wahrzunehmen, zu realisieren, als zu uns und unserem Leben gehörig anzunehmen, ja, uns damit vertraut zu machen und anzufreunden, das kann unsere Perspektive verändern, dass »unser Herz zur Weisheit« gelangt, dass wir die einzigartige Bedeutung und den unermesslichen Wert jedes einzelnen Tages und jeder Stunde erkennen und darin ein Geschenk Gottes sehen, das uns anvertraut ist und das wir sinnvoll, gelingend und verantwortlich vor Gott gestalten sollen. Doch um diese »Weisheit des Herzens« als Ertrag und als »Summe« unseres Lebens »einbringen«, ja, umsetzen, realisieren und verwirklichen zu können, müssen wir durch Gott »lernen, unsere Tage zu zählen« (V.12) und erkennen, wer wir vor Gott sind und sein sollen.

Unser Leben ist »auf Widerruf gestundete Zeit«[526], die Gott uns schenkt und anvertraut, damit wir verantwortungsbewusst und sinnvoll damit umgehen. Doch wir leben, als wäre die Zeit, die wir haben, unendlich, als wäre das Leben unser Eigentum, unerschöpflich und verfügbar für immer. Wenn wir begreifen und verstehen, dass wir mit jedem Tag und jedem Atemzug vergehen, auf den Tod hin leben, unweigerlich und unaufhaltsam auf den Tod zugehen, können wir mit dem Psalmbeter »lernen«, alles vom Standpunkt der Endlichkeit und der faktischen Realität der Vergänglichkeit des eigenen Lebens zu sehen und zu reflektieren, ja, unsere begrenzte Lebenszeit als Gabe, als unendlich wertvolle Leihgabe Gottes zu verstehen, mit der wir demütig, ehrfürchtig, achtsam, dankbar und verantwortlich umgehen sollen, damit unsere begrenzte Lebenszeit mit Sinn erfüllt wird und wir Anteil an Gottes unendlicher Lebensfülle haben.

Mit dieser »weisen Erkenntnis des Herzens«, die Gott allein durch das Bewusstsein der Endlichkeit in uns wecken und uns zuteilwerden lassen kann, gewinnt unser Leben einen Sinn und eine Qualität, die auch in Anbetracht seiner Endlichkeit und Vergänglichkeit Bestand hat und den unendlichen Wert von jedem Tag und jeder Stunde erfahrbar und erlebbar macht, weil »das vergängliche Leben mit seinen gezählten Tagen nicht vom Tode bestimmt ist, sondern in seiner befristeten Zeit gleichwohl von Gott«[527].

Leben ist und bleibt auch in seiner Vergänglichkeit und Begrenztheit Leben von Gott und vor Gott, darum ist das Gelingen und die Erfüllung des Lebens allein durch Gottes Barmherzigkeit und Gnade möglich. So bittet der Psalmbeter als Reaktion auf die »Rückkehr des Menschen zu Staub« (V.3) seinen Gott: »Kehre doch um, JHWH, – wie lange noch? – und erbarme dich deiner Knechte!« (V.13) In seiner unumkehrbaren Todesverfallenheit ruft und bittet er Gott um seine »Rückkehr«, um die Zuwendung seines Angesichts und seiner wirksamen Gegenwart, dass sie trotz der Vergänglichkeit und Endlichkeit des Lebens für ihn

---

[526] Bachmann, Die gestundete Zeit, 18.
[527] Schneider-Flume, Glaubenserfahrung, 129.

und für alle, »die auf JHWH vertrauen (Ps 91) und die ihren konkreten Alltag als ›Gerechte‹ leben (Ps 92)«[528], sichtbar, wahrnehmbar, wirksam, erfahrbar und bedeutsam werde (V.13-17).

Mit den konkreten Folgen und erfahrbaren Merkmalen des vergänglichen Lebens vor Augen (vgl. V.3-10) bittet der Psalmbeter Gott, dass er »uns sättige am Morgen mit seiner Gnade, so dass wir jubeln und uns freuen an allen Tagen« (V.14). Schon am »Morgen« beginnt das »Vergehen des Menschen wie Gras« (V.5b-6), darum soll Gott auch am »Morgen« mit seinem Heilswirken zu uns zurückkehren und sich uns neu zuwenden mit seiner Barmherzigkeit und Güte, damit wir Freude haben »an allen Tagen« unseres Lebens und nicht im »Seufzen« (V.9) gefangen bleiben. Nur Gottes wirksame, heilsame Gegenwart kann bewirken, dass wir in der flüchtigen Zeit, die schnell dahin strömt, eine Freude erleben und finden, die nicht vergeht, sondern alle Zeit überstrahlt und das ganze Leben erhellt.

Gott möge uns »erfreuen gemäß den Tagen, an denen wir gebeugt und bedrückt worden sind« von der Flüchtigkeit, der Hinfälligkeit und der Sterblichkeit unseres Lebens, und »gemäß den Jahren, die wir Unheil sahen« (V.15), weil wir dem Tod preisgegeben sind. So lange, wie der Tod uns beherrscht hat, möge nun die Freude Gottes am Leben und an seiner Gegenwart uns erfüllen und bestimmen, damit unser endliches Leben gelingen und glücken kann und nicht von dem »Schmerz der Sterblichkeit und Vergänglichkeit« erdrückt wird.

In allem endlichen und vergänglichen Leben »möge Gottes Wirken sichtbar werden an seinen Knechten«, an allen, die auf ihn vertrauen und nach seiner Gerechtigkeit leben, und seine »Herrlichkeit über ihren Kindern« (v.16), damit wir Anteil haben an seiner Fülle, an seiner Macht und seiner Beständigkeit – in unserem begrenzten Leben und darüber hinaus, in dem Leben der nachfolgenden Generationen. Wenn Gottes Wirken und seine Herrlichkeit in unserem endlichen, vergänglichen Leben und im Leben unserer Kinder aufleuchtet und sichtbar wird, verleiht es jedem Tag unseres Lebens eine unendliche, wertvolle Bedeutung, die über die Grenze und die Endlichkeit unseres Lebens hinausreicht.

»Und die Freundlichkeit meines Herrn, unseres Gottes, sei über uns und das Werk unserer Hände fördere doch, über uns hinaus, ja, das Werk unserer Hände – fördere!« (V.17) Gottes freundliche und fürsorgende Zuwendung lässt uns leben und kann »dem Werk unserer Hände« über den Tag und über unser Leben hinaus Beständigkeit, Festigkeit und bleibende Bedeutung verleihen, die uns und unser Leben überschreiten, weil wir durch seine wirksame Gegenwart an der ewigen Fülle seines Lebens Anteil haben. Was wir anfangen und beginnen in unserem Leben, können wir (am Ende) loslassen und Gott anvertrauen, er wird es fördern, stärken, wachsen und Frucht tragen lassen, weil sein Segen sich darin erweist und vermehrt.

---

[528] Zenger, Psalmen I, 432.

Wenn wir den Psalm mit- und nachbeten, werden wir damit konfrontiert, dass unser Leben unter dem Vorzeichen der Endlichkeit und Vergänglichkeit steht, aber zugleich in den weiten, unendlichen Horizont der Gegenwart Gottes hineingenommen und gestellt, bei dem wir »Zuflucht« und Schutz finden können »von Generation zu Generation«, der »von Ewigkeit zu Ewigkeit Gott ist« (V.2) und dessen »Freundlichkeit« über uns und über »das Werk unserer Hände hinaus« (V.17) wirksam sein wird. Wenn wir unser Leben als Gabe Gottes annehmen, die uns geschenkt und anvertraut ist, dann erschließt sich uns in unserem begrenzten Leben und vergänglichen Tun ein Sinn und eine Bedeutung, die darüber hinausweisen auf Gottes unendliche Herrlichkeit, Fülle und Macht, die in unserer Endlichkeit aufleuchtet und durchscheint, weil es Leben von Gott und vor Gott ist.

Wir sind vergänglich, unser Leben, das heute währt und »morgen« vorüber sein wird, läuft unaufhaltbar dem Tod entgegen, aber wir sind und bleiben Teil einer größeren, sinnvollen, umgreifenden Ordnung des Lebens und der Schöpfung Gottes, die er erhält und bewahrt durch sein Wirken und seine Macht. Wir haben Anteil daran und unseren Platz darin, weil Gott uns freundlich, fürsorgend und barmherzig zugewandt ist und bleibt. Das macht uns frei von dem falschen Verständnis und Bewusstsein, die Endlichkeit und Vergänglichkeit unseres Lebens durch »Multioptionalität« kompensieren und letztlich verdrängen zu können. Wir können betend mit dem Psalm einüben, empfänglich und bereit zu werden, jeden Tag und jeden Augenblick bewusst und dankbar als Gabe Gottes anzunehmen, ihre Einmaligkeit und ihren unermesslichen Wert zu begreifen und demütig, achtsam und verantwortlich damit umzugehen – denn sie gehen schnell vorüber, aber sie bergen das Glück und die Fülle Gottes in sich, an denen wir teilhaben und die wir erleben dürfen.

Doch wenn Menschen den Tod vor Augen haben, ihre Hinfälligkeit und Vergänglichkeit täglich nicht nur vorausschauend erkennen, sondern erleben, spüren und erleiden, wenn ihre Lebensmöglichkeiten abnehmen, ihre Gesundheit schwindet, ihr Lebenskreis immer kleiner und enger wird, wenn jede Aktivität, die bisher ihr Leben erfüllt hat, nur noch beschwerlich oder nicht mehr möglich ist – dann wird die »Gabe des Lebens« zur Herausforderung, die geduldig, demütig und hoffentlich dankbar zu bewältigen ist.

In meiner seelsorgerlichen Begleitung vieler, leidender und sterbender Menschen habe ich erfahren, wie schwer und schmerzhaft es ist, vom Leben Schritt für Schritt Abschied zu nehmen, weil es weniger und leidvoller wird, und daran nicht zu verzweifeln und zu verbittern, sondern auf das zurückzuschauen, was das Leben gut, sinnvoll und lebenswert gemacht und erfüllt hat, dafür zu danken und es dann Stück für Stück, Schritt für Schritt loszulassen. Das rührt eine tiefe Traurigkeit an, die davon weiß, dass nie wiederkehrt, was vergeht. Aber nur wenn es uns gelingt, dankbar und traurig loszulassen, was unser Leben gewesen ist, können wir uns öffnen für das, was es am Ende bleibt. Nur dann kann sich der Blick für das öffnen, was sich trotz allem, immer noch und neu an

Lebensmöglichkeiten erschließen kann, wenn wir dafür bereit und empfänglich sind.

Ja, auch auf der letzten Wegstrecke ist und bleibt das Leben Gabe und Geschenk Gottes, mit dem wir Anteil haben an seiner Güte und Fülle. Das wird sehr elementar spürbar und erfahrbar, wo sich unser Alltag und dessen Bewältigung auf die kleinen, notwendigen Lebensvorgänge reduzieren muss. In den Worten der Menschen, die sich um uns kümmern und für uns da sind, in den Farben, Gerüchen und Geräuschen der Natur, in der Musik vertrauter Klänge und Lieder und in Bildern, die gelebtes Leben wach und in Erinnerung halten, erschließt sich uns trotz der Minderung das, was Leben ist, neu und anders, aber sehr intensiv spürbar und erlebbar. Hände, die unsere berühren, führen und halten, lassen uns fühlen und spüren, dass wir dazugehören, verbunden bleiben und Zuwendung erfahren, solange wir es erlauben und vermögen. Ja, wir können das Leben selbst unter Entbehrungen und schmerzlichen Einschränkungen noch wahrnehmen mit unseren Sinnen, an seiner Lebendigkeit teilhaben, das macht es würde- und wertvoll – bis ans Ende. Bis wir unsere »letzte Zuflucht« nehmen dürfen bei dem, der von Ewigkeit zu Ewigkeit Gott ist und dessen »Freundlichkeit« bleibt – über den Tod hinaus.

Am Ende fallen wir nicht in eine unendliche Leere, sondern bleiben geborgen bei Gott. Unser Leben vergeht, alles an uns vergeht, aber wir gehen nicht verloren, sondern bleiben umfangen von der Wirklichkeit Gottes, die uns aufnimmt und in sich birgt. Dem Gott, der unsere Zuflucht, unser Schutz und unsere Obhut ist von Ewigkeit zu Ewigkeit und dessen Freundlichkeit und Zuwendung im Tod nicht aufhört, können wir unser Leben und Sterben anvertrauen und übergeben, was auch immer auf uns warten mag. Mit seiner Hilfe können wir lernen, dankbar das Leben loszulassen, das geht, und unsere Herzen für das zu öffnen, was uns von Gott entgegenkommt.

Darum ist es gut, wenn wir es lernen zu bedenken, dass wir sterben müssen, und »weise« werden, solange wir es können (vgl. dazu auch Koh 11–12). Der Psalm möge uns dafür öffnen, bereit und empfänglich machen, wenn wir ihn mit- und nachbeten.

9 Das Lob des Schöpfers

Psalm 104 Wie zahlreich sind deine Werke, Gott![529]

V.1 Lobe[530], mein Leben[531], JHWH!
JHWH, mein Gott, du bist sehr groß. In Hoheit und Pracht[532] bist du gekleidet.
V.2 Der sich in Licht einhüllt wie in einen Mantel. Der den Himmel ausspannt wie ein Zeltdach,
V.3 der in den Wassern seine Obergemächer baut[533]. Der Wolken zu seinem Wagen bestimmt, der auf Flügeln des Windes[534] fährt.
V.4 Der Winde zu seinen Boten macht, loderndes Feuer zu seinen Dienern.
V.5 Er hat die Erde auf ihre Grundfesten[535] gegründet, dass sie nicht wanke immer und ewig.
V.6 (Die) Urflut hat sie [=die Erde] bedeckt wie ein Kleid, über den Bergen standen die Wasser.
V.7 Vor deinem Drohen flohen sie, vor deinem Donner[536] liefen sie (schnell) fort;
V.8 sie stiegen Berge hinauf, sie stiegen Täler hinab zu jenem Ort, den du ihnen bereitet hast.
V.9 Eine Grenze hast du gesetzt, die sie nicht überschreiten; sie werden nicht zurückkehren, um die Erde zu bedecken.
V.10 Der Quellen in die Bachtäler entsendet[537], zwischen Bergen ziehen sie dahin,

---

[529] Zur Übersetzung vgl.: Janowski, Konfliktgespräche, 18.62.206; ders., Anthropologie, 234.333; Ruwe, Psalmen, 152-154; Weber, Werkbuch Psalmen II, 179-182.
[530] Oder: »Segne«.
[531] Oder: »meine Lebenskraft«/»meine naepaesch«.
[532] Oder: »Würde«.
[533] Oder: »zimmert«/»festmacht«.
[534] Oder: »Sturmes«.
[535] Oder: »ihren Fundamenten«.
[536] Oder: »vor dem Hall deines Donners«.
[537] Oder: »schickt«.

V.11 sie tränken alle Tiere des Feldes, Wildesel stillen ihren Durst.
V.12 Über ihnen wohnen die Vögel des Himmels, aus den Zweigen erheben sie ihre Stimme.
V.13 Der die Berge von seinen Obergemächern aus tränkt – die Erde wird satt von der Frucht deiner Werke.
V.14 Der Gras sprießen lässt für das Vieh und Pflanzen für die Arbeit des Menschen, um Nahrung aus der Erde hervorzubringen,
V.15 und Wein, der das Herz des Menschen erfreut, um das Angesicht von Öl glänzen zu lassen, und Brot, das das Herz des Menschen stärkt.
V.16 JHWHs Bäume sättigen sich, die Zedern des Libanon, die er gepflanzt hat,
V.17 wo die Vögel nisten, der Storch, dessen Haus die Zypressen sind.
V.18 Die hohen Berge sind für die Steinböcke, die Felsen eine Zuflucht für die Klippdachse.
V.19 Er hat den Mond für die festen Zeiten gemacht, die Sonne kennt ihren Untergang.
V.20 Du bringst[538] Finsternis und es wird Nacht, in ihr regen sich alle Tiere des Waldes.
V.21 Die Junglöwen brüllen nach Beute, um von Gott ihre Nahrung zu fordern.
V.22 Geht die Sonne auf, ziehen sie sich zurück und lagern in ihren Verstecken.
V.23 Da geht der Mensch hinaus zu seinem Werk und zu seiner Arbeit bis zum Abend.
V.24 Wie zahlreich sind deine Werke, JHWH, du hast sie alle in Weisheit gemacht; die Erde ist voll von deinen Geschöpfen.
V.25 Da ist das Meer, groß und weit nach beiden Seiten, dort ist Gewimmel; es ist ohne Zahl, kleine Tiere zusammen mit großen.
V.26 Dort ziehen[539] Schiffe hin und her, der Leviathan, den du gebildet hast, um mit ihm zu spielen.
V.27 Sie alle harren[540] auf dich, dass du ihnen ihre Speise gibst zur rechten Zeit.
V.28 Gibst du ihnen, so sammeln sie auf, öffnest du deine Hand, so werden sie von Gutem satt[541].
V.29 Verbirgst du dein Antlitz[542], so erschrecken sie, nimmst[543] du ihren Lebensgeist weg, so sterben sie und kehren zu ihrem Staub zurück.
V.30 Sendest du deinen Lebensgeist (aus), so werden sie erschaffen und du erneuerst das Antlitz der Erde.

---

[538] Oder: »setzt«/»bestimmst«.
[539] Oder: »fahren«.
[540] Oder: »warten«.
[541] Oder: »so sättigen sie sich am Guten«.
[542] Oder: »Gesicht«.
[543] Oder: »entziehst«.

V.31 Es sei die Herrlichkeit JHWHs ewiglich, es freue sich JHWH an seinen Werken.
V.32 Der die Erde anschaut, so dass sie erbebt, der berührt die Berge, so dass sie rauchen.
V.33 Ich will JHWH singen mein Leben lang, ich will aufspielen für[544] meinen Gott, solange ich bin.
V.34 Mein Nachsinnen möge ihm gefallen, ich, ich freue mich an JHWH.
V.35 Verschwinden sollen die Sünder von der Erde und die Frevler[545] (sollen) nicht mehr sein.
Lobe[546], mein Leben[547], JHWH! Preiset JHWH!

Mit einem großen Hymnus lobt und preist der Psalm alles, was Gott erschaffen hat, denn es ist wunderbar und herrlich gemacht. Es ist ein Glück, in dieser Schöpfung zu leben, denn sie ist von Gott gewirkt und wird von ihm bewahrt und erneuert. Alles, was ist, hat Gott ins Leben gebracht und versorgt es mit dem, was es zum Leben braucht. Er hat alles gut und weise geordnet, so dass jedes Lebewesen seinen Platz hat und der Mensch geschützt und sicher leben kann. Der Anblick der Schöpfung weckt Staunen, Ehrfurcht und Lob über Gottes herrliches und mächtiges Wirken, so dass die einzig angemessene Antwort des Menschen darauf das immerwährende Loben, Gedenken und Vertrauen Gottes ist.

So beginnt und endet Psalm 104 (wie Psalm 103) mit der Selbstaufforderung des Beters, Gott zu loben und zu preisen mit dem eigenen Leben und mit ganzer Lebenskraft (V.1a.35c), denn darin wird Gott die Ehre und Würde zuteil, die ihn in seinem Gottsein ausweist und bestätigt. Was in dem nun folgenden Hymnus über die Schöpfung gesagt wird, weist dem Menschen genau diese Rolle und Aufgabe zu, mit seinem Leben Gott zu loben und zu ehren. Das impliziert sehr weitreichende Konsequenzen für einen angemessenen Umgang des Menschen mit der ganzen Schöpfung und allen Lebewesen, in dem sich die Ehrfurcht vor dem Schöpfer und dem Leben widerspiegelt. Wer sich das Staunen über die Schöpfung und die Ehrfurcht vor allem Leben bewahrt, kann sich der Verantwortung dafür nicht entziehen, mit seinem ganzen Leben Gott als Schöpfer zu loben und mit seinem Denken und Handeln seine Schöpfung zu erhalten.

Mit einer »Majestätsprädikation« (V.1b–c)[548] wird Gott als Herrscher angesprochen, der in seiner »Hoheit und Pracht« wie ein »König« über Himmel und Erde regiert. Wie eine Visitenkarte dieses himmlischen Herrschers erzählen seine Attribute in wunderbaren Metaphern (V.2–4), wo und wie dieser Gott in

---

[544] Oder: »besingen«.
[545] Oder: »Gottlosen«.
[546] Siehe Anm. 530.
[547] Siehe Anm. 531.
[548] Vgl. dazu Janowski, Konfliktgespräche, 18.

allen Elementen seiner Schöpfung wirkmächtig präsent ist: Er kleidet und hüllt sich in Licht wie in einen Mantel, er spannt den Himmel wie ein Dach zum Schutz über die Erde auf. Mitten in den bedrohlichen Wassern baut und befestigt er seinen »Herrschaftspalast« und ordnet das ungebändigte Meer und die mächtigen Wasser seiner Herrschaft unter. Auf den Wolken und den Flügeln des Windes fährt er dahin wie einer, der den Elementen ihre Richtung geben und über ihr Wirken gebieten und befehlen kann. Er macht die Winde zu seinen Boten und das lodernde Feuer zu seinem Diener, die ihm untertan sind und seiner Weisung gehorchen (V.2-4).

Die Attribute Gottes, die an mythologische Bilder altorientalischer Wettergottheiten erinnern, zeigen den Schöpfer als Herrn und Herrscher über Himmel und Erde, der in den Elementen des Kosmos und der Natur machtvoll und wirksam präsent ist. Nur wer die Macht über alles hat, kann ihnen gebieten und ihren Lauf bestimmen. Dem kann man sich auch anvertrauen, wenn alles, was die Welt und das Leben ausmacht, erschüttert wird und in Stücke fällt, darum konnte sich Paul Gerhard in den Wirren des 30-jährigen Krieges und unter dem Leid der Pest mit seinem Lied in Gottes Macht bergen und singen: »Befiehl du deine Wege und was dein Herze kränkt, der allertreusten Pflege des, der den Himmel lenkt. Der Wolken, Luft und Winden gibt Wege, Lauf und Bahn, der wird auch Wege finden, da dein Fuß gehen kann.«[549]

Der Gott, der wie ein König über Himmel und Erde herrscht, dessen machtvolles Wirken die Natur und den Kosmos durchwaltet und bestimmt, hat »die Erde auf ihre Grundfesten gegründet« und sie auf ein sicheres Fundament gestellt, so dass sie für »immer und ewig« fest steht und nicht mehr wankt (V.5). Was Gott erschaffen und gegründet hat, bewahrt und erhält er gegen alle Bedrohungen und Gefahren. Darauf können wir uns verlassen und vertrauen, denn er hat die Erde vor der Urflut, die sie überströmt und bedeckt hat bis über die Berge, vertrieben und ihr den Ort angewiesen, den er für sie bestimmt hat (V.6-8; vgl. dazu auch Gen 7-9). Er hat den bedrohlichen, chaotischen Mächten eine Grenze gesetzt und sie in ihre Schranken verwiesen, nie wieder werden die Fluten des Wassers diese Grenze überschreiten und die Erde bedecken (V.9). Diese Vergewisserung erinnert zugleich an Gottes Versprechen, dass die Erde nicht untergehen wird (Gen 8,22; 9,11; Jes 54,10).

Gott, der die Erde erschaffen hat und ihren Bestand garantiert, erhält seine Schöpfung und alles Leben durch sein fortlaufendes Wirken, indem er alle Lebewesen und den Menschen versorgt und sättigt mit allem, was sie brauchen: Er lässt aus den Quellen Bäche in die Täler strömen und tränkt alle Tiere des Feldes. Sogar die Wildesel, die mit vielen anderen Tieren in der trockenen Steppe und am Rande der Wüste leben, können ihren Durst stillen, weil Gott sie am Leben erhält. »So reichlich fließt das Wasser in den Flüssen und Wadis des Wildlandes, dass an

---

[549] EG 361,1.

ihnen Vogelparadiese mit Gekreische und Gesang aller Art entstehen.«[550] Die Vögel des Himmels, die aus den Zweigen ihre Stimme erheben (V.10-12) – zum Lob Gottes – erinnern an das Wort Jesu von den Vögeln, die sich nicht um ihre Nahrung sorgen, weil Gott sie nährt und leben lässt (Mt 6,26). Nicht die Sorge um die Nahrung und um das Überleben soll uns beherrschen und unser Leben bestimmen, sondern unser Vertrauen und Hoffen auf den Gott, den der Psalm lobt, weil er uns mit seiner ganzen Schöpfung am Leben hält (vgl. auch V.27).

Wie Gott aus der Tiefe der Erde durch die Quellen das Wasser hervorbringt, das Leben ermöglicht, so »tränkt er von seinem weltüberlegenen Hochsitz aus alle Welt (13)«[551] und sättigt die Erde mit Regen vom Himmel (V.13; vgl. Ps 68,10). Wasser spendet Leben und wenn es ausbleibt, auf Zeit oder für immer, vertrocknet die Vegetation und die Tiere und Menschen leiden unter Dürre, Hunger und Tod. Das ist besonders in den trockenen Regionen Palästinas, aber im Zuge der Klimaveränderung auch auf der ganzen Welt existentiell erfahrbar. Das macht Gott, der Wasser aus der Tiefe hervorbringt und aus der Höhe regnen lässt, zu einer »Quelle des Lebens« (Ps 36,10) nicht nur für die Menschen, sondern für alle Pflanzen und Tiere, so dass Grass für das Vieh aus dem Boden sprießen und die Vegetation zum Nutzen und zur Speisung des Menschen wachsen und Frucht bringen kann (V.14), wie den »Wein, der das Herz des Menschen erfreut«, das Öl, mit dem sich Menschen salben können und das ihr »Antlitz leuchten lässt«, und das »Brot, das das Herz des Menschen stärkt« (V.15). Von Gott kommen die »Gaben«, die den Menschen »stark, glücklich und schön machen können«[552], dass sich an uns die Güte und Herrlichkeit des Schöpfers widerspiegeln kann.

Durch das Wasser, das Gott schenkt (V.10.13) können auch die Bäume wachsen, groß und stark werden. In ihrer Pracht waren besonders die Libanonzedern mit ihrer überragenden Größe (bis zu 40 m Höhe) und ihrem überwältigenden Umfang (bis zu 4 m Durchmesser) ein Sinnbild für die Kraft und Macht Gottes. Darum werden sie im Psalm auch »Bäume Gottes« genannt (V.16).[553] Tief in der Erde verwurzelt, strecken sich die Bäume dem Himmel entgegen, spannen ihre Kronen wie ein großes Zelt und Dach über der Erde auf und bieten den Vögeln ein Zuhause, in dem sie geschützt sind und ihre Jungen behütet und geborgen aufziehen können. Auch der Storch, der wie viele Zugvögel auf seiner langen Reise zwischen Nord und Süd in Palästina seine Rastplätze hat, findet in den Zypressen eine Raststätte und ein »Zuhause« auf Zeit (V.17).

»Die hohen Berge sind für die Steinböcke, die Felsen für die Klippdachse eine Zuflucht« (V.18). Wie alle Lebewesen haben auch sie ihren Lebens- und Schutzraum, in dem sie leben und bestehen können. Die Steinböcke, die erhaben

---

[550] Zenger, Psalmen I, 258.
[551] Kraus, Psalmen 60-150, 882.
[552] Zenger, Psalmen I, 258.
[553] Vgl. a.a.O., 259.

und kraftvoll über Felsen klettern und von Klippe zu Klippe springen, die in karger Gebirgslandschaft ihre Nahrung und ihr Zuhause finden und denen ein rauhes Klima nichts anhaben kann, sind auch in unserer Region ein Bild für Stärke, Vitalität, Überlebens- und Durchsetzungskraft trotz widriger Lebensumstände. Sie versinnbildlichen im Psalm die Grunderfahrung des Beters, dass Gott seine Geschöpfe und die ganze Schöpfung gegen alle widrigen Umstände, Bedrohungen und Einschränkungen am Leben hält und mit einer Fähigkeit des Überlebens begabt und ausstattet, die wir in unserer Sprache mit dem modernen Begriff der Resilienz umschreiben würden.

Gott, der alles erschaffen und ins Leben gebracht hat, der seine ganze Schöpfung durch sein fortwährendes, fürsorgendes Wirken am Leben erhält und bewahrt, hat auch die Zeiten und die Rhythmen des Lebens geordnet und strukturiert, so dass ein verlässliches, sicheres und geschütztes Dasein in Freiheit für alle Geschöpfe möglich ist. Gott hat auch die Macht über alle Gestirne und über Sonne und Mond. Durch den Lauf des Mondes sind die »festen Zeiten« des Jahres geordnet (V.19), nach denen die Menschen ihre Arbeit, ihren Lebensrhythmus und ihre Feste begehen können. Alle wichtigen Ereignisse des lunaren Kalenders, nach dem Israel seine Feste, seinen Kult und seinen Jahresrhythmus festlegte, haben ihren guten Grund und Sinn durch Gottes Wirken. »Die Sonne kennt ihren Untergang« (V.11), mit dem nach jüdischem Zeitverständnis der neue Tag beginnt. Mit ihrem Untergang und Aufgang strukturiert sie den Ablauf von Nacht und Tag und ordnet die Abfolge der Wochentage und des Sabbats, an dem alle Arbeit ruht zur Ehre Gottes. Durch den Wechsel von Tag und Nacht schafft Gott Lebens- und Bewegungsräume für alle Geschöpfe (V.20–23).

Wenn die Sonne untergeht und die Nacht kommt, gewährt die Dunkelheit den »Tieren des Waldes« (V.20) und der Nacht ihre Bewegungsfreiheit und ihren Lebensraum, dass sie Nahrung für sich suchen können und die »Junglöwen nach Beute brüllen (können), um von Gott ihre Nahrung zu fordern« (V.21). Wenn »die Sonne aufgeht, sammeln sie sich und lagern in ihren Unterschlüpfen« (V.23), dass »der Mensch hinausgehen kann zu seinem Werk und an seine Arbeit bis zum Abend« (V.23). Das friedliche Mit- und Nebeneinander der Wildtiere und der Menschen wird durch den Wechsel von Tag und Nacht, von Licht und Dunkelheit geordnet und ermöglicht. Im Ablauf eines Tages vom Untergang der Sonne bis zu ihrem Aufgang und ihrem Untergang am Abend hat alles Leben seinen Raum und seine Zeit, wodurch die Erde nicht nur für die Menschen »begehbar«[554] und lebensfreundlich wird, sondern auch für die Tiere der Nacht. Gott herrscht auch über die Nacht und ist in der Finsternis präsent, das nimmt ihr die bedrohliche und beängstigende Macht.

Der Psalmbeter stellt sich mit seinem Lob des Schöpfers, der die Lebens- und Zeiträume seiner Schöpfung mit seiner Macht als Herrscher über Himmel und

---

[554] Janowski, Anthropologie, 333.374 ff.

Erde gut geordnet hat, in diese Ordnung hinein, die verlässlich und sinnvoll ist und die Schutz und Freiheit gewährt. Die Zugehörigkeit zu einer sinnvollen, übergreifenden Ordnung, die im Mit- und Nachbeten des Psalms auch uns zuteilwird, verleiht uns eine Stabilität und Sicherheit, die uns in den Ängsten und Bedrohungen des zerbrechlichen und verletzlichen Lebens stützt und stärkt, weil wir hinter und in allem uns geborgen und aufgehoben wissen in der heilvollen Lebens- und Schöpfungsordnung Gottes.

»Nur wenn die Zeiten der Arbeit und der Ruhe, die Zeiten der Natur und der Feste, aber auch die unterschiedlichen Zeiten der Tiere und der Menschen (V.20-23) beachtet werden, kann sich das allen gemeinsame Leben in seinem Reichtum entfalten – das ist die großartige Idee dieses Abschnitts, die uns im Zeitalter der ökologischen Neubesinnung höchst modern erscheint.«[555] Im postmodernen Zeitalter des »Anthropozän«, in dem sich der Mensch selbst zum Maß und zur Mitte von allem gemacht und sich der Schöpfung bemächtigt hat, so dass ihre heilvolle Lebensordnung bedroht ist, wird das Loblied des Psalmbeters zur Mahnung, dass wir uns besinnen und umkehren zu einer Haltung, die Leben ermöglicht, erhält und schützt, und Gottes Schöpfung achten und ehren.

Dazu ruft und fordert der Psalm uns auf, wenn er die Fülle und Schönheit der Schöpfung preist und Gottes Weisheit und Werke lobt (V.24), damit wir alles, was lebt, in dieser Perspektive sehen und wahrnehmen, erkennen und ehrfürchtig achten – als die Schöpfung Gottes, die uns anvertraut ist und die nur aus Gottes Wirken und nicht aus sich selbst heraus leben kann, aber die bedroht und zerstört wird, wenn wir uns ihrer bemächtigen, sie beherrschen, verfügbar machen und ausbeuten.

In einer direkten Anrede an Gott bringt der Psalmbeter sein Staunen und seine Bewunderung für die Vielfalt, die Weisheit und die Fülle seiner Schöpfung zum Ausdruck: »Wie zahlreich sind deine Werke, Gott, du hast sie alle in Weisheit gemacht, die Erde ist voll von deinen Geschöpfen, die von dir herkommen und dir angehören« (V.24). Immer wenn wir mit all unseren Sinnen und unserem Verstand die Vielfalt, das Wunder und die Schönheit des Lebens, die Vitalität der Natur und die unendliche Größe und Ordnung des ganzen Kosmos wahrnehmen und bewusst erleben, weckt es in uns Bewunderung, Faszination und Ehrfurcht über die unergründliche, unerforschliche und unbegreifliche Wirkmacht, die alles hervorbringt, gestaltet und am Leben erhält. Das alles kommt von Gott, er hat es gemacht und gewirkt, er hat es in seiner Weisheit geordnet (vgl. dazu Hi 12,7-10; 28,20-28; Prov 8,22-36). An seiner ganzen Fülle und Herrlichkeit haben wir Anteil, ja, wir sind ein Teil davon, gehören dazu und haben unseren Platz darin. Darauf dürfen wir antworten mit unserem Lob Gottes und mit unserer Ehrfurcht vor allem Leben, denn es geht von Gott aus und gehört ihm an.

---

[555] Zenger, Psalmen I, 260.

Nicht nur die Erde, auch das Meer ist voll von Gottes Geschöpfen und ein Spiegel seiner Weisheit; unendlich ist die Zahl und die Vielfalt der kleinen und großen Tiere, die zusammen darin leben und Nahrung für sich finden (V.25; vgl. auch Gen 1,20-22). Es ist für uns Menschen unüberschaubar groß und weit, unermesslich ist seine Tiefe, gewaltig ist die Kraft seiner Wellen, aber Gott hat dem Wasser und seiner bedrohlichen Macht Grenzen gesetzt, um die Erde zu schützen (vgl. V.9). »Schiffe fahren auf dem Meer hin und her« (V.26), sie werden von dem Wasser getragen, ohne zu versinken. »Auch über das Meer hält JHWH seine ordnende Hand; den Leviathan, den Meereschaosdrachen der kanaanäischen und altorientalischen Mythologie (wo er mit unterschiedlichen Namen ›auftritt‹), hat JHWH als Schöpfergott ein für alle Mal entmachtet (vgl. auch Ijob 40,25-41,26) – er spielt mit ihm wie ein Dompteur mit dem Delphin!«[556]

Alles, was lebt, kommt von Gott her und ist auf Gott hin ausgerichtet, denn von ihm empfangen alle Lebewesen ihre Nahrung und Speise zur rechten Zeit und er erhält sie am Leben. Darum richten sich alle Lebewesen vertrauensvoll nach Gott aus und strecken sich erwartend und sehnsuchtsvoll ihm entgegen, denn sie harren auf ihn, dass er ihnen zukommen und zuwachsen lässt, was sie zum Leben brauchen (V.27). »Gibt er ihnen, so sammeln sie es auf, öffnet er seine Hand, so sättigen sie sich am Guten.« (V.28) Der Psalm erinnert daran, dass kein Leben aus sich selbst heraus leben und bestehen kann, sondern dass alles der Versorgung und Nahrung Gottes bedarf. Das Bild von der Schöpfung, die von Gott ernährt und versorgt wird (vgl. auch V.10-18), ohne dass sich die Geschöpfe darum »sorgen« oder ängstigen müssen, greift Jesus in der Bergpredigt auf und lädt die Menschen ein, genauso auf Gott zu harren und zu vertrauen, zuerst und vor allem nach Gottes Reich und Gerechtigkeit zu trachten und ihr Leben danach auszurichten (vgl. Mt 6,25-34).

Gott nährt und erhält nicht nur alles Leben in seiner Schöpfung, er bringt es überhaupt erst hervor und ermöglicht es. Ohne Gott, ohne seine Zuwendung und Nähe, ohne sein fürsorgendes und lebensspendendes Wirken ist kein Leben möglich. So bekennt der Psalmbeter vor Gott und den Menschen: »Verbirgst du dein Angesicht, so erschrecken sie, nimmst du ihnen den Lebensgeist weg, so sterben sie und kehren zu ihrem Staub zurück.« (V.29) Er weiß aus der Glaubensgeschichte des Volkes Israels und wohl auch aus eigener existentieller Erfahrung, dass unser Leben gedeihen und blühen, fruchtbar und erfüllt werden kann durch die wirksame Nähe und Gegenwart Gottes, aber auch, dass es bedroht und gefährdet ist, wenn Gott sein »Antlitz« von uns abwendet und unser nicht mehr fürsorgend gedenkt, wenn er fern und verborgen für uns ist, dass wir fürchten, nicht mehr gesehen und gehört zu werden, ja, vergessen und verloren zu sein, den bedrohlichen, chaotischen Mächten von Feinden, Verfolgung, Unrecht, Krankheit und Tod schutz- und schonungslos ausgesetzt zu sein (vgl. dazu

---

[556] A.a.O., 261.

auch Ps 13,2; 30,8; 88,15; 143,7 u. ö.). Das kann so erschütternd und beängstigend sein, dass wir in eine Schreckensstarre oder einen Todesschrecken fallen, der uns lähmt und in Ohnmacht, Hilflosigkeit und Verzweiflung versetzt.

Das Abwenden Gottes bzw. seines Angesichts, seiner Gegenwart, entzieht uns nicht nur die Kraft und Selbstwirksamkeit, dass wir wie erstarrt und gelähmt sind, sondern es nimmt uns unseren Lebensgeist, den Gott uns einhaucht und durch den er uns lebendig macht (vgl. Gen 2,7), dass wir wie »tot« sind, ja, in die Nähe und unter die Macht des Todes geraten (vgl. Gen 3,19; Hi 34,14 f; Ps 103,14; Pred 3,20). Nur wenn Gott uns freundlich »ansieht«, unser fürsorgend und liebend gedenkt und sich uns zuwendet, können wir leben. Nur wenn er uns seinen Lebensodem, seinen »Geist« einhaucht, kehrt unsere Lebenskraft und Lebendigkeit zurück und wir werden wie »neu« zum Leben erweckt und »erschaffen« (V.30)[557]. Gottes Zuwendung und fürsorgendes Gedenken ist hier eng verbunden mit dem Einhauchen, Senden und Wirken des Lebensgeistes Gottes, er macht lebendig, schenkt Leben und bringt es zurück, ja, er erneuert das ganze »Antlitz der Erde« (V.30). »Wenn und wo JHWH seine Lebenskraft ›ausschickt‹, macht er Tote wieder lebendig (vgl. V.30a mit Ez 37,1–14) und gibt er der Erde immer wieder neue jugendliche Lebensfrische (V.30b).«[558]

Am Ende lässt der Psalmbeter sein Lob auf die Schöpfung und das Schöpferwirken Gottes einmünden in die Bitte, dass die Herrlichkeit (V.31), die in der Schöpfung aufscheint und Gottes Wirken offenbart, für immer groß und ungetrübt bleiben möge, so dass Gott selbst sich freuen kann an seinen Werken (V.31) und dass diese Freude kein Ende nehmen möge. Es ist der Wunsch, dass Gott seine Königsherrschaft über Himmel und Erde vollenden möge und nichts in der Welt die Schönheit und Vollkommenheit der Schöpfung beeinträchtigen, mindern oder beschädigen möge. Die heilvolle Schöpfungs- und Lebensordnung, die der ganze Psalm mit wunderbaren Bildern lobt und preist, möge erfüllt werden und nichts an der ganzen Schöpfung möge Schaden nehmen.

Denn allein Gott, der die Herrschaft über Himmel und Erde hat, hat die Macht, seine Schöpfung zu bewahren. »Die Erde erbebt, wenn er sie anschaut, und die Berge rauchen, wenn er sie berührt« (V.32). Die Bilder der gewaltigen Naturphänomene veranschaulichen die alles beherrschende und unermessliche Schöpfermacht Gottes als »Herrscher und König der Welt« (vgl. auch V.1b–c.2–4). Er möge, so bittet der Psalm am Ende seines Lobgesangs, seine Herrschaft durchsetzen, damit die Größe, die Herrlichkeit und die Schönheit seiner Güte, seiner Gnade und seiner Huld in allem sichtbar und vollendet werde und alle Welt ihn als Gott erkennt und ehrt.

Die einzige Aufgabe, die wir dazu beitragen können, formuliert der Beter in seinem Lobversprechen, sein ganzes Leben zu einem anhaltenden Lob Gottes zu

---

[557] Vgl. dazu Janowski, Konfliktgespräche, 62–63.187.206.
[558] Zenger, Psalmen I, 262.

machen (V.33), mit all seinem Denken, Reden und Tun Gott als Schöpfer zu loben und zu ehren, der ganzen Schöpfung mit Ehrfurcht und Respekt zu begegnen, verantwortlich mit allen Geschöpfen und allem Geschaffenen umzugehen, sie zu schützen und zu erhalten – »solange er lebt« (V.33). Er verspricht Gott, dass alles in seinem Leben, sein »Nachsinnen«, seine innere und äußere Ausrichtung und Orientierung, seine ganze Haltung »Gott gefallen möge«. Das ist sein größtes Anliegen, das Ziel, der Inhalt seines Lebens, denn er »freut sich an Gott« (V.34) und es kann für ihn keine andere Antwort darauf geben, als selbst »zur Freude Gottes« (vgl. 31b) werden und da sein zu wollen.

Im Kontrast dazu stehen die Menschen, die sich von Gott abwenden und ihn leugnen, die sich nicht als »Geschöpfe Gottes« sehen und verhalten, die sich selbst zum Maß und zur Mitte der Welt machen, sich selbstmächtig und -herrlich über die Schöpfung erheben und Gottes Lebens- und Schöpfungsordnung missachten und mit Füßen treten, die in der Konsequenz ihre Bestimmung als Geschöpf Gottes und ihren Platz in der Schöpfung verlieren werden. Für sie soll es keinen Platz und keinen Raum mehr geben, wenn Gott seine Herrschaft vollendet. »Sie sollen nicht mehr sein« (V.35). Sie werden umkehren müssen oder verloren gehen. Das ist die Folge ihres verkehrten Lebens und der Missachtung und Leugnung Gottes, dass sie die Verbundenheit und die Gemeinschaft mit Gott, mit den Menschen und der Schöpfung zerbrochen haben.

Aus heutiger Sicht und in Anbetracht der drohenden Klimakatastrophe kann man diese Konsequenz, um die der Psalmbeter bittet, als unmissverständliche und schonungslose Aufforderung verstehen, dass alles menschliche Denken und Handeln, das Gott als Schöpfer verachtet und leugnet und seine Leben erhaltende Schöpfungsordnung verletzt und bricht, keine Akzeptanz, keine Duldung und keinen Platz mehr haben kann, weil es in der Folge in die Selbstzerstörung des Lebens führen wird. Wenn die Menschen nicht aufhören, sich die Erde und alles Leben verfügbar zu machen und für ihren kurzfristigen Vorteil und Nutzen zu missbrauchen, werden sie selbst ihr Lebensrecht als Gabe Gottes verderben und verwirken.

Der Psalm endet, wie er begonnen hat (V.1a; 35c), mit der Selbstaufforderung des Beters an sich, an seine Lebenskraft, mit seinem ganzen Leben Gott zu loben und zu preisen, damit alle es hören und einstimmen mit ihrem Gesang, ihrem Gebet und ihrem Leben und die ganze Welt erfüllt wird von dem Lob Gottes. »So ist der Psalm keine kitschig-idyllische Meditationsmusik, sondern ein kritisch-utopisches Lied, das heute zur ökologischen Umkehr ruft.«[559]

Im Museum der Weltkulturen in Frankfurt gab es eine Ausstellung mit dem Titel: »healing. Leben im Gleichgewicht.«[560] Wie kann ein Leben im Gleichgewicht

---

[559] A.a.O., 265.
[560] RLU: https://www.weltkulturenmuseum.de/media/pressemappe_healing._leben_im_gleichgewicht_klein.pdf (Stand: 22.03.24).

mit sich selbst, mit der Umwelt, im globalen Miteinander und in der Welt aussehen? Wie können Krisen überwunden werden? Wie kann »healing« gelingen? So fragten die Kuratorinnen der Ausstellung, die »multiperspektivische Narrative und (Kunst-)Werke mit transformativer Kraft« zeigte und auf sehr vielschichtige Weise versuchte, Perspektiven für eine Zukunft in einem »heilvollen« globalen Miteinander zu erschließen. Leider fand sich Psalm 104 nicht unter den Exponaten und Arrangements, aber er zeigt und beschreibt wunderbar, berührend und faszinierend, wie »heilvoll« die Schöpfungs- und Lebensordnung Gottes ist und dass wir nur »im Gleichgewicht« mit ihr leben können.

10 Unter Gottes Schutz und Obhut sein

Psalm 91 Im Schatten des Allmächtigen[561]

V.1 Als einer, der im Schutz[562] des Höchsten wohnt, im Schatten des Allmächtigen nächtigt[563],
V.2 sage ich zu JHWH: Meine Zuflucht und meine Burg[564], mein Gott, auf den ich vertraue!
V.3 Gewiss, er wird dich erretten aus dem Netz des Vogelstellers, von der Pest[565] des Verderbens.
V.4 Mit seinen Schwingen[566] wird er dich beschützen, unter seinen Flügeln wirst du Zuflucht finden; Schild und Schutzwehr[567] ist seine Treue.
V.5 Du brauchst dich nicht zu fürchten vor den Schrecken der Nacht, vor dem Pfeil, der bei Tag fliegt,
V.6 vor der Pest, die im Dunkeln einhergeht, vor der Seuche, die am Mittag verwüstet.

---

[561] Zur Übersetzung vgl.: Ruwe, Psalmen, 138–139; Schnocks, Psalmen, Faltkarte hintere Umschlagsseite; Weber, Werkbuch Psalmen II, 123; Zenger, Psalmen II, 630–631.
[562] Oder: »Versteck«.
[563] Oder: »weilt«.
[564] Oder: »Burgfeste«.
[565] Oder: »dem Stachel«.
[566] Oder: »Fittichen«.
[567] Oder: »Mauer«.

218 10 Unter Gottes Schutz und Obhut sein

V.7 Mögen tausend an deiner Seite fallen und zehntausend an deiner Rechten, dir kommt es nicht nahe.
V.8 Du aber wirst mit eigenen Augen zuschauen und die Vergeltung an den Frevlern wirst du sehen.
V.9 Gewiss, du, JHWH, bist meine Zuflucht; Höchster, du hast mir deinen Unterschlupf[568] bereitet.
V.10 Es wird dir kein Unheil widerfahren, und keine Plage wird deinem Zelt nahe kommen.
V.11 Denn[569] er hat seinen Engeln[570] befohlen[571], dich auf allen deinen Wegen zu behüten[572].
V.12 Auf beiden Händen werden sie dich tragen, damit dein Fuß nicht an einen Stein stoße.
V.13 Über Löwe und Hornviper wirst du schreiten, Junglöwe und Schlange[573] niedertreten[574].
V.14 Denn[575] er hängt an mir und ich werde ihn retten, ich werde ihn schützen[576], denn er kennt meinen Namen.
V.15 Ruft er mich an, dann werde ich ihm antworten[577], ich bin bei ihm in der Not[578]; ich werde ihn herausreißen und zu Ehren bringen.
V.16 Mit langem Leben[579] werde ich ihn sättigen und ihn sehen lassen mein Heil[580].

Nach Psalm 90, der die menschliche Endlichkeit und Vergänglichkeit als Existential coram deo reflektiert, nimmt Psalm 91 die Vulnerabilität des Menschen in den Blick, der Bedrohung, Krankheit, Krieg, Unglück ebenso ausgesetzt ist wie der Boshaftigkeit anderer Menschen, die ihm Schlechtes wollen, nachstellen oder nach dem Leben trachten können. Menschliches Leben ist immer auch verletzlich, gefährdet, zerbrechlich, bedroht und darum schutzbedürftig – von Anfang

---

[568] Oder: »dein Versteck«/»deine Wohnung«.
[569] Oder: »Gewiss«.
[570] Oder: »Boten«.
[571] Oder: »seine Engel bietet er für dich auf«.
[572] Oder: »bewahren«.
[573] Oder: »Meeres-Drache«.
[574] Oder: »zertreten«.
[575] Oder: »Gewiss«.
[576] Oder: »erhöhen«.
[577] Oder: »ihn erhören«.
[578] Oder: »Bedrängnis«.
[579] Oder: »Länge an Tagen«.
[580] Oder: »meine Rettung«.

an. Das Wissen darum macht die Angst zu einer menschlichen Grundbefindlichkeit und den Umgang damit zur existentiellen Herausforderung.

Auf diese Grundbefindlichkeit des Menschen hin konstruiert das Psalmgebet eine verlässliche, schützende, bewahrende Gegenwirklichkeit durch Gottes heilwirkendes Handeln und schützende Macht. Wer sich betend auf diese Wirklichkeit verlässt, sich mit seiner Verletzlichkeit und seiner Angst betend hineinbegibt und darauf vertraut, gewinnt Anteil an ihrer bergenden und bewahrenden Kraft und Macht, die die erlebbare, faktische Kontingenz menschlichen Lebens auf eine unverletzliche, unverwundbare Zuflucht bei Gott hin überschreiten und transzendieren kann.

»Psalm 91 ist durch und durch von einer Lebenserfahrung der Angst vor unheimlichen, weil urplötzlich hereinbrechenden Gefährdungen bestimmt. Von allen Seiten sind diese Ängste da und versetzen in lähmenden Schrecken. Dieser Lebensangst setzt unser Psalm seine Überzeugung entgegen: Es gibt einen Ort, der rettende Zuflucht inmitten des Gefahrenstrudels bietet – dieser Ort ist JHWH: Er ist ein Haus, in dem man sich zu Hause und geborgen erfahren kann.«[581] Diese Gewissheit entfaltet der Psalm Schritt für Schritt so, dass sie sich dem Beter in allen seinen Bedrohungen und Ängsten als tröstlich und stärkend, tragend und verlässlich erschließt und erweist.

Einer, der es aus eigener Erfahrung erlebt hat und weiß, wie verwundbar, zerbrechlich und verletzlich menschliches Leben ist und wie unberechenbar, bedrohlich, übermächtig groß und zahlreich die Gefahren und Gefährdungen sind, die ihn umgeben und zu jeder Zeit bedrohen können, findet seine Zuflucht im Gebet bei Gott, dessen umfänglicher, überschreitender und ermächtigender Schutz ihm zugesagt, vergegenwärtigt, vergewissert und zuteilwird. Das verleiht dem Psalm eine performative Qualität, durch die im Beten und Mitbeten seine Heilszusagen erfahrbar werden.

Der Beter ruft vertrauensvoll Gott als »seinen Gott« an, der »seine Zuflucht und seine Burg« ist und »auf den er vertraut« (V.2), weil er sich in Gefahren und Bedrohungen im »Schutz des Höchsten« wie in einem »Versteck« (V.1) sicher und geborgen weiß und »im Schatten des Allmächtigen« (V.1) Schutz in schutzlosen Zeiten findet, so dass er in seiner Nähe verweilen und »nächtigen« kann. Ja, er kann sagen, dass er bei »Gott wohnt« (V.1), so eng und nah fühlt er sich Gott, dass er in einer besonderen, vertrauensvollen und schützenden Verbundenheit mit Gott lebt, die ihm Zuversicht und Gewissheit gibt, in allen möglichen Nöten bei Gott Zuflucht, Geborgenheit und Schutz zu finden. Dieses Vertrauen birgt schon in sich, was im Folgenden (V.3–8.10–13) auf wunderbare, berührende Weise dem Betenden von außen, von einem anderen als externalisierende, versichernde, verobjektivierende Heilszusagen zugesprochen und zuteilwird. Das, worauf er vertraut, wird nicht nur bestätigt und bestärkt, sondern zugesagt, ja,

---

[581] Zenger, Psalmen II, 633.

zugeeignet, so dass es wirksam und real erfahrbar für ihn wird, weil die Zusage sich an ihm und in ihm ereignet und für ihn zur objektiven Wirklichkeit wird.

Wer wie der Beter auf Gott vertraut und sich zu Gott bekennt, dem wird zugesagt und zuteil, dass Gott ihm beisteht und ihn beschützt, in allen Gefahren und Bedrohungen in seiner Obhut birgt und bewahrt, weil er es versprochen und verheißen hat. Dies gilt auch uns und kann uns zuteilwerden, wenn wir den Psalm vertrauensvoll mit- und nachbeten.

Gott, der unsere Zuflucht und unser Schutz ist, wird uns »aus dem Netz des Vogelstellers«, vor Verfolgung und Verleumdung ebenso erretten, wie vor der »Pest des Verderbens« (V.3), die Krankheit und Leiden über uns bringen kann. Wie ein Vogel seine Jungen »mit seinen Schwingen« (V.4) bewacht und vor Gefahren beschützt, so wird Gott uns vor Bedrohungen und Anfeindungen bewahren. Unter seinen »Flügeln« werden wir »Zuflucht finden« (V.4), wie Gott es seinem Volk immer wieder erwiesen hat (vgl. Ex 19,4; Dtn 32,11). Denn Gott ist treu und hält, was er verspricht. Wie ein »Schutzschild« und eine »Schutzwand« (V.4) stellt er sich drohenden Gefahren und Angreifern entgegen, umgibt, birgt und beschützt uns von allen Seiten[582].

So kann der Psalm sagen: »Du brauchst dich nicht zu fürchten vor den Schrecken der Nacht« (V.5), die unberechenbar und unerwartet, aus dem Dunkel mit Macht über dich kommen, dich schockieren und erschüttern, weil sie dein Leben, deine Gesundheit, dein Wohlergehen und Glück bedrohen können. Auch nicht »vor dem Pfeil, der bei Tag fliegt«, vor den »verderblichen Kräften, die Krankheiten verursachen«[583] und bringen können. Auch »vor der Pest, die im Dunkeln einhergeht, vor der Seuche, die am Mittag verwüstet« (V.6), brauchst du dich nicht zu ängstigen. Auch wenn bei Nacht und bei Tag, im Dunkeln und am hellen Mittag, zu allen Zeiten bedrohliche Gefahren lauern und beängstigend sein können, brauchst du dich nicht vor ihnen zu fürchten, denn Gott ist deine Zuflucht und dein Schutz.

Es geht »um die Angst vor urplötzlich und rätselhaft auftretenden Epidemien, die die Antike mit bösartigen Krankheitsdämonen oder mit dem Zorn der Götter in Verbindung brachte. Auch unser Psalm denkt sie als personifizierte Unheilsmächte, die überfallartig in der Nacht und am Tage, im Dunkel (als der Zeit des Unheils) und in der Mittagshitze (als der Zeit besonderer Lebensgefährdung) auftreten können.«[584] Ihnen tritt Gott als Schutz und Schild entgegen und hält treu zu denen, die auf ihn vertrauen und sich an ihn halten.

Die Bedrohungen und Gefahren, von denen hier die Rede ist, können Unheil bringen, Leben verderben, zerstören und vernichten, denn sie haben eine eigene negative Wirkmächtigkeit, die Schaden, Beeinträchtigung, Leiden und auch den

---

[582] Vgl. zu Schild und Schutzwand Keel, Die Welt der altorientalischen Bildsymbolik, 201.
[583] Kraus, Psalmen 60–150, 806.
[584] Zenger, Psalmen II, 635.

Tod bringen kann. Aber sie sind keine »Dämonen«, keine »depotenzierten Götter« oder gegengöttlichen Mächte und Kräfte, die der Gottheit Gottes widersprechen würden. Ihre Metaphorik lässt an mesopotamische Vorstellungen von Unheilsmächten denken, an die sie anschließt, aber die im Kontext der Psalmen als »personalisierte Vorstellungen von den in Krankheiten liegenden zerstörerischen Kräften« zu verstehen sind.[585] Dagegen versichert der Psalm, dass sie den Betenden nichts anhaben können, weil die Gerechten im Schutz und in der Obhut Gottes sind.

Bei den bedrohlichen Krankheiten, an die man hier denken kann, handelt es sich offensichtlich nicht um vorüberziehende, zeitweilige Erkrankungen, die kommen und gehen, ohne große Beeinträchtigungen oder Schäden zu bewirken, sondern um lebensbedrohliche Krankheiten, die Angst und Schrecken verbreiten, die uns erschüttern und schockieren können, weil sie unerwartet und unvorbereitet über uns hereinbrechen können, uns jedes Vertrauen in die Gesundheit und Unversehrtheit rauben, uns verstören, ohnmächtig und hilflos machen, weil wir uns ihnen ausgeliefert fühlen. Diese Bedrohungserfahrung kennt auch der Psalmbeter, der auf Gott vertraut und sich Gott so nah weiß, dass er sagen kann, er »wohnt« bei Gott und ist in dessen Schutz- und Machtbereich. Doch ihm wird versichert und zugesagt, dass er sich nicht zu fürchten braucht vor den übermächtigen Bedrohungen. Die als »Unheilsmächte« erlebten zerstörerischen Kräfte, die diesen Krankheiten innewohnen, sind da und präsent, aber sie können und werden den Beter, der auf Gott vertraut und bei Gott seine Zuflucht hat, nicht beherrschen, bemächtigen und überwältigen. Dies gilt auch in und trotz der Kontingenzerfahrung, dass auch Gerechte und Gottestreue erkranken, Schaden, Unheil und Leid erfahren können, weil sie trotz allem und in allem kontrafaktisch in Gottes Machtbereich und Schutzraum geborgen sind und bleiben.

Die Bilder der Bedrohung werden nun im Folgenden noch gesteigert, indem sie von einem Menschen reden, der verfolgt und gehetzt wird und einer übergroßen und übermächtigen Zahl an Verfolgern und Feinden gegenüber steht. Aber er ist ihnen nicht ausgeliefert und unterlegen, sondern er wird Zeuge, wie »tausend an seiner Seite fallen und zehntausend an seiner Rechten« (V.7), aber er selbst wird keinen Schaden nehmen und ihm können sie nicht nahen. Er wird es »mit eigenen Augen schauen und die Vergeltung der Frevler sehen« (V.8), weil der Beter, der auf Gott vertraut und den Weg der Gerechtigkeit Gottes geht, durch Gott gerettet wird, aber die Frevler und Gottlosen an ihrem selbstzerstörerischen Handeln zugrunde gehen werden (vgl. Ps 1 u. ö.).

Die Heilswirkungen, die dem Beter zugesagt und betend zuteilwerden, eignet er sich an, macht er sich zu eigen, indem er trotz aller Kontingenzerfahrungen zustimmend bekennt: »Gewiss, du, Gott, bist meine Zuflucht, Höchster, du hast

---

[585] Vgl. dazu Frey-Anthes, Unheilsmächte und Schutzgenien, 102.

mir deinen Unterschlupf bereitet« (V.9). Er bestätigt und bekräftigt sein Vertrauensbekenntnis: Ja, das glaube ich, darauf will ich vertrauen, daran will ich mich halten, dass Gott allein meine schützende Zuflucht und mein sicherer Unterschlupf ist in allen Gefahren und Bedrohungen, die mir widerfahren. »Das Bekenntnis zu JHWH ist wie ein Schutzwall, an dem alles Böse abprallt.«[586]

Auf die Bestätigung und Bekräftigung seines Vertrauensbekenntnisses hin, das auch den Anfechtungen der Kontingenzerfahrung standhält und sich darin bewährt, wird wie in einer Zusammenfassung der erfolgten Heilszusagen nun generalisierend und verallgemeinernd dem Beter zugesagt: »Dir wird kein Unheil widerfahren und keine Plage wird deinem Zelt nahe kommen.« (V.10) Dieses Versprechen erinnert an die Erfahrungen des Volkes Israel bei dem Auszug aus Ägypten und auf dem Weg durch die Wüste und vergegenwärtigt dem, der treu an Gott glaubt und sich betend auf Gott verlässt, dass er überall und zu allen Zeiten in Gottes Obhut und Schutz ist.

Diese Zusage ist kein »leeres Versprechen«, sondern wird für den Beter konkret und elementar wahrnehmbar und erfahrbar, weil Gott »seinen Engeln befohlen hat, ihn auf seinen Wegen zu bewahren und auf beiden Händen zu tragen, damit sein Fuß nicht an einen Stein stoße« (V.11–12). Gott bleibt nicht fern und thront machtvoll über allem Irdischen, sondern er wird konkret wirksam, indem er denen, die auf ihn vertrauen, Engel zur Seite stellt, die sie begleiten, vor allen Bedrohungen und Gefahren bewahren und durch alle Bedrängnisse sicher hindurchgeleiten und -führen. Die »Boten Gottes«, die er aufbietet und beauftragt, den Seinen beizustehen und sie auf allen ihren Wegen zu beschützen, verkörpern und vergegenwärtigen die konkrete Erfahrbarkeit der unmittelbaren Nähe und Wirkmächtigkeit Gottes.

Im Alten Testament erscheinen Engel als Boten und Begleiter, durch sie wird Gottes Eingreifen ganz konkret im Leben der Menschen sichtbar und erfahrbar (z.B. Ex 3,2; 23,20ff; Num 22,22ff; 1Kön 19,4ff; Tob 5,4ff). Engel Gottes begleiten und bewahren Menschen in Ängsten und Nöten. Sie helfen auf wunderbare Weise und führen durch Krisen und Tiefen hindurch. Sie geben Trost und Halt in schlimmen Zeiten. In ihnen und durch sie wird Gottes Handeln und Wirken anschaulich und konkret. Durch sie handelt und wirkt Gott selbst. Engel sind personifizierte Erfahrungen der unmittelbaren Nähe und Wirklichkeit Gottes, in der wir geborgen und gehalten sind.[587]

Die Engel haben als »Schutzengel« frömmigkeitsgeschichtlich eine hohe Bedeutung erlangt, die sich nicht nur bei Luther wiederfindet, der die biblische Vorstellung von den Engeln als hilfreiche, beschützende und bewahrende Begleiter und Boten Gottes aufnimmt und in seinen Predigten zu Michaelis ebenso wie in seinem Morgen- und Abendsegen seiner Überzeugung Ausdruck verleiht,

---

[586] Zenger, Psalmen II, 636.
[587] Vgl. dazu Vorgrimmler/Bernauer/Sternberg, Engel.

dass ein jeder und eine jede von Geburt bzw. von der Taufe an von einem Engel Gottes begleitet und behütet wird – wie es Psalm 91,11–12 verspricht und später auch in Kirchenliedern, wie z. B. EG 447,5 und 477,8–9, von Paul Gerhard aufgenommen wird.

Mich erinnern die Engel immer wieder an ein besonderes Bild im Haus meiner Großmutter: Zwei Kinder kommen aus dem dunklen Wald, über ihnen ziehen sich schwere, dunkle Wolken zusammen. Vor ihnen liegt ein Gebirgsfluss mit einer reißenden, wilden Strömung. Über diesen Fluss und die Schlucht, die er in den Fels geschnitten hat, führt ein hölzerner Steg. Doch der Steg ist alt und vermodert, Bretter fehlen am Boden. Ängstlich tasten sich die beiden Kinder hinüber. Eine bedrohliche Szene... Doch über ihnen schwebt ein Engel mit weißen Kleidern und Flügeln. Er hält schützend seine Hände über die Kinder, die ihn nicht sehen... Ich war mir immer sicher: Er wird sie hinübergeleiten. Es wird ihnen nichts geschehen.

Als Kind hat mich dieses volkstümliche Bild sehr angesprochen. Es hat mir das Gefühl einer letzten, tiefen Geborgenheit gegeben. Später wurde es mir fremd. Es war mir zu »kindlich«, zu kitschig. Doch das Gefühl und Bewusstsein der Geborgenheit, das es in mir geweckt hatte, blieb und manchmal habe ich in meinem Leben etwas davon erfahren, wie Gottes unsichtbare Engel mich oder andere Menschen über tiefe Abgründe und durch große Ängste hindurchgeleitet und -geführt haben.

Die Kunst hat in allen Epochen vielfältige, beindruckende, aber auch verfremdende und skurrile Inszenierungen und Darstellungen von Engeln hervorgebracht, die jeweils ihre eigene »Botschaft« in sich tragen. Durch den Wandel der Geschichte hindurch ist jedoch die hohe Bedeutung und Beliebtheit der Engel bis in die Postmoderne des ausgehenden 20. und des beginnenden 21. Jahrhunderts erhalten geblieben. In einer weithin entkirchlichten und säkularisierten Gesellschaft erfreuen sich die Engel einer auffallenden Beliebtheit. Offenbar ersehnen und suchen die Menschen performative Inszenierungen und Darstellungen heilsamer und bewahrender Bilder und Mittler des Geborgenseins in einer umfassenden, größeren und mächtigeren Wirklichkeit Gottes, die sich in den Engeln verkörpert und vergegenwärtigt.[588]

Ein moderner Engelsegen bringt, wie ich finde, auf wunderbare Weise diese Sehnsucht nach Engeln und die biblische Botschaft von den Boten Gottes zum Ausdruck:

> »Wenn du geboren wirst, gibt Gott dir einen Engel mit auf den Weg. So wirst du auf der Erde niemals allein sein. Er wird dich begleiten, wohin du auch gehst. Hör auf ihn, wenn du in Gefahr gerätst, denn er will dich beschützen. Er wird dich trösten, wenn du traurig bist. Und wenn du dich freust, dann lacht er mit dir. Er zeigt dir die Freude und

---

[588] Vgl. dazu Lerch, Von Schutzengeln, 142–144.

die Trauer, weil beide zum Leben gehören. Häufig wirst du deinen Engel in anderen Menschen erkennen. Dann sei auch du achtsam und gib die Wärme weiter, die dein Engel dir geschenkt hat. Dein Engel ist leicht wie eine Feder und doch so stark, dass er dich allezeit tragen kann. Er ist das Licht, das dir den Weg zeigt. Dein Engel ist immer bei dir, und er wird dich begleiten, ein Leben lang. Und wenn du einst stirbst, er trägt dich zurück in den Himmel. So segne und behüte dich Gott durch seinen heiligen Engel!«[589]

Wer so von Gott beschützt und behütet wird, der kann Gefahren überwinden und bestehen, wie einer, der »über Löwen und Hornvipern schreitet, Junglöwe und Schlange niedertritt« (V.13). Nichts kann ihn erschrecken und beängstigen, denn er hat Anteil an Gottes Schutzmacht und Herrschaft, so dass ihm fast »übermenschliche Kräfte« zuwachsen und zukommen, dass er scheinbar über sich selbst und seine Grenzen hinauswächst. »Man wird sich hier daran erinnern dürfen, daß auf altorientalischen Abbildungen die Götter bisweilen als Überwinder schrecklicher Ungeheuer dargestellt werden, sie stehen auf dämonischen Untieren wie auf einem Postament. Eine solche alle finsteren Mächte überwindende Kraft wird dem Schutzbefohlenen Gottes zugesagt.«[590]

Die beeindruckenden, beängstigenden Bilder von gefährlichen Tieren (V.13), denen wir schutzlos ausgeliefert sind, wenn sie uns begegnen, erinnern an bedrohliche Situationen ebenso wie an Menschen, die uns nicht gut oder gar feindlich gesonnen sind und die uns bisweilen »wie wilde, gefährliche Tiere« vorkommen können, die uns in Angst und Ohnmacht versetzen, weil sie uns übermächtig erscheinen. Ihnen können wir begegnen, ohne in Furcht und Schrecken zu geraten, ja, wir können vor ihnen bestehen und ihnen entgegentreten, wenn wir sie mit Gottes Beistand und Schutz als das sehen und erkennen, was sie wirklich sind und damit ihre beängstigende Wirkung auf uns begrenzen, partialisieren und auf ein realistisches Maß reduzieren, so dass sie ihre scheinbare Macht über uns verlieren und wir uns durch Gottes Hilfe und Kraft ihnen gegenüber als selbstwirksam und handlungsfähig erfahren. Wir sind in Gottes Schutz- und Herrschaftsbereich, er gibt uns Anteil an seiner Wirkmacht, so dass wir Gefahren und Bedrohungen, die uns auch durch andere Menschen widerfahren können, überwinden und überschreiten können.

In der Seelsorge und Beratung habe ich immer wieder in der »Teilearbeit mit Tierfiguren« erlebt, wie befreiend und erlösend es für Menschen ist, die sich in schwierigen, einengenden, bedrohlichen Situationen und Konflikten befinden, diese in einer Aufstellung mit Tierfiguren sichtbar zu machen und eine andere Perspektive auf die Situation zu entwickeln, die sie wieder selbstwirksam und handlungsfähig macht. Dabei ist die Erschließung eigener Ressourcen ebenso

---

[589] Herkunft und Quelle unbekannt.
[590] Kraus, Psalmen 60–150, 807.

hilfreich wie die Erkenntnis der begrenzten Macht und Wirksamkeit der bedrohlichen Momente. Dabei kann das Vertrauen und die Gewissheit, in Gottes Schutz und Obhut zu sein, helfen, eigene Schutzfaktoren und -kräfte zurückzugewinnen und zu entwickeln.

Im Schlussteil (V.14–16) hört nun der Beter des Psalms durch einen Perspektivwechsel Gott selbst reden, der wie von einer Metaebene herab verspricht, dem Menschen, der auf ihn vertraut, der sich »an ihn hängt«, der »seinen Namen kennt« (V.14) und ihn »anruft in der Not« (V.15), »zu retten und zu schützen« (V.14), sein Gebet »zu erhören«, ihm »zu antworten« (V.15), beizustehen und zu helfen in der Not, ja, »ihn herauszureißen und zu Ehren zu bringen« (V.15). Hier wird gewissermaßen von Gott selbst versichert und bezeugt, dass er seine Heilszusagen (V.3–8.10–13) erfüllt. Ja, die »direkte Gottesrede«[591] wird für den, der in den Psalm einstimmt und ihn mitbetet, zu einer performativen Zusage, die sich im hörenden Beten an ihm ereignet und erfüllt.

Konkret wird die Gemeinschaft und Verbundenheit, die der Beter selbst bekannt (V.1–2) und bekräftigt (V.9) hat, von Gott her bestätigt, vergewissert und erfüllt. Wer sich an Gott hält und auf Gott vertraut, gehört zu Gott und ist in Gottes Schutzraum und Machtbereich geborgen, darum wird Gott ihm beistehen und sich als treu erweisen. Denn sein Name verbürgt, dass er sich den Seinen als ein mitgehender und fürsorgender Gott erweist, das ist sein Wesen. Wer seinen Namen kennt und darauf vertraut, dass er Gottes Beistand und Mitsein verheißt und verbürgt, dem wird es zuteil. Gott hört ihn und antwortet ihm, wenn er nach ihm ruft, und er ist bei ihm in der Not. Er wird ihn herausziehen und zu Ehren bringen, wie er es versprochen und in der Geschichte seines Volkes immer wieder erwiesen und bestätigt hat.

Dem, der betend seine Zuflucht bei Gott sucht und darauf vertraut, dass er in der Gemeinschaft und Verbundenheit Gottes geborgen ist, verspricht Gott die Fülle des Lebens, die seinen Gerechten und Treuen verheißen ist (vgl. Ps 1 u. ö.): »Mit langem Leben werde ich ihn sättigen und ihn sehen lassen mein Heil!« (V.16; dazu vgl. Ps 90,14.16) Über alle Verwundbarkeit und Zerbrechlichkeit des Lebens hinaus wird dem, der sich an Gott hält und auf Gott vertraut, langes Leben und Heil von Gott versprochen, das alle Ambivalenz und Kontingenz menschlichen Lebens überschreitet und transzendiert auf die Teilhabe an der Fülle und Herrlichkeit Gottes hin.

Der Psalm nimmt uns betend hinein in das große Vertrauen des Beters und stellt uns mit unserem zerbrechlichen, verletzlichen Leben und allen Ängsten in den Schutzraum und Machtbereich der größeren, überschreitenden und transzendierenden Gemeinschaft und Verbundenheit Gottes, die uns durch Gott zuteilwird und zuwächst und durch alle Tiefen menschlicher Existenz hindurchführen und -tragen kann.

---

[591] Zenger, Psalmen II, 632.636.

Psalm 121 Ich hebe meine Augen auf zu den Bergen, woher kommt Hilfe für mich?[592]

V.1 Ein Lied für Wallfahrten[593].
Ich hebe meine Augen auf zu den Bergen, woher kommt Hilfe für mich?
V.2 Hilfe für mich (kommt) von JHWH, der Himmel und Erde gemacht hat.
V.3 Er lässt deinen Fuß nicht wanken, dein Behüter schläft nicht.
V.4 Siehe, weder schlummert noch schläft der Behüter Israels.
V.5 JHWH ist dein Behüter! JHWH ist dein Schatten über deiner rechten Hand!
V.6 Bei Tag wird dich die Sonne nicht stechen noch der Mond in der Nacht!
V.7 JHWH behütet dich vor allem Unheil[594], er behütet dein Leben[595].
V.8 JHWH behütet[596] dein Hinausgehen und dein (Heim-)Kommen[597] von nun an und bis in Ewigkeit[598].

Psalm 121, der als »Vertrauens- und Segenspsalm« sehr beliebt und bekannt ist, entstammt ursprünglich einem kultischen Kontext der Wallfahrt im Tempel von Jerusalem und könnte analog zu dem bekannten Einlassritual (vgl. Ps 24,3-6) auf ein »Entlassungsritual« im Tempel zurückgehen, »das sich beim Abschied von der heiligen Stätte abgespielt hat«,[599] in dem der aufbrechende Pilger auf seine Frage nach Hilfe und nach seinem Bekenntnis zum Schöpfergott (V.1-2) den Zuspruch des Priesters für seine Heimreise und sein Leben erhält (V.3-8). Dieses »Entlassungsritual« ist als »Wallfahrtslied« (V.1) für Jerusalem-Pilger, die dreimal im Jahr zu den großen Festen zum Tempel zogen, ausstilisiert worden und hat sich als »Vertrauenslied« verselbständigt, das die Zusage des Behütet-, Beschützt- und Bewahrt-Werdens durch den Schöpfergott vergegenwärtigt und vergewissert. Der Beter des Psalms wird im Erinnern und Vergegenwärtigen der performativen Segens- und Beistandszusage in die wirkmächtige Gegenwart des Schöpfergottes hineingestellt und -versetzt, aus der ihm eine Hoffnung und eine Zuversicht erwachsen, die alles Bedrohliche, Beängstigende und Besorgniserregende transzendieren können.

Am Anfang steht die bange und sorgenvolle Frage des Beters, der seine Heimreise aus dem Tempel vor sich hat und seine Augen zu den Bergen erhebt,

---

[592] Zur Übersetzung vgl.: Kraus, Psalmen 60-150, 1010-1011; Ruwe, Psalmen, 189-190; Weber, Werkbuch Psalmen II, 278.
[593] *Oder: »Hinaufzüge«.*
[594] Oder: »Übel«.
[595] Oder: »deine naepaesch«.
[596] Oder: »bewahrt«.
[597] Oder: »deinen Ausgang und Eingang«.
[598] Oder: »für immer«.
[599] Kraus, Psalmen 60-150, 1012.

die Jerusalem umgeben: »Woher kommt Hilfe für mich?« (V.1). Man kann dabei an die Gefahren einer solchen Pilgerreise denken, die sehr konkret und real waren, oder auch an die Berge als Sitz und Heimstatt fremdartiger kanaanäischer Götter, deren lokale »Präsenz« und »Verehrung« für Pilger eine verunsichernde und beängstigende Ausstrahlung behalten haben mochten.[600] Beide Ängste können Motive für das sorgenvolle, fragende Schauen des Beters sein, der aber darauf sofort mit seinem Bekenntnis antwortet, dass er seine Hilfe von dem Gott erwartet und erhofft, der Himmel und Erde gemacht hat (V.2; vgl. Ps 123,1; 124,8; 125,2). Er gründet sein Vertrauen auf den Schöpfer des Himmels und der Erde, der alle anderen Gottheiten entmachtet hat (vgl. Ps 96,5) und der allein Gott über die ganze Welt ist. Von ihm allein erwartet und erhofft er Hilfe für sich – auf dem gefahrvollen Weg durch die Berge und nach Hause.

Der Schöpfergott ist der Gott vom Zion, der im Tempel gegenwärtig erlebt und geglaubt wird (vgl. Ps 84,11 u.ö.), der zugleich König der Völker und Herrscher der Welt ist. Als Schöpfer kommt alles von ihm her und ist ihm zugehörig. Er erhält alles am Leben (vgl. Ps 8,4–5; 23; 24,1–2; 36,6–10; 104). »Weil alles aus Gottes Hand hervorgegangen ist, darum hat Gott in allem die Macht zu helfen, denn alles steht auch jetzt noch in seiner Hand.«[601] Mit seinem Bekenntnis stellt sich der Beter in diese Macht des Schöpfers hinein und übergibt sich mit seinen Ängsten und Sorgen der fürsorgenden und bergenden Gegenwart Gottes, dessen Präsenz im Tempel verehrt wird.

Die Verortung der Erfahrung von Gottes Gegenwart im Tempel von Jerusalem kann sich von der Beschränkung auf den Ort lösen und auf alle Orte und Zeiten übertragen werden, weil die Gottheit des Schöpfers von Himmel und Erde universal und zu allen Zeiten ihre behütende und beschützende Wirkmacht erweisen kann, so dass auch der Psalm zum Ort der Gegenwart Gottes werden kann, wo und wann auch immer Gläubige ihn beten.

So können »die Berge«, zu denen der Beter seine Augen sorgenvoll und beängstigt erhebt und über deren Horizont hinaus er nach Hilfe Ausschau hält, zur Metapher werden für schwere Lebenswege, die wir vor uns haben, die uns beängstigen und überfordern, ja, die unüberwindbar scheinen, dass wir nicht wissen, wie wir sie bewältigen und bestehen sollen. In solchen Ängsten und Krisen kann der Psalm uns erinnern und vergegenwärtigen, dass wir in allen Schwierigkeiten und Nöten des Lebens in der Macht Gottes geborgen sind, der Himmel und Erde gemacht hat und der über alles herrscht, ja, er kann uns in seine Nähe und Gegenwart hineinnehmen und -versetzen, wo uns nichts gegen seinen Willen geschehen kann.

Doch damit das Vertrauen, das der Beter im Psalm bekennt und vergewissert, auf dem Weg durch Ungewissheiten, Ängste und Gefahren Bestand hat und trägt,

---

[600] Vgl. Keel, Die Welt der altorientalischen Bildsymbolik, 17.
[601] Kraus, Psalmen 60–150, 1013.

erteilt der Psalm ihm den Zuspruch des Segens und des Beistands durch die Worte, die ursprünglich der Priester dem Pilger zusagt (V.3-8) und die im Beten jede und jeder als persönlichen Segen für sich und seinen Weg, der vor ihm liegt, erfährt und empfängt.

Wer auf den Gott vertraut, der Himmel und Erde gemacht hat, und sich in seiner machtvollen Gegenwart geborgen glaubt und weiß, dem wird sein Beistand und Segen zugesagt und versprochen (V.3-8): »Er lässt deinen Fuß nicht wanken, dein Behüter schläft nicht.« Gott verspricht, dass er uns auf unserem Weg behütet und begleitet, ja, auf uns Acht gibt und uns beschützt, dass »unser Fuß« nicht »wankt« (vgl. Ps 66,9) und wir nicht zu Boden fallen oder in Abgründe stürzen. Er bewahrt uns vor allen Gefahren und führt uns sicher auf unserem Weg. Darauf können wir uns verlassen, denn er »schläft nicht«, er weicht nicht von unserer Seite und verlässt uns nicht, seine Kraft und seine Macht ist nicht begrenzt, sondern immer und überall ist er für uns da mit seiner Fürsorge und seinem Schutz (vgl. Pss 23; 63 u.ö.).

Dieser Gott, der jeden einzelnen, der sich ihm anvertraut und an ihn glaubt, behütet, ist von alters her der Gott des Volkes Israel, der sein Volk durch alle Zeiten hindurch beschützt und bewahrt hat, der »nicht schlummert noch schläft« (V.4), sondern über den Seinen wacht. Der »Behüter Israels« (V.3) ist derselbe, der eine jede und einen jeden behütet (V.4), dass ihm kein Unheil widerfährt und kein Schaden zustößt. Er ist uns so nah, dass sein »Schatten über deiner rechten Hand« ist (V.5), damit »dich die Sonne nicht sticht am Tage noch der Mond in der Nacht« (V.6). Weder die sengende Sonne, deren Hitze Leben austrocknen und verdorren lassen kann, noch der Mond, dem im altorientalischen Umfeld unheilvolle Kräfte und Mächte zugeschrieben wurden, kann uns schaden. Gegen alle Gefahren, die am Tag und in der Nacht lauern mögen (vgl. Ps 91,5-6), schirmt und wacht Gott über denen, die ihm vertrauen, weil er »seinen Schatten« wie einen Schutzschirm oder ein bergendes Dach über uns hält.

Im umfassenden Sinn wird dem Beter, der sein Vertrauen in diesen Gott setzt und bei ihm Hilfe und Zuflucht sucht (V.1-2), mit Worten, die an den aaronitischen Segen in Num 6,24-26 erinnern, Gottes Beistand gegen alles »Unheil« und Gottes Schutz des »Lebens« (V.7) zugesprochen, das er von Gott als Gabe empfangen hat[602], weil Gott über den Seinen wacht und ihr »Hinausgehen und (Heim-)Kommen behütet von nun an bis in Ewigkeit« (V.8; vgl. Dtn 28,6).

Was der Pilger bei seinem Abschied im Tempel als konkrete Zusage für seinen Heimweg und alle seine Wege bis zu seiner Wiederkunft nach Jerusalem erfahren und erlebt hat, gilt als Zuspruch und Verheißung des Schöpfergottes allen Gläubigen für alle ihre Lebenswege in der Gegenwart und in der Zukunft, weil Gott durch alle Zeiten hindurch und für immer unser Behüter und Bewahrer unseres Lebens ist und weil wir immer und überall in seiner Obhut und Ge-

---

[602] Vgl. zu »naepaesch« die Auslegung von Ps 42/43.

genwart sind und bleiben.»Jeder Ausgang und jeder Eingang, alles Kommen und Gehen, steht unter dem Schutz dessen, der Himmel und Erde gemacht hat und dem jeder Schritt des Fußes seiner Menschen unendlich wichtig ist.«[603]

Das wird kein Unheil, kein Unglück, keine Krankheit und keinen Unfall von uns abwenden, ebenso wenig persönliche und familiäre Krisen und Nöte, aber Gott wird in allem, was zum Leben gehört und uns widerfahren kann, an unserer Seite sein und seine schützende Hand bergend über uns halten. Darauf können wir vertrauen und daraus können wir auch entgegen erfahrener und erlebter Widrigkeiten Hoffnung, Trost und Zuversicht schöpfen, weil wir mit allem und allem zum Trotz immer in seiner Gegenwart und Obhut bleiben. Darum dürfen und können wir für uns und alle, die in Ängsten und Bedrohungen sind, immer mit dem Psalm fragen, woher Hilfe für uns kommt, und uns vergewissern und vergegenwärtigen, dass unsere Hilfe von Gott kommt, der Himmel und Erde gemacht hat und der uns versprochen hat, uns zu behüten, beizustehen und zu bewahren.

Jochen Klepper hat ein wunderbares Lied gedichtet, in dem er uns in der Mitte des Tages einlädt: »Nun blick zum Höchsten auf, der schützend auf dich niedersah in jedes Tages Lauf«, und in dem es in V.7 heißt: »Er segnet, wenn du kommst und gehst; er segnet, was du planst. Er weiß auch, daß du's nicht verstehst und oft nicht einmal ahnst.«[604] Mitten im Alltag sollen wir den Lauf der Dinge, unsere Arbeit und alle Beschäftigung unterbrechen, innehalten und unsere Augen zu dem Gott erheben, der liebevoll und fürsorgend nach uns schaut und über uns wacht, auch wenn wir nicht daran denken und nichts davon verstehen, ja, es nicht einmal ahnen. Er ist mit uns, er segnet uns und behütet uns, wenn wir kommen und gehen, vom Anfang bis ans Ende unseres Lebens. Er segnet, was wir uns erdenken und vornehmen, er vollendet und erfüllt, was wir planen und beginnen. Er weiß, dass er unser Verstehen übersteigt und dass wir oft nicht einmal an ihn denken, aber er gedenkt unser und bleibt uns fürsorgend zugewandt (vgl. Ps 8). Er hält seine schützende, bergende Hand über uns, er behütet uns auf allen unseren Wegen und wacht über uns an allen Tagen und Nächten unseres Lebens. Daran sollen wir uns erinnern, nicht nur an den Rändern und in den Nöten unseres Lebens, sondern in der Mitte jedes Tages, ja, mitten im Alltag und mitten im Leben, damit es uns trägt und hält durch alle Zeiten hindurch.

---

[603] Kraus, Psalmen 60–150, 1015.
[604] EG 457,1.7; vgl. Dtn 28,6.

11 Vertrauen auf Gottes Herrschaft und Macht

Psalm 46 »Ein feste Burg ist unser Gott«[605]

V.1 Dem Leiter, von den Korachitern, nach der Weise ›junge Frauen‹ - ein Lied.
V.2 Gott ist unsere Zuflucht[606] und Stärke[607], als Hilfe[608] in Nöten ist er sehr bewährt.
V.3 Darum fürchten wir uns nicht, wenn die Erde schwankt und wenn die Berge im Herzen der Meere wanken.
V.4 Es mögen tosen und schäumen seine Wasser, die Berge erbeben[609] durch[610] seine Hoheit[611].
V.5 Ein Strom - seine Rinnsale[612] erfreuen die Stadt Gottes, die heilige Wohnung[613] des Höchsten.
V.6 Gott ist in ihrer Mitte - sie wankt nicht[614]. Gott hilft ihr bei der Wende zum Morgen[615].
V.7 Völker tobten, Königreiche wankten: er bewirkte mit seiner Stimme, dass die Erde wankt[616].

---

[605] Zur Übersetzung vgl.: Janowski, Konfliktgespräche, 71–72; Kraus, Psalmen 1–59, 494–495; Ruwe, Psalmen, 72–73; Weber, Werkbuch Psalmen I, 212.
[606] Oder: »Schutz«.
[607] Oder: »Macht«.
[608] Oder: »Beistand«.
[609] Oder: »werden erschüttert«.
[610] Oder: »wegen seiner«/»bei seiner«.
[611] Oder: »Erhabenheit«.
[612] Oder: »Bäche«/»Kanäle«.
[613] Oder: »Wohnstätte«.
[614] Oder: »wird nicht wanken«.
[615] Oder: »beim Morgengrauen«.
[616] Oder: »erzittert«.

V.8 JHWH der Heerscharen ist mit uns, eine Fluchtburg[617] ist für uns der Gott Jakobs.
V.9 Geht[618], schaut die Taten JHWHs an, der Entsetzen[619] auf die Erde legt,
V.10 der Kriege beseitigt[620] bis ans Ende der Erde. Er zerbricht Bogen und zerhaut Speere[621], Wagen verbrennt er im Feuer.
V.11 Lasst ab[622] und erkennt, dass ich Gott bin, erhaben (bin ich) über die Völker, erhaben (bin ich) über die Erde.
V.12 JHWH der Heerscharen ist mit uns, eine Fluchtburg[623] ist für uns der Gott Jakobs.

Der Psalm erinnert mich mit seinen Bildern von gewaltigen Naturereignisssen an eine eigene Erfahrung. Während eines Studienaufenthaltes in Japan wohnte ich für mehrere Monate im Gästehaus und Studentenwohnheim der Bukkyo-Daigaku, der Buddhistischen Universität in Kyoto, im Tempel Kurodani. Eines Nachts wurde ich plötzlich von einem heftigen Poltern aus dem Schlaf gerissen. Aus dem Untergeschoss hörte ich ein lautstarkes Donnern und Grollen. Der Fußboden und mein Bett wurden erschüttert, Risse entstanden in den Wänden und ich fürchtete, das ganze Haus könnte einstürzen. Doch nach wenigen Minuten war alles vorbei. Es blieben die Risse in den Wänden und das Klopfen in meinem Herzen. Ich suchte den Gastmönch auf, der in aller Ruhe meditierend in seinem Zimmer saß und mich freundlich lächelnd mit den Worten empfing: »Don't be worry, it was only an earthquake.« Es blieb in mir die innere Erschütterung und Angst, die das Erdbeben ausgelöst hatte, aber auch das Bild der unerschütterlichen Ruhe, die mein meditierender Gastpater ausstrahlte.

Unerschütterlich und furchtlos ist auch das Vertrauen des Beters von Ps 46, der sich so sicher in Gottes Macht und Zuflucht geborgen und geschützt weiß und glaubt, dass er in Gott ruht und sagen kann: »Darum fürchten wir uns nicht, wenn die Erde schwankt und wenn die Berge im Herzen der Meere wanken. Es mögen tosen und schäumen seine Wasser, die Berge erbeben durch seine Erhabenheit.« (V.3–4) Die Bilder der gewaltigen Naturereignisse, die bedrohlich und chaotisch sind, stehen in starkem Kontrast zur Ruhe und Gelassenheit des Beters, die durch nichts zu erschüttern und zu verunsichern ist. Denn er ist in Gottes Obhut, Schutz und Macht und sicher, dass ihm nichts gegen Gottes Willen geschehen und widerfahren kann.

---

[617] Oder: »Zuflucht«/»Schutzburg«.
[618] Oder: »Kommt«.
[619] Oder: »Schauder«.
[620] Oder: »beendet«/»zur Ruhe bringt«.
[621] Oder: »Spieße«.
[622] Oder: »Haltet ein«.
[623] Oder: »Zuflucht«/»Schutzburg«.

Menschen, die so von ihrem Gott reden und in Gott ruhen, wissen, was sie sagen und worauf sie sich verlassen können, denn sie haben es wieder und wieder erfahren und können bekennen, dass Gott sich als Hilfe und Beistand in ihren Nöten und Bedrängnissen gezeigt und bewährt hat. Ihr Gottvertrauen ist so unerschütterlich und so groß, weil es durch tiefe Erschütterungen und Bedrohungen hindurchgegangen ist und Bestand hatte, weil Gott sich ihnen als treu und verlässlich erwiesen hat, als Hilfe in der Not – entgegen allen ambivalenten Erfahrungen und Anfechtungen.

Solches Gottvertrauen erwächst aus der Erfahrung, dass Gott in Bedrängnissen und Nöten hilft und sich darin als der Herr der Schöpfung und der Welt erweist und bewährt. Denn er hat die Macht und die Kraft, die Ordnung der Schöpfung und der Welt zu erhalten und gegen alle chaotischen, bedrohlichen Mächte und Gewalten zu bewahren und zu beschützen. Selbst wenn die Erde bebt und die Berge mitten im Meer wanken, ja, wenn die Wasser tosen und brausen, dass sie die Berge mit ihrer Kraft erschüttern, behält Gott die Macht und erhält die Ordnung und das Leben, das er erschaffen hat. Denn er ist seit Urzeiten und von Anfang an und für alle Zukunft der Herr der Welt.

Die Bilder der katastrophalen Naturereignisse im Psalm sind Metaphern für »chaotische Mächte und Gewalten«, denen Menschen immer wieder ausgesetzt sind, die ihr Leben und die ganze Schöpfung in ihren Grundfesten, in ihrer Ordnung und in ihrem Fundament erschüttern und bedrohen können. Der Psalmbeter stellt die »Erfahrung des Chaotischen«, die sich auch als »Feindbedrängnis, Krankheit oder Rechtsnot« darstellen kann[624], in seinen Erfahrungshorizont der bewährten Gotteshilfe und weiß sich darum aller Bedrohung zum Trotz in Gottes Macht und Schutz sicher und geborgen.

Wir wissen und haben erlebt, dass Menschen, die real durch Erdbeben, Wasserfluten eines Tsunami oder Überschwemmungen alles verloren haben, was sie hatten, geliebte Menschen, ihre Häuser und Wohnungen, tief erschüttert, schockiert und traumatisiert sind. Wie auch Menschen durch existentielle, persönliche, gesundheitliche oder familiäre Krisen, Abbrüche und Umbrüche in ihrem Welt- und Selbstvertrauen tief verletzt und verunsichert werden. Trost, Halt, neue Zuversicht können Menschen nach so tiefen, erschütternden Bedrohungen, Ohnmachts- und Verlusterfahrungen nur durch sehr behutsame, einfühlsame, verständnisvolle Begleitung und Unterstützung finden. Dabei ist die Erfahrung eines eigenen tragenden Grundes, der das Erleben von Sicherheit, Selbstwirksamkeit, Selbstkontrolle und Verlässlichkeit wieder ermöglicht, heilsam und kann helfen, die schmerzliche Erfahrung zu integrieren und zu überwinden.

So ein »tragender Grund« kann das Vertrauen zu anderen Menschen sein, deren Beziehung verlässlich und gut ist, aber auch die Zugehörigkeit zu einer

---

[624] Vgl. Janowski, Konfliktgespräche, 71.

guten, sinnvollen, stabilen Gemeinschaft und Ordnung, die Anteil nehmen und mittragen kann. Ps 46 kann in solchen Nöten und Krisen helfen, mit der eigenen Ohnmacht, Verzweiflung und Hilflosigkeit Zuflucht und Schutz bei Gott zu suchen, der sich als Hilfe bewährt und erwiesen hat, an den wir uns halten und dem wir unsere Not klagen können, so dass wir nicht allein damit bleiben und nicht daran verzweifeln und zerbrechen müssen. Im Beten können wir teilhaben an seiner Macht und dessen teilhaftig werden, dass er nah und für uns da ist – auch in der Not und Angst, ja, dass wir in allem Leiden bei ihm geborgen und in seiner Obhut bleiben, weil er der Herr über Himmel und Erde ist und alle Macht in seinen Händen hält.

So kann Martin Luther in seinem Kommentar zu Psalm 46,3 sagen:» Weil wir einen solchen unsterblichen, allmächtigen, ewigen Gott haben, der ein König ist aller Könige, ein Herr aller Herren, der da Teufel, Welt und alle Kreaturen in seiner Hand hat, was fürchten wir uns denn? Ist Gott für uns, wer mag wider uns sein? Röm 8,31. Ist Gott unsere Zuflucht, Haus, Schloß und Wohnung, was bekümmern wir uns denn, wo wir endlich bleiben wollen? Wenn gleich der Himmel einfiele und die Berge ins Meer sünken: was könnt es uns schaden? Ist doch Gott größer denn die Welt. Wo der Schöpfer bleibt, da bleibt auch sein Gemächt. Wo der Herr, Meister und Vater bleibt, da bleibt auch der Knecht, Jünger und Sohn; wie wir singen: Ein feste Burg ist unser Gott, ein gute Wehr und Waffen.«[625]

Luther nimmt das Bild von »Gott als Zuflucht und Schutzburg in Not und Bedrohung« aus Psalm 46 auf und macht es zum Leitmotiv seines bekannten Reformationsliedes »Ein feste Burg ist unser Gott« (EG 362), das er christologisch erweitert und zu einem geistlichen »Kampflied« gegen die Bedrohung durch den »Teufel« ausgestaltet. Aber der Psalm steht in einem anderen, weiteren Horizont, dessen historische und theologische Differenz Luther in seinem Psalmenkommentar selbst benennt: »Der 46. Psalm ist ein Dankpsalm; zu der Zeit vom Volk Israel gesungen für die Wunderthaten Gottes, daß er die Stadt Jerusalem, da seine Wohnung war, schützet und bewahret wider alle Könige und Heiden Wüthen und Toben, und Friede erhielt wider alle Kriege und Waffen [...] Wir aber singen ihn Gott zu Lobe, daß er bei uns ist und sein Wort und die Christenheit wunderbarlich erhält wider die höllischen Pforten, wider das Wüthen aller Teufel, der Rottengeister, der Welt, des Fleisches, der Sünden, des Todes [...].«[626]

Der Psalm steht in einem anderen, weiteren, kosmologischen und universalgeschichtlichen Horizont, in dem Gott von Anfang an und für alle Zeiten als Herr der Welt gelobt und bekannt wird, der im Tempel auf dem Berg Zion in Jerusalem »wohnt« (V.5) und gegenwärtig ist. Ein »Strom« versorgt die Stadt Gottes durch seine Kanäle oder Bäche mit dem »Wasser des Lebens« und erweist

---

[625] Eberle, Luthers Psalmen-Auslegung 1, 591.
[626] A.a.O., 590.

den Gott vom Zion als den Schöpfer und Herrn der Welt von Anfang an, von dem alles Leben ausgeht und der alles am Leben hält.

Dieser Gott ist im Tempel in Jerusalem präsent und schützt seine »Stadt« mit seiner Herrschaft und Macht. Weil er »in ihrer Mitte« ist (V.6), wird die Stadt Gottes nicht wanken und nicht fallen, denn er hilft ihr in der Frühe, bei der Wende von der Nacht zum Morgen. Wie der Morgen kommt und die Nacht geht und wie das Licht die Dunkelheit der Bedrohung vertreibt, so hilft Gott seiner Stadt und den Seinen. Die Menschen müssen um nichts bangen und nicht selbst Hand anlegen, die »Wende« geschieht, weil Gott sie herbeiführt und bringt.

Was für ein wunderbares Bild, dass unsere Welt, unser Leben nicht im Chaos und Durcheinander liegt, sondern eine »Mitte« hat, die Gott selbst ist, der von Anfang an und für alle Zeiten alles Leben hervorbringt und am Leben hält. Er will unter uns »wohnen«, uns so nah sein, dass wir seiner unmittelbaren Gegenwart und Wirksamkeit teilhaftig werden. Dies geschieht so konkret und real, dass es »eine Wende« vom Dunkel ins Licht, von der Bedrohung zur Rettung bringt. Wie dunkel die Nächte über und in uns auch sein mögen, Gott bringt Licht hinein und erhellt uns durch seine Nähe und Macht.

Der Tempel auf dem Berg Zion ist der Ort des Gebetes, des Lobes und Dankes. Da ist Gott gegenwärtig. So kann der Psalmist sagen: »Die auf Gott vertrauen, sind wie der Berg Zion: er wankt in Ewigkeit nicht.« (Ps 125,1)[627]. Ja, im Vertrauen auf Gott, im Gebet ist Gott uns gegenwärtig und nah, so real und konkret, dass wir nicht »wanken« und nichts fürchten müssen, weil wir in seiner Macht und Obhut geborgen sind.

Dieser Gott der Schöpfung und der Herrscher vom Zion regiert mit Macht über die ganze Welt, seine Herrschaft ist so groß und gewaltig, dass seine »Stimme« die Erde erzittern lässt und dass Völker und Königreiche ins Wanken kommen (V.7). Wie ein zusammenfassender Lobpreis antwortet darauf das folgende Bekenntnis (V.8): »Gott der Heerscharen ist mit uns, eine Fluchtburg ist für uns der Gott Jakobs.« Hier wird mit alten Titeln und Namen bekannt, um wen es geht und wer der Herr über alles ist. Das Bekenntnis zu dem »Gott der Heerscharen« und dem »Gott Jakobs« greift auf alte Erinnerungen in der Geschichte des Volkes Israel zurück, die von der Bewahrung und Rettung durch das Mitsein seines Gottes erzählen.[628] Kein anderer ist der Gott vom Zion, der von Anfang an und für alle Zeiten Herr der Welt ist und seine Macht darin erweist und bewährt, dass er mit seinem Volk ist, indem er Zuflucht und Schutz bietet und bewirkt – von alters her und für allezeit (vgl. Joel 4,16–17).

Wenn Gott mit uns ist mit der himmlischen Macht seiner »Heerscharen«, vor wem sollen wir uns dann noch fürchten müssen in dieser Welt? Wenn er für uns ist, wer soll dann gegen uns sein, der etwas ausrichten könnte? Gott hat die Macht

---

[627] Vgl. dazu auch Janowski, Konfliktgespräche, 72.
[628] Vgl. Zenger, Psalmen II, 284.

über Himmel und Erde, er ist wie eine »Schutzburg« für uns, in der wir Zuflucht finden vor allen Bedrohungen und Nöten, die es gibt. Das hat er wieder und wieder bewiesen in seiner Geschichte mit uns Menschen und darauf ist Verlass. Darum brauchen wir uns vor nichts zu fürchten in dieser Welt, wenn der Herr der Welt für uns ist und nichts uns seiner Macht entreißen kann.

Doch das gilt nicht nur für alle, die mit dem Psalm zu Gott beten und bekennen, dass Gott für uns der Herr der Welt ist, sondern in der Konsequenz notwendigerweise für alle Völker und Menschen der Erde. Alle sollen es sehen und erkennen – sozusagen als Erweis der Wahrheit und Macht Gottes. Darum ruft nun der Psalm alle Welt dazu auf (V.9–10): »Schaut die Taten Gottes an, der Entsetzen auf die Erde legt, der Kriege beseitigt bis ans Ende der Welt! Er zerbricht Bogen und zerhaut Speere, Wagen verbrennt er im Feuer.« Alle Menschen und Völker der Erde sollen kommen und Gottes Werke anschauen, weil sich darin seine Macht und Herrschaft zeigt, ja, weil offenbar und sichtbar wird für alle und alle Welt, dass er der Gott des Himmels und Erde ist.

Seine Herrschaft erweist sich darin, dass er die Erde erschaudern lassen kann (vgl. Joel 2,10–11), aber auch darin, dass er die Kriege beendet und die Völker, die gegeneinander aufstehen, zur Ruhe bringt und befriedet. Das vollzieht sich ganz konkret und wirkungsvoll, indem Gott die Völker entwaffnet und ihre Kriegswerkzeuge zerstört (vgl. Jes 2,4; Mi 4,3). Unter seiner Macht vollzieht sich eine umfassende Befriedung aller Völker und der ganzen Welt.

Das Bild von der Befriedung aller Völker und ihrer Entwaffnung ist Ausdruck der Erwartung und Hoffnung auf die Umsetzung und Durchsetzung der Herrschaft Gottes in der ganzen Welt. Sie geht von Gott aus und wird nicht durch Menschen gewirkt. Die Bilder beschreiben, wie Gottes Herrschaft und Macht sich umsetzen und realisieren werden, sie antizipieren den umfassenden Frieden auf der Erde, den Gott allein schafft, als kontrafaktische Wirklichkeit, mit der wir rechnen können und die es für uns nötig und möglich macht, im Vertrauen auf Gottes Macht und Herrschaft schon heute konsequent danach zu leben und zu handeln.

In der UN-Charta haben die Völker der Erde und die Regierungen aller Nationen dies gelobt und unterzeichnet: »Alle Mitglieder unterlassen in ihren internationalen Beziehungen jede gegen die territoriale Unversehrtheit oder die politische Unabhängigkeit eines Staates gerichtete oder sonst mit den Zielen der Vereinten Nationen unvereinbare Androhung oder Anwendung von Gewalt.«[629] Aber deren konsequente und verbindliche Realisierung steht noch aus. So lange wird die Skulptur des russischen Künstlers Jewgeni Wiktorowitsch Wutschetitsch, die seit 60 Jahren im Garten des UNO-Hauptgebäudes in New York steht

---

[629] UN Charta Kap. I, Art.2, Abs.4, zit. in Bundeszentrale für politische Bildung (Hrsg.), Vereinte Nationen, 8.

und die das biblische Motiv von den »Schwertern zu Pflugscharen« (aus Jes 2 und Micha 4) plastisch darstellt, ein Mahnmal für den Weltfrieden bleiben.

Das Zukunftsbild von der Entwaffnung und der Befriedung der Völker und dem Ende aller Kriege ist wie ein Gegenentwurf dazu, eine Vision von einer anderen Welt, die durch die Macht und das Wirken des Gottes vom Zion geordnet und erhalten wird. So ruft nun Gott selbst alle Menschen und Völker der Erde auf (V.11): »Lasst ab und erkennt, dass ich Gott bin, erhaben über die Völker, erhaben über die Erde!« Alle werden aufgerufen, innezuhalten und vom Bestreben und Handeln, das nicht auf Gott ausgerichtet ist, abzulassen, Gott als König der Völker und der Welt anzunehmen und alles Tun und Wollen nach ihm auszurichten, ihn zu loben und zu preisen.

So mündet der Psalm am Ende (V.12) noch einmal in das Bekenntnis und den Lobpreis des »Gottes der Heerscharen« und des »Gottes Jakobs« ein (vgl. V.8), der schon immer mit uns ist und für alle Zeiten uns Zuflucht und Schutz gewährt. In seiner Macht sind wir geborgen und bewahrt von Anfang an und für alle Zeiten, darum können wir darauf vertrauen, dass er seine Herrschaft über die ganze Welt durchsetzen und realisieren wird, wie er es selbst verheißen hat.

Naturgewalten können über uns hereinbrechen, andere Mächte, Menschen und Völker können sich gegen uns erheben, Krisen und Katastrophen können unser ganzes Leben erschüttern und ins Wanken bringen, Krankheiten können unsere Gesundheit und unser Leben bedrohen, alles, was uns Sicherheit, Sinn und Glück gibt, kann zerbrechen und verloren gehen – das kennzeichnet menschliches Leben. Aber in allem und trotz allem, ja, entgegen allem Augenschein und entgegen aller Erwartung sind wir in Gottes Macht und Obhut, er ist mit uns und bei ihm finden wir Zuflucht und Schutz in allen Nöten. Darum fürchten wir uns vor nichts, denn nichts ist größer, mächtiger, weiter, tiefer, höher als seine Macht und Herrschaft im Mitsein für uns, alle Mächte und Gewalten zwischen Himmel und Erde sind ihm untertan.

Im Psalm 46 wird eine »Neuvermessung der Welt« vorgenommen, die Herkunft, Gegenwart und Zukunft der Welt durch die Koordinaten von Gottes Schöpfungs- und Bewahrungshandeln als Mitsein, von Gottes schützender und erhaltender Gegenwart als »Mitte der Welt« und von Gottes Frieden stiftender Königsherrschaft über die ganze Welt und alle Völker ordnet und gewährt. In der Mitte aller protologischen, kosmologischen und eschatologischen Perspektiven auf die Menschen und die Welt steht Gott mit seiner wirkmächtigen Gegenwart und Herrschaft.[630] Wer das sieht und erkennt, annimmt und darauf vertraut, findet sich als Teil darin und weiß sich in Gottes Macht und Obhut geborgen, was auch kommen und geschehen mag.

Was für ein großartiges, wunderbares Bild wird da gezeichnet, dessen Wirklichkeit und Wirkmacht wir im Beten des Psalms teilhaftig werden können.

---

[630] Vgl. den Hinweis in Weber, Werkbuch Psalmen I, 213.

Die einzig angemessene und konsequente Antwort darauf kann nur sein, mit dem Psalmbeter in das unaufhörliche Loben und Preisen Gottes einzustimmen, so dass unser ganzes Leben, Wollen und Handeln davon erfüllt und bestimmt werden mag.

Psalm 96 Singt dem Herrn ein neues Lied![631]

V.1 Singt JHWH ein neues Lied, singt JHWH, alle Lande![632]
V.2 Singt JHWH, segnet[633] seinen Namen, verkündet von Tag zu Tag[634] sein Heil!
V.3 Erzählt unter den Völkern von seiner Ehre[635], unter allen Nationen von seinen Wundertaten!
V.4 Denn groß ist JHWH und sehr zu preisen[636], er ist ehrfurchtsgebietender als alle Götter.
V.5 Denn alle Götter der Völker sind Nichtse, JHWH aber hat den Himmel gemacht.
V.6 Hoheit[637] und Pracht sind vor seinem Angesicht[638], Macht und Herrlichkeit in seinem Heiligtum.
V.7 Gebt JHWH, ihr Sippen der Völker, gebt JHWH Ehre und Macht!
V.8 Gebt JHWH die Ehre seines Namens! Bringt eine Opfergabe und kommt zu seinen Vorhöfen!
V.9 Werft euch nieder vor JHWH in seiner heiligen Erscheinung! Erbebet vor seinem Angesicht[639] alle Lande[640]!
V.10 Sprecht unter den Völkern: »JHWH ist König!« Ja, der Erdkreis ist fest gegründet, er wankt nicht. Er richtet[641] die Völker gerecht.
V.11 Der Himmel freue sich und es jauchze die Erde, es tose das Meer und was es füllt!
V.12 Es frohlocke das Feld und alles, was in ihm ist, jubeln sollen alle Bäume des Waldes
V.13 vor dem Angesicht JHWHs, denn er ist gekommen, ja, er ist gekommen, die Erde zu richten. Er richtet den Erdkreis in Gerechtigkeit und die Völker in seiner Treue.

In Anbetracht der aktuellen politischen Weltlage liest sich der Psalm wie ein Gegenentwurf, der Gott als Schöpfer und Herrscher der Welt lobt und preist, weil er die

---

[631] Zur Übersetzung vgl.: Janowski, Ein Gott, der straft, 49; Kraus, Psalmen 61–150, 833; Ruwe, Psalmen, 143–144; Weber, Werkbuch Psalmen II, 144.
[632] Oder: »all die Erde«.
[633] Oder: »preiset«.
[634] Oder: »tagtäglich«.
[635] Oder: »Herrlichkeit«.
[636] Oder: »hoch zu loben«.
[637] Oder: »Majestät«.
[638] Oder: »vor ihm her«.
[639] Oder: »vor ihm«.
[640] Siehe Anm. 632.
[641] Oder: »regiert«.

Erde fest gegründet hat, über alle Götter und Völker herrscht und die Welt gerecht regiert, wodurch er die innere und äußere Ordnung der Welt stabil und sicher erhält und garantiert. Der Aufruf zum Lobpreis der ganzen Erde und des Kosmos klingt dissonant, widersprüchlich, ja, unvereinbar mit dem, was wir wahrnehmen und erleben. Die Schöpfung ist von einer scheinbar unaufhaltbaren Klimakatastrophe bedroht, vernichtende Kriege, Unrecht und Ungerechtigkeit herrschen in vielen Teilen der Erde und die Menschen haben sich selbst zum Maß und zur Mitte der Welt gemacht. Wie kann in dieser Welt und unter den Völkern der Erde, ja, im ganzen Kosmos ein »neues Lied« entstehen, angestimmt werden und erklingen, das von Gott singt, der Hoffnung und Heil, Gerechtigkeit und Frieden bringt?

Das »neue Lied« (V.1) und die Hoffnung auf Gottes Herrschaft und Gerechtigkeit kann nur aus der Erinnerung erwachsen an das »Ur-Lied der Befreiung Ex 15,1–18«[642], das von der wunderbaren Rettung am Schilfmeer und dem »Sieg Gottes« über die ägyptischen Verfolger erzählt und die rettende Gerechtigkeit und Macht Gottes vergegenwärtigt, auf die ganze Welt und alle Zukunft hin überträgt. Auch wenn nicht alles gut ist im Leben der Menschen und in der Welt, ruft der Psalm auf, Gott zu loben und zu preisen, täglich seine Heilstaten zu verkünden (V.2), die seine Größe und Macht bekunden und bezeugen vor aller Welt. Denn die Gemeinschaft der Psalmbeter und -sänger hat nicht vergessen, dass Gott die Seinen nicht verlässt und gegen alle Erwartung aus der Not errettet, weil er treu und verlässlich ist und sich ihnen als Gott erweist. Das haben die Palmbeter immer wieder erfahren und darum haben sie nicht aufgehört, zu beten und zu singen auf das Lob und die Ehre des Gottes, der alle Macht hat im Himmel und auf der Erde – auch wenn es in ihrer Welt nicht danach aussieht.

So ruft der Psalm alle auf, mitzubeten, einzustimmen in sein Lied, das von der Herrlichkeit Gottes singt, und seine »Wundertaten«, die über alles, was wir uns je vorstellen und erwarten können, hinausgehen, allen Völkern auf der ganzen Welt zu bezeugen (V.3) und von den Offenbarungen Gottes zu erzählen, in denen Gott sich in seinem Gottsein erweist und zu erkennen gibt. Es gibt gute Gründe dafür, nicht auf die weltlichen und irdischen Machthaber und Herrscher und auch auf keine anderen Mächte und Götter zu vertrauen. Denn der Gott, der die Erde und den Himmel gemacht und alles Leben erschaffen hat, ist größer und mächtiger als alle anderen Mächte und Götter, die von Menschen erschaffen und darum »nichtig« sind (V.4–5; vgl. dazu auch Ps 95,3–4; 97,9 u. Jes 40,18–26). Ja, »Nichtse« sind alle Götter der Völker vor dem Schöpfer, der den Erdkreis und die ganze Welt sicher gegründet und die Macht über alles hat. Er allein ist Gott, unvergleichlich und einzig in seiner »Hoheit und Pracht«, in seiner »Macht und Herrlichkeit« (V.6), die in seinem »Heiligtum« gegenwärtig ist.

Darum werden alle Völker der Erde aufgerufen, Gott »die Ehre zu geben«, ihn als den anzunehmen, der er ist, der Herr über Himmel und Erde, und ihn in seiner

---

[642] Weber, Werkbuch Psalmen II, 145.

»Macht« und in seinem Gottsein anzuerkennen (V.7). Ja, sie sollen Gott »die Ehre seines Namens« geben, seiner huldigen und ihn anbeten im Tempel zu Jerusalem. Sie sollen »Opfergaben zu seinen Vorhöfen bringen« (V.8) und sich »niederwerfen vor seiner heiligen Erscheinung« und Gegenwart im Tempel (V.9). Alle Länder und Völker der Erde sollen in Ehrfurcht und Anbetung »vor seinem Angesicht erbeben« (V.9), um Gott als Schöpfer und Herrscher über Himmel und Erde und der ganzen Welt zu loben und zu preisen (zu V.7-9 vgl. auch Pss 29; 100).

»Es geht um die ordnende und richtende Herrschaft des Gottes Israels über die ganze Welt, die in der Schöpfung gründet. Bildlich vorgestellt wird diese Herrschaft als ein Thronen in der Höhe, dem auf der Erde das Thronen auf dem Jerusalemer Tempelberg entspricht und das daher im Tempelkult gefeiert wird.«[643] Die Verehrung und Anbetung Gottes als Herrscher der Welt, die in der Wallfahrt der Völker zum Berg Zion metaphorisch zum Ausdruck gebracht wird (vgl. dazu Jes 2,2-4; Sach 8,20-23), weist zugleich über den kultischen Kontext hinaus auf die universale Königsherrschaft Gottes hin, die im Folgenden proklamiert wird (V.10).

Alle Völker sollen es erfahren: »Gott ist König!« (V.10). Er hat den Erdkreis gegründet, darum steht er fest und wankt nicht. Die Welt ist beständig und sicher, weil er sie durch seine Schöpfungs- und Heilsordnung erhält und bewahrt. Er ist der wahre »König« und Herrscher der Völker, die er gerecht regiert (V.10). Das sollen alle Völker anerkennen und realisieren. Darum ruft der Psalm dazu auf, Gottes Königsherrschaft über die ganze Welt unter allen Völkern zu proklamieren (vgl. dazu auch Pss 93-100). Der Gott, der alles erschaffen hat und erhält, wird verkündet, gelobt und gepriesen als Herrscher über die Völker der Erde und die ganze Welt. Er ist der »Weltschöpfer und Weltrichter«[644]. Er garantiert die Beständigkeit der Erde und der Welt ebenso wie Recht und Gerechtigkeit gegenüber allen Völkern, denn »der König ist der Richter der Völker. Er macht sein Recht bekannt: das Recht des Schöpfers auf die gesamte Welt.«[645]

Der Jubel über die Königsherrschaft Gottes ist so groß und so stark, dass er über die Völker der Erde hinausgeht, den ganzen Kosmos und alles, was darinnen ist, ergreift und erfüllt (V.11-12; vgl. Ps 98,7-8; sowie Jes 44,23; 49,13; 55,12), »denn Gott ist gekommen, ja, er ist gekommen, die Erde zu richten.« (V.13) »Die Rechtsverwirklichung, die Jahwe gekommen ist (!), auf der Erde herbeizuführen (V.13; vgl. Ps 9,9), erfasst Himmel und Erde, das Meer und was es füllt, die Flur und was auf ihr wächst sowie alle Bäume des Waldes (V.11 f). Sie ist ein richterlicher Akt des Königsgottes, der die Erde fest gegründet hat, so dass sie nicht wankt (V.10).«[646] Gott hat seine Herrschaft angetreten, er richtet die Völker der

---

[643] Schnocks, Psalmen, 59.
[644] Kraus, Psalmen 60-150, 835.
[645] A.a.O., 838.
[646] Janowski, Ein Gott, der straft, 49.

Welt, um Gerechtigkeit herzustellen und seine Heils- und Lebensordnung der Schöpfung und der Welt zu erhalten und durchzusetzen (vgl. auch Ps 98).

Der Psalmbeter kann von Gott singen, dass »er gekommen ist«[647], denn er weiß um Gottes Heilstaten am Volk Israel und prolongiert die Erfahrung der Befreiung der verbannten Israeliten aus der babylonischen Gefangenschaft und ihrer Rückkehr in das gelobte Land mit der Erwartung, den Tempel in Jerusalem wieder errichten zu dürfen (vgl. 2Chr 36,22–23; Esr 1,1–4), auf die Gegenwart und Zukunft hin. Denn er sieht und erkennt durch die Geschicke des Volkes Israels und das Handeln der fremden Mächte, Herrscher und Völker Gott am Werk, weil er es durch die Propheten verheißen hat (vgl. Jes 44,24–45,8; Jer 29,10). Gott ist schon gekommen und hat begonnen, seine Königsherrschaft auf der ganzen Erde und unter allen Völkern aufzurichten und alles Unrecht zu beenden, auch wenn sie noch nicht vollendet ist und ihre Erfüllung noch aussteht.

So schließt das »neue Lied« des Psalms mit der Vorstellung, dass »Gott den Erdkreis in Gerechtigkeit und die Völker in Treue richtet« (V.13) und sich darin als der gütige, barmherzige, lebenserhaltende Gott erweist, der er für Israel immer schon ist (vgl. Ex 34,6). Darum ist das »Gericht« Gottes über die Erde und alle Völker auf den welt- und völkerumspannenden, umfassenden Frieden ausgerichtet, den die prophetischen Visionen (Jes 2,4; Mi 4,3) verheißen. Durch sein »Ordnung stiftendes Eingreifen« (vgl. Ps 82) wird sein Königtum vor allen Völkern von Gott offenbart und durchgesetzt.[648] Darin zeigt und erweist sich Gott aller Welt in seinem universalen Gottsein, denn der eine Gott, der die Erde fest gegründet und über alles Macht hat, ist auch der universale Gott – über allen und für alle Zeiten, der Frieden und Gerechtigkeit schafft.

Der Psalm spannt einen weiten Bogen über unsere Welt, die von der Klimakatastrophe bedroht, von Krieg, Unfrieden und Ungerechtigkeit gezeichnet ist, und stellt sie in den weiten Horizont der Wirkmächtigkeit und Herrschaft Gottes, von dem allein Hoffnung auf Bewahrung, Frieden und Gerechtigkeit ausgeht: Er erinnert an die Rettung des Volkes Israel am Schilfmeer und an die wunderbaren Heilstaten, in denen Gott sich als mitgehender, fürsorgender Gott erwiesen hat und immer wieder erweist, der Himmel und Erde erschaffen hat und erhält, vor dem alle Götter anderer Völker »nichtig« sind und dem allein die Anerkennung und Anbetung durch alle Völker gebührt. Schließlich ruft er zur Proklamation Gottes als König der Welt auf und lässt diese in einen kosmischen Jubel münden, der die Vision von der eschatologischen Durchsetzung und Vollendung der Herrschaft Gottes in Frieden und Gerechtigkeit unter allen Völkern und auf der ganzen Welt – für immer und alle Zeit (vgl. Ps 145,13) – antizipiert.

Das macht diesen Psalm zu einem »neuen Lied«, das eine andere Sicht verleiht auf alles, was war und was ist, das alles, was nicht und noch nicht gut ist in

---

[647] Vgl. Jeremias, Königtum Gottes, 129–130.
[648] Vgl. Janowski, Ein Gott, der straft, 49.50.

dieser Welt, überschreitet auf eine Vision hin, in der Gott seine Herrschaft in Frieden und Gerechtigkeit vollendet und durchsetzt. Das kann zu allen Zeiten, auch heute, Menschen inspirieren und ermutigen, einzustimmen in das Lob Gottes und seine Gegenwart und sein Wirken vor aller Welt zu bekennen – auch wenn und obwohl die Welt nicht danach aussieht.

Das »neue Lied« des Psalms bezeugt und verkündet die Vision, dass am Ende alles gut wird – durch Gott, weil er der Herr unseres Lebens und der Welt ist und bleibt. Wenn wir es singen und beten, dann erinnert es nicht nur an die Erfahrung von Gottes schöpferischem, rettendem Wirken, sondern vergegenwärtigt dieses selbst, lässt es spürbar, erlebbar und wirksam werden, dass es uns neu ergreifen und befreien kann. Ja, es nimmt den Sieg Gottes über alle Nöte und Krisen fühlbar vorweg und entfaltet eine enorme tröstliche und ermutigende Kraft. Singend und betend antizipieren wir, was nur Gott erfüllen kann, und nehmen Anteil an seinem rettenden Sieg über alles, was noch unerfüllt und unerlöst ist. Denn im Gesang und im Gebet erfahren wir die Gegenwart Gottes so mächtig, so kraftvoll und wirksam, dass sie uns befreien und verwandeln kann, auch unser konkretes Leben, Reden und Handeln danach auszurichten.

Singend und betend können wir die Bedrohung der Schöpfung, die Kriege und das Unrecht in der Welt und um uns herum nicht beenden und beseitigen, aber wir können ihnen entgegentreten und damit bekennen, dass alles anders möglich ist und wird, weil Gott kommt und seine Herrschaft durchsetzen wird. Darum gehören die Loblieder und das Tun des Gerechten, das Beten und das Eintreten für die Bewahrung der Schöpfung, für Frieden und Gerechtigkeit untrennbar zusammen. Jedes Lied, das von Gottes Befreiung und Rettung singt, birgt in sich das Mandat, dass wir uns mit dem, was noch nicht gut ist, nicht abfinden dürfen, weil wir sonst Gottes Sieg verraten und selbst unglaubwürdig werden.

Aber dürfen wir vor den Opfern von Umweltkrisen, Kriegen und Unrecht unverhohlen und ohne Skrupel dieses »Siegeslied« singen und zum Lob Gottes aufrufen? Oder verbieten die Bilder des Leids, des Elends, der Vernichtung und des Todes nicht jeden Gesang, außer der Klage und Anklage über geschehenes Unheil? – Wir dürfen nicht nur, wir müssen das Lied vom Kommen und vom Sieg Gottes anstimmen und weitersingen, weil das Lied trotz aller Ohnmacht, Hilflosigkeit und Verzweiflung, die groß ist und die uns nicht unberührt lassen darf, die Vision am Leben hält, dass Frieden, Gerechtigkeit und Bewahrung der Schöpfung möglich sind, ja, dass alles anders sein und werden kann, weil Gott es verheißen und versprochen hat, dass er kommt und alles verändert. Ja, solange wir das Psalmlied singen und beten und mit unserem Leben und Handeln bekennen, bleibt die Hoffnung auf eine friedliche, gerechte und nachhaltige Welt in uns, unter uns und für die Welt lebendig.

Psalm 145 Gottes Herrschaft über die Erde hört nicht auf![649]

V.1 Ein Loblied, von David.
Ich will dich erheben[650], mein Gott, o König, und ich will segnen[651] deinen Namen für immer und ewig.
V.2 An jedem Tag will ich dich segnen[652] und ich will preisen deinen Namen für immer und ewig.
V.3 Groß ist JHWH und überaus preisenswert, und seine Größe ist unerforschlich.
V.4 Generation um Generation rühme[653] deine Werke, und deine Machttaten sollen sie verkünden.
V.5 Den Glanz der Herrlichkeit[654] deiner Hoheit[655] und die Geschehnisse deiner Wundertaten will ich besingen.
V.6 Von der Macht deiner furchterregenden Taten sollen sie reden und die Geschehnisse deiner Wundertaten will ich erzählen.
V.7 Das Gedächtnis[656] an deine große Güte sollen sie kundtun und über deine Gerechtigkeit sollen sie jubeln.
V.8 Gnädig und barmherzig ist JHWH, langsam zum Zorn[657] und groß an Gnade[658].
V.9 Gut ist JHWH zu allen und seine Barmherzigkeit (waltet) über allen seinen Werken.
V.10 Loben sollen dich, JHWH, alle deine Werke und deine Treuen[659] sollen dich segnen[660].
V.11 Von der Herrlichkeit deiner Königsherrschaft sollen sie sprechen, und über deine Stärke[661] sollen sie reden,

---

[649] Zur Übersetzung vgl.: Janowski, Konfliktgespräche, 370–372; Kraus, Psalmen 60–150, 1126–1127; Ruwe, Psalmen, 211–213; Weber, Werkbuch Psalmen II, 365–366.
[650] Oder: »rühmen«.
[651] Oder: »loben«.
[652] Siehe Anm. 651.
[653] Oder: »lobe«.
[654] Oder: »Den herrlichen Glanz«.
[655] Oder: »Majestät«.
[656] Oder: »Das Gedenken«/»Die Erinnerung«.
[657] Oder: »langmütig«.
[658] Oder: »Huld«.
[659] Oder: »Getreuen«.
[660] Oder: »preisen«.
[661] Oder: »deine Tatkraft«.

V.12 um allen Menschen deren Machttaten[662] bekanntzumachen[663] und die Herrlichkeit des Glanzes deines[664] Königtums.
V.13 Dein Königtum ist eine Königsherrschaft für alle Ewigkeit[665] und deine Herrschaft[666] währt von Generation zu Generation[667]. Verlässlich (ist) JHWH in allen seinen Worten, und getreu (ist er) in allen seinen Werken.
V.14 Ein Stützender ist JHWH allen Fallenden[668] und ein Aufrichtender ist er allen Gebeugten.
V.15 Aller Augen warten auf dich, und du gibst ihnen ihre Speise zur rechten Zeit,
V.16 du öffnest deine Hand und sättigst alles Lebendige mit Wohlgefallen.
V.17 Gerecht ist JHWH in allen seinen Wegen, und getreu in allen seinen Werken[669].
V.18 Nahe ist JHWH allen, die ihn anrufen, allen, die ihn in Wahrheit[670] anrufen.
V.19 Er wirkt Wohltat[671] an denen, die ihn fürchten, und er erhört ihr Schreien und rettet sie.
V.20 Ein Hüter ist JHWH für alle, die ihn lieben, aber alle Frevler lässt er verschwinden[672].
V.21 Mein Mund soll lobpreisen[673] JHWH und alles Fleisch soll seinen heiligen Namen segnen[674] für immer und ewig.

Der Psalm will uns hineinnehmen in eine Wirklichkeit, die in einem anderen Horizont steht als unser Leben, das bestimmt und beherrscht wird von Ängsten und Sorgen, von Leid und Not, von Kriegen und Katastrophen, um unseren Blick und unsere Perspektive zu weiten und zu öffnen für den Gott, der entgegen unserem faktischen Erleben hinter und über allem herrscht mit seiner Gnade und Barmherzigkeit und der seine Gerechtigkeit durchsetzen wird auf der ganzen Erde. Er will uns einladen, in das Lob der Machttaten Gottes einzustimmen und die Herrlichkeit seiner Königsherrschaft zu verkünden, damit der Himmel über

---

[662] Oder: »Krafttaten«.
[663] Oder: »kundzutun«.
[664] Vgl. Ruwe, Die Psalmen, 212 Ac zu V.12.
[665] Oder: »alle Zeiten«.
[666] Oder: »dein Königreich«.
[667] Oder: »von Geschlecht zu Geschlecht«.
[668] Oder: »allen, die fallen«.
[669] Oder: »Taten«.
[670] Oder: »Wahrhaftigkeit«/»Treue«.
[671] Oder: »Wohlgefallen«.
[672] Oder: »vergehen«.
[673] Oder: »rühmen«.
[674] Siehe Anm. 651.

uns offen und die Hoffnung in uns lebendig bleiben und alle Welt erfährt, dass Gott der Herr der Welt ist und alle Macht in seinen Händen liegt.

Im Zentrum dieses Psalms stehen der Lobpreis und die Verkündigung der wunderbaren Macht und Königsherrschaft Gottes über alle Menschen und durch alle Zeiten hindurch (V.10-13). Ihre Proklamation ist das Ziel des Psalms. Um diese Mitte herum sind in konzentrischen Kreisen das Lob der Güte und Barmherzigkeit Gottes (V.7-9 u. V.14-16) und das Lob der Größe und Mächtigkeit Gottes (V.3-6 u. V.17-20) gelegt, die von dem persönlichen Lobversprechen des Psalmbeters (V.2 u. V.21) als Rahmen umschlossen werden, der alle Tage Gott preisen will und am Ende seinen Lobpreis Gottes auf alle Menschen und alle Zeiten ausweitet.[675]

Mit der Selbstaufforderung, Gott als König zu rühmen und seinen Namen zu segnen für immer und ewig (V.1), benennt der Beter am Anfang sein Anliegen und das Thema des Psalms und fordert damit alle Beter auf, in das immerwährende Lob Gottes einzustimmen. Damit nimmt der Psalm die Thematik von Ps 107 auf, mit dem er das fünfte Psalmbuch (Pss 107-145) umrahmt, und stimmt das große, herrliche Finale des Psalters mit dem universalen Gotteslob in den Pss 146-150 an.[676]

»An jedem Tag« will der Beter Gott loben und seinen »Namen« preisen »für immer und ewig« (V.2). Keinen Tag soll es geben, an dem nicht Gottes Lob zu hören ist in der Welt, damit die Herzen der Menschen offen bleiben für Gott und seine Wohltaten verkündigt werden. Denn »sein Name«, der für Gottes Wirken und Gegenwart steht und der alles, was Gott offenbart und für uns getan hat, in sich trägt und verbürgt, soll allen Menschen und der ganzen Welt bekanntgemacht werden, damit sie ihn erkennen und ihn anrufen können als ihren Gott. Es ist sein »Name«, den Gott seinem Volk offenbart hat, der ihn erkennbar und unterscheidbar macht von allen anderen Namen von Herrschern, Königen und Göttern dieser Welt und der ihn, sein Wesen, sein Wirken und seine Macht vergegenwärtigt und verkörpert und der darum »heilig« (V.21) ist. Wer seinen Namen anruft und in seinem Namen betet, stellt sich in die Wirklichkeit Gottes und hat Anteil an seiner Gegenwart und Macht (V.18).

»Gott ist groß« und über alles zu preisen, »seine Größe ist unerforschlich« (V.3; vgl. Ps 96,4). Das unterscheidet ihn von allen irdischen Herrschern und von den von Menschen erdachten und erfundenen Göttern, deren vermeintliche Größe sich letztlich als sehr begrenzt erweist und deren Sinnen und Trachten nur auf die Durchsetzung ihrer eigenen Macht aus ist. Gottes »Größe« ist für uns unermesslich und überschreitet alle unsere Vorstellungen, aber wir können erzählen und bezeugen, was er tut und wie er wirkt. Darum sollen »von einer Generation zur nächsten Gottes Werke und machtvolle Taten verkündet werden«

---

[675] Vgl. dazu Janowski, Konfliktgespräche, 370 ff.
[676] Vgl. Weber, Werkbuch Psalmen II, 368; sowie Zenger, Psalmen II, 670.

(V.4), damit alle erfahren, wer Gott ist, und sein Lob nicht aufhört (vgl. dazu auch Ps 107), sondern durch alle Zeiten hindurch anhält und um die ganze Welt geht.

Darum will der Beter mit seinem Loblied den »Glanz«, die herrliche Pracht von Gottes »Hoheit« und seine »Wundertaten besingen« (V.5) und von den Geschehnissen und Ereignissen erzählen, die Gott durch sein wunderbares Handeln und Tun in seiner Schöpfung und an den Menschen bewirkt hat (V.6). Alle Generationen sollen »von der Macht seiner furchterregenden Taten reden« (V.6), damit Gottes überragende und Ehrfurcht gebietende Macht allen Menschen bekannt und Gott von ihnen anerkannt und in »Ehrfurcht« geachtet wird.

Gottes Offenbarungen, seine wunderbaren Taten und sein machtvolles Wirken zu verkünden und darin seine Größe und Macht zu loben, das geschieht, wenn die Gläubigen seiner Güte und Gerechtigkeit, seiner Gnade und Barmherzigkeit gedenken, sie erinnern und erzählen (V.7-9). Darum ruft der Psalmbeter dazu auf, in sein Gotteslob einzustimmen und das »Gedächtnis an die große Güte Gottes kundzutun und über seine Gerechtigkeit zu jubeln« (V.7). Generation um Generation sollen bezeugen und vergegenwärtigen, was Gott alles aus lauter Güte und Barmherzigkeit an seinem Volk getan hat, um darin seine rettende Gerechtigkeit an den Seinen zu erweisen und zu verwirklichen. Wer dies liest und mitbetet, wird zunächst erinnert an die Befreiung des Volkes Israel aus der ägyptischen Gefangenschaft und an Gottes Führung und Bewahrung auf dem Weg durch die Wüste, sowie an Gottes Offenbarung auf dem Berg Sinai und seine Zusage, die Seinen gütig und barmherzig auf ihrem Weg zu leiten, wenn sie auf ihn vertrauen und seine Gebote halten (Ex 32-34), aber auch an eigene existentielle Erfahrungen des Schutzes und der Rettung aus bedrohlichen Situationen wie aus eigenen Verfehlungen und schuldhaftem Handeln, aus denen Gott einen jeden und eine jede befreit, der und die ihn vertrauensvoll anruft (Pss 103 u. 107).

Gott handelt so und erweist sich darin als Gott, weil es seinem Wesen und Willen entspricht, dass den Menschen seine »rettende Gerechtigkeit« widerfährt und sie gerettet werden. So lobt V.8 Gott mit dem Bekenntnis aus Ex 34,6-7[677], dass »Gott gnädig und barmherzig ist, langsam zum Zorn und groß an Gnade« (V.8). Gottes Gnade und Barmherzigkeit mit denen, die auf ihn vertrauen und nach seiner Heils- und Lebensordnung leben, ist grenzenlos, ja, er ist »groß an Huld«, aber langsam im »Zorn«, mit dem er Menschen mit den Konsequenzen ihres Handelns konfrontiert, um sie zur Umkehr zu bringen und zu retten, was letztlich Ausdruck seiner rettenden Gerechtigkeit und nicht endenden Geduld und Treue ist.

Doch Gottes Gnade und Barmherzigkeit ist noch größer und geht noch weiter, als wir es uns vorstellen und ermessen können, denn »Gott ist zu allen gut und seine Barmherzigkeit waltet über allen seinen Werken« (V.9). Damit werden die alten Verheißungen an das Volk Israel für alle Menschen, alle Geschöpfe und

---

[677] Vgl. die Ausführungen zu Ps 103,8 ff.

Lebewesen und für alle Zeiten entgrenzt. Ja, der Psalm nimmt uns alle in die Zusage der Güte und Barmherzigkeit Gottes hinein und bekennt, dass in allen seinen Taten seine Gnade und sein Wohlwollen waltet. Nichts Böses, keine zerstörerische Kraft oder bedrohliche Macht, kein unberechenbares Schicksal waltet über uns, sondern allein Gottes gütiges und erbarmendes Handeln, in dem er seine ganze Schöpfung erhält, aller Menschen fürsorgend und liebend gedenkt und sich als gerecht und treu erweist. Grenzen- und ausnahmslos gilt Gottes Zuwendung und Fürsorge allen Menschen und in allem lässt er seine Gnade über uns walten, auch wenn wir es nicht sehen und erkennen. Sie ist so groß, dass sie alle unsere Vorstellungen übersteigt, und sie reicht so weit, dass sie nicht aufhört und kein Ende hat, ja, dass wir alles von ihr erwarten und erhoffen dürfen.

»Alle seine Werke und seine Treuen sollen Gott loben und preisen.« (V.10) Seine ganze Schöpfung und alle Geschöpfe, ja, alles, was Gott erschaffen, bewirkt und getan hat, sollen ihn loben, seine Größe, seine Macht und seine Güte bezeugen (vgl. Ps 103,22). In allem, was von Gott ausgeht und durch ihn geschieht, soll die ihnen innewohnende Resonanz auf Gott hinweisen und ihn preisen. Und alle, die ihm vertrauen, an ihn glauben und treu und ehrfürchtig nach seinen Weisungen handeln, sollen mit ihrem Leben Gott loben. Denn er ist der König der Welt und er hat die Herrschaft und Macht über die Schöpfung, über alle Menschen und Völker der Erde (V.11). Das sollen alle erfahren und erkennen. Darum sollen allen Menschen seine Machttaten und die herrliche Pracht seiner Königsherrschaft bekanntgemacht werden (V.12).

Gottes Herrschaft erstreckt sich nicht nur über die Erde, sondern über den ganzen Kosmos. Sie ist eine »Königsherrschaft für alle Ewigkeit und sie währt von Generation zu Generation« (V.13). Das Kennzeichen, der Ausweis der Größe, der Macht und der Einzigartigkeit der universalen und eschatologischen Herrschaft Gottes gründet und zeigt sich in seiner rettenden Gerechtigkeit, die sich allen Menschen als Gnade und Barmherzigkeit erweist.[678] Darin unterscheidet sie sich von allen weltlichen und irdischen Reichen ebenso wie von den Machtansprüchen der Götter und Göttinnen in der Umwelt Israels, denn sie ist einzigartig und unvergleichlich in ihrer Größe und Macht, uneingeschränkt und grenzenlos in ihrer Gnade und Barmherzigkeit, von allem Anfang bis in alle Ewigkeit (V.13; vgl. auch Ps 146,3ff). Die Königsherrschaft Gottes hat keine räumlichen und zeitlichen Grenzen mehr, sie gilt allen Menschen, an allen Orten, zu allen Zeiten und sie »entmachtet« alle anderen Mächte und Herrscher der Welt.

In seiner »Herrschaft«, in der Art und Weise, wie Gott als »König« handelt und wirkt, erweist er sich als »verlässlich in allen seinen Worten und getreu in allen seinen Werken«. Denn er wird in dem, was er tut und wie er handelt, wahrnehmbar, erfahrbar und erkennbar als der Gott, der sich den Seinen als Gott

---

[678] Vgl. dazu Ballhorn/Zenger (Hrsg.), Stuttgarter Psalter, 307; sowie Zenger, Psalmen II, 667.669.

offenbart und zu allen Zeiten als Gott erwiesen hat. Gott ist kein ferner und über alles erhabener Herrscher, der nur seiner eigenen Macht dient, sondern er ist den Menschen liebend und fürsorgend zugewandt, die er mit seiner gnädigen und barmherzigen Fürsorge und Obhut umwaltet. Seine Herrschaft »dient« dem Leben seiner Geschöpfe, um sie zu schützen, zu bewahren und zu erhalten. In seinen Taten und seinem Wirken erweist sich seine Gnade und Barmherzigkeit, mit der er uns begegnet, rettet, bewahrt und erhält: »Er schützt alle, die fallen, und richtet alle Gebeugten auf.« (V.14; vgl. Ps 107) Die ihren festen Stand, ihren Halt und Grund verlieren, die »fallen« und zu Boden oder in die Tiefe stürzen, hält er fest und bringt sie ins Leben zurück. Die niedergebeugt werden von Sorgen und Nöten, die bedrückt und unterdrückt werden, denen Unrecht und Gewalt widerfährt, richtet er auf und verschafft ihnen Recht und Gerechtigkeit. Denn er ist ein König der Schutzbedürftigen und Schwachen, der Bedrohten und Gefährdeten, der Bedrückten und Verlorenen. Er steht denen bei, die seiner Hilfe und Rettung bedürfen. Darin erweist er sich als der König der Gnade und Barmherzigkeit.

»Aller Augen warten« auf ihn und er »gibt ihnen ihre Speise zu rechten Zeit« (V.15). Aus seiner Hand empfangen alle das Leben und er »sättigt alles Lebendige mit Wohlgefallen« (V.16; vgl. auch Ps 104,27 ff). Von Gott empfangen wir und alle Geschöpfe das Leben, das er selbst nährt, erhält und bewahrt. Seine Leben spendende und erhaltende Fürsorge und Liebe durchwaltet und durchwirkt die ganze Schöpfung. Aus ihr leben wir jeden Tag neu. Dafür dürfen wir Gott danken und einstimmen in das Lob des Psalms und danach dürfen wir uns immer wieder sehnsuchts- und vertrauensvoll ausstrecken, wenn unser Leben bedroht ist und Mangel leidet.

Gott erweist seine Größe und Macht als gerechter und treuer »König« in »allen seinen Wegen« und »in allen seinen Werken« (V.17; vgl. V.13). Er ist »nahe allen, die ihn anrufen« (V.18), die von Herzen vertrauensvoll und wahrhaftig nach ihm rufen. Sein »Name«, der für Gottes Barmherzigkeit und Güte steht, ist sozusagen »das Unterpfand der praesentia dei, die in 18a verheißen wird«[679], für alle, die ihn anrufen. Auch wenn wir Situationen kennen und erleben, in denen alles Beten scheinbar ohne Antwort bleibt, so müssen wir nicht allein bleiben in unserer Verzweiflung und Not, sondern können uns nach Gott ausstrecken und in Gottes Gegenwart bergen, wenn wir ihn bei seinem Namen rufen, der größer und mächtiger ist als alles, was uns widerfahren und treffen kann, und der seine Nähe und Hilfe verheißt, weil Gott treu und gerecht ist (V.17).

»Er wirkt Wohltat an denen, die ihn fürchten, er hört ihr Schreien und rettet sie.« (V.19) Er bleibt uns durch alle Zeiten und durch alle Höhen und Tiefen unseres Lebens hindurch verbunden und zugewandt, denn er ist treu und verlässt uns nicht, er ist barmherzig und gnädig und lässt uns nicht fallen, sondern

---

[679] Kraus, Psalmen 60–150, 1129.

er hört unser Rufen und Bitten, unser Seufzen und Schreien entgeht ihm nicht. Auch wenn wir in Nöten und Ängsten gefangen sind und nichts mehr von seiner Gegenwart und Macht spüren, ist er uns nah und bleibt uns zugewandt, hält zu uns und an uns fest, damit wir nicht verloren gehen, sondern aushalten, durchstehen und überwinden können und gerettet werden.

»Er behütet alle, die ihn lieben, aber alle Frevler lässt er verschwinden.« (V.20) Die auf Gott und seine Herrschaft vertrauen, sich an ihm festhalten, nach ihm ausrichten und ihr Leben an seiner Heilsordnung orientieren, sind und bleiben allezeit in seiner Obhut und seinem Schutz. Doch diejenigen, die Gott leugnen, seine Weisungen und Gebote verlassen und mit Füßen treten, die ihre Bestimmung als Geschöpfe Gottes verkehren und verfehlen, lässt er an den Folgen ihres gottlosen Handelns und Lebens vergehen – wenn sie nicht umkehren und sich zu ihm wenden.

So steigert der Beter seinen Lobpreis Gottes am Ende noch einmal mit seiner Aufforderung an sich selbst und alle, die mit ihm beten, »mit dem Mund Gott zu loben und zu preisen« an allen Tagen des Lebens (vgl. V.2), und ruft »alles Fleisch«, alle Lebewesen und Geschöpfe, alle Völker der Erde auf, »Gottes heiligen Namen zu segnen für immer und ewig« und damit Gottes Herrschaft über die ganze Welt und für alle Zeiten anzuerkennen und sich an ihr auszurichten. Am Schluss, der zusammen mit V.2 den Psalm rahmt, wird der Lobpreis Gottes auf die ganze Schöpfung ausgeweitet und auf alle Zeiten ausgedehnt, um die »universale Königsherrschaft Gottes« auszurufen, »die schon mit der Schöpfung der Erde eingestiftet ist«[680] und den Herrschaftsanspruch aller irdischen und weltlichen Machthaber in Frage stellt (vgl. Ps 146) und entmachtet.

Wenn wir Gottes Herrschaft singend und betend verkündigen, stellen wir uns in Gottes Gegenwart und Wirklichkeit hinein und nehmen Anteil an seiner rettenden Gerechtigkeit, so dass wir und die ganze Erde in aller Konsequenz zu Gott gehören, in seiner Macht und Obhut sind und frei von aller Menschen Machtbegehren. Das »entmachtet« alle irdischen und weltlichen Macht- und Herrschaftsansprüche über uns, über die Schöpfung und die ganze Welt, es stellt uns in die Freiheit und in die Verantwortung, alle Unrechtsherrschaften dieser Welt in Frage zu stellen, ihnen entgegenzutreten und für die Gerechtigkeit Gottes, für den Frieden und die Bewahrung der Schöpfung einzutreten.

Darum schließt unser Gebet des 145. Psalms das Mandat ein, an allen Tagen, mit allen Lebewesen (V.21), mit »Herzen, Mund und Händen« zu bezeugen und zu zeigen, dass Gott der Herr der Welt und über alle Menschen und Völker ist, der will, dass alles Leben bewahrt und erhalten wird, dass die Schwachen und Bedürftigen Fürsorge und Beistand erfahren, dass den Benachteiligten und Bedrohten geholfen wird, dass die Unterdrückten und Gebeugten befreit werden,

---

[680] Zenger, Psalmen II, 671.

dass die Armen und Hungernden Anteil am Leben bekommen und seine Gerechtigkeit erfüllt wird.

In einer Welt, die bestimmt und beherrscht wird durch politische, wirtschaftliche und militärische Machthaber und Herrscher, die sich selbst zu »Herren« der Welt erheben und Unrecht, Unheil und Unfrieden über viele Völker und Menschen bringen, denen wir machtlos, hilflos und ratlos gegenüberstehen, müssen wir nicht verzweifeln und verstummen, sondern wir können mit dem Psalm beten und einstimmen in den Lobpreis Gottes: »Mein Gott, o König, ich will dich rühmen und deinen Namen loben für immer und ewig!« (V.1), denn gegen allen Augenschein und gegen alle »Macht« des Faktischen stehen wir unter Gottes Herrschaft und sind in seiner Macht geborgen. Er ist uns nah, er zeigt sich und gibt sich uns zu erkennen, er nährt und erhält uns, rettet und schützt uns und das Leben aller, weil er uns fürsorgend und liebend zugewandt ist. Er behält die Macht und herrscht über alles, er lässt seine Gnade über uns walten und setzt seine rettende Gerechtigkeit durch – überall und für alle Zeiten.

Ihm kann ich vertrauen, ihn kann ich loben und preisen, weil er uns und die Welt befreit von allen Herrschern und Machthabern, die sich selbst über andere und über die Welt erheben, die letztlich an ihrer eigenen Überheblichkeit und Maßlosigkeit, an ihrer Unmenschlichkeit und Gottlosigkeit zu Fall kommen und zu Grunde gehen werden. Aller Not, allem Unrecht und Unheil zum Trotz dürfen wir mit Psalm 145 dankbar und vor Freude jubeln, dass wir den König und Herrscher der Welt zum Gott haben (vgl. Ps 146), dem wir vertrauen und in dessen Macht und Obhut wir uns bergen können, weil er treu ist und seine rettende Gerechtigkeit durchsetzen wird.

Die beeindruckenden Bilder und Bekenntnisse des Psalms haben in der Geschichte des Judentums und des Christentum eine große Wirkungsgeschichte erfahren. Im NT können wir die Metaphorik von der Herrschaft Gottes, die von Gnade und Barmherzigkeit bestimmt ist und sich in seiner rettenden Gerechtigkeit an den Bedürftigen erweist und realisiert, in der Botschaft Jesu vom Kommen des Reiches Gottes wiederfinden und erkennen. Wo Jesus in seinem Handeln Gescheiterten beisteht, Gebeugte aufrichtet, Kranke heilt, Hungernde sättigt, Bedürftigen hilft, Ausgestoßene in die Gemeinschaft zurückbringt, Schuldbeladene von ihrer Sünde befreit und Tote lebendig macht, wird seine Botschaft vom Reich Gottes wirksame und erfahrbare Wirklichkeit. Jesus ruft die Menschen auf, ihm nachzufolgen und nach der Gerechtigkeit des Reiches Gottes zu handeln. Und er lädt sie ein, im »Unser-Vater-Gebet« um das Kommen und die Durchsetzung des Reiches Gottes zu bitten (Mt 6,9–13; Lk 11,2–4).[681] Das Beten um das Kommen des Reiches Gottes und das Tun des Gerechten gehören in Jesu Botschaft und Handeln untrennbar zusammen – wie auch in Psalm 145.

---

[681] Vgl. dazu Weber, Werkbuch Psalmen II, 369.

12 Über den Horizont hinaus – Die Vollendung der Schöpfung

Psalm 150 Aller Atem rühme Gott!⁶⁸²

V.1 Lobt JH!
Lobt Gott in seinem Heiligtum,
lobt ihn in der Feste⁶⁸³ seiner Macht!
V.2 Lobt ihn wegen seiner machtvollen Taten,
lobt ihn gemäß seiner gewaltigen Größe!
V.3 Lobt ihn mit Stößen des Schofarhorns,
lobt ihn mit Harfe und Leier!
V.4 Lobt ihn mit Handpauken und Tanz;
lobt ihn mit Saitenspiel und Flöte!
V.5 Lobt ihn mit klingenden Zimbeln,
lobt ihn mit schmetternden Zimbeln!
V.6 Aller Atem⁶⁸⁴ lobe JH!
Lobt JH

Der aufsteigende Lobpreis Gottes als Finale des Psalters (Ps 146–150)

Am Ende kommt der Psalter, dessen gesamte Bewegung den Leser und Beter von der Klage zum Lob führt und ihn dabei in die Gegenwart Gottes stellt, in dem umfassenden Lob Gottes, zu dem die Psalmen 146–150 aufrufen, zu seinem Höhepunkt und Ziel: »So endet diese ›Anthropologie Israels coram Deo‹ im Schlußhallel Ps 146–150, das aus Ps 145 herausgewachsen ist, mit einem nicht

---

⁶⁸² Zur Übersetzung vgl.: Janowski, Anthropologie, 297; Kraus, Psalmen 60–150, 1148; Ruwe, Psalmen, 217–218; Weber, Werkbuch Psalmen II, 384.
⁶⁸³ Oder: »im Firmament«.
⁶⁸⁴ Oder: »Alles, was Odem hat«.

enden wollenden Lob auf den universalen Königsgott, der als Retter der Armen das eschatologische Gericht durchführt (Ps 149,5-9) und damit den neuen Himmel und die neue Erde bringt (Ps 150). Diesem Königsgott gilt der Lobpreis, zu dem Ps 150 den neuen Kosmos – ›alles, was Atem hat‹ (V.6) – auffordert und der, wie Ps 145 in seinen korrespondierenden Innenabschnitten V.7-9 und V.14 -16 ausführt, seinen Grund in der Güte und Barmherzigkeit dieses Königsgottes hat.«[685]

Folgen wir dem Beter des Psalms auf diesem Weg, so werden wir Schritt für Schritt mitgenommen auf eine Gipfelwanderung, bei der wir von Etappe zu Etappe an Höhe gewinnen und sich unser Blick weitet: von uns selbst (Ps 146) auf das Volk Israel (Ps 147), den ganzen Kosmos (Ps 148) und schließlich in den eschatologischen Horizont der Vollendung der Herrschaft Gottes und ihrer Durchsetzung im Völkergericht (Ps 149), um auf dem Höhepunkt des Gipfels in das universale, immerwährende Lob Gottes durch alle Geschöpfe einzustimmen (Ps 150).

Mit Ps 146 werden wir auf den Weg der Lobpreisung Gottes mitgenommen und mit der Selbstaufforderung des Beters eingeladen, mit dem ganzen Leben Gott zu loben und nicht auf menschliche Mächte und Herrscher zu vertrauen, die keine Rettung bringen und letztlich alle vergehen. Denn glücklich zu preisen ist der, der allein auf den Gott Jakobs vertraut und auf ihn seine Hoffnung setzt, weil er der Schöpfer von Himmel und Erde ist und seine Treue ewig währt (V.6). Ja, es ist ein Glück, den zum Gott zu haben, der den Unterdrückten Recht verschafft, den Hungernden Brot gibt, die Gefangenen befreit, den Blinden die Augen öffnet, die Gebeugten aufrichtet, die Fremden beschützt und den Witwen und Waisen hilft (V.7-9), der seine Macht und Treue in der Zuwendung und Rettung der Schwachen und Bedürftigen erweist und der die Gerechten liebt (V.8), doch den Weg der Frevler und Gottesleugner in die Irre gehen lässt (V.9; vgl. Pss 103 u. 145; Jes 49,9 u. 61,1). Denn er ist König über Himmel und Erde auf ewig, der gütig, barmherzig und treu herrscht und regiert. Von Generation zu Generation wird er als der Gott Zions im Tempel gefeiert (V.10).

So weitet sich nun bei dem Aufstieg des Lobpreises die Perspektive auf das ganze Volk Israel (Ps 147), das aufgerufen wird, Gott zu loben und zu preisen, weil er Jerusalem wieder aufbaut, die Versprengten sammelt und zurückbringt und alle heilt, die zerbrochenen Herzens und verwundet sind (V.2-3). Das soll sein Volk nicht vergessen, sondern lobend erinnern und vergegenwärtigen. Er hat der ganzen Schöpfung ihre gute Ordnung gegeben und die Macht über alles, was ist. Seine Größe, seine Stärke und seine Gerechtigkeit erweist er darin, dass er die Gebeugten aufrichtet und die Frevler erniedrigt (V.5-6). Ihm gebührt Lob und Dank, weil er die Schöpfung am Leben erhält und fürsorglich für alle Geschöpfe sorgt (V.7-9). Denn Gott hat Wohlgefallen an denen, die ihn als Gott und Schöpfer

---

[685] Janowski, Konfliktgespräche, 370.

erkennen, ihm in Ehrfurcht begegnen und auf seine Zuwendung vertrauen (V.11), aber nicht an denen, die sich auf ihre eigene Kraft verlassen und mit ihrer Stärke brüsten (V.10).

Jerusalem und Zion sollen Gott loben, denn er hat seine Stadt Jerusalem und seinen Tempel Zion, wo seine Gegenwart angebetet und gefeiert wird, wieder aufgebaut und stark gemacht (V.12-13). Er schützt und segnet sein Volk, er versorgt es mit allem, was es braucht (V.14-18). Er hat seine Verheißung an Jakob verkündet und Israel seine Weisungen und Gebote gegeben, die seinem Volk einen inneren und äußeren Frieden gewähren und es heraushebt aus allen Völkern der Erde (V.19-20). Darum soll Israel Gott loben und preisen in Jerusalem und Zion.

Alles im Himmel und auf der Erde, der ganze Kosmos wird nun aufgerufen, Gott zu loben (Ps 148), weil er alles erschaffen und geordnet hat (V.5-6), weil er erhaben ist über alle Mächte und Gewalten und seine Hoheit über Himmel und Erde erstrahlt (V.13). Alles »vom Himmel her« (V.1ff), das nach dem altorientalischen Weltbild vorgestellt wird (V.1-4), soll Gott als den Schöpfer preisen und ehren, weil er alles erschaffen hat und erhält, denn er hat seiner Schöpfung eine gute, verlässliche, ewige Ordnung gegeben, die Bestand hat und das Leben aller sichert (V.5-6). Alles »von der Erde her« (V.7ff), die »Chaosmächte und Urfluten« in der Tiefe des Meeres, die Kräfte der Natur, alle Berge und Hügel, Bäume, Zedern und alle Tiere, sowie alle Könige, Herrscher und Völker der Erde und schließlich alle Menschen in ihren unterschiedlichen Daseinsformen, sollen Gottes »Namen rühmen«, der über alle Namen erhaben ist, weil er die Macht und Hoheit Gottes vergegenwärtigt, die Himmel und Erde umfasst (V.13).

Die Schönheit, die Vielfalt und die Einzigartigkeit von Himmel und Erde, Natur und Menschen weisen über sich selbst hinaus auf die wunderbare, alle Vorstellungskraft übersteigende Macht und Herrlichkeit Gottes, der alles erschaffen und wunderbar geordnet hat und dessen Hoheit und Macht darin sichtbar und präsent ist. Wo wir das wahrnehmen und begreifen, ja, davon ehrfürchtig und staunend ergriffen werden, dass alles von Gott herkommt und nur durch Gottes Wirken besteht, können wir nicht anders, als mit den Worten des Psalms lobend und dankend darauf zu antworten und in unserem Denken und Handeln verantwortlich mit der ganzen Schöpfung umzugehen, die uns nur als »Leihgabe« von Gott anvertraut ist. Im »Loben« kommen wir ganz zu uns selbst und finden uns als Geschöpfe inmitten der Schöpfung und heilvollen Lebensordnung Gottes wieder, deren Herrlichkeit wir mit unseren Worten und Taten bekennend verkündigen.

Der Gott des Himmels und der Erde hat unter allen Völkern sein Volk auserwählt und »erhöht« (V.14a)[686]. Er hat es durch seine Geschichte hindurch geleitet und immer wieder gerettet. Darum sollen alle, die Gott treu sind, und das

---

[686] Wörtlich: »ein Horn für sein Volk erhöht«.

Volk, das ihm nahe ist, ihn in seiner Herrschaft mit dem ganzen Kosmos und der Welt loben (V.14). Damit verleiht der Psalm dem Volk Israel in dem kosmischen Chor des Lobpreises eine besondere Rolle und weist zugleich auf die herausgehobene Bedeutung der »Treuen Gottes« (Ps 149,1.5.9) in der eschatologischen Vollendung der Herrschaft Gottes voraus.

Psalm 149 besingt und verkündet in einem »neuen Lied«, das an das Siegeslied am Anfang der Geschichte des Volkes Israel über die Ägypter (Ex 15) erinnert und an die Metaphorik der siegreichen Vollendung der Königsherrschaft Gottes in der Durchsetzung seiner Gerechtigkeit und seines Richteramtes in den Pss 96 und 98 anknüpft, die Vollendung der Gottesherrschaft über Himmel und Erde, über die ganze Schöpfung und über alle Völker und Herrscher. Sie vollzieht sich als rettende Gerechtigkeit gegenüber den Treuen Gottes (V.4–5) und als richtende Gerechtigkeit gegenüber den Völkern und Herrschern (V.6–8), die Gott leugnen und sich gegen Gottes Lebens- und Heilsordnung stellen und die zurechtgebracht werden, indem sie in die Gerechtigkeit Gottes gestellt werden, die Gott vollziehen und durchsetzen wird (V.9).

Die Treuen und Gerechten Gottes, die Gott fürchten und lieben, die den Weg seiner Gerechtigkeit suchen und denen Glückseligkeit verheißen ist (vgl. Ps 1), sollen das Siegeslied von Gottes Königsherrschaft anstimmen (V.1). Das »wahre Israel«, das Volk Gottes, das gottesfürchtig ist und nach Gottes Ordnung und Weisung lebt, darf sich freuen an seinem Schöpfer, der alles erschaffen und der ganzen Schöpfung seine bleibende Ordnung und Gerechtigkeit eingestiftet hat. Die »Kinder Zions«, die sich im Tempel versammeln und Gottes Gegenwart anbeten, sollen über ihren »König jubeln« und »seinen Namen mit ihrem Tanz rühmen« (V.2). »Denn Gott ist wohlgefällig gegenüber seinem Volk und er wird die Gebeugten mit Heil verherrlichen«. (V.4) Die auf Gott vertrauen und seinen Geboten und Weisungen folgen, können sich freuen und mit ihrem Gesang und Tanz Gott loben, denn er ist ihr Schöpfer und ihr König von Uranfang an. Er hat seine Herrschaft über Himmel und Erde errichtet und er setzt seine rettende Gerechtigkeit durch, indem er die Seinen schützt und bewahrt, aufrichtet und heilt, rettet und am Leben erhält, weil er gnädig, barmherzig und treu ist.

Doch das ist nicht das Ende, sondern der Anfang. Weil noch nicht alles gut ist und immer noch und immer wieder Gott geleugnet und seine Lebens- und Heilsordnung missachtet und mit Füßen getreten wird, steht die Vollendung der Gottesherrschaft und die Durchsetzung seiner Gerechtigkeit noch aus, die nun in dem Psalm singend und betend als zukünftiges Geschehen erwartet und antizipiert wird. Die Treuen und Gerechten Gottes, die Gott lieben und seiner Gerechtigkeit dienen, bekommen Anteil an Gottes Herrschaft und Macht, darin wird ihnen Ehre von Gott und vor der Welt zuteil (V.5), dass sie von Gott her ermächtigt und beauftragt werden, seine Gerechtigkeit umzusetzen und zurechtzubringen, wo sie verkehrt, verbogen und mit Füßen getreten wird. Mit dem »Lob Gottes in ihrer Kehle« und »einem zweischneidigen Schwert in der Hand« (V.6) sollen sie

Anteil an Gottes Macht und Recht bekommen, um mit Gott alles Unrecht und alle Unrechtsherrschaft außer Kraft zu setzen und zu entmachten und den Völkern und Herrschern die Folgen ihrer Gottlosigkeit und ihres Unrechts widerfahren zu lassen.

Die ambivalenten Bilder vom »Lob Gottes in der Kehle« und »dem zweischneidigen Schwert in der Hand« sind in der Geschichte immer wieder zur Legitimation und Verherrlichung von Krieg und Gewalt missbraucht worden. Im Kontext des Psalms erinnern sie an alte Kriegserfahrungen und Siege über Feinde Israels und Gottes, die Gottes Beistand und Hilfe zugeschrieben werden (z. B. beim Exodus und bei der Landnahme), und wollen das Durchsetzen der Gerechtigkeit Gottes als ein eschatologisches Geschehen darstellen, in dem Gottes Recht zurechtgerückt und durchgesetzt wird in der Welt und unter den Völkern, indem die Treuen und Gerechten Gottes in seinem Namen und Auftrag, ja, in seiner Macht und im Sinne seiner Gerechtigkeit an den Heidenvölkern und Nationen, ihren Königen und Angesehenen die Folgen ihres ungläubigen und ungerechten Handelns geschehen lassen, um »das geschriebene Recht an ihnen zu vollziehen« (V.9) und nicht um Willkür, Hass oder Rache auszuüben. Es geht einzig um die Durchsetzung der Gerechtigkeit Gottes, die den Benachteiligten, Unterdrückten, Gebeugten, Armen und Hilflosen Recht und Rettung verschafft und den Ungläubigen und Ungerechten ihr Unrecht zumutet und widerfahren lässt, weil Gott es ermöglicht und verwirklicht. Das wird – wenn es in Gottes Sinne und Recht geschieht – den Treuen und Gerechten Gottes zur Ehre und zur Pracht werden (V.9). Darin erweist sich der Grund der Möglichkeit und die Grenze der Teilhabe der Treuen an Gottes Gerechtigkeit und Macht, indem sie ihr selbst unterworfen und verantwortlich bleiben. Am Ende werden nicht Gewalt und Unrecht das letzte Wort haben, sondern das Lob der Gerechtigkeit und Herrschaft Gottes, das auf dem Höhepunkt und Gipfel der Doxologie am Ende des Psalters angestimmt wird.

Das »Halleluja« verbindet alle zum Lobpreis Gottes

Auf dem Weg zum Gipfel des Gotteslobes werden die Psalmen 146–150 durch ihre Lobpreis-Aufrufe am Anfang und Ende jedes Psalms so kunstvoll miteinander verwoben und aufeinander bezogen, dass nacheinander alle Stimmen zum Einsatz gebracht und miteinander zu einem gemeinsamen Lobpreis verbunden werden, dessen ansteigende und sich ausweitende Dynamik am Ende in das überwältigende »Tutti« des universalen »Lob-Orchesters« mündet (Ps 150,6).

Der aufsteigende Lobpreis wächst aus dem Beten in eine musikalische, »feiernde« Bewegung hinein (Ps 150), die alles, was atmet, ergreift, einbezieht und hineinnimmt in den Chor des Universums, der die Vollendung von Gottes Wirken in Schöpfung und Geschichte kollektiv loben und preisen will.

Sooft wir das »Halleluja«, das sich aus dem hebräischen Verb »hll« (=Loben) und »JH(WH)«, dem Namen Gottes, zusammensetzt und Eingang gefunden hat in die Liturgie des jüdischen und des christlichen Gottesdienstes, gemeinsam singen, stimmen wir nicht nur antwortend und anbetend in den immerwährenden Lobpreis von Gottes Wirken ein, sondern bezeugen und verkünden zu allen Zeiten und für alle Welt den »Namen« Gottes, der Schöpfer und Herr der Welt ist und alles verwandeln und vollenden wird.

Das universale Lob Gottes als Resonanz und Vollendung der Schöpfung – Ps 150

Auch wenn noch nicht alles gut ist auf der Erde, wenn noch Unrecht, Krieg und Gewalt Menschen bedrücken und die Gebeugten, Leidenden und Armen immer noch seufzen, wenn die Natur und die ganze Schöpfung unter der maßlosen Ausbeutung des Menschen leidet und einer globalen Klimakatastrophe entgegenläuft, lädt der Psalm uns ein, mit dem ganzen Kosmos in das große Lob Gottes einzustimmen, das sich im Himmel und auf der Erde erheben soll, um die Vollendung der Schöpfung und die Durchsetzung der Herrschaft Gottes zu preisen. Das klingt ganz und gar unglaublich, alles, was wir vor Augen haben, spricht dagegen, es ist unvorstellbar und unbegreiflich, aber es ist ein starkes, mächtiges, ergreifendes Lied, das angestimmt wird, weil es die Verheißung, die Kraft und die Gegenwart dessen in sich trägt, der alles begonnen hat und erhält, der alles durchwaltet und die Macht hat, es zu verwandeln und zu vollenden. Ja, singend, feiernd, betend und musizierend können wir schon jetzt den neuen Himmel und die neue Erde antizipieren und im Lob Gottes die kontrafaktisch erlebte Wirklichkeit transzendieren. Lobend und betend nehmen wir Anteil an dem, was anders werden muss und anders werden kann in der Welt durch Gottes Macht und durch das Tun des Gerechten.

Wir sollen und können Gott loben und preisen »in seinem Heiligtum und in der Feste seiner Macht« (V.1), weil er durch alle Zeiten hindurch im Himmel und auf der Erde macht- und wirkungsvoll gegenwärtig ist, über seiner Schöpfung waltet und im Tempel betend und feiernd erfahrbar ist. Für sein Wirken in der Schöpfung und in der Geschichte seines Volkes und aller Menschen sollen wir ihn rühmen (V.2a), denn er ist groß und mächtig (V.2b). Wie seine Größe unvergleichlich und unbegrenzt ist, so soll unser Lob sich erheben, sich über alle Grenzen hinweg ausbreiten und nicht enden. Singend und betend wird uns Anteil an Gottes wunderbarem Wirken und seiner großen Macht zuteil.

Im Tempel auf dem Berg Zion, wo Gottes Macht und Gegenwart feiernd erinnert und vergegenwärtigt wird, sollen alle kultischen Instrumente in einem großen, sich steigernden Orchester (aus: Horn, Harfe und Leier, Handpauke, Saitenspiel und Flöte, sowie Zimbeln mit leisen und lauten Jubeltönen) zum Lob

Gottes ertönen und mit ihrem überwältigenden Schall die Resonanz der ganzen Schöpfung auf das Wirken des Schöpfers und des Königs der Welt erklingen lassen. Alles, was von Gott ausgeht, soll als Lob erklingen und zu Gott zurückkehren, damit er es vollendet.

Die musikalischen Besonderheiten und Bedeutsamkeiten der einzelnen Instrumente, die wohl »als die typischen Begleitinstrumente den kantillierenden Gesang«[687] der feiernden Tempelgemeinde begleitet haben, sind uns weitgehend unbekannt, aber wir können uns vorstellen, wie ihr anhebender, zunehmender und sich steigernder Schall von innen nach außen in immer größer werdenden Wellen und Kreisen alle Räume und Vorhöfe des Tempels erfüllt und durchdringt[688] – wie die gefeierte Gegenwart Gottes. Die dynamische Bewegung der Musik von innen nach außen und in die Welt weist auf das sich ins Unendliche ausbreitende Gotteslob voraus, das alles ergreift, erfüllt und verwandelt.

Das Horn, das als besonderes Signalinstrument an die Gotteserscheinung am Sinai (Ex 19,16.19) und an die Königskrönungen Israels (2Sam 15,10; 1Kön 1,34.39–41 f; 2Kön 9,13) erinnert, kündigt das Anbrechen der Königsherrschaft Gottes an und huldigt seiner Ehre.[689] Mit seinem durchdringenden Signal ruft es die ganze Schöpfung und alle Welt auf, den König des Himmels und der Erde zu loben und zu preisen, der alles vollenden wird. Der musikalische Jubel und Lobpreis ist wie das Singen der Loblieder nicht nur Ausdruck der durch Gott erfahrenen Güte und Barmherzigkeit in seiner Schöpfung und seinem Wirken, die sich darin antwortend zu Gehör bringt (vgl. dazu Ps 22,26) und Gott die Ehre zuteilwerden lässt, die ihm gebührt, sondern ist die Ouvertüre des anhebenden Lobes Gottes zur Verkündigung und Vollendung von Gottes Herrschaft in allem und durch alles hindurch.

Die sich steigernde Bewegung des Psalms erreicht ihren Höhepunkt in V.6, der alles, was Atem hat, also mit der ganzen Menschheit auch die Tierwelt[690] aufruft, gemeinsam Gott als ihren Schöpfer und Bewahrer des Lebens zu loben und zu rühmen. In besonderer Weise gelangt die Sprachfähigkeit des Menschen durch seinen Atem »zu ihrer höchsten Vollendung, wenn der dem Menschen von Gott gegebene Atem die sprachliche Gestalt des Lobpreises JHWHs annimmt. Im universalen Lobpreis JHWHs vollendet sich so das Glück des Menschen, zu dem Ps 146,1 f den Psalmisten auffordert«.[691]

Wenn wir einstimmen in das universale Lob Gottes, erfüllt sich antizipierend und transzendierend die Schöpfung und das Wirken Gottes durch alle Zeiten hindurch in der Durchsetzung der Herrschaft und Gerechtigkeit Gottes und in der

---

[687] Janowski, Anthropologie, 295.
[688] Vgl. dazu a.a.O., 297.
[689] Vgl. Keel, Die Welt der altorientalischen Bildsymbolik, 319; Zenger, Psalmen I, 62.
[690] Vgl. Weber, Werkbuch Psalmen II, 385.
[691] Janowski, Anthropologie, 298.

Gestaltwerdung der neuen Erde und des neuen Himmels, in dem alles vollendet ist. In der Musik, in Gesang und Gebet haben wir Anteil an Gottes Gegenwart und Wirken, durch das alles erfüllt und verwandelt wird, auch wenn unsere Welt noch nicht danach aussieht. Aber aus dem Gotteslob gewinnen wir den Trost, den Mut und die Kraft, das Gerechte zu tun, zu dem wir befähigt und beauftragt sind, weil »letztlich das Lob obsiegen wird (Ps 150)«[692]

Die zehn Aufrufe zum Lob Gottes in Psalm 150,1–5, deren Anzahl symbolisch an die zehn Schöpfungsworte, durch die Gott die Welt erschaffen und ihre beständige, verlässliche Ordnung begründet hat, und an die zehn Gebote erinnert, die Gott den Menschen als Heils- und Lebensordnung gegeben hat, um ein Leben in Freiheit und Verantwortung zu ermöglichen,[693] weisen nicht nur voraus auf die eschatologische Vollendung der Schöpfung und der Geschichte durch Gott, sondern stellen uns mitten in die Welt hinein und verleihen uns antizipativ eine transzendierende Kraft, die Widersprüche unserer Welt nicht nur zu ertragen und auszuhalten, sondern zu verändern. Unser Gebet und Lob Gottes trägt uns hindurch, bis Gott selbst alles in allem verwandeln und vollenden wird (Ps 150,6).

»Soli Deo Gloria«

Blicken wir vom Ende auf den Anfang des Psalters zurück, können wir erkennen, wie wir von den Psalmen durch alle Höhen und Tiefen des Lebens und der Geschichte Israels hindurchgeführt und in die Gegenwart Gottes hineingestellt werden, dass wir mit allem vor Gott und in Gottes Macht sind, der alles hervorbringt, am Leben erhält und durch seine Herrschaft und seine rettende Gerechtigkeit verwandeln und vollenden wird, was er begonnen hat. Unsere einzig angemessene Antwort und Haltung dazu ist, dass wir zuerst und vor allem Gottes Gerechtigkeit suchen (Ps 1), uns in seiner rettenden Gegenwart bergen (Ps 2) und mit unserem ganzen Leben zusammen mit allem, was atmet, Gott loben und preisen (Ps 150). In diesem Sinne sollte alles, was wir tun und lassen, davon bestimmt und daran orientiert sein, dass es »der Ehre und dem Lob Gottes« dient, denn darin wird Glück und Gelingen liegen, das Gott schenkt, und es wird aller Welt bezeugen und verkünden, dass Gott der Herr der Welt ist und sein Werk, das er begonnen hat, vollenden wird.

---

[692] A.a.O., 486.
[693] Vgl. Zenger, Psalmen I, 57.

Literaturverzeichnis

Adorno, Theodor W.: Minima Moralia, Reflexionen aus dem beschädigten Leben, Frankfurt a.M. 1981.
Bachmann, Ingeborg: Die gestundete Zeit, München 1983.
Baldermann, Ingo: Ich werde nicht sterben, sondern leben. Psalmen als Gebrauchstexte, Neukirchen-Vluyn ⁵2011.
Baldermann, Ingo: Wer hört mein Weinen? Kinder entdecken sich selbst in den Psalmen, Neukirchen-Vluyn 1986.
Ballhorn, Egbert/Zenger, Erich (Hrsg.): Stuttgarter Psalter. Mit Einleitungen und Kurzkommentaren, Stuttgart 2020.
Baudry, Gérard-Henry: Handbuch der frühchristlichen Ikonographie, Freiburg 2010.
Betz, Otto: Jesu Lieblingspsalm. Die Bedeutung von Psalm 103 für das Werk Jesu, in: Ders., Jesus, der Messias Israels: Aufsätze zur biblischen Theologie, Tübingen 1987, 185 –202.
Bonhoeffer, Dietrich: Die Psalmen. Das Gebetbuch der Bibel, Bad Salzuflen ¹⁸2010.
Bonhoeffer, Dietrich: Widerstand und Ergebung. Briefe und Aufzeichnungen aus der Haft. Hrsg. von Eberhard Bethge, München ³1985.
Buber, Martin: Das Buch der Preisungen, Frankfurt a.M. 1962.
Bundeszentrale für politische Bildung (Hrsg.): Vereinte Nationen. Informationen zur politischen Bildung Nr.310/2011, Bonn 2011.
Ebeling, Gerhard: Psalmenmeditationen, Tübingen 1968.
Eberle, Christian Gottlieb (Hrsg.): Luthers Psalmen-Auslegung. Ein Kommentar zu den poetischen oder Lehrbüchern des Alten Testaments Band 1 und 2, Groß Oesingen 2006.
Evangelisches Gesangbuch. Ausgabe für die Evangelische Kirche in Hessen und Nassau, Frankfurt a.M. 1994 (abgekürzt: EG).
Lexikon christlicher Kunst, Freiburg 1980.
Frey-Anthes, Henrike: Unheilsmächte und Schutzgenien, Antiwesen und Grenzgänger. Vorstellungen von »Dämonen« im alten Israel, OBO 227, Fribourg/Göttingen 2007.
Goodfellow, Peter: Pflanzen und Tiere im Heiligen Land. Eine illustrierte Naturgeschichte der Bibel, Darmstadt 2019.
Guardini, Romano: Weisheit der Psalmen. Meditationen, Kevelaer 2018.

Hartenstein, Friedhelm: Das Angesicht JHWHs. Studien zu seinem höfischen und kultischen Bedeutungshintergrund in den Psalmen und in Exodus 32-34 (FAT I/55), Tübingen 2008.

Hartenstein, Friedhelm/Janowski, Bernd: Psalmen. Biblischer Kommentar Altes Testament - Neubearbeitung. BK XV/1.1, Neukirchen-Vluyn 2012.

Hartenstein, Friedhelm/Janowski, Bernd: Psalmen. Biblischer Kommentar Altes Testament - Neubearbeitung. BK XV/1.2, Neukirchen-Vluyn 2015.

Hartenstein, Friedhelm/Janowski, Bernd: Psalmen. Biblischer Kommentar Altes Testament - Neubearbeitung. BK XV/1.3, Neukirchen-Vluyn 2019.

Hartenstein, Friedhelm/Janowski, Bernd: Psalmen. Biblischer Kommentar Altes Testament - Neubearbeitung. BK XV/1.4, Neukirchen-Vluyn 2019.

Hüsch, Hans-Dieter/Seidel, Uwe: Ich stehe unter Gottes Schutz. Psalmen für Alletage, Düsseldorf ^{5}2000.

Janowski, Bernd: Anthropologie des Alten Testaments. Grundfragen - Kontexte - Themenfelder, Tübingen 2019.

Janowski, Bernd: Biblischer Schöpfungsglaube. Religionsgeschichte - Theologie - Ethik, Tübingen 2023.

Janowski, Bernd: Das Herz - ein Beziehungsorgan. Zum Personverständnis des Alten Testaments, in: Ders./Christoph Schwöbel (Hrsg.), Dimensionen der Leiblichkeit, Neukirchen-Vluyn 2015, 1-45.

Janowski, Bernd: Der Angst widerstehen. Psalm 22 und der Resilienzbegriff, in: Judith Gärtner/Barbara Schmitz (Hrsg.), Resilienznarrative im Alten Testament, Tübingen 2022, 237-268.

Janowski, Bernd: Der Gute Hirte. Psalm 23 und das biblische Gottesbild, in: Angelika Berlejung/Raik Heckl (Hrsg.), Ex oriente lux. Studien zur Theologie des Alten Testaments. Festschrift für Rüdiger Lux zum 65. Geburtstag, Leipzig 2012, 247-271.

Janowski, Bernd: Die lebendige *naepaesch*. Das AT und die Frage nach der »Seele«. In: Ders., Der nahe und der ferne Gott. Beiträge zur Theologie des Alten Testaments, Neukirchen-Vluyn 2014, 73-116.

Janowski, Bernd: Ein Gott, der straft und tötet? Zwölf Fragen zum Gottesbild des Alten Testaments, Neukirchen-Vluyn 2013.

Janowski, Bernd: Ein Tempel aus Worten. Zur theologischen Architektur des Psalters. Erich Zenger zum 70. Geburtstag, in: Erich Zenger (ed), The Comparison of the Book of Psalms (BEThL 238), Leuven/Paris 2010, 279-306.

Janowski, Bernd: Hymnen und Gebete in Israel und in seiner Umwelt. Komparatistische Aspekte, in: Biblische Zeitschrift 62 (2018), 197-221.

Janowski, Bernd: »JHWH kennt den Weg der Gerechten« (Ps 1,6). Der Psalter und das Ethos der Anerkennung, in: Ders., Leben in Gottes Gegenwart. Beiträge zur Theologie und Anthropologie des Alten Testaments 7, Göttingen 2021, 65-96.

Janowski, Bernd: Konfliktgespräche mit Gott. Eine Anthropologie der Psalmen, Göttingen ^{6}2021.

Janowski, Bernd: »Mein Gott, mein Gott, wozu hast du mich verlassen?« Zur Rezeption der Psalmen in der Markuspassion, in: Zeitschrift für Theologie und Kirche (ZThK), 116 (2019). Heft 4, 371-401.

Janowski, Bernd: Schöpferische Erinnerung. Zum »Gedenken Gottes« in der biblischen Fluterzählung, in: Ders., Die Welt als Schöpfung. Bezüge zur Theologie des Alten Testaments, Neukirchen-Vluyn ⁴2008, 172–198.
Janowski, Bernd: Von der »Kehle« zur »Seele«. Zur Bedeutung und Rezeptionsgeschichte des Begriffs *naepaesch*, in: ZS. Evangelische Theologie 82 (2022). Heft 3, 176–188.
Janowski, Bernd: »Was ist der Mensch, dass du seiner gedenkst?« Psalm 8 und seine intertextuellen Bezüge, in: Alma Brodersen/Friederike Neumann/David Willgren (Hrsg.), Intertextualität und die Entstehung des Psalters. Methodische Reflexionen – Theologiegeschichtliche Perspektiven, Tübingen 2020, 155–183.
Janowski, Bernd: »Wo du hinblickst, wird der Tote lebendig«. Hymnen und Gebete in der Umwelt Israels. in: ZS Welt und Umwelt der Bibel 2016. Heft 4, 28–33.
Jeremias, Jörg: Das Königtum Gottes in den Psalmen, Göttingen 1987.
Keel, Othmar: Die Welt der altorientalischen Bildsymbolik und das Alte Testament. Am Beispiel der Psalmen, Göttingen ⁵1996.
Kraus, Hans-Joachim: Biblischer Kommentar Altes Testament. Psalmen 1–59, Neukirchen-Vluyn ⁵1978.
Kraus, Hans-Joachim: Biblischer Kommentar Altes Testament. Psalmen 60–150, Neukirchen-Vluyn ⁵1978.
Lerch, Karl-Heinz: Von Schutzengeln und metaphysischen Fledermäusen. Die Botschaft der evangelischen Taufengel, in: Homiletische Monatshefte 2014/15. Heft 3, 142–144.
Lexikon christlicher Kunst. Freiburg 1980.
Luther, Martin: Zweite Vorrede auf den Psalter (1528), in: Heinrich Bornkamm (Hrsg.), Luthers Vorreden zur Bibel, Frankfurt a.M., 64–69.
Mancinelli, Fabrizio: Katakomben und Basiliken. Die ersten Christen in Rom/Firenze 1981.
Noël, Marie: Erfahrungen mit Gott, Mainz 2005.
Puttkammer, Detlef/Keel, Othmar (Hrsg.): Ausdrücklich leben. Texte zur Bibel 7. Arbeitshilfen zur 54. Bibelwoche 1991/92. Psalmen. Auslegungen und Gestaltungsvorschläge, Neukirchen-Vluyn 1991.
von Rad, Gerhard: Theologie des Alten Testaments Band 1. Die Theologie der geschichtlichen Überlieferungen Israels, München ⁶1969.
von Rad, Gerhard: Theologie des Alten Testaments Band 2. Die Theologie der prophetischen Überlieferungen Israels, München ⁶1975.
Ruwe, Andreas: Die Psalmen zum Betrachten, Studieren und Vorlesen, Zürich 2017.
Sauter, Gerhard: Das verborgene Leben. Eine theologische Anthropologie, Gütersloh 2011.
Schneider-Flume, Gunda: Glaubenserfahrung in den Psalmen. Leben in der Geschichte mit Gott, Göttingen 1998.
Schnocks, Johannes: Psalmen. Paderborn 2014.
Sieben, Hermann Josef: Ausgestreckt nach dem, was vor mir ist. Geistliche Texte von Origines bis Johannes Climacus, Trier 1998.
Tersteegen, Gerhard: Wider die Melancholie, Wuppertal 1985.
Vorgrimmler, Herbert/Bernauer, Ursula/Sternberg, Thomas: Engel. Erfahrungen göttlicher Nähe, Freiburg 2008.
Weber, Beat: Werkbuch Psalmen I. Die Psalmen 1 bis 72, Stuttgart ²2016.

Weber, Beat: Werkbuch Psalmen II. Die Psalmen 73 bis 150, Stuttgart ²2016.
Weber, Beat: Werkbuch Psalmen III. Theologie und Spiritualität des Psalters und seiner Psalmen, Stuttgart 2010.
Weisung der Väter. Apophthegmata Patrum, Übers. B. Miller, Trier 1998.
Zenger, Erich: Psalmen. Auslegungen Band I und II, Freiburg 2011.